Spies • »Wir können auch anders!«

Christine Spies

»Wir können auch anders!«

BELTZ

Christine Spies hat Psychologie, Soziologie und Philosophie studiert und während des Studiums mehrere Jahre in psychiatrischen Einrichtungen gearbeitet. Sie unterrichtet in Berlin evangelische Religion an einer Grundschule, ist als Dozentin an einer Berufsfachschule für Sozialwesen beschäftigt und gibt Seminare an Fachhochschulen. Sie arbeitet als Coach für Schulleitungen, Lehrpersonen, Sozialpädagog/innen und Erzieher/innen und bildet sie in den Bereichen »Soziales Lernen«, »Mediation« und »Gewaltprävention« fort. Als Trainerin für Gewaltprävention führt sie nach eigenen Konzepten Trainings mit Schulklassen sowie Antiaggressivitätstrainings mit jugendlichen Schwellen- und Intensivtätern durch. Als Theaterpädagogin schreibt und inszeniert sie Kinder- und Jugendmusicals.

Der Verlag hat die Abdruckrechte für dieses Buch gewissenhaft ermittelt. Sollte dabei ein Fehler unterlaufen sein, bitten wir die tatsächlichen Inhaber der Nutzungsrechte, sich zu melden, damit das übliche Honorar nachgezahlt werden kann.

Das Werk und seine Teile sind urheberrechtlich geschützt.
Jede Nutzung in anderen als den gesetzlich zugelassenen Fällen
bedarf der vorherigen schriftlichen Einwilligung des Verlages.
Hinweis zu § 52a UrhG: Weder das Werk noch seine Teile dürfen
ohne eine solche Einwilligung eingescannt und in ein Netzwerk
eingestellt werden. Dies gilt auch für Intranets von Schulen
und sonstigen Bildungseinrichtungen.

Lektorat: Cornelia Matz

© 2011 Beltz Verlag · Weinheim und Basel
www.beltz.de
Herstellung: Sarah Veith
Satz: Markus Schmitz, Büro für typographische Dienstleistungen, Altenberge
Druck: Druck Partner Rübelmann, Hemsbach
Umschlaggestaltung: glas ag, Seeheim-Jugenheim
Umschlagabbildung: © klickit – Fotolia.com
Printed in Germany

ISBN 978-3-407-62746-9

Vorbemerkungen

1. Um den Lesefluss nicht zu beeinträchtigen, wird in diesem Buch *die männliche Form der Anrede* verwendet. Es sind immer auch die weiblichen Vertreter gemeint, also die Schülerinnen, Lehrerinnen, Sozialarbeiterinnen etc.

2. »Wir können auch anders!« eignet sich vor allem zum Einsatz an Schulen. Das Konzept richtet sich aber nicht nur an schulische Pädagogen, sondern auch an mehrere andere Berufsgruppen in Institutionen, in denen ebenfalls mit Jugendlichen gearbeitet wird. Im fortgesetzten Kontext des Buches wird meistens der Begriff *Schule* und *Lehrperson* benutzt, weil es zu umständlich wäre, jeweils alle in Frage kommenden Personengruppen und Einrichtungen aufzuführen. Die Mehrzahl der Sachverhalte lassen sich auf andere Einrichtungen und Berufsfelder übertragen.

3. Die Benutzung von Anglizismen wird oft als befremdlich und störend empfunden. Im Folgenden werden solche Begriffe eingesetzt, wenn es sich um *Fachbegriffe* handelt, die inzwischen in der pädagogischen oder sozialpsychologischen Fachliteratur allgemein verbreitet sind und/oder in der deutschen Umschreibung einen Sachverhalt nur unpräzise wiedergeben.

4. Der Begriff *Amok* ist in seiner ursprünglichen Bedeutung wenig geeignet, Massenmorde durch Jugendliche zu beschreiben, wie sie beispielsweise in Columbine, Erfurt oder Winnenden stattgefunden haben. In der weltweiten Fachliteratur werden diese Ereignisse als *School Shootings* definiert, weil diese Taten einen direkten Bezug zur entsprechenden Schule aufweisen. School Shooting gilt inzwischen als eigenständiger Typus im Bereich Jugendgewalt. Es handelt sich nicht um einen spontanen, impulsiven, sondern um einen im Vorfeld geplanten Angriff mit Tötungsabsicht, bei dem ausdrücklich die Schule als Tatort ausgesucht wird. Durch diesen Zusammenhang ist auch die Auswahl der Opfer bestimmt, sie sind in ihrer Funktion als Schüler oder Lehrer etc. Ziel des Tötungswillens. Sinnverwandt wird auch von *schwerer zielgerichteter Gewalt* gesprochen. Im Buchzusammenhang werden die Begriffe synonym benutzt, meistens wird der Begriff Amok gewählt, da die anderen Bezeichnungen im Textverlauf als unhandlich erscheinen.

5. Weitere Kopiervorlagen sind als Download auf www.beltz.de unter dem Kennwort 62746 verfügbar.

Inhaltsverzeichnis

Vorwort von Prof. Hurrelmann 13

A. Grundlagen 15

    1 »Wir können auch anders!« – Das neue, richtungsweisende Präventionskonzept 15
    2 Aktuelle Herausforderungen 16
    3 Zeitgemäße Antworten 17
    4 Die gleichzeitige Einbeziehung von Amok und Suizid
       in ein Präventionskonzept 17
    5 Präventive Konsequenzen 18
    6 Amok als Gegenstand der Vermittlung? 19
    7 »Ja!« – unter begründeten Bedingungen 19
    8 Die verantwortungsvolle Herangehensweise 20
    9 Suizid – ein Tabu zum Thema machen 21
   10 Die ermutigende Feststellung 22
   11 Rezepte und Garantien? Nein! 23
   12 Das weitreichende präventive Spektrum 23
   13 Im Zentrum: Die Lebens- und Erfahrungswelt von Jugendlichen
      in der Pubertät 23
   14 Die Wirksamkeit von »Wir können auch anders!« 24

B. Umsetzung des Konzepts 25

  1 Die Ebene der Institution 25

     1 Voraussetzungen 25
     2 Das Schulklima 25
     3 Mitbestimmung und -gestaltung 26
     4 Entwicklung einer »Corporate Identity« 26
     5 Ermöglichen einer Eventkultur 27
     6 Ausbildung einer Anerkennungs- und Lobkultur 28
     7 Regeln für das Zusammenleben und Zusammenarbeiten 29
     8 Qualitätssicherung durch Klassen-Sozialstunde und Klassenrat 30
     9 Konfliktlösungsmodelle 31
    10 Unterstützungssysteme durch Gleichaltrige 31
    11 Das Aufbrechen des Schweigegebotes 32
    12 Das Peer-Helper-Team in der Amok- und Suizidprävention 32
    13 Weitere Unterstützungselemente für Schüler in Notlagen 33
    14 Das schulische Krisenmanagement 33
    15 Das Krisenteam im Hinblick auf ein Amokereignis 34
         KV 1: Vorschlagsliste für Maßnahmen des Krisenteams 36
         KV 2: Merkblatt für Amoklagen 37
         KV 3: Formblatt für die Evakuierung 38
    16 Bedrohungsmanagement in der Schule 39

17	Die Dynamik im Vorfeld von Amoktaten	40
18	Der gefährliche Sog – Nachahmungstaten	41
19	Das Bedürfnis nach einer gesicherten Einschätzung	41
	KV 4: Frühwarnsignale und Risikomarker im Hinblick auf Amok (1)	42
	KV 5: Frühwarnsignale und Risikomarker im Hinblick auf Amok (2)	43
	KV 6: Leaking – Die große Chance für ein rechtzeitiges Eingreifen	44
20	Umgang mit Amokdrohungen	45
21	Erste Einschätzung von Drohungen	45
	KV 7: Bewertung von Amokdrohungen	46
22	Fallmanagement	47
23	Die Fall- bzw. Risikoanalyse	47
	KV 8: Leitfaden für eine sachgerechte Fallanalyse (1)	48
	KV 9: Leitfaden für eine sachgerechte Fallanalyse (2)	49
24	Weiterführende Konsequenzen	50
	KV 10: Leitfaden für ein Gespräch mit dem drohenden Jugendlichen (1)	51
	KV 11: Leitfaden für ein Gespräch mit dem drohenden Jugendlichen (2)	52
	KV 12: Leitfaden für ein Gespräch mit dem drohenden Jugendlichen (3)	53

2 Die Ebene der Lehrpersonen und anderen schulischen Pädagogen 54

1	Professionalität im Rollenverständnis	54
2	Das neue Rollenbild	54
3	Entwurf eines Idealbildes	54
4	Eigene Rollenreflexion	55
5	Die Beziehung – der Motor im pädagogischen Prozess	55
6	Unproduktive und unprofessionelle Haltungen und Einstellungen	56
	KV 13: Die vier Schlüssel im produktiven Beziehungsgeschehen: Akzeptanz – Grenzziehung – Konfrontation – Konsequenz	57
7	Eigene Gefühle im Umgang mit problembehafteten Schülern	58
8	Neue Handlungsstrategien	58
9	Gewalt durch Pädagogen	58
10	Der Bumerang	59
11	Wissenswertes über Kränkungserfahrungen bei Jugendlichen	60

3 Die Ebene der Eltern 60

4 Die Ebene der Jugendlichen (Klasse/Gruppe) 61

1	Von Träumen, Wünschen und Zielen	61
	Das eigene Selbst entdecken und weiterentwickeln	
	KV 14: I Am Who I Am	64
	KV 15: Nobody is perfect	65
	KV 16: Elf und mehr fette Erfolgsgeheimnisse für Jugendliche im 21. Jahrhundert	66
	KV 17: Mein Idol	67
	KV 18: Zukunft im 21. Jahrhundert?	68
	KV 19: Achtung Außenwirkung — Wie Kommunikation funktioniert!	69
	KV 20: Verräterische Zeichen – Körpersprache	70
	KV 21: Der »Wow«-Faktor	71

KV 22: Ich kann, was ich will, und ich will, dass ich kann! Puzzle (1) 72
KV 23: Ich kann, was ich will, und ich will, dass ich kann! (2) 73
KV 24: Schüchtern war gestern: Interaktionsübungen zur positiven
         Außenwirkung (1) 74
KV 25: Schüchtern war gestern: Interaktionsübungen zur positiven
         Außenwirkung (2) 75
KV 26: Speed-Dating – Interaktionsübung 76
KV 27: Menschen haben Gefühle 77
KV 28: Die Palette der Gefühle 78
KV 29: Wenn Menschen hassen 79
KV 30: Das macht Mut! – Texte gegen den Hass verfassen 80

Kleines Antigewalt-Training:
KV 31: Wut im Körperschema (1) 81
KV 32: Der Vulkan (2) 82
KV 33: Unkontrollierte Wut hat Folgen (3) 83
KV 34: Wut kontrollieren und steuern (4) 84
KV 35: Interaktionsübungen zur Impulskontrolle (5) 85
KV 36: Der Stolperpfad (1) – Provokationsübung (6) 86
KV 37: Der Stolperpfad (2) (7) 87
KV 38: Schutzraum persönlicher Unversehrtheit (8) 88
KV 39: Was ist Gewalt für dich? (9) 89
KV 40: Die Türen der Entscheidung (10) 90
KV 41: Sag einfach »Stopp!« (1) (11) 91
KV 42: Sag einfach »Stopp!« (2) – Das Stopp-Regel-Ritual (12) 92
KV 43: Tust du was, kriegst du was! – Tust du nichts, kriegst du nichts! (13) 93
KV 44: »Hart aber fair?« (14) 94
KV 45: Mission Possible – Yes, you can! Macken und Schwächen in den Griff
         bekommen! (15) 95

2 GZSZ – Gute Zeiten – schlechte Zeiten 96
Das Leben als Auf und Ab
KV 46: GZSZ – That's Life! – Das Leben ist wie... (1) 98
KV 47: GZSZ – That's Life! – Das Leben ist wie... (2) 99
KV 48: »Shit Happens!« 100
KV 49: Ein total guter Tag 101
KV 50: Hol's dir! – Fantasiereise 102
KV 51: Life-Chart 103
KV 52: Ist das Glas halb voll oder halb leer? 104
KV 53: Menschen erfahren Unglück und Leid 105
KV 54: Lerche oder Eule? 106
KV 55: Mars oder Venus: Typisch weiblich? Typisch männlich? 107
KV 56: Küssen verboten!? (1) – Eine Pressemeldung 108
KV 57: Kleine Flirtschule (1): Die Phasen eines Flirts 109
KV 58: Kleine Flirtschule (2): Die Spielregeln 110
KV 59: LK – Die gute und die schlechte Nachricht (1) 111
KV 60: LK-Broken Heart? Wege der Heilung 112

3 Winning Team 113
Die Klasse / Gruppe als Schutzfaktor
- KV 61: Die Do's und Don'ts in der Klasse 116
- KV 62: Das läuft in dieser Klasse falsch! 117
- KV 63: Dazu gehören? Ja! – Aber um jeden Preis? 118
- KV 64: Taten, die niemals wieder gutzumachen sind (1) – Gruppendruck fatal 119
- KV 65: Taten, die niemals wieder gutzumachen sind (2) – Gruppendruck fatal 120
- KV 66: Was siehst du? Experiment »Gruppendruck« 121
- KV 67: Der Flüsterer sagt: »Du bist kein Draht! Lass dich nicht verbiegen!« (1) ... 122
- KV 68: Der Flüsterer sagt: … (2) – Rollenspielvorschläge 123
- KV 69: Die schwierigste Sache der Welt: Toleranz 124
- KV 70: Ich will so bleiben, wie ich bin: homosexuell (1) 125
- KV 71: Ich will so bleiben, wie ich bin: homosexuell (2) 126

4 Mobbingvorbeugung als konkrete Amok- und Suizidprävention 127
Informationen, Hintergründe und Handlungsstrategien
- KV 72: Ehrliche Antworten auf spannende Fragen – Klassenbefragung 134
- KV 73: Wo Mobbing passiert 135
- KV 74: So fängt der Terror an: Ausgrenzung (1) – Interaktionsübungen 136
- KV 75: So fängt der Terror an: Ausgrenzung (2) – Interaktionsübungen 137
- KV 76: Snap Shots – Szenen einer Ausgrenzung 138
- KV 77: Stummer Schmerz – Kurzgeschichte (1) 139
- KV 78: Stummer Schmerz – Kurzgeschichte (2) 140
- KV 79: Stummer Schmerz – Kurzgeschichte (3) – Erarbeitung 141
- KV 80: Stummer Schmerz (4) – Die Rollen in der Geschichte 142
- KV 81: Und plötzlich …, da bist du draußen …! – Mobbing-Definition 143
- KV 82: Giftpfeile, die tiefe Wunden reißen … 144
- KV 83: Warum wird gemobbt? Hintergründe und Motive 145
- KV 84: Der ultimative Anti-Mobbing-Schlüssel 146
- KV 85: Von Mobbing und Gewalt bedroht? Zehn Tipps 147
- KV 86: *Untouchable: Immun gegen Mobbing!* Deckblatt 148

5 Die drei K's 149
Kränkungen, Konflikte, Krisen annehmen – Katastrophen vermeiden
- KV 87: Stress – Gut oder schlecht oder was? 154
- KV 88: Der Stress-Test (1) 155
- KV 89: Der Stress-Test (2) – Testergebnis 156
- KV 90: Der ultimative Stress-Guide: Gib dem Stress keine Chance! 157
- KV 91: »Ab in die Hängematte!« (1) – Fantasiereise 158
- KV 92: »Ab in die Hängematte!« (2) – Gestaltungsvorlage 159
- KV 93: Schmerzhafte, verletzende Erfahrungen (1) 160
- KV 94: Schmerzhafte, verletzende Erfahrungen (2) –
  Welcher Verarbeitungstyp bist du? 161
- KV 95: Eine Krise ist wie eine Sonnenfinsternis 162
- KV 96: Ganz normale Abstürze oder bedenkliche Krisen? (1) 163
- KV 97: Ganz normale Abstürze oder bedenkliche Krisen? (2) –
  Das Krisenteam entscheidet 164
- KV 98: Ein knallhartes Tabu relativieren: Was ist Petzen? 165
- KV 99: Süße und gefährliche Geheimnisse 166
- KV 100: Wenn Schweigen zur Gefahr wird (1) 167
- KV 101: Wenn Schweigen zur Gefahr wird (2) – Die Kriterien 168

6 **Voll die Krise? – Das Peer-Helper-Team** 169
Aufgabenstellungen und Schulungsinhalte einer Arbeitsgemeinschaft

7 **Seele am Abgrund** 171
Aufklärung über psychische Störungen und Erkrankungen –
Suizide verhindern helfen
KV 102: Pubertät 176
KV 103: Psychische Probleme – psychische Erkrankungen: Tabu und Vorurteile 177
KV 104: Dunkler Schleier: Depression 178
KV 105: *Red Tears* – selbstverletzendes Verhalten 179
KV 106: Kurzgeschichte: Böses Erwachen 180
KV 107: Trinken, bis der Arzt (zu spät) kommt: Komatrinken 181
KV 108: Spaßige Wörter für ein schockierendes Phänomen 182
KV 109: Klar in der Birne: Fakten zum Komatrinken – Projektvorschläge 183
KV 110: Kick in den Tod – Extrem gefährlich: Würge- und Ohnmachtsspiele 184
KV 111: Die gute Message und die goldene Regel 185
KV 112: Psychische Erkrankungen (1): Psychosomatische Krankheiten –
Angst- und Panikstörungen – Die bipolare Störung 186
KV 113: Psychische Erkrankungen (2): Zwangsstörungen – Schizophrenie
und Psychosen 187
KV 114: Psychische Erkrankungen (3): Essstörungen 188
KV 115: Psychische Erkrankungen (4): Suchtkrankheiten 189
KV 116: Von Peer zu Peer – Hilfe und Unterstützung durch ein Gespräch 190
KV 117: Suizid: Vorwissen und Begriffsklärung 191
KV 118: Vorkommen – Ursachen – Auslöser 192
KV 119: Fakten zum Phänomen »Suizid« 193
KV 120: Tragische Vorurteile und Irrtümer 194
KV 121: Wenn die Seele im Abgrund versinkt. Anzeichen – Signale – Hilferufe 195
KV 122: Verhindern helfen – aber wie? 196
KV 123: Lass es nicht zu! 197
KV 124: »Geboren, um zu leben!« 198
KV 125: Lass deine Träume fliegen! 199

8 **Avatare, Casting-Shows, Ego-Shooter, Cybermobbing, Happy Slapping
und andere Medienphänomene** 200
Reflexion des eigenen Medienkonsums – kritischer, konstruktiver und
sicherer Umgang mit virtuellen Welten
KV 126: Die dreizehn Gebote der Medienerziehung (für Erwachsene) 202
KV 127: Ein Blick zurück… 203
KV 128: Mediennutzung heute 204
KV 129: Generation YouTube und die Macht der äußeren Bilder 205
KV 130: Fernsehgewohnheiten 206
KV 131: Was guckst du? Befragung zum Fernsehkonsum 207
KV 132: Fernsehformate kritisch gesehen: Casting-Shows – Reality-Shows –
Daily Talks 208
KV 133: Faszination Computer – Befragung 209
KV 134: Gewalt und Brutalität in Computerspielen am Beispiel von GTA 210
KV 135: Die Sache mit der Altersbeschränkung und dem Index 211
KV 136: Risiken und Nebenwirkungen: Was Medienwirkungsforscher sagen 212
KV 137: Was nun? Familiäre Stress- und Streitsituationen durch
Mediennutzung 213

KV 138: Der Nerd (1) – Kurzgeschichte 214
KV 139: Der Nerd (2) – Kurzgeschichte 215
KV 140: Die schleichende Gefahr: Computer-/Internetsucht 216
KV 141: Kriterien und Suchtmerkmale – Das Suchtpotenzial von
Computerspielen 217
KV 142: Mach mit! Zieh's durch! Schalt aus! 218
KV 143: Hetzjagd durch's Netz: Cybermobbing 219
KV 144: Die Vernichtung vor den Augen der Weltöffentlichkeit –
Zwei Beispiele 220
KV 145: Täter handeln riskant! – Gestaltung eines Flyers 221
KV 146: Lost In Space? Das Internet vergisst nichts! 222
KV 147: Vorsichtsmaßnahmen in Online-Foren 223

9 Eiskalter Schatten – Annäherung an ein Phänomen: Amok/School Shooting 224

Aufeinander achten und verantwortlich handeln: frühe Signale erkennen und richtig bewerten

KV 148: Der klassische Amoklauf: Begriffsklärung und
historischer Hintergrund 228
KV 149: Eiskalter Schatten – School Shooting 229
KV 150: Die Untersuchungskommission klärt auf 230
KV 151: Informationen zum Hintergrund schulischer Amoktaten 231
KV 152: Verpflichtungen und Tabus für die schulische Gemeinschaft 232
KV 153: Amokandrohungen 233
KV 154: High Risk – No Fun: Die Folgen von Trittbrettfahrer-Aktionen 234

Literaturhinweise **235**

Empfehlungen zu Links/Internetadressen/Beratungsangeboten **238**

Vorwort

Das Buch von Christine Spies ist das erste für Praktiker geeignete und gedachte Werk, das, neben vielen anderen aktuellen präventiven Themenstellungen, Amok an Schulen und Suizid gleichzeitig einbezieht. Es richtet sich an Lehrkräfte und alle anderen Pädagogen, die direkt in Schulen oder auch außerhalb mit Schülerinnen und Schülern in der Pubertät zu tun haben. Dazu gehören auch die Fachleute aus Einrichtungen der Jugendhilfe und der Jugendpsychiatrie.

Christine Spies ist eine erfahrene Praktikerin, die das Schulleben seit Jahrzehnten von innen kennt. Sie legt ein sorgfältig durchdachtes und gut erprobtes Konzept der Prävention von Amok und Suizid vor. Gewalttaten an Schulen, bei denen viele Mitschüler und Lehrer verletzt und getötet werden und bei denen sich der (meist männliche) Täter sehr oft auch selbst tötet, sind nach wie vor ein sehr, sehr seltenes Ereignis. Aber die Zahl der Ereignisse nimmt zu, und damit die Irritation und Verzweiflung über die weitreichenden Schäden, die nicht nur bei den unmittelbar Beteiligten eintreten, sondern praktisch die gesamte Öffentlichkeit erreichen. Ein wirkungsvolles Präventionskonzept wird deshalb dringend benötigt.

Das Konzept von Christine Spies verspricht die berechtigte Hoffnung auf eine bessere Vorbeugung solcher unfassbar erscheinenden Taten. Es basiert auf den Erkenntnissen, die wir aus Erziehungswissenschaft, Sozialpsychologie, Kriminologie und Schulpsychologie über Gewaltprävention und Krisenintervention haben. Es geht davon aus, dass die Taten letztlich doch fassbar sind, in ihren Entstehungsschritten erkannt und bewertet und an den entscheidenden Stellen abgebremst und umgelenkt werden können.

Im Zentrum der Präventionsstrategie, die hier von Christine Spies vorgestellt wird, steht der Aufbau eines an der Schule etablierten Netzwerkes, in das Experten aus den Bereichen Schulpsychologie, Suchtprophylaxe, Krisenintervention, Telefonberatung und Polizei unterstützend einbezogen werden. Bei konkreten Krisenszenarios und der Erstellung von Risikoanalysen entlasten diese Netzwerke die Lehrkräfte in der Schule und schützen sie vor Überforderung und Kompetenzüberschreitung.

Das Besondere an »Wir können auch anders!« liegt darin, breit gefächerte, mannigfaltige Themenstellungen im Bereich des sozialen Lernens und der Gewaltprävention zeitgemäß zu akzentuieren und sie mit präventiven Zielsetzungen für die verschiedenen Problemlagen zu verknüpfen, in die sich Schülerinnen und vor allem Schüler heute bringen können. Dazu gehören der exzessive Medienkonsum und die unkontrollierte Nutzung von Gewaltdarstellungen in verschiedenen Medien. Dazu gehören auch die Hintergründe und Ursachen für die Probleme, die meist in Überforderung, Schulangst, Leistungsdruck und tiefen Sinnkrisen mit Depressionen liegen.

Christine Spies macht deutlich, dass eine glaubwürdige Amokprävention die Suizidprävention mit umfassen sollte. Die gleichzeitige Einbeziehung von Amok und Suizid erklärt sich durch phänomenologische Gemeinsamkeiten, die beide Handlungen aufzeigen. Aber sie weist auch darauf hin, die beiden Krisenformen »Amok« und »Suizid« in der konkreten Wahrnehmung von jungen Menschen und in der thematischen Vermittlung auf keinen Fall unbedarft zu vermischen. Sie sind als eigenständige Geschehnisse zu verstehen. Gleichzeitig stellt sie heraus, dass bei der Behandlung der Themenkreise wichtige Punkte beachtet werden müssen, um die Gefahr von Nachahmungen auszuschließen, und regt auf Schülerebene eine kritische Auseinandersetzung mit dem Phänomen des Trittbrettfahrertums an.

Beide Ereignisse werden in ihrem Konzept als unverstandener Hilferuf innerhalb der Radikalität und Destruktivität einer verzweifelten Selbstinszenierung verstanden. Sie stehen am Endpunkt einer langjährigen Entwicklung. Die präventive Erschließung der beiden

Krisenformen setzt voraus, genau zu unterscheiden zwischen gefährlichen Zuspitzungen und Krisen in der Adoleszenz und unvermeidbaren (Entwicklungs-)Problemen, die von Jugendlichen eigenständig bewältigt werden können. In allen Fällen aber erhält, wie die Autorin demonstriert, ein sensibles Vermeiden von Kränkungs- und Frustrationsanlässen bei den Heranwachsenden und der Verzicht auf jegliche personelle und institutionelle Gewalt im Hinblick auf Amok und Suizid besondere Signifikanz.

Noch ein Ausgangspunkt des Präventionskonzeptes »Wir können auch anders!« ist zentral: Auch wenn die beiden Ereignisse »Amok« und »Suizid« auf ein komplexes Bündel von Ursachen mit belasteten familiären und sozialen Erfahrungen deuten und sich durch Defizite in den individuellen Möglichkeiten der Lebens- und Krisenbewältigung erklären, kommt insbesondere der Institution Schule Mitverantwortung zu. Sie steht oft in Verbindung mit einem aktuellen Auslöser, der an Erfahrungen von Zurückweisung und Geringschätzung im Schulzusammenhang gekoppelt ist. Deswegen räumt Christine Spies der frühzeitigen Wahrnehmung von Gefährdungssignalen bei betroffenen Jugendlichen, nicht nur durch Erwachsene, sondern vor allem auch auf der Peer-Ebene eine ebenso große Bedeutung zu wie der Förderung von tragfähigen, vertrauensvollen Beziehungen auf allen Ebenen und der breit angelegten Implementierung von Unterstützungs- und Hilfsangeboten für gefährdete Jugendliche.

Kernpunkt auf der Ebene der Heranwachsenden ist dabei die Relativierung des Gebotes »Du sollst nicht petzen!«. Die Jugendlichen erhalten Situationsmerkmale an die Hand, wenn es darum geht, die Verantwortung umgehend an Erwachsene weiterzugeben. Sie lernen nicht nur, sensibel zu erkennen, was Störungen bei Jugendlichen im Hinblick auf die Phänomene »Amok« und »Suizid« ausmacht, sie erhalten ebenso Anregungen zur Entwicklung ihrer Persönlichkeit, lernen die Dynamik und Struktur ihrer Gruppe zu durchschauen, erwerben Kenntnisse über Hintergründe und Entstehung von Mobbing und Strategien zur Vorbeugung und erhalten Aufklärung über bedrohliche Erscheinungen wie Komatrinken, selbstverletzendes Verhalten, Computersucht sowie über psychische Erkrankungen.

Ein mutiger und unkonventioneller Ansatz ist das, der mit Konsequenz beansprucht, im Bereich Schule die Erziehungsaufgabe neben dem Bildungsauftrag als gleichrangig zu begreifen. Die Erprobung der umfangreichen Praxismaterialien an allen Schulformen der Berliner Sekundarstufe sowie an einer berufsbildenden Schule und in Einrichtungen der Jugendhilfe zeugt von Praxisnähe und Umsetzbarkeit. Das vorliegende Konzept ist sofort einsetzbar und enthält kreative Vorschläge und umfangreiche Arbeitshilfen in Form von Kopiervorlagen und Übungsanleitungen.

Meines Wissens gibt es kein Präventionskonzept in Deutschland, das so wie das hier vorliegende die Vielfalt der Themenstellungen aufnimmt und zugleich einen schlüssigen Aufbau und eine direkte Umsetzung im Schulalltag ermöglicht. Deshalb verdient »Wir können auch anders!« eine breite Resonanz.

Professor Dr. Klaus Hurrelmann,
Universität Bielefeld und Hertie School of Governance Berlin

A. Grundlagen

A.1 »Wir können auch anders!« – Das neue, richtungsweisende Präventionskonzept

In den letzten Jahren wurden unzählige Konzepte und Modelle des Sozialen Lernens und der Gewaltprävention veröffentlicht und umgesetzt. Dies hat bei Pädagogen, Erziehern und Sozialpädagogen, Kindern und Jugendlichen und auch bei Eltern zu einer sensibleren Wahrnehmung, zu mehr Problembewusstsein, zur Eröffnung neuer Handlungsfelder und zur Kompetenzerweiterung geführt. Klima und Konfliktkultur in pädagogischen und sozialpädagogischen Institutionen haben sich positiv verändert. Zur Umsetzung gelangten Entwürfe, die jeweils nebeneinander und mit verschiedenen, eigenständigen präventiven Zielsetzungen und Lösungsmodellen versucht haben, Einfluss zu nehmen, etwa auf aggressives Verhalten und körperliche Gewalt, Mobbing oder Suchtverhalten.

»Wir können auch anders!« vereint wesentliche, aktuelle Themenstellungen des Sozialen Lernens und der Gewaltprävention *in einem einzigen Konzept*. Es liefert *neue Akzente* bei vielen, präventiven Aufgabenstellungen und berücksichtigt zusätzlich, in einem *erweiterten Spektrum, krisenhafte Zuspitzungen in der Adoleszenz* sowie die präventive Erschließung der Phänomene »Amok« und »Suizid«. Der konstruktive Umgang mit Kränkungs- und Frustrationsanlässen stellt im Hinblick auf diese beiden Erscheinungsformen einen besonderen Schwerpunkt dar. Die Wahrnehmung von gefährdeten Jugendlichen wird nicht nur bei den Erwachsenen, sondern vor allem auch auf der Peer-Ebene gezielt angeregt – mögliche fatale Entwicklungsprozesse können so rechtzeitig erkannt und beeinflusst werden.

»Wir können auch anders!« richtet sich an Mitarbeiter von Berufsgruppen, die in
- Schulen
- sozialpädagogischen Institutionen
- jugendpsychiatrischen Einrichtungen
  in Klassen- oder Gruppenzusammenhängen mit Jugendlichen arbeiten sowie an
- Multiplikatoren in Fortbildungszusammenhängen
- Studierende

Das Konzept liefert Einblicke in Erkenntnisse der Erziehungswissenschaft, Sozialpsychologie, Schulpsychologie für Gewaltprävention und Krisenintervention, Kriminologie, Forensische Psychologie, Jugendgewaltforschung, Suchtprophylaxe, Kinder- und Jugendpsychiatrie (Suizidforschung) sowie der Medienwirkungsforschung und zielt auf die primäre bis sekundäre Präventionsebene ab.

Innerhalb einer Einrichtung greift »Wir können auch anders!« auf der
1. Ebene der Institution: Sachhinweise und Hintergrundinformationen, Vorschläge von Maßnahmen
2. Ebene des Kollegiums (Lehrer, Sozialpädagogen, Mitarbeiter in jugendpsychiatrischen Einrichtungen): Reflexion der eigenen Rolle, Anregung von produktiven, professionellen Haltungen, Information und Kompetenzerwerb in Bezug auf den Umgang mit den Jugendlichen und die Umsetzung der Praxismaterialien.
3. Ebene der Jugendlichen: umfangreiche Praxismaterialien zu den jeweiligen Themenstellungen:
   - Folien
   - Plakatentwürfe
   - Arbeitsblätter, Kopiervorlagen
   - Kurzgeschichten, Befragungen und Tests

- Anleitungen für Kommunikations- bzw. Interaktionsübungen und Rollenspiele
- Vorschläge für Projekttage

Die Materialien erlauben
- die Umsetzung eines wöchentlichen Kompetenz-Trainingsprogramms über einen beliebigen Zeitraum (bis zu zwei Jahren)
- den punktuellen Einsatz nach thematischen Schwerpunkten (als Unterrichtseinheit oder für ein Kurztraining)
- den Einsatz an Projekttagen nach ausgesuchten Schwerpunkten

Die Praxismaterialien wurden an Gymnasien, Haupt- und Realschulen, an einer berufsbildenden Schule und in sozialpädagogischen Einrichtungen erprobt.

Zielgruppe: Kinder und Jugendliche ab 12 Jahren. Einzelne Kopiervorlagen/Übungen aus den *Kapiteln B.4.1 bis B.4.4 sowie B.4.8* eignen sich bereits für *Schüler der sechsten Klasse*.

A.2 Aktuelle Herausforderungen

- Zehn erfolgte Amokereignisse/School Shootings an deutschen Schulen im Zeitraum der letzten zehn Jahre. Unberücksichtigt sind dabei die Ereignisse mit Waffeneinsatz und Tötungsabsicht, die durch das Eingreifen Dritter vereitelt wurden.
- Die Statistik der Todesursachen bei Jugendlichen: Suizide stehen nach dem Unfalltod konsequent an zweiter Stelle, etwa die Hälfte junger Menschen äußert in Befragungen, schon einmal an Suizid gedacht zu haben. Nicht berücksichtigt ist dabei die Anzahl der Suizidversuche und das Dunkelfeld von *verdeckten* Suizidversuchen.
- Neue Formen der Jugendgewalt
  - Massiver Anstieg von Amokandrohungen (verknüpft mit dem Phänomen des Trittbrettfahrertums)
  - Cybermobbing, E-Bullying, das sich gegen Gleichaltrige und Lehrpersonen richtet (⇨ diese Gewaltform wird im Materialteil erläutert, die folgende im Download vgl. Kap. B.4.8)
  - Handygewalt
- Besorgniserregende Phänomene
  - körperliche Angriffe auf Lehrpersonen
  - brutale, enthemmte Übergriffe im Sozialraum
  - unkritischer Medienkonsum von Heranwachsenden in Bezug auf Gewalt, Verletzung der Menschenwürde und Persönlichkeitsrechte
  - Gefährdungen durch riskantes, argloses Verhalten im World Wide Web
  - exzessive Mediennutzung als bevorzugte Freizeitgestaltung
- Die Zunahme von psychischen Auffälligkeiten bei Jugendlichen:
  1. psychosomatische Störungen durch Stress, Leistungsdruck und Überforderung
  2. Schulangst, manifeste Schuldistanz
  3. selbstverletzendes Verhalten
  4. Depressionen
  5. Drogenmissbrauch, Komatrinken
  6. Esssüchte
  7. Computer-/Internetsucht

A.3 Zeitgemäße Antworten

»Wir können auch anders!« liefert für die geschilderten Problemlagen ein schlüssiges Gesamtkonzept, das sich für viele Bereiche in der Arbeit mit Jugendlichen anbietet. Weil sich Amok- und Suizidprävention nicht auf die alleinige Behandlung der beiden Phänomene beschränken kann, sind umfassende, breite Zugänge notwendig. Die Themenauswahl, der Aufbau der Kapitel und die vorgeschlagenen Materialien sehen dies, neben den beiden Titel gebenden Bereichen, in vielen präventiven Facetten vor. »Wir können auch anders!« fächert die geforderte Präventionsaufgabe mit Inhalten und Fragestellungen auf, die für heutige Jugendliche Relevanz haben und über die sie ihren durch Jugendkulturen geprägten Erfahrungen Ausdruck verleihen können. »Wir können auch anders!« orientiert sich sprachlich und methodisch an der Erlebniswelt der *Generation YouTube* und greift in der Behandlung der neuen Gefährdungen und Gewaltformen den Duktus der gegenwärtigen Heranwachsenden zeitgemäß auf. Es erfüllt den heutigen Anspruch, im Bereich Schule die Erziehungsaufgabe neben dem Bildungsauftrag ausdrücklich ernst zu nehmen, sie aktuell zu definieren und konsequent auszugestalten.

Dies erfordert institutionelle Ergänzungen, Wissensaneignung und die Entwicklung neuer Kompetenzen in verschiedenen Berufsgruppen und bei den Jugendlichen.

A.4 Die gleichzeitige Einbeziehung von Amok und Suizid in ein Präventionskonzept

Das Vorkommen beider Themenstellungen innerhalb eines Konzeptes mag zunächst erstaunen. Es erklärt sich durch phänomenologische Gemeinsamkeiten und Überschneidungen, die beiden Geschehnissen zugrunde liegen. Ein direkter Vergleich verbietet sich jedoch. Deshalb dürfen die Phänomene »Amok« und »Suizid« in der konkreten Sicht auf junge Menschen und in der thematischen Vermittlung, z. B. im Unterricht, auf keinen Fall undifferenziert vermischt, nebeneinander gestellt oder in unmittelbarer Folge nacheinander behandelt werden. Sie sind als eigenständige Geschehnisse zu begreifen.

Beide Ereignisse werden in diesem Konzept als radikalste und destruktivste Form einer verzweifelten Selbstinszenierung und als unverstandener Hilferuf verstanden. Sie
- führen zu Todesfällen.
- traumatisieren nachhaltig, manchmal lebenslang, einen nicht überschaubaren Personenkreis von direkt und indirekt Betroffenen.
- deuten auf ein *komplexes Ursachenbündel* hin.
- erklären sich durch Defizite in den individuellen Möglichkeiten der Lebens- und Krisenbewältigung.
- weisen auf mangelnde, tragfähige Beziehungs- und Unterstützungsangebote in der Umwelt des Jugendlichen hin.
- sind an Kränkungs- und Frustrationserfahrungen geknüpft, die auch mit der Institution Schule zusammenhängen.
- stehen in Verbindung mit einem aktuellen Auslöser, der häufig an schulische Ereignisse und Maßnahmen gekoppelt ist.
- können andere Jugendliche, durch das suggestive Moment des sogenannten »Werther-Effekts«, zu Imitationshandeln / Nachahmungstaten (im Falle von Amok auch zu Trittbrettfahrer-Aktionen) anregen.

Wer Bilder von fassungslos trauernden Hinterbliebenen gesehen und Berichte gehört hat, in denen überlebende Opfer eines School Shootings – Schüler, Lehrer oder Hausmeister – die tiefgreifenden Erschütterungen durch das Erlebte und dessen Folgen schildern, wird anerkennen, dass sich *jede, aber auch jede pädagogische Maßnahme »lohnt«*, die einer solchen Entwicklung möglicherweise vorgreift! Wer nachvollzieht, wie eine Schule als lebendiger Organismus nachhaltig beschädigt wird, wer sich klarmacht, dass ein Amokereignis und genauso der Suizid eines Schülers die betroffene Schule zu einem *Ort* macht, *an dem nichts mehr so ist, wie es vorher war*, wird ohne Zögern *jeglichen* denkbaren präventiven Spielraum nutzen!

A.5 Präventive Konsequenzen

Ergebnisse der weltweiten Amok- und Suizidforschung offenbaren, dass diesen Geschehnissen längere, verhängnisvolle Entwicklungen und Prozesse bei Jugendlichen vorausgehen und dass die Jugendlichen lange vor dem Ereignis Frühwarnsignale und Risikomarker aufzeigten und über Leakage / Leaking (engl. *Leak*: Leck, undichte Stelle; *Leaking*: auslaufen, durchsickern) Hinweise auf ihre Befindlichkeit und / oder ihr Vorhaben enthüllten:

> Kein Jugendlicher steht morgens auf und beschließt spontan, einen Amoklauf zu begehen oder einen Suizid durchzuführen. Amok und Suizid stellen jeweils die letzte Handlung am Endpunkt fataler, jahrelanger Entwicklungen dar.

Dem Konzept »Wir können auch anders!« liegen die Überzeugungen zugrunde:

> Solche Entwicklungen sind nichts Schicksalhaftes!
> Solche Entwicklungen sind frühzeitig wahrnehmbar!
> Solche Entwicklungen sind beeinflussbar!

Damit ist die Sinnhaftigkeit und Dringlichkeit einer gezielten Prävention aufgezeigt. Sie wird sich darauf konzentrieren, solche Entwicklungen frühzeitig zu erkennen, und versuchen, darauf größtmöglichen, gezielten Einfluss zu nehmen.

> Innerhalb des Gesamtkonzeptes sind die Themenstellungen Amok und Suizid nicht Ausgangs- und Kernpunkt, sondern konsequenter Bestandteil. In der Dialektik des »Wir können auch anders!«-Konzeptes bilden sie die konstante Hintergrundfolie und stehen mit allen anderen Kapitelschwerpunkten im Zusammenhang – ohne dass sie auf der Ebene der Jugendlichen, in jedem angebotenen Inhalt, konkret aufscheinen.

»Wir können auch anders!« eröffnet auf der Ebene der Jugendlichen folgende grundlegenden präventiven Intentionen. Junge Menschen
- werden in ihren individuellen und sozialen Kompetenzen gefördert und begreifen sich als stark und wirksam.
- erhalten Anregung bei der Entwicklung von Zielen, die für entscheidende Lebensbereiche Zufriedenheit und Erfolg versprechen.
- eignen sich konstruktive Bewältigungsstrategien für konflikt- und krisenhafte Situationen im Pubertätsgeschehen an.
- stärken ihre Gruppen-/Klassengemeinschaft, weil sie sich offener über Probleme austauschen und an der Dynamik ihrer Beziehungen arbeiten.
- übernehmen als Gleichaltrige füreinander Verantwortung, unterstützen sich gegenseitig und erkennen, wann sie Hilfe durch Erwachsene brauchen.
- sehen sich nicht nur auf ihre Schülerrolle fixiert, weil sie sich mit vielen Facetten ihrer Persönlichkeit einbringen können. Ihre Beziehungen zu den Lehrern gestalten sich intensiver und tragfähiger.

A.6 Amok als Gegenstand der Vermittlung?

Skeptiker werden zu bedenken geben: Rechtfertigen Ereignisse, die von wenigen, aus der Bahn geworfenen Einzelgängern ausgehen, den Aufwand einer gezielten schulischen Amokprävention? Warum überhaupt sollte ein Lehrer seine Schüler mit einem Phänomen belasten, das im Falle eines Amoklaufes, statistisch gesehen, noch viel unwahrscheinlicher ist als der Gewinn einer Wochenendreise in einem Preisausschreiben? Mobilisiert man womöglich mit der unterrichtlichen Behandlung des Themas »Amok« bei Schülern Ängste und Befürchtungen, und läuft das nicht sogar auf unverantwortliche Panikmache hinaus? Könnte im ungünstigsten Fall erst *durch* die bewusste Auseinandersetzung mit dieser Gewaltform eine Nachahmungstat angeregt werden?

Amok / School Shooting ist ein Ereignis, das rational und emotional unbegreiflich erscheint. Die Wucht einer erbarmungslos brutalen, physischen und psychischen Gewalthandlung mit den todbringenden Auswirkungen eines Waffeneinsatzes löst auch bei nicht unmittelbar Betroffenen Angst, Verstörung und Hilflosigkeit aus. Verstärkend wirkt die Tatsache, dass aus scheinbar unauffälligen, vordergründig angepassten Jugendlichen Täter werden, die mit der Kälte eines Profi-Killers gezielt die Schule als Ort ihrer Rache auswählen – ein Ort, der eigentlich Sicherheit und Fürsorge, normstiftende Lebensprinzipien, Identitätsfindung und Zukunftsperspektive verkörpern soll. Eine bislang weitgehende Tabuisierung des Phänomens »Amok« in pädagogischen Zusammenhängen erstaunt angesichts dieser irritierenden Faktoren nicht. Sie hat aber bislang nicht dazu geführt, dass sich die Gefahr einer neuerlichen Tat verringert hätte.

A.7 »Ja!« – unter begründeten Bedingungen

Nach dem Amok ist vor dem Amok – das ist die dumpfe, beklemmende Zumutung, die Kriminologen perspektivisch auch für die Bundesrepublik andeuten.

Was in dieser Welt ist, will erklärt und ergründet werden. Umso mehr, wenn es unbegreiflich, beunruhigend und verstörend ist. Ein aufrichtiges Lernmotiv also, das nach Artikulationsmöglichkeit, Information und Orientierung ruft:

> In der Lebenswirklichkeit der Jugendlichen sind School Shootings als mögliches Bedrohungselement längst präsent. Ein ausführlicher, skandalisierender Mediendiskurs, die Thematisierung in Weblogs, Fotos und Videoclips in Internetforen und eine Fülle von Verarbeitungsversuchen in Musiktexten etc. haben dazu geführt, dass das Thema inzwischen Bestandteil jugendlicher Subkultur ist und für Gesprächsinhalte auf den Schulhöfen sorgt.

Dort werden Befürchtungen und Spekulationen ausgetauscht, in denen das Phänomen »Amok« häufig banalisiert und / oder spektakulär hochstilisiert wird. Mit flapsig-coolen Sprachkreationen wird versucht, ein nicht fassbares Geschehen abzuwehren, das im Ausmaß seiner Bedeutung unreflektiert und unverarbeitet geblieben ist (»… Ich mach hier bald Amok, ey!«). Mythische Ausschmückungen aktueller Taten und historische Täterheroisierungen verstärken den gefährlichen Kultcharakter, der in den Geschehnissen an der Columbine Highschool seinen Ausgang nahm und seither gefährdete Jugendliche in aller Welt in den faszinierenden Sog von Nachahmungsfantasien zieht.

> Niemand macht sich bisher die Mühe, solche Eindrücke und Wirkungen bei Jugendlichen systematisch zu korrigieren und normativ zu entkräften!

Seit dem Amokereignis von Winnenden kam es zu einem drastischen Anstieg von Amokandrohungen in allen Bundesländern, was in jedem einzelnen Fall zu Verunsicherung und Schrecken und in vielen Fällen zu kostenintensiven Evakuierungen von Schulen geführt hat. Eine zielgerichtete Aufklärung über die drohenden Konsequenzen von Trittbrettfahrer-Aktionen und über erfolgversprechende Ermittlungsmöglichkeiten der Polizei ist dringend erforderlich. Die Rechtfertigung von Jugendlichen, die sich aus unterschiedlichen Motiven zu solchen Taten hinreißen lassen – »Ich habe gar nicht geahnt, was ich damit auslöse …« – wird sich dann erübrigen.

Wie ausgeführt, geht es beim Thema »Amok« demnach nicht um einen Inhalt, der an Altersgruppen ab etwa 12 Jahren künstlich von außen herangetragen wird. Wie bei anderen problematischen Themenstellungen kann die inhaltliche Brisanz nicht dazu führen, eine erschreckende Erscheinungsform grundsätzlich aus der Lebenswirklichkeit junger Menschen auszublenden und ihnen ein sachbezogenes Wissen darüber zu verwehren: Das Phänomen des Holocaust etwa, die Bedrohung durch Aids, die Zerstörung der Umwelt oder die Behandlung gegenwärtiger, aktueller Kriegsszenarien und Naturkatastrophen haben längst wichtige, verantwortungsvolle Formen einer gezielten Auseinandersetzung ausgeprägt. Das gleiche Bemühen muss dem Phänomen »School Shooting« gelten.

A.8 Die verantwortungsvolle Herangehensweise

Es ist davon abzuraten, Amok als Themenstellung »aus dem Bauch heraus«, im Sinne von »Da haben wir schon mal drüber gesprochen…«, im Unterricht oder in anderen Gruppenzusammenhängen zu vermitteln. Der Inhalt erfordert didaktische Sorgfalt und pädagogische Sensibilität; es dürfen keine zusätzlichen Ängste geschürt werden, und es ist wichtig, kriminologische und psychologische Erkenntnisse in Bezug auf die Gefahr von Nachahmungstaten (vgl. Kap. 4.7 und 4.9 Kommentar) zu beachten.

Es verbietet sich auch, das Thema nach dem Motto »Wir tun jetzt mal was gegen Amok…« anzukündigen, was einer kollektiven Unterstellung gleichkäme. Amok als Vermittlungsgegenstand sollte nicht unvermittelt und isoliert angeboten werden, es empfiehlt sich, dem Aufbau des Konzeptes zu folgen und diesen Inhalt wie vorgesehen in die anderen Themenstellungen einzubetten. Voraussetzung ist, dass die Gruppe / Klasse schon grundlegende Kommunikations- und Gruppenarbeitsformen geübt hat und in der Lage ist, sich offen und vertrauensvoll auszutauschen. Unter dieser Bedingung kann Amok auch aufgegriffen werden, wenn die Jugendlichen mit der Thematik gerade besonders beschäftigt sind: Anlass kann eine nicht zu übersehende aktuelle Mediendebatte/-berichterstattung sein, z. B. zum Zeitpunkt eines Jahrestages, erneuten Ereignisses oder wenn eine Androhung an der eigenen Schule oder in deren Umfeld ausgesprochen wurde – ebenso, wenn die Jugendlichen signalisieren, dass sie an einer konkreten Beschäftigung mit dem Phänomen interessiert sind.

Dann bietet die konkrete Auseinandersetzung mit dem Phänomen Möglichkeiten und Zielsetzungen:
1. Die individuelle Betroffenheit kann in Sprache gefasst, Angst und Verunsicherung zum Ausdruck gebracht und das Wissen über erfolgte Ereignisse besser verarbeitet werden.
2. Durch eine sachliche Darstellung von Ereignissen, ohne Details zum Tathergang, wird die Faszination, die zu Nachahmungstaten und Trittbrettfahrer-Aktionen führt, entkräftet und die Entmythologisierung und Entheroisierung von Tätern gezielt angeregt.
3. Damit wird aufgezeigt, dass es sich nicht um bewundernswerte, coole Typen handelt, die in Egoshooter-Manier lässig durch Schulflure ballern und nachdem sie ihren Job erledigt haben, weltweit Berühmtheit erlangen. Es wird klargestellt, dass es sich um Heranwachsende handelt, die mit sich und der Welt, mit den Anforderungen des Lebens über-

haupt nicht zurechtkommen und von dem übermächtigen Bedürfnis erfüllt sind, wenigstens *einmal Kontrolle* über eine Situation und Bedeutung in dieser Welt zu haben – und dass es sich, nebenbei bemerkt, um skrupellose Massenmörder handelt.
4. Das Hauptaugenmerk wird auf das Ausmaß des Leids bei direkt und indirekt Betroffenen gerichtet.
5. Über drohende Konsequenzen bei aufgedeckten Trittbrettfahrer-Aktionen wird aufgeklärt.
6. In der Auseinandersetzung wird unter den Jugendlichen die Formulierung eines Kodex angestrebt, der die Beteiligten veranlasst, niemanden auszugrenzen und der sozialen Isolation von Einzelnen bewusst entgegenzuwirken.
7. Gleichaltrige werden für krisenhafte Entwicklungen bei Jugendlichen sensibilisiert und angeregt, im gemeinsamen Prozess des Erwachsenwerdens Verantwortung füreinander zu übernehmen und sich gegenseitig zu unterstützen.

A.9 Suizid – ein Tabu zum Thema machen

Die empirischen Daten in Bezug auf Suizidversuche und Suizide bei Jugendlichen verlangen nach Aufklärung. Was die Dringlichkeit einer systematischen Suizidprävention angeht, sind sich Kinder- und Jugendpsychiater, Mitarbeiter von Kriseneinrichtungen und Telefonnotdiensten einig. Doch das Thema »Suizid« ist gesamtgesellschaftlich noch immer tabuisiert – gekoppelt an religiöse und strafrechtliche Schuldzuweisungen in der Geschichte. Der überholte Zirkelschluss »Kein normaler Mensch bringt sich um – also ist jemand, der sich umbringen will, nicht normal...« und die allgemeine Entfremdung der Moderne gegenüber dem Phänomen »Tod« halten dieses Tabu aufrecht. Die Beseitigung von Vorurteilen und Irrtümern, auch im Hinblick auf psychische Erkrankungen, ist gerade bei Jugendlichen notwendig.

Der Mentalitätswandel in der Bildungspolitik – mit einer Verschiebung und Erweiterung eines einseitig verstandenen Bildungsauftrags hin zum gleichzeitigen, bisher vernachlässigten Erziehungsauftrag – begründet zusätzliche, unvertraute Forderungen und Konsequenzen: »Erziehung hat sich auch mit den Problemen zu beschäftigen, die junge Menschen selbst haben, und nicht so sehr mit denen, die sie aus Sicht der Erwachsenen machen.« (Aufruf zu einem Bündnis für Erziehung in Nordrhein-Westfalen: www.buendnisfuererziehung.nrw.de/aufruf.htm. Download 15.5.2002)

Um die komplexen Belastungen heutiger Kinder und Jugendlicher angemessen auffangen und die häufig fehlenden Puffer innerhalb ihrer Familien ausgleichen zu können, sind neue, weiterführende pädagogische Kenntnisse und Kompetenzen erforderlich. Über bekannte Phänomene wie ADHS, Lese-/Rechtschreibschwäche und das pauschale Etikett »verhaltensauffällig« hinaus sollten sich Lehrer ein angemessenes Wissen über Adoleszenzkrisen und die Gefahr von Suizidalität aneignen. Ein Bewusstsein für solche Vorgänge sollte schon in der Ausbildung von Lehrern und Sozialarbeitern angeregt werden, um später in der Alltagspraxis Anwendung zu finden. Motivstiftend mag die Erkenntnis sein, dass das »System Schule« zwar nicht ursächlich für Suizide von Jugendlichen verantwortlich ist, aber mit seinen Zurückweisungen und Überforderungen für Einzelne Szenarien hergibt, die häufig als Auslöser für einen Suizid wirken. Eine Suizidprävention ist vor allem deshalb naheliegend:

> Schulische Pädagogen sind über Jahre hinweg viele Stunden am Tag mit den Heranwachsenden zusammen. Die meisten Jugendlichen verbringen derzeit mehr Zeit mit Lehrern als mit ihren Eltern! Demnach können sie frühe Entwicklungen beobachten und Einfluss darauf nehmen.

Pädagogen haben damit die große Chance mitzuhelfen, das Tabu *Suizid* aufzubrechen und die Berührungsängste, Mythen und Irrtümer, die bei Erwachsenen wie Jugendlichen gleichermaßen vorhanden sind, zu verringern. Es ist klar, dass Lehrer und Sozialarbeiter keine Psychologen sind und keine psychotherapeutische Funktion übernehmen können und sollen. Natürlich ist auch die grundsätzliche, chronische Überlastung von Lehrern in der Epoche nach PISA ernst zu nehmen. Bei der Fülle neuer Aufgabenstellungen stoßen sie bereits jetzt an die Grenzen ihrer Belastbarkeit: »Was sollen wir denn noch alles machen?«. Festzuhalten ist jedoch, dass die Auseinandersetzung mit den Problemen der Jugendlichen zu mehr Nähe, befriedigendem Austausch und produktiven Prozessen auf der Beziehungsebene führt. Dies führt zu Entlastung im Bereich der Wissensvermittlung: Viele Unterrichtsstörungen haben mit den genannten Nöten der Schüler zu tun. Darüber hinaus zeigen Jugendliche eine größere Bereitschaft, Leistungen, Disziplin und Respekt aufzubringen, wenn sie sich mit ihren Sorgen angenommen fühlen.

Ein wichtiger präventiver Aspekt besteht darin, Jugendlichen zu Resilienzerfahrungen zu verhelfen, aus denen sie gestärkt hervorgehen – selbst wenn sie schon von widrigen Lebensumständen geprägt sind. (Als Resilienz wird die Stärke eines Menschen bezeichnet, Lebenskrisen oder traumatische Erfahrungen zu meistern. Sie ist eine Form der Widerstandsfähigkeit, eine Art seelisches Immunsystem, das erlernt werden kann.)

Pädagogen nutzen mit »Wir können auch anders!« gezielt ihre Chance, frühzeitig in gefährliche Entwicklungen einzugreifen, mögliche Suizidfantasien aufzuspüren und den Jugendlichen zügig für weiterführende professionelle Hilfsangebote zu sensibilisieren.

A.10 Die ermutigende Feststellung

Zur Überwindung von Unsicherheiten und Ängsten im Umgang mit dem Thema ist die Erkenntnis von Suizidexperten hilfreich:

> Über Suizid zu reden, löst keinen Suizid aus! Suizidfantasien anzusprechen, entlastet betroffene Jugendliche und verringert die Gefahr des Suizids.

Auf der Ebene der Jugendlichen werden die grundlegenden präventiven Aufgaben der Persönlichkeitsstärkung durch eine sachliche Aufklärung und Information über die Suizidgefahr bei Heranwachsenden ergänzt. Es gilt, in den genannten Einrichtungen Ort und Zeit zu schaffen, an dem die Sprachlosigkeit durchbrochen werden und das Bewusstsein entstehen kann, dass jeder in eine existenzielle Krise kommen kann, aus der er alleine nicht mehr herauskommt. Es wird aufgezeigt, dass es immer Lösungen gibt, auch wenn diese in Zeiten der Verzweiflung, Leere, Sinn- und Ausweglosigkeit vom Betroffenen nicht gesehen werden. Die Vielfalt der Möglichkeiten, Hilfe in entsprechenden Einrichtungen zu finden, werden konkret aufgezeigt.

Für Pädagogen ist die Auseinandersetzung mit eigenen Ängsten und Einstellungen zum Phänomen »Suizid« hilfreich. In der Beschäftigung mit den Jugendlichen ist eine verbindliche und konsequente Trennschärfe notwendig, was psychologische / psychotherapeutische Berührungspunkte in Abgrenzung zum eigenen Rollenverständnis angeht – um Fehleinschätzungen zu vermeiden und um sich selbst vor Überforderungssituationen zu schützen. Die Einbeziehung / Einladung von Experten aus Kriseneinrichtungen, der Kinder- und Jugendpsychiatrie oder von Telefonberatungen ist sinnvoll und bereichernd.

Zusätzlich zur Suizidprävention im Gruppen-/Klassengeschehen werden auf der Ebene der Institution Maßnahmen ergriffen, in der auch eine Gruppe von geschulten Gleichaltrigen präventive Aufgaben übernimmt (»Peer-Helper-Team«), da sie meist das größte Wissen über die Befindlichkeiten, Einstellungen und Bedürfnisse ihrer Mitschüler haben (Materialien im Download).

A.11 Rezepte und Garantien? Nein!

> Ein Konzept über schulische Amok- und Suizidprävention kann nicht durch die Illusion getragen sein, es gäbe Rezepte oder Garantien, die solche Ereignisse prinzipiell ausschließen! Beide Phänomene bleiben potenziell unkalkulierbar und sind nicht vorhersehbar!

Die Möglichkeit der grundsätzlichen Auflösung einer solchen Bedrohung kann deshalb auf seriöse Weise von niemandem angeboten werden. Forderungen an die Gesellschaft, Eltern, Medien, Betreiber von Internetforen, an die Computerspiele-Industrie und an Politiker, z. B. in Bezug auf eine Verschärfung der Waffengesetze oder das Dringen auf einen verbesserten Kinder- und Jugendschutz im WWW sind wichtig, und Überlegungen, Schulen mit technischen Sicherungssystemen auszustatten, haben ihre Berechtigung. Auch die Appelle, mehr Schulpsychologen und Sozialarbeiter in Schulen einzustellen, müssen endlich Gehör finden. »Wir können auch anders!« bietet *präventive Möglichkeiten, die anders und früher ansetzen.*

A.12 Das weitreichende präventive Spektrum

Amok- und Suizidprävention beginnt da, wo zwei Menschen sich begegnen. Schulen und sozialpädagogische Einrichtungen sind Orte, die über Jahre tagtäglich, viele Stunden lang, die Chance bieten, solche Begegnungen für Heranwachsende förderlich zu gestalten und ihnen umfassende, breite Zugänge zu erfahrungsorientierten Lernprozessen im Bereich des sozialen Lernens mit lebensweltlicher Veranschaulichung zu eröffnen. An diesen Orten kann Jugendlichen das Gefühl vermittelt werden, geschätzt und gebraucht zu werden und mit ihren individuellen Stärken und Potenzialen für diese Gesellschaft wertvoll zu sein – ohne sie ausschließlich an der Latte einer gängigen Leistungsskala zu messen. »Wir können auch anders!« vermittelt Heranwachsenden in motivierenden Themenstellungen fassbare, pro-soziale Lernziele, Hoffnungsaspekte und Wirksamkeitserfahrungen. In einer solchen Atmosphäre entstehen die Voraussetzungen für die jetzt häufig propagierte »Kultur des Hinschauens«. Hier wird ein Klima des Vertrauens und der gegenseitigen Achtung und Unterstützung geschaffen, in der Jugendliche die Bereitschaft entwickeln, sich in psychischen Notlagen und in krisenhaften Zuspitzungen pubertärer Verstrickungen vertrauensvoll an Gleichaltrige und / oder Erwachsene zu wenden.

A.13 Im Zentrum: Die Lebens- und Erfahrungswelt von Jugendlichen in der Pubertät

Im Mittelpunkt von »Wir können auch anders!« stehen Heranwachsende auf der Suche nach ihrer Identität und nach Sinn. Die Phase der Pubertät beinhaltet für alle Beteiligten eine kräftezehrende Auseinandersetzung mit dem Chaos miteinander streitender Gefühle – Angst und Überschwang, Omnipotenz und Zweifel, Risikobereitschaft und Unsicherheit. Sie birgt die Möglichkeit des gemeinsamen Entdeckens der kreativen Potenziale von Jugendlichen – ihrer Neugierde, Spontaneität, Flexibilität und ihres ungebremsten Erlebnishungers. Der professionelle Umgang mit den negativen Zumutungen – gemeint ist die breite, oft wenig spaßige Skala pubertärer Ausdrucksformen – Monster, Zicke, Klemmi, Mimose – erfordert seitens der pädagogischen Professionellen einerseits eine wertschätzende, nachsichtig-geduldige Haltung, verlangt aber auch Normverdeutlichung, Grenzziehung und Konsequenz, also positive, Orientierung gebende Autorität.

Den meisten Heranwachsenden gelingt es, diese schwierige Phase unbeschadet durchzustehen und daraus Stärke für ihre weitere Entwicklung zu gewinnen. Etwa ein Fünftel der Jugendlichen sind den äußeren Erwartungen und den Veränderungen in Körper und Seele in der Phase der Pubertät nicht gewachsen: Biografische Belastungsfaktoren, aktuelle Konflikte in der Familie, Versagensängste und Schulversagen, Ausgrenzungserfahrungen, Einsamkeit und Liebeskummer etwa führen dazu, dass solche Heranwachsenden – meist unbemerkt – in eine bedrohliche Krise abgleiten. Sie sind für deren Bewältigung auf die Hilfe Erwachsener angewiesen! Eine Reihe von Materialien in mehreren Kapiteln liefert den Jugendlichen Anschauung, dass Krisen mit lebensbejahendem Optimismus als normaler Bestandteil und Chance des Lebens angenommen und überwunden werden können.

Die *besondere Kränkungs- und Frustrationsanfälligkeit von Jugendlichen in der Pubertät* stellt im Konzept von »Wir können auch anders!« einen besonderen Schwerpunkt dar. Sowohl die Vermeidung solcher Erfahrungen im System Schule, durch Gruppendruck, Ausgrenzung, Mobbing, Leistungsdruck, mangelnde Sensibilität durch Lehrer und institutionelle Gewalt, als auch die Chance, bei Heranwachsenden eigene Fähigkeiten anzuregen, um Kränkungs- und Frustrationserfahrungen konstruktiv zu managen, sind im Hinblick auf die Prävention von Amok und Suizid von wesentlicher Bedeutung (vgl. Kap. B.2.10).

A.14 Die Wirksamkeit von »Wir können auch anders!«

Die Wirksamkeit des Konzeptes erschließt sich über die Gesamtheit der vorgeschlagenen präventiven Inhalte und Maßnahmen. Je länger und vollständiger sie über einen kontinuierlichen Zeitraum auf allen Ebenen der Institution umgesetzt werden, umso nachhaltiger und erfolgreicher werden sie sich auswirken. Die langjährige Tendenz, sich in präventiven Konzepten problemorientiert auf jeweils eine einzelne Schiene festzulegen, etwa auf die Prävention von Süchten, Gewalt oder Suiziden, scheint aus heutiger Sicht nicht mehr sinnvoll.

Auf der primären Ebene der Prävention (Kapitel 4.1–4.3) fördert »Wir können auch anders!« basisgebende Lebenskompetenzen, sogenannte *Life* oder *Soft Skills*, für die Persönlichkeit des Einzelnen sowie sein soziales Handeln in Gruppen. Es gilt, Prozesse abzuwenden, die ohne Beeinflussung im späteren Verlauf z. B. beim Komatrinken, in einer Essstörung oder einer Computersucht enden könnten oder in der Fixierung auf eine Täterrolle bestehen, in der ein Jugendlicher regelmäßig zu provokativen, eskalierenden Situationen und zu Gewaltopfern beiträgt.

Auf der sekundären Ebene der Prävention (Kapitel 4.4–4.8) ist die Auseinandersetzung mit und die Aufklärung über Problemformen wie Mobbing, Komatrinken, Depressionen, Selbstverletzungen, Amok, Mediennutzung und Suizid vorgesehen. Auf dieser Präventionsebene setzt auch die Zielsetzung an, bereits beginnende problematische Entwicklungen frühzeitig wahrzunehmen und zu beeinflussen. Hier kann es sinnvoll oder auch notwendig sein, Experten aus anderen Berufsgruppen zur Unterstützung hinzuzuziehen.

Die tertiäre Ebene der Prävention betrifft vermutete oder bereits manifeste gravierende Problemstellungen in Bezug auf Gewaltbereitschaft, Suchtverhalten und sonstige psychische Auffälligkeiten bei Jugendlichen, die im Bereich Schule oder in Einrichtungen der Jugendhilfe nicht mehr aufgefangen werden können. Sie erfordern immer die Kompetenzen von Fachleuten anderer Disziplinen: Schulpsychologie, Kinder- und Jugendpsychiatrie, Kriseneinrichtungen, Antiaggressivitätstrainings und gegebenenfalls auch die Einbeziehung des Jugendamts.

> Schließlich können sich alle, die innerhalb der jeweiligen Institution Verantwortung übernehmen und dementsprechend präventiv handeln, von dem Gefühl bewegen lassen, das Mögliche getan zu haben!

B. Umsetzung des Konzepts

B.1 Die Ebene der Institution

B.1.1 Voraussetzungen

Der *Sherman Report*, eine umfassende Studie zur Wirkung gewaltpräventiver Programme in den USA, warf 1996 unbequeme Fragen auf: *What Works? What Doesn't? What's Promising?* In der deutschen Rezeption, dem Düsseldorfer Gutachten und dessen Leitlinien (Leitlinien des Düsseldorfer Gutachtens, S. 35: http://www.duesseldorf.de/download/dgll.pdf), wurden grundsätzliche Aussagen bestätigt:

Der deutlichste präventive Wirkungserfolg wird in Mehrebenen-Konzepten gesehen, die über eine längere Zeit durchgeführt werden und auf die unterstützende Gemeinschaft der Institution setzen. Als wenig erfolgversprechend werden punktuelle Interventionen angesehen, die keinen Einbezug in die Institution als Ganzes aufweisen. »Wir können auch anders!« erfüllt diese Forderungen und entspricht solchen, die im Bericht des Expertenkreises zum Ereignis in Winnenden zur Verringerung des Risikos von Amoktaten (http://www.baden-wuerttemberg.de/fm7/2028/BERICHT_Expertenkreis_Amok_25-09-09.pdf) und in den Beschlüssen der 188. Sitzung der Ständigen Konferenz der Innenminister und -senatoren der Länder vom 5.6.2009 in Bremerhaven (www.bundesrat.de/cln_090/DE/.../Sitzungen/09.../Liste.pdf, S. 5–8) formuliert wurden.

Die Umsetzung eines schulübergreifenden Präventionsprogramms erfordert Engagement auf breiter Ebene. Solche Aufgaben werden in der allgemeinen Überlastung gerne an einige wenige (häufig immer dieselben) delegiert. Die Beobachtung und Erfahrung zeigt jedoch, dass Anstrengungen dieser Art von einzelnen Personen kräftemäßig nicht länger als zwei bis drei Jahre bewältigt werden können. Dies führt dazu, dass solche Projekte, ursprünglich mit Optimismus und Tatkraft angestoßen, bald im Sande verlaufen. Häufig lässt sich dann das Kollegium zu Bemerkungen wie diesen hinreißen: »Hatten wir alles schon, hat aber nichts gebracht!« Der Schulleitung kommt hier die Aufgabe zu, solche Aufgabenstellungen auf viele Schultern gerecht zu verteilen und engagierte Mitarbeiter an anderer Stelle zu entlasten.

B.1.2 Das Schulklima

Die Förderung eines positiven Klimas ist ein grundlegendes Qualitätskriterium heutiger Schulen, denn es gilt inzwischen als gesichert, dass eine gedeihliche Atmosphäre Kinder und Jugendliche angemessen auf das Leben vorbereitet und vorteilhaft in den Leistungsbereich hineinwirkt. Das Klima einer Schule ist messbar am Grad der wertschätzenden Beziehungen und am Zusammengehörigkeitsgefühl unter den Beteiligten. Es setzt voraus, dass alle in ihrem Bedürfnis nach Selbstbestimmung und Entscheidungsmöglichkeit ernst genommen werden. Für Schüler ist es wichtig, das Gefühl zu haben, von Leitung und Lehrern gerecht und fair behandelt zu werden. Auch das Empfinden, Sinnvolles lernen zu können, was mit dem Leben in Beziehung steht, und die Gewissheit, innerhalb der Institution etwas erreichen zu können, trägt zu einem guten Klima bei.

Regelmäßige *schriftliche Befragungen* aus unterschiedlichen Perspektiven (Lehrer, Schüler, Eltern) geben Aufschluss über Einstellungen und Bedürfnisse der Beteiligten in den folgenden Punkten und stellen sicher, dass Verbesserungsvorschläge im Verhältnis zwischen Lehrern und Schülern und den Schülern untereinander wahrgenommen und umgesetzt werden.

B.1.3 Mitbestimmung und -gestaltung

Eine fortschrittliche Schule wird neben den Gelegenheiten, in Gremien und als Schülervertretung mitzuwirken, weitergehende Mitbestimmungsmöglichkeiten eröffnen. Dazu kann gehören, dass sich der Schulleiter einmal monatlich außerhalb der üblichen Gremien, im lockeren Rahmen auch mit Schülern aus verschiedenen Klassen zusammensetzt, die *kein* gewähltes SV-Amt innehaben, und sich ihre Wünsche und Bedürfnisse anhört. Der Kontakt zur Basis ist vertrauensgebend und gibt Schülern das Gefühl, auch als Einzelner wahrgenommen zu werden. Am Anfang eines Schuljahres sollten die Schüler aller Klassen Gelegenheit haben, ihre Mitgestaltungswünsche über besondere Ereignisse, die Gestaltung von Räumlichkeiten und Alltagsabläufe zu sammeln und einzubringen.

B.1.4 Entwicklung einer »Corporate Identity«

Zur Anregung des Gemeinschaftssinns und einer kollektiven Identität gehört es, in regelmäßigen Abständen gemeinsame Ziele, Werte und Ideale aufzustellen, die nach außen und innen vertreten werden:

- Was ist uns in dieser Einrichtung wichtig?
- Wo wollen wir hin?
- Was muss mehr in den Vordergrund gerückt werden?
- Wie funktioniert das Miteinander?
- Wo wollen wir neue Schwerpunkte setzen?
- Wer könnte von außen neue Impulse einbringen?
- Wo können wir im Schulumfeld lebensbezogen lernen und dabei Gutes tun?

Das sind Fragen, die nicht nur in der Steuergruppe, sondern auch direkt an die Schülerschaft gestellt werden sollten. Identitäts- und wertestiftend ist ein gemeinsam verfasster Loyalitätskodex, der soziales Verhalten postuliert und zur Einhaltung motiviert (vgl. Vorschlag in den Praxismaterialien »Hier gehört jede/r dazu!«).

Der Stolz auf die eigene Schule und das Gefühl, Teil einer Gemeinschaft zu sein, lässt sich gut über Symbole, die ein kollektives Selbstbewusstsein vermitteln, ausdrücken – skandinavische und angloamerikanische Ländern gehen damit unbefangener (historisch unbelasteter) und kreativer um:

- *T-Shirts, Buttons, Tücher oder Basecaps*, die neben dem Schul-Logo mit Bildmotiven oder originellen Sprüchen der Schüler gestaltet und in eigener Werkstatt bedruckt wurden, können auch außerhalb der Schule verkauft werden.
- Eine eigene *Schulflagge*, die bei wichtigen Ereignissen gehisst wird, und *Transparente*, die bei Veranstaltungen in der Öffentlichkeit mitgenommen werden, sind identitätsstiftend und signalisieren nach außen und innen »Das sind wir!«.
- Ein von den Jugendlichen in der *Musik-AG komponiertes Schul-Lied,* das im Text jene Werte und Ideale wiedergibt, kann in allen Klassen verbreitet und bei festlichen Anlässen, am Schuljahresanfang/-ende oder bei Gedenkanlässen gesungen werden.

Auch kulturelle und religiöse Traditionen und Bräuche, die sich in wiederkehrenden Ritualen spiegeln, befördern Werte und Identität. Die Gemeinsamkeiten der verschiedenen Herkunftskulturen einer Schule herauszustellen und daraus eine Wertesynthese entstehen zu lassen, stellt eine besondere Herausforderung dar.

B.1.5 Ermöglichen einer Eventkultur

Um den Jugendlichen in ihrem ausgeprägten Bedürfnis nach Events und aus dem Alltag herausgehobenen Ereignissen Geltung zu verschaffen, sollten regelmäßig gemeinsam geplante und weitgehend von den Jugendlichen organisierte Veranstaltungen, auch außerhalb der Unterrichtszeit, durchgeführt werden.

Beispiele:
- *Kinoveranstaltungen* am Abend mit altersgerechten Wunsch-DVDs, auch Open Air auf dem Schulhof
- *Musik-Chart-Events,* bei denen über die beliebtesten Musiktitel an der Schule abgestimmt wird
- *aufgezeichnete Magazinsendungen* aus dem Fernsehen, die ein aktuelles gesellschaftliches Thema aufzeigen (außerhalb der Schulzeit), anschließende Podiumsdiskussion
- *Künstler aus den Bereichen der Jugendkultur* präsentieren sich bei einem Schul-Event, wirken im Unterricht oder bei Projekttagen mit und können interviewt werden.
- *Promi-Sportler* werden in den Sportunterricht oder in schulische Sportveranstaltungen einbezogen.
- *Lokalpolitiker werden eingeladen* und nehmen zu aktuellen Fragen Stellung.
- *Durchführung von Wettbewerben* für Lösungsvorschläge schulinterner Problemstellungen
- *öffentliche Ausstellungen schulischer Projektergebnisse* im Schulumfeld (Cafés, Restaurants, öffentliche Gebäude)
- *Tanz in den Frühling*
- *Mittsommernachtsfest* mit Sprung über das Mittsommerfeuer
- *Spiele-Turniere mit Preisverleihung* (z. B. Schach, LAN-Partys)
- *Rätsel des Monats* (wird reihum in einer Klassen entwickelt, die anderen Klassen versuchen, die Lösung des Rätsels zu finden, Lösung und Sieger werden innerschulisch veröffentlicht)
- *Veranstaltungen mit Medienpädagogen,* die zu konstruktiver Mediennutzung anregen; entstehende Produkte wie Video-Clips, Handyfilme etc. werden anderen Klassen gezeigt.
- *ritualisiertes Montagstreffen* (in den Anfangsminuten der ersten Unterrichtsstunde), bei dem gemeinsam und klassenübergreifend, auf der Ebene der verschiedenen Klassenstufen oder auf den unterschiedlichen Etagen, Texte, Zitate, Lieder oder Beiträge aus der Tagespresse zur Einstimmung auf die Woche dargeboten werden.
- *monatliche Präsentationen von Unterrichtsergebnissen* in der Aula / auf der Schulbühne vor Parallelklassen
- *Talentshows,* in denen einzelne Schüler oder Gruppen *besondere* Fähigkeiten zeigen können
- *Tanzkurse* (z. B. Streetdance, Jazzdance, Salsa, Tango) mit Ergebnispräsentation in der Schulöffentlichkeit
- *Kampfsport- und Selbstverteidigungskurse,* in denen gewaltfreie asiatische Philosophien vorgestellt werden
- *Parcour-* oder *Skating-Kurse*
- *Kochkurse mit Kochprofis* aus bekannten Restaurants vor Ort
- etc.

Nach Möglichkeit werden bei Events dieser Art schulische Sozialarbeiter mit einbezogen. Verantwortliche Planer und Betreuer seitens der Lehrer und Sozialarbeiter müssen für solche Freizeiteinsätze Ausgleich erhalten, weil sonst eine dauerhafte Motivation für die Durchführung regelmäßiger Veranstaltungen nicht aufrechtzuerhalten ist.

Für derartige Veranstaltungen müssen klare Regeln ausgesprochen und einzelne Abläufe in den Klassen im Vorfeld eingehend besprochen und geübt werden (Wie nehmen die Klassen ihre Plätze ein?; Wie verlässt eine Klasse die Aula?; Welches Verhalten führt zum sofortigen Ausschluss?). Die Schulleitung signalisiert vor der Veranstaltung ihr ausdrückliches Vertrauen in die Selbstdisziplin ihrer Schüler und appelliert an ihre Mitverantwortung. Je *strukturierter* solche Veranstaltungen zusammen mit den Jugendlichen geplant werden, umso disziplinierter laufen sie ab. Falls die Schüler nicht an solche Veranstaltungen gewöhnt sind, empfiehlt es sich, zunächst mit wenigen Klassen zu beginnen, die Abläufe gemeinsam auszuwerten und erst bei routinierten Durchläufen zu großen, schulübergreifenden Veranstaltungen überzugehen. Eine funktionierende Eventkultur steigert die Attraktivität einer Schule ungemein. Die Schüler sind dankbar für solche Angebote und werden dafür an anderer Stelle eher zu Zugeständnissen bereit sein.

B.1.6 Ausbildung einer Anerkennungs- und Lobkultur

Das Bedürfnis nach Anerkennung, Bestätigung und Lob ist ein elementar menschliches. Im pädagogischen Prozess ist Ermutigung wirksamer als der stetige Hinweis auf Schwächen und Defizite. Tadel und Kritik verstärken bei Heranwachsenden grundsätzliche Versagensängste und werden im fragilen Pubertätsempfinden leicht als Kränkung und unverwindbaren Angriff auf den Wert des eigenen Selbst begriffen – Jugendliche sind zur Entwicklung eines Selbstbewusstseins viel mehr als Erwachsene auf äußere Bestätigung angewiesen. Lob und Anerkennung, auch über kleinste Entwicklungsschritte, werden von ihnen begierig aufgesogen und sind notwendiger Ansporn für weitere Anstrengung – in der *Amok- und Suizidprävention* sind sie wichtige Elemente. Trotzdem sind Heranwachsende auf Korrektive angewiesen, Schwächen und Defizite bedürfen kritischer Feedbacks. Diese können jedoch nur angenommen werden, wenn sie sensibel, wohlwollend, sachbezogen und ohne Vorwurfshaltung abgegeben werden.

Eine gezielte Lobkultur in einer pädagogischen Einrichtung ermöglicht auch solchen Jugendlichen Erfolgsgefühle, die im herkömmlichen Sinn leistungsschwach und/oder in ihrem Verhalten wenig angepasst sind und kaum Aussicht auf schulisch anerkannte Gelingenserfahrungen haben. Speziell *ihre* Stärken zu entdecken und zu würdigen hat nichts Gönnerhaftes, es unterstreicht lediglich das Recht auf Verschiedenheit und Individualität.

Schulische Lobkultur kann sich in einer kontinuierlichen Würdigung der Fortschritte von Einzelnen in einem persönlichen Lehrer-Feedback, etwa bei der Auswertung eines Verhaltenstagebuchs, oder in einem ritualisierten, wöchentlich abgegebenen Anerkennungsgestus innerhalb der Klassenöffentlichkeit äußern (*Schüler der Woche*: »Herzlichen Glückwunsch an XY. Er/sie hat in dieser Woche ...«). Auch Sekundarschüler reagieren auf ein angemessen gestaltetes Lobkärtchen stolz und freudig gerührt!

In der Schulöffentlichkeit finden Handlungsweisen und Anstrengungen Erwähnung, die der Schulgemeinschaft dienen und besonderes Engagement auch in »Nebenbereichen« aufweisen (öffentliche Auszeichnung: »XY hat sich in einem schwierigen Konflikt als guter Vermittler gezeigt« – »XY hat gute Ideen bei der Neugestaltung von ... eingebracht« – »XY hat maßgeblich bei der Organisation einer Veranstaltung mitgewirkt« usw.). Eine öffentliche Belobigung kann vierteljährlich stattfinden, Vorschläge für Kandidaten kommen aus den Klassengemeinschaften.

Pro Schulhalbjahr können beispielsweise drei Klassen von einem Gremium aus Schülern und Lehrern gewählt und für besonderes Engagement im Bereich sozialen Verhaltens oder durch ein beispielhaft kreatives Projekt öffentlich hervorgehoben werden. Die Organisation einer Lob- und Anerkennungskultur kann nicht durch ein oder zwei Pädagogen geleistet werden, eine gerechte Aufteilung der Aufgaben (z.B. Gestaltung eines Schaukastens, Fotobearbeitung und Urkundengestaltung) ist Voraussetzung.

B.1.7 Regeln für das Zusammenleben und Zusammenarbeiten

Das Bedürfnis der Schüler nach Sicherheit in emotionaler und physischer Hinsicht, nach normstiftender Orientierung und das Recht auf einen störungsfreien Unterricht verlangt nach einem Regelkanon, der von *allen* Beteiligten, auch von den Erwachsenen verinnerlicht wird. Er sollte mit den Schülern gemeinsam formuliert werden und auf wenige klare *Verhaltens- und Unterrichtsregeln* beschränkt sein. Positiv abgefasste Regeln sind erfahrungsgemäß zu wenig konkret, werden beliebig aufgefasst und ausgelegt, müssen im akuten Anwendungsfall erst kognitiv umgedreht werden und sind schlecht zu merken – sie überfordern eine Vielzahl heutiger Schüler: Formulierungen wie »Wir gehen freundlich und höflich miteinander um« stellen keine eindeutigen Regeln dar, sie sind eher wertestiftende Verhaltensforderungen, die im alltäglichen Erziehungsprozess ihren wichtigen Platz haben. Sinnvoller ist ein Regelkanon, der mit Eindeutigkeit klar benennt, was nicht erlaubt ist: »Niemand hat an dieser Schule das Recht, andere zu beleidigen, zu schlagen, auszugrenzen, Eigentum wegzunehmen, zu beschädigen oder zu zerstören etc.« Ein gemeinsam verfasster Katalog sollte im Schulhaus und in jeder Klasse so hängen, dass er stets präsent ist und kontinuierlich auf ihn verwiesen werden kann – nur so wird er im Bewusstsein aller verankert (es genügt nicht, ihn am Beginn des Schuljahres einmalig zu erläutern und ihn an eine beliebige Stelle des Klassenzimmers zu hängen).

Neben den Verhaltensregeln muss es *Unterrichtsregeln* geben, die das Recht auf ungestörten Unterricht für Pädagogen und Schüler gleichermaßen gewährleisten. Auch sie werden gemeinsam formuliert und enthalten sehr konkrete Bedingungen:
- Was ist das Signal für den Unterrichtsbeginn und welches Verhalten wird dann prompt erwartet?
- Was liegt dabei auf dem Tisch?
- Welche Arbeitsmaterialien hat jeder Schüler immer dabei?
- Wer darf / muss wann / warum den Unterricht verlassen?
- Welche Gesprächsregeln gelten?
- etc.

> Der Erfolg einer Regel hängt von ihrer Durchsetzung ab!

Diese schlichte Überzeugung verlangt, dass ein Regelverstoß *prompt, ruhig und sachlich* benannt und mit dem Hinweis versehen wird, dass sich daraus *Konsequenzen* ergeben. Dabei ist auf strikte Trennung von Person und Verhalten zu achten (vgl. Kap. B.2.4). Mit diesem Vorgehen können sich die Pädagogen als Person zurücknehmen: Der Lehrer bestraft nicht, er setzt eine Regel durch, die gemeinsam mit den Schülern aufgestellt wurde.

Das *Prinzip der obligatorischen Wiedergutmachung* bei Regelverstößen ist oft wirksamer als Ordnungsmaßnahmen, weil Fehlverhalten erfahrbar und besser reflektiert, Opfern das Gefühl von Ausgleich und Genugtuung gegeben wird und Täter einen aktiven Beitrag für die Gemeinschaft leisten können. Eine Liste mit Wiedergutmachungsvorschlägen und eine mit den Personen, die aktuell eine Wiedergutmachung zu leisten haben, hängt in jeder Klasse. Auf einem bereit liegenden Zettelblock bestätigen die Beteiligten die abgeleistete Wiedergutmachung und übergeben sie dem Klassenlehrer.

> Jeder Jugendliche hat das Recht darauf, dass Pädagogen innerhalb einer Institution einheitlich und kalkulierbar bei Regelverstößen und Normvergehen reagieren.

Der mühselige, aber unerlässliche Beitrag der Erwachsenen besteht darin, über das konkrete, einheitliche Vorgehen *einen verbindlichen Konsens* im jeweiligen Kollegium herzustellen. Leitungsqualität bedeutet, auf diesen Diskurs im Kollegium so lange unnachgiebig zu dringen, bis Übereinstimmung erzielt wird und *alle am gleichen Strang* ziehen – die Voraussetzung für jegliche Gewaltprävention.

B.1.8 Qualitätssicherung durch Klassen-Sozialstunde und Klassenrat

Kontinuierliche Prävention erfordert eine institutionelle Absicherung und einen festgelegten Zeitrahmen. Sporadisch durchgeführte Maßnahmen versprechen keine nachhaltige Wirksamkeit. Für die Durchführung des Präventionsprogramms muss diese Entscheidung fallen:

> Eine wöchentliche Klassen-Sozialstunde wird bereitgestellt, in der auf Schülerebene das Trainingsprogramm oder Elemente daraus in möglichst vielen Klassenstufen durchgeführt werden.

Es könnte zumindest mit der Einrichtung in den Klassenstufen 7 und 8 begonnen werden. Der Materialteil in diesem Buch bietet umfangreiche Praxismaterialien für den Zeitraum mehrerer Schuljahre, die in diesen Stunden umgesetzt und als Trainingsprogramm angewandt werden.

Daneben kann in dieser Klassen-Sozialstunde im individuell festgelegten Rhythmus auch der sogenannte *Klassenrat* durchgeführt werden. Der Klassenrat stammt aus der Freinet-Pädagogik und ist eine regelmäßig stattfindende Versammlung im Klassenzusammenhang. *Der Klassenrat* fördert soziale Kompetenzen und

- lässt durch Verbindlichkeit und Kontinuität gegenseitiges Vertrauen wachsen.
- erhöht die Wahrnehmung und Sensibilität für eigene und fremde Gefühle.
- fördert Empathie für die Sichtweise anderer (Perspektivwechsel).
- ermöglicht Pädagogen, die Gruppendynamik und Gruppenstrukturen in der Klasse besser zu durchschauen.
- bietet Schülern ein Feedback durch Gleichaltrige.
- sorgt für eine bessere Kommunikation in der Klasse.
- vermittelt Heranwachsenden das demokratische Prinzip der Mitbestimmung.

Im Klassenrat wird / werden
- öffentliches Lob erteilt und positive Vorkommnisse benannt.
- Probleme / Konflikte / Zwischenfälle im Wochenverlauf besprochen.
- Ideen und Veränderungswünsche der Klasse aufgegriffen.
- Themen und Inhalte vorwiegend von den Bedürfnissen, Wünschen und Problemen der Schüler bestimmt.

An einer Pinnwand oder in einem Briefkasten werden in den Zwischenzeiten namentlich unterschriebene Beiträge in verschiedenen Kategorien für den Klassenrat auf Zetteln gesammelt. Anonyme Anträge werden nicht verhandelt. Die Lehrpersonen benutzen eine andere Zettelfarbe als die Schüler. Die Zuordnung der Beiträge erfolgt z. B. nach diesen Kategorien / Themenbereichen:
- Lob, gelungene Ereignisse, positive Vorkommnisse
- Kritik, Probleme / Regelverstöße
- Konflikte
- Ideen und Verbesserungsvorschläge

Innerhalb eines festgelegten Rituals mit wechselnden Rollen – *Zeitwächter, Störungsmelder, Vorsitzende/r und Protokollführer* – werden die erwünschten Beiträge nach festen Gesprächsregeln bearbeitet. Wichtig ist, dass die Themenstellungen nicht zerredet werden, sondern ziel- und lösungsorientiert vorgegangen wird, weil die Sitzungen sonst langweilig werden und einzelne Schüler abdriften. Dabei wird die Lehrperson mehr und mehr die Organisation und den Ablauf des Klassenrats der Selbstbestimmung der Schüler überlassen und sich im Hintergrund halten. Die im Klassenrat gefassten, mehrheitlichen Beschlüsse gelten für alle verbindlich.

B.1.9 Konfliktlösungsmodelle

Jugendliche zur eigenständigen und gewaltfreien Lösung ihrer Konflikte zu befähigen, ist eine der Säulen des sozialen Lernens und Bestandteil jeder Gewaltprävention. Inzwischen finden an allen Schularten Modelle und Rituale Anwendung, in denen konstruktive Konfliktlösungen zwischen Einzelnen, innerhalb der Klasse und der Schulgemeinschaft zustande kommen: Es gibt Streitschlichterprogramme, Konzepte für Peacemaker auf dem Pausenhof, Mediations- und Peer-Mediations-Programme. Solche Modelle gelten inzwischen als unverzichtbarer Standard für Gewaltprävention und soziales Lernen und sind an vielen Schulen implementiert. Im Materialteil (vgl. Kap. B.4.3) findet sich eine Kopiervorlage mit Anleitungskärtchen für eine *Blitzschlichtung*.

B.1.10 Unterstützungssysteme durch Gleichaltrige

In Peer-Modellen übernehmen Gleichaltrige untereinander, als Experten in eigener Sache, Prinzipien der Peer-Group-Education. Sie helfen, beraten und begleiten jüngere oder gleichaltrige Mitschüler eigenverantwortlich im Schulalltag und sind dabei oft erfolgreicher als Lehrpersonen. Sie erwerben vielfältige soziale Kompetenzen, die für ihr späteres Leben bereichernd sind und auf die Mitbestimmungskultur und damit auf das Schulklima positiven Einfluss haben: Mit ihrer Tätigkeit werden die Jugendlichen zur Empathie und Perspektivenübernahme, Kommunikations-, Kooperations- und Konfliktfähigkeit angeregt. Sie übernehmen Verantwortung für Mitschüler und für die Schulgemeinschaft, was ihnen wertvolle Selbstwirksamkeitserfahrungen vermittelt.

Inzwischen hat sich auch in Deutschland eine Vielzahl funktionierender Peer-Modelle herausgebildet, bei denen ausgebildete Heranwachsende wichtige Funktionen übernehmen:
- Ältere Schüler bieten Patenschaften an, die Neuankömmlinge beim Schuleintritt / Übergang zur weiterführenden Schule bei Neuorientierung und Eingewöhnung unterstützen.
- Schüler bieten eine Sport- oder Tanz-AG an.
- Gleichaltrige leiten eine Beratungsgruppe für Schulschwänzer.
- Jugendliche übernehmen die Hausaufgabenbetreuung für Mitschüler.
- Einzelne Schüler beteiligen sich mit Teilaufgaben an der Durchführung von Unterricht.
- Schüler bereiten sich gemeinsam in Lernzirkeln auf Klausuren und Klassenarbeiten vor.
- Jugendliche bereiten eigenständig eine Exkursion vor, z. B. eine Kunstausstellung oder einen Museumsbesuch, und führen ihre Klasse durch die Ausstellung.
- Gleichaltrige lösen ihre Konflikte eigenständig – als Konfliktlotsen und Streitschlichter – oder sind als Peer-Mediatoren tätig.
- Peers bieten Computer-Kurse an.
- Schüler sorgen für Oasen der Entspannung in der Schule: Sie betreuen eigenständig Cafés, Plauderecken, Bibliotheken.
- Schüler treten in Kontakt mit Firmen, die für die berufliche Zukunft wichtig sind.
- Schüler kümmern sich um das »Gesicht« ihrer Schule; sie entwerfen beispielsweise Konzepte für das Schulhaus, die Klassenräume oder den Pausenhof.
- Schüler halten Kontakt zu Vertretern verschiedener ethnischer Gruppen.
- usw.

Die schulischen Pädagogen modifizieren in solchen Modellen ihre Rolle als Wissende und Lehrende und fungieren eher als unterstützender Coach.

B.1.11 Das Aufbrechen des Schweigegebotes

Es sind in erster Linie Gleichaltrige, die einen spezifischen Blick auf ablaufende Gruppenprozesse haben, also Ausgrenzungs- und Mobbingerscheinungen registrieren und krisenhafte Zuspitzungen bei Mitschülern häufig lange vor den Erwachsenen benennen können.

> »Wir können auch anders!« sieht vor, Mitschüler und Freunde für solche besorgniserregenden Auffälligkeiten zu sensibilisieren, und will sie anregen, einschlägige Beobachtungen an Erwachsene weiterzugeben. Dieser präventive Anspruch kollidiert mit dem Schülergebot »Du sollst nicht petzen!«, das in der Peergroup eine verbindliche Größe darstellt und aus der Perspektive von Heranwachsenden sinnvoll ist. Es wird in der Verhinderung von Suiziden und Amoktaten von Jugendlichen zum Dreh- und Angelpunkt und bedarf einer gezielten, differenzierten Erarbeitung auf Schülerebene. Die Einsicht zu vermitteln, unter bestimmten Bedingungen ein gefährliches Schweigen durchbrechen zu müssen und damit das Petzertabu zu relativieren, wird zur zwingenden präventiven Aufgabe. Es muss geklärt werden, dass es bedrohliche Sachverhalte gibt, die es notwendig machen, sofort Erwachsene zu unterrichten. Dazu müssen eindeutige Kriterien und Situationsmerkmale aufgestellt werden (vgl. Kap. B.4.5): die drei K's (Kränkungen, Konflikte, Krisen annehmen – Katastrophen vermeiden), die das Aufbrechen des individuellen oder kollektiven Schweigens in einer Klasse erforderlich machen – ohne dass dies zu hysterischen Reaktionen und unangemessenen Verdächtigungen führt.

B.1.12 Das Peer-Helper-Team in der Amok- und Suizidprävention

Die Gruppe der Gleichaltrigen übernimmt heute mehr als in früheren Generationen Sozialisationsfunktionen, ist wesentlicher Bezugspunkt und hat prägenden Einfluss auf Jugendliche. Vor allem Teenager mit einem Altersvorsprung nehmen häufig eine Vorbildrolle ein. Sie können auf einen vergleichbaren Erfahrungsschatz zurückgreifen, haben pubertäre Klippen schon erfolgreich bewältigt und werden daher als beratungskompetent anerkannt. Daher ist es folgerichtig, Gleichaltrige in präventive Aufgaben mit einzubeziehen.

Im Konzept von »Wir können auch anders!« ist vorgesehen, dass zwei bis drei Pädagogen eine Arbeitsgemeinschaft – das *Peer-Helper-Team* – anbieten, in der sie eine Gruppe von Jugendlichen schulen. Motto und Funktion des Teams wäre »Raus aus der Krise!«. Mit kontinuierlicher Betreuung durch die Erwachsenen besteht ihre Aufgabe darin,
- eine Sprechstunde für Erst-Beratungen anzubieten.
- betreute E-Mail-Beratungen durchzuführen.
- Flyer zu entwickeln und in den Klassen zu verteilen.
- einen Info-Tisch in Pausen oder bei Schulveranstaltungen zu bestücken.
- bei der unterrichtlichen Aufklärung über Krisen, psychische Störungen und Erkrankungen mit in die Klassen zu gehen und den Lehrer beim Unterricht zu unterstützen.
- verdeckte oder offene (auch Mitschülern bekannte) Patenschaften für Schüler in Krisensituationen aufzunehmen.
- Gleichaltrige bei der Kontaktaufnahme zu Hilfseinrichtungen zu unterstützen.

Der Einsatz der Peer Helper beschränkt sich auf vertretbare Hilfestellungen in Erstberatungssituationen. Um sie vor psychischer Überlastung und emotionalem Stress zu schützen, werden sie nicht in weiterführende Beratungen einbezogen, wenn deutlich wird, dass der betroffene Mitschüler sich in einer schweren Krise befindet oder psychisch erkrankt ist (siehe Kommentar Kap. 4.6).

B.1.13 Weitere Unterstützungselemente für Schüler in Notlagen

Zusätzlich empfehlenswert ist es, eine/n *Sorgenkiste/Kummerkasten* in der Klasse und im Schulhaus aufzuhängen. Hier können Hilfsbedürftige in einem ersten Schritt *Mitteilungen* mit Namensnennung deponieren, in denen sie ihre Problemlagen ungefiltert formulieren. Das Einwerfen kann unbemerkt geschehen und reduziert Hemmschwellen. Der Kummerkasten wird regelmäßig von Vertrauenslehrern geleert und gemeinsam mit Schülern aus der Peer-Helper-Gruppe ausgewertet. Die Mitteilungen werden vertraulich behandelt. Entsprechende Schüler erhalten eine schriftliche Antwort mit einem Gesprächsangebot, das ihnen diskret zugeleitet wird. Vorschlag für den Aufdruck auf dem Kummerkasten:

> Voll die Krise? Wenn dir das Leben um die Ohren fliegt:
>
> Schreib erst mal auf, was Sache ist, gemeinsam finden wir eine Lösung
>
> Peer-Helper-Team und Vertrauenslehrer
> Alle Mitteilungen werden vertraulich behandelt!

Die Funktion des Kummerkastens wird in allen Klassen erläutert. Es wird klargestellt, dass er nicht der Müllentsorgung dient und alberne Botschaften die Situation von Hilfesuchenden verhöhnen. Häufig wissen Siebt- und Achtklässler gar nicht, dass es Vertrauenslehrer an ihrer Schule gibt. Deshalb sollten sich diese zusammen mit dem Peer-Helper-Team zu Anfang des Schuljahres in allen Klassen vorstellen. Ein Plakat mit Fotos und Angabe ihrer Sprechstunden hängt an mehreren exponierten Stellen.

Weiterhin wird jährlich ein *Flyer* zusammengestellt und als Kopie in allen Klassen verteilt, auf dem Telefonnummern/Adressen von Notrufeinrichtungen, Krisen- und Beratungsstellen, Hotlines und Websites (vgl. Vorschläge letzte Buchseite) aufgeführt sind. Ebenso werden an herausgehobener Stelle (nicht an einem unübersichtlichen schwarzen Brett mit zig anderen Mitteilungen) *Abreiß-Info-Streifen* mit den wichtigsten Adressen und Telefonnummern aufgehängt (Aufgabe des Krisenteams).

B.1.14 Das schulische Krisenmanagement

Im allgemeinen Lebensverständnis beinhalten Krisen nach einer Phase der Instabilität und Verzweiflung grundsätzlich die Chance auf Neubewertung, Umorientierung und Weiterentwicklung. Im Leben der Betroffenen schlagen sie meist unerwartet wie ein Blitz ein – mit existenzieller Irritation und massiver Eindringlichkeit.

> Zunehmend häufiger wird die »Lebens- und Erfahrungswelt Schule« durch Krisenszenarios bedroht, die außerhalb der gewöhnlichen menschlichen Erfahrungen liegen. Ein professioneller Umgang mit großen und kleinen Krisensituationen hat mit der Qualität der Einrichtung unmittelbar zu tun. Besonderer Vorgehensweisen bedürfen schulische Krisenereignisse immer dann, wenn sie in der Gefahr stehen, dass sie, von ihrer Intensität und Belastung her, bei Schülern und Personal Traumatisierungen auslösen. Häufig entwickeln sich Krisenereignisse an Schulen aus der Zuspitzung längerer, konflikthafter Prozesse.

Schulisches Krisenmanagement meint das aktive Sich-Kümmern um Menschen, die präventiv erreicht werden sollen und/oder von Krisenereignissen reaktiv betroffen sind. Unter Nutzung der inneren und äußeren Ressourcen der Institution sind Strukturen und Voraussetzungen zu schaffen und Maßnahmen zu bedenken, die auf das Unvorhergesehene so weit wie möglich vorbereiten – auch wenn klar ist, dass solche Ereignisse nur bedingt vorhersehbar sind und es für das reale Handeln in Krisensituationen keine kalkulierbaren Voraussagen gibt.

Ein funktionierendes Krisenmanagement betrifft
- den Bereich der Vorsorge
- die Entwicklung bzw. Implementierung grundlegender Präventionsprogramme, Krisenteambildung mit Beratung durch Experten
- das Handeln im Ernstfall
- die Krisenintervention mit Unterstützung von Experten
- die Nachsorge
- die weitergehende Versorgung der Betroffenen, Aufarbeitung des erfolgten Krisenereignisses, Verhinderung von Nachfolgetaten, Übergang zur Normalität, Weiterführung von Präventionsprogrammen

Auf die Thematisierung der Nachsorge wird in diesem Buch verzichtet, da der Schwerpunkt auf den präventiven Aspekten liegt. Mögliche Krisenszenarios an Schulen:
- schwere Erkrankung eines Schülers
- Tod eines Schülers
- Suizidversuch, Suizid eines Schülers
- schwere Krankheit oder Tod eines nahen Verwandten eines Schülers
- schwere Krankheit / Tod eines Pädagogen
- ein Schüler ist verschwunden, wird vermisst
- Feuer / Brand
- Katastrophen, schwere Unglücke und Unfälle
- massive Gewalttaten durch Schüler
  - Androhung schwerer, zielgerichteter Gewalt
  - schwere oder gefährliche Körperverletzung
  - sexueller Übergriff
  - Angriffe auf Pädagogen
  - räuberische Erpressung
  - Fälle von Happy Slapping, Cybermobbing
- unkontrolliertes Eindringen gewaltbereiter Personen auf das Schulgelände
  - Sexualstraftäter
  - Diebe
  - Personen / Gruppen aus dem Umfeld oder der Verwandtschaft eines Schülers
  - Eltern, die pädagogisches Personal oder andere Eltern körperlich attackieren
  - geistig verwirrte Personen
  - aggressive, randalisierende Personen (gegebenenfalls unter Alkohol- oder Drogeneinfluss)
  - Geiselnahme
- Eindringen von Personen mit gezielter Tötungsabsicht
  - Amoklauf
  - Terroranschlag (Androhung)

B.1.15 Das Krisenteam im Hinblick auf ein Amokereignis

Krisenmanagement beinhaltet die Bildung eines Krisenteams. Dieses setzt sich mit denkbaren Krisenszenarien auf der Grundlage der offiziellen Notfallpläne des jeweiligen Bundeslandes auseinander. Das Krisenteam schafft Strukturen und legt Maßnahmen fest, die der spezifischen Perspektive der Institution (z. B. Anzahl der Schüler, Herkunftsstruktur, sozioökonomisches Bedingungsfeld, Gebäudebesonderheiten, Lage und direktes Umfeld) entsprechen. Das Krisenteam setzt sich aus einer Gruppe von etwa sechs bis acht Personen aus allen schulischen Bereichen zusammen und bestimmt eine Leitung mit Stellvertretung. Nach Möglichkeit sollte die Gruppe auch Stellvertretungen haben.

Die Mitglieder des Teams sollen als Beauftragte des Kollegiums
- Merk-/Informationsblätter verfassen
- Telefonlisten erstellen
- notwendige Kommunikationswege für den Notfall festlegen
- als Ansprechpartner mit bestimmten Aufgabenstellungen im Krisen-/Notfall zur Verfügung stehen
- das Gesamtkollegium regelmäßig über ihre Arbeit informieren
- Begehungen/Simulationsübungen mit Kollegium und Polizei/Feuerwehr für das Handeln im Notfall organisieren

Das Krisenteam knüpft ein Netzwerk, damit auch außerschulische Ressourcen genutzt werden. Personen aus dem Netzwerk unterstützen und beraten die Schule bei der Arbeit im Krisenteam und bei der Krisenintervention und Nachsorge. An erster Stelle werden dies Mitarbeiter des schulpsychologischen Dienstes sein, die in Krisenintervention ausgebildet sind und auch Fortbildungen zum Thema anbieten. Weiterhin ist ein direkter Kontakt zur zuständigen Dienststelle der Polizei und Feuerwehr empfehlenswert. Deren Mitarbeiter beraten das Krisenteam, führen gemeinsame Begehungen im Gebäude durch, erklären die Fluchtwege und geben Anleitung für sinnvolle Verbarrikadierungsmöglichkeiten in unterschiedlichen Räumlichkeiten.

Im Hinblick auf Amoklagen werden folgende Aufgabenstellungen an die Mitglieder des Krisenteams verteilt:
1. Ansprechpartner für die Einsatzleitung der Polizei/Feuerwehr: Schulleitung
2. Beauftragte zur Feststellung der Anzahl der Anwesenden auf dem Schulgelände zum Zeitpunkt des Notfalls (anwesende Schüler und gesamtes Personal): Konrektor, Mitglied der erweiterten Schulleitung oder der Steuergruppe (möglichst jemand, der mit dem Stundenplan vertraut ist)
3. Beauftragte für medizinische Hilfe und Bereitstellung von Räumen für den Einsatz der Rettungskräfte: Mitglied des Kollegiums mit Erfahrung/Übung in medizinischer Hilfe
4. Beauftragte für Sicherheit: Hausmeister, Brandschutzbeauftragter
5. Beauftragte für Elternkontakte/-benachrichtigungen: Mitglied des Kollegiums
6. Beauftragte für die Kommunikation und Koordination zwischen den Ebenen: Mitglied des Kollegiums
7. Beauftragte für Presse-/Medienangelegenheiten: Mitglied des Kollegiums, arbeitet der Schulleitung in der Öffentlichkeitsarbeit zu

Die intensive Auseinandersetzung mit einem solchen Ereignis darf nicht dazu führen, täglich alles für möglich zu halten! Bei der Beschäftigung mit dem Thema »Amok« kann sich Kriminalitätsangst (*Crime Fear*) entwickeln – mit der Konsequenz eines verringerten Sicherheitsgefühls und der subjektiven Befürchtung, von einem solchen Ereignis betroffen zu werden.

> Es ist wichtig, sich auf den Ernstfall vorzubereiten, aber genauso wichtig ist es, sich Wahrscheinlichkeiten angemessen vor Augen zu führen: Amokereignisse sind äußerst selten!

KV 1

Vorschlagsliste für Maßnahmen des Krisenteams

- Der Ordner mit den offiziellen Notfallplänen des Bundeslandes steht zugänglich bereit (evtl. werden als Ergänzung wichtige Seiten kopiert und an verschiedenen Orten der Schule aufbewahrt (z. B. Lehrerzimmer, Freizeitbereich).
- Das Merkblatt für Amoklagen wird entworfen und aufgehängt (siehe Verteiler für die Notfall-Informationsblätter).
- Das Formblatt bei Evakuierung mit Angabe der evakuierten Personenzahl wird daneben gehängt.
- Eine **interne Telefonliste für den Notfall**, mit den Stellen, an denen Alarm ausgelöst werden kann bzw. die zuerst alarmiert werden, wird erstellt und dazu gehängt.
- Ein **Ordner** mit folgenden Telefonlisten für den Notfall liegt im Sekretariat bereit:
  – Liste mit den wichtigsten **externen** Nummern (z. B. Schulamt)
  – Liste der **Elternvertreter** aller Klassen, Nummern der Gesamt-Elternvertreter
  – Kollegiumsliste mit **Handy-Nummern**
- Mit einem Verteiler für die Notfall-Informationsblätter wird festgelegt, an welchen Orten die Merkblätter und Telefonlisten hängen sollen.
- Eine **Kommunikationskette** wird in allen Etagen und gesamtschulisch festgelegt (Handy- oder Funkkommunikation, wenn möglich Lautsprecher-Durchsage durch Raumbeschallung).
- An jeder Zimmertür wird innen und außen eine **Raum-Nummer** angebracht.
- **Große Plakate** mit dicken Filzstiften liegen in den Klassenräumen bereit (zum Anbringen an Fenstern, zur Bekanntgabe von Telefonnummern, Anzahl der Personen und Beschreibung der Situation im jeweiligen Raum nach außen).
- Einführung des **gesamten schulischen Personals** in die zwei verschiedenen **Klingel-Alarmtöne** (Feuer, Amoklage).
- Überprüfung, ob alle Räume verschließbar sind. Defizite werden beseitigt.
- **Lage- und Raumpläne** der Schule werden an mehreren Orten bereitgestellt.
- Eine Liste **über tote Ecken und Winkel** wird für alle Etagen angefertigt und dazu geheftet.
- **Bestimmung eines Sammel-/Treffpunktes außerhalb der Schule** – falls Schüler panikartig und ungeordnet, ohne Aufforderung das Gelände verlassen.
- Das **gesamte pädagogische Personal durchdenkt** für seinen Bereich theoretisch eine **Amoklage** und entwickelt für die jeweiligen Räumlichkeiten Vorstellungen davon, wie und womit sinnvoll verbarrikadiert werden kann, wo und wie die Schüler in Deckung gebracht werden können etc. (Begehungen mit der Polizei, evtl. Simulationsübungen).
- **Einbezug der Sekretärin und des Hausmeisters, Aufklärung** über den Umgang mit Drohanrufen und -briefen (durch die Polizei) und über sinnvolles Verhalten im Notfall (**beide haben Schlüsselfunktionen!**).
- **Aufklärung der Mitarbeiter/innen im Freizeitbereich.**
- Kürzer gefasste **Aufklärung der Küchen-/Mensamitarbeiter/MAE-/Putzkräfte.**
- Festlegung eines Raums für eine mögliche **Krisenleitstelle** (mit Telefon- und Internetanschluss).
- Bestimmung von Räumen für die Versorgung von Verletzten.

Grundsätze bei einer Amoklage:
- Verbarrikadierung vor Evakuierung
- Personenschutz vor Sachschutz

> Es gibt kein Richtig oder Falsch für das Handeln in Extremsituationen. – Jeder verhält sich, wie er kann! Von Interventionsversuchen gegenüber einem Amoktäter ist abzuraten. Heldenhafte Einsätze können fatale Konsequenzen haben!

- Während des Einsatzes obliegen der Polizei die komplette Einsatzleitung und die Steuerung der Situation. Ihre Aufgabe ist es auch, gegebenenfalls während des Einsatzes die Presse zu informieren.
- Anschließend erteilt *nur die Schulleitung* nach festgelegten Richtlinien (in Absprache mit dem Pressesprecher der Schulbehörde und der zuständigen Dienstaufsicht) Auskünfte an Medienvertreter.
- Sonst gibt niemand Informationen über die Art der Krisen-/Bedrohungssituation, den Verlauf des Einsatzes der Polizei / Hilfskräfte oder zur Anzahl von Verletzten / Toten ab.
- Das schulische Personal äußert sich nicht zur Identität von Tätern und Opfern (Namen, Alter, Klasse).
- Todesnachrichten an Angehörige übermittelt nur die Polizei (gegebenenfalls mit Notfallseelsorgern)!
- Lehrer empfehlen den Schülern die absolute Informationsverweigerung gegenüber Medien. Sie klären sie über mögliche finanzielle Lockangebote durch die Boulevardpresse auf und informieren darüber, dass Aussagen in Interviews oft verfälscht wiedergegeben werden.

KV 2

Merkblatt für Amoklagen

1. Ruhe bewahren.
2. Tür abschließen – weg von Türen und Fenstern.
3. Anweisung an die Schüler:

> »Wir haben einen Notfall. Tut, was ich euch sage! Alle auf den Boden legen und Schutz (hinter den Tischen) suchen. Niemand spricht! Hand auf den Mund! Habt keine Angst. Die Polizei wird gleich da sein!«

4. Notruf absetzen (falls der innerschulische Alarmton schon ertönt, erfolgt sofort Punkt 6.).
   Polizei: 110 – Feuerwehr: 112

   »Das ist ein Notruf aus _____ (Schulname)
   Anschrift: _____
   Mein Name ist _____

   a. Was ist passiert?:
      Art der Bedrohung?

   b. Seit wann?:
      Feststellungszeit? Tatzeit?

   c. Wer handelt wie?:
      – Täter, wie viele?
      – Täterbeschreibung: Alter, Größe, Haarfarbe, Kleidung etc.?
      – Täter bekannt/unbekannt?

   d. Täterbewaffnung:
      Welche Waffen? Schuss-/Stichwaffen, Sprengsätze?

   e. Wo befindet sich der Täter?:
      Gebäudeteil? Raum? Etage?

   f. Gibt es Opfer?: Verletzte? Tote? Wie viele?

   g. Anzahl der Personen auf dem Gelände

5. Benachrichtigung der Stelle, die das innerschulische Alarmsignal auslöst:
   Telefon-Nr.: _____

6. Tür(en) verbarrikadieren.
7. Abwarten und auf Anweisungen der Polizei warten.
8. Bei Panikverläufen vereinbarten Sammelplatz aufsuchen.

(nach Robertz, F. J., 2007, in: Robertz, F. J./Wickenhäuser, R., S. 214 ff.)

Merkblatt zum Aufhängen auf A3 vergrößern!

KV 3

Formblatt für die Evakuierung

Es haben _____ Schüler/innen der Klasse _____

in Begleitung von _____

um _____ Uhr den Raum Nr. ____ in _____ Etage verlassen.

Folgende Personen konnten nicht evakuiert werden / werden vermisst:

_____

_____

_____

_____

_____

✂ ··

Der *Verteiler* für die Notfall-Informationsblätter sieht vor, dass die folgenden Kopiervorlagen zugriffsbereit **in allen Räumen – für Schüler nicht einsehbar** – hängen:
- Merkblatt für Amoklagen
- Formblatt für die Evakuierung
- Interne Telefonliste für den Notfall

Eine Möglichkeit wäre, diese Informationsblätter innenseitig an einer Schranktür zu befestigen. Die entsprechende Schranktür ist durch einen **roten Punkt** gekennzeichnet und bleibt immer unverschlossen.

Informationspflicht gegenüber den Schülern

Es scheint nicht ratsam, die Schüler über die einzelnen Maßnahmen des Krisenteams in Kenntnis zu setzen, weil dadurch unnötig Ängste ausgelöst werden. Sinnvoll ist es, die Schülervertretung darüber zu informieren, dass die Schule auf verschiedene Notfallsituationen vorbereitet ist. Auch **von einer ausdrücklichen Amok-Alarmübung ist abzusehen**, sie stellt für viele der Jugendlichen eine unzumutbare Belastung dar.

> Es genügt, wenn die unterschiedlichen Alarm-Töne kurz vorgestellt werden.
>
> **Feueralarm**
> Alle verlassen so schnell wie möglich geordnet das Gebäude.
>
> **Alarm für unklare Gefahrensituationen**
> Verbarrikadierung in den jeweiligen Räumen, bis neue Anweisungen erfolgen.

B.1.16 Bedrohungsmanagement in der Schule

Die folgenden Abschnitte basieren auf verschiedenen wissenschaftlichen Grundlagen. Zu nennen sind das *Handbuch zur Einschätzung bedrohlicher Situationen in Schulen* von Robert A. Fein et al. 2002 für den United States Secret Service / United States Department of Education sowie der Abschlussbericht und die Ergebnisse der Initiative für Sicherheit an Schulen von Vossekuil et al. 2002. Sie stellen auch das Fundament für einschlägige deutschsprachige Publikationen dar.

In den letzten Jahren ist es deutschen Experten für Amok / *School Shooting* gelungen, US-amerikanische Präventionsansätze an hiesige Verhältnisse anzupassen und sie weiterzuentwickeln. Insbesondere wurden auch Studien über Amoktaten in Deutschland durchgeführt. Die entsprechenden Autoren liefern Thesen und präventive Empfehlungen, die für dieses Buch bestimmend sind. Sie werden an mehreren Stellen zitiert.

Wie in anderen Publikationen wird auch an dieser Stelle darauf hingewiesen und empfohlen, dass sich schulisches Personal mit der Thematik tiefergehend auseinandersetzt: In der Institution sollten einige einschlägige Veröffentlichungen (vgl. Literatur) angeschafft werden, und das Kollegium sollte die Möglichkeit zu weiteren Fortbildungen nutzen.

Amoktaten an Schulen haben eine neue Dimension des Schreckens und der Verunsicherung eröffnet. Hinzu kommt der eklatante Anstieg konkreter Androhungen im Nachgang erfolgter Ereignisse und die Schwierigkeit, zwischen ernst gemeinten Tatumsetzungsvorhaben und harmlosen Trittbrettfahrer-Aktionen zu unterscheiden. Dies hat auch in Deutschland die Notwendigkeit eines funktionierenden schulischen Bedrohungsmanagements hervorgerufen.

Amok durch Jugendliche wird nach übereinstimmenden Forschungsergebnissen weltweit als finaler Akt am Ende einer (mehrjährigen) Entwicklung angesehen. In deren Dynamik werden erkennbare Warnsignale abgegeben. Dies gilt genauso für Suizidabsichten oder die Durchführung eines Suizids, die extremste Form der Selbstbedrohung eines Jugendlichen. Auch hier weisen Risikofaktoren und Äußerungen im Vorfeld auf eine Entwicklung zu einem potenziell tragischen Endpunkt hin.

> Das oberste Ziel eines Bedrohungsmanagements setzt im Sinne von »Wir können auch anders!« nicht erst in der Bedrohungssituation an, sondern im Bereich einer kontinuierlichen Prävention – also lange vor einer möglichen Eskalation. Gleichwohl müssen Voraussetzungen geschaffen werden, um in einer akut eingetretenen Bedrohungssituation wirksam deeskalieren und die Gefährdung von Menschenleben abwenden zu können.

Neben den geforderten, allgemeinen Präventionsinhalten auf der primären Ebene (z.B. Stärkung der Persönlichkeit, Förderung von konstruktiven Gruppenprozessen) bedeutet schulisches Bedrohungsmanagement im Hinblick auf Amok und Suizid:

1. Wissensaneignung über die Dynamik, die zu den beiden Phänomenen führen kann.
2. Die Ausbildung von Strukturen und das Durchsetzen von Maßnahmen, die auf allen Ebenen der Institution die Herausbildung eines Early Warning Sense fördern. Dies beinhaltet die frühzeitige Wahrnehmung von Warnsignalen bzw. Risikofaktoren und das Erkennen von Leaking-Zeichen bei Schülern.
3. Die Vermittlung von Orientierungshilfen, die in einer aktuellen Bedrohungssituation Handlungssicherheit geben.
4. Dazu gehört die Durchführung einer sachgerechten Bedrohungs- und Fallanalyse.
5. Die Einbeziehung von Fachleuten aus dem schulischen Netzwerk, das im Rahmen des Krisenmanagements aufgebaut wurde.

> »Ziel des Bedrohungsmanagements ist es nicht, Gewalt vorherzusagen, sondern sie zu verhindern.« (Hoffmann, in: Robertz / Wickenhäuser 2007, S. 120)

B.1.17 Die Dynamik im Vorfeld von Amoktaten

Amok ist kein monokausales Geschehen. Das verhängnisvolle Zusammenwirken belastender Bedingungen (vgl. Frühwarnsignale), der Mangel an stabilisierenden Schutzfaktoren und das Fehlen von Verarbeitungsressourcen und Bewältigungsstrategien (ungenügendes *Coping*) können bei Jugendlichen zu krisenhaften Entwicklungen führen, innerhalb derer eine solche Tat als letzter Ausweg erscheint. Im Laufe eines meist mehrjährigen Prozesses bricht sich Bahn, was zur grundsätzlichen und allumfassenden Enttäuschung über einen scheinbar nicht kontrollierbaren, mit existenziellen Unsicherheiten versehen Lebensverlauf geführt hat. Das subjektive Gefühl von Ausweg- und Perspektivlosigkeit führt phasenhaft in depressive Zustände bis hin zu suizidalen Absichten. Bei Jugendlichen, die nicht ausreichend in ein soziales Netz eingebunden sind, in deren Normverständnis Gewalt als Konfliktlösungsmöglichkeit vorgesehen ist und die in ihrer Realität keine Anerkennungsmöglichkeiten mehr sehen, können solche Befindlichkeiten in eine nach außen gerichtete Aggressivität umschlagen. Versagens- und Ohnmachtsgefühle werden zunehmend mit Gewaltfantasien kompensiert. Ersehnte Gefühle von Kontrolle, Macht und Überlegenheit finden in ihrer Vorstellungswelt Ausdruck (vgl. Robertz 2007, S. 71 ff.). Im Zusammenhang mit einer narzisstischen Persönlichkeitsentwicklung kann ein Heranwachsender in der Folge eine explosive Mischung aus Wut, Depression, Verzweiflung und tief empfundener Ungerechtigkeit produzieren. Sie mündet in hasserfüllte Vernichtungswünsche gegen »Gott und die Welt«: Rache und Vergeltung werden zum unheilvollen inneren Programm deklariert.

Ein pauschalisierter, zugespitzter Zusammenhang zwischen Mediengewalt und Amok durch Jugendliche ist nicht nachweisbar. Virtuelle Welten – Weblogs, Chaträume und einschlägige Internetseiten – bieten sich aber zur Kompensation versagter Bedürfnisbefriedigung an. Sie eröffnen Inspiration und geben Raum für ungehemmte, anonyme Gewaltbotschaften und den Austausch von gewaltbesetzten Ideen. Computerspiele erlauben das Abtauchen aus der frustrierenden Realität: Erfolgsdefizite lassen sich hier prompt und auf lustbetonte Weise beseitigen, und die eigene Bedeutsamkeit wird durch den Status innerhalb einer Spiele-Community erhöht. Der gefährdete Jugendliche entwickelt oft eine Affinität zu Medien, die normative Hemmschwellen für Gewalthandeln herabsetzen und Tötungsabsichten legitimieren – aus der Perspektive des Egoshooters ist Töten nicht nur folgerichtig, es wird sogar belohnt. In einem frühen, indirekten Leaking (Scheithauer 2007, S. 61–63) wird diese übermäßige Beschäftigung mit gewalthaltigen Medien deutlich.

Im weiteren Prozess füllt sich die Vorstellungswelt immer dichter mit destruktiven, gewalttätigen Inhalten, die zunehmend die gesamte Lebenswelt infiltrieren und sich proportional immer mehr in Richtung einer Tatumsetzung orientieren. In entsprechenden Fantasien findet eine Vorwegnahme des Tatvorgangs statt, bei der konkrete Tatelemente in der Gedankenwelt durchgespielt und geübt werden. Ein zunehmender Realitätsverlust und die emotionale Abkopplung von der Umwelt verstärken die soziale Isolation, die wiederum zum gesteigerten Rückzug in die Fantasiewelt führt. In diesem verhängnisvollen Kreis formiert sich schließlich eine detaillierte Tatplanung, die mit der Bemühung verknüpft ist, sich Waffen zu beschaffen bzw. verfügbare Waffen einzuplanen. Während dieser Zeit ist ein Betroffener einer innerlichen Zerreißprobe ausgeliefert – die zunehmende Konkretisierung des Vorhabens erfordert die endgültige Aufgabe jeglicher Hoffnung und Perspektive. Sie setzt voraus, sich zunächst in der Fantasie der Möglichkeit des eigenen Todes zu stellen und die Folgen der Tat für das nahe und ferne Umfeld zu berücksichtigen. Schließlich muss jemand, der eine solche Extremhandlung im Detail plant, schon auf der Vorstellungsebene die wohl natürliche Barriere überwinden, die das Töten von Menschen unter normalen Umständen unmöglich macht (Robertz 2007, S. 87). Vermutlich spornt die Aussicht, größtmögliche Aufmerksamkeit und mediale Berühmtheit zu erlangen, zu einer wirkungsvollen Inszenierung an, bei der die Größe der eigenen Person endlich ins rechte Licht gerückt werden kann. Die unbändige narzisstische Wut fokussiert sich auf den Ort der größten Niederlagen und chronischen Frustration: Die Schule mit ihren institutionellen und/oder persönlichen Repräsentanten wird ausgewählt, um als Herrscher über Leben und Tod endlich Vergeltung zu üben und mit einem Rachefeldzug erlebte Niederlagen und Kränkungen auszugleichen. Als wesentliches Motiv mag dahinterstehen, die vermeintlich an *diesem* Ort verlorene Integrität und Kontrolle über sich selbst wieder zurückzugewinnen und endlich als ein sozial geachtetes (jetzt mächtiges) Wesen anerkannt zu werden. Oft kommt es in der sogenannten späten *Leaking*-Phase zu konkreten verbalen oder schriftlichen Äußerungen und Verhaltensweisen, die tatankündigenden Charakter haben und Aufschluss über den geplanten Hergang geben. In der letzten Phase vor der Tatdurchführung verschließt sich der Täter nach außen hin und versucht, ein normales Bild abzugeben (Bannenberg 2010, S. 135), um die Umwelt über die wahren Absichten zu täuschen.

Ein tatauslösender Faktor, z. B. ein aktuelles Verlustereignis, eine Beziehungskrise, Niederlage oder Zurückweisung (z. B. durch das andere Geschlecht), genügt im Verlauf, um ein volles Fass zum Überlaufen zu bringen. Die absolute Einengung der Sichtweisen und der Verlust jeglicher Handlungs- und Lösungsalternativen führt zum finalen Tunnelblick, der nur noch das Desaster als Ausgang zulässt.

B.1.18 Der gefährliche Sog – Nachahmungstaten

Der Begriff der Nachahmungstat ist im Zusammenhang mit einer intensiven öffentlichen Diskussion/Berichterstattung über Suizide, in Anlehnung an Goethes »Die Leiden des jungen Werther«, und der einer signifikanten Anzahl von Nachahmungen entstanden. Dieses wissenschaftlich belegte Phänomen, der sogenannte »Werther-Effekt«, ist bis heute beobachtbar und muss nicht nur im Hinblick auf Suizide befürchtet werden – eine vergleichbare Sogwirkung geht auch von Amokereignissen aus, sodass ein Imitationshandeln auch hier potenziell erwartet werden muss.

B.1.19 Das Bedürfnis nach einer gesicherten Einschätzung

Bisherige Amoktäter geben weltweit ein übereinstimmend bizarres Bild ab. Ein »zynisch, schüchterner Rächer« handelt »mit einer Mischung aus Verzweiflung und kalter Wut« (Carducci/Nethery, in: Koch 2007, S. 38). Diese Eindrücke sowie vergleichbare Muster im Tathergang wecken die Vorstellung, potenzielle Amoktäter könnten durch ein definiertes Profil, wie dies etwa mit Prototypen von Serienmördern versucht wird, unschwer identifiziert werden.

> Kriminologen und forensische Psychologen weisen jedoch eindringlich darauf hin, dass es ein eindeutiges Täterprofil nicht gibt. Deshalb ist es auch nicht sinnvoll, die Schülerlandschaft nach potenziellen Tätern »abzurastern«. Dies führt nur zu unsinnigen Verdächtigungen, brisanten Etikettierungen und einem Klima des Misstrauens.

Auch im Falle einer fraglichen Suizidalität eines Jugendlichen gibt es keine starren, unumstößlichen Gefährdungsfaktoren, die sich abhaken lassen. Bei beiden Phänomenen werden jedoch frühzeitig *Warnsignale* abgegeben: *Warning Signs* markieren den Weg und die Entwicklung des Jugendlichen. Sie weisen darauf hin, dass hier ein junges Leben erheblichen Belastungen ausgesetzt ist.

> Eine sinnvolle Gefährdungseinschätzung wird sich daher nie statisch und stereotyp auf einen Ausschnitt beschränken. Sie muss sich auf den individuellen Weg und auf das konkrete Verhalten dieses einen Jugendlichen konzentrieren.

KV 4
Frühwarnsignale und Risikomarker im Hinblick auf Amok (1)

Bislang sind es mit überwältigender Mehrheit männliche Jugendliche, die Amoktaten begangen haben. Taten durch weibliche Heranwachsende sind auf Einzelfälle beschränkt (fünf Taten weltweit, eine Tat in Deutschland). Bei einer Vielzahl der bisher untersuchten Fälle wurde eine Reihe übereinstimmender Faktoren beobachtet, die als Risikomarker auf dem Weg zu einer möglichen Katastrophe aufgefasst werden können – auch wenn nicht alle im Einzelfall zutreffend sein müssen. Gleichzeitig kann das Vorhandensein aber auch auf die Entwicklung anderer Problemkreise hinweisen.

- Meist vordergründig scheint die Familiensituation intakt mit materieller Absicherung und geordneten Strukturen. Oft herrscht jedoch ein sprachlich loses Nebeneinander ohne emotionale Nähe und echtes Interesse an der Bedürfnis- und Gefühlslage des Jugendlichen. Das Beziehungsangebot der Eltern ist oft idealisierend und verwöhnend, Anerkennung und Zuwendung ist gekoppelt an die Erfüllung hoher Leistungs- und Verhaltenserwartungen. Beobachtet wird häufig auch eine Konkurrenzsituation zu einem angepassteren, leistungsfähigen Geschwisterkind.
- Beziehungen zu Gleichaltrigen sind oberflächlich, es existieren jedoch keine wirklich engen, dauerhaften Freundschaften. Der Jugendliche erhält, wenn überhaupt, nur in Teilbereichen Anerkennung (z. B. Sport, Kenntnisse im Computerspielen), fühlt sich aber nicht als ganze Person angenommen.
- Es besteht große Unsicherheit, angemessene Beziehungen zu Mädchen aufzunehmen.
- Der Jugendliche fühlt sich oft schon in der Grundschule abgelehnt und zurückgewiesen. An der weiterführenden Schule wirkt er oft zurückgezogen, scheu und unzugänglich.
- Befremdliches Verhalten, ein ungewöhnliches Outfit oder außerordentliche Hobbys wirken auf Gleichaltrige verunsichernd. Innerhalb der Peergroup gerät er schließlich in eine Isolation, die von ihm irgendwann kultiviert wird.
- Subjektiv hat er den Eindruck, Mobbingopfer zu sein.
- Der Jugendliche macht andere, wiederkehrende Misserfolgserfahrungen in der Schulkarriere.
- Damit verbunden ist ein subjektiv oder objektiv empfundenes Gefühl der Perspektivlosigkeit: Ein anerkannter Platz in der Schulgemeinschaft und eine sinnerfüllte Stellung in dieser Gesellschaft scheinen ihm in seiner Zukunft verwehrt.
- Es herrschen ein Mangel an Empathiefähigkeit und eine geringe Frustrationstoleranz.
- Ungesteuerte Wutausbrüche, manchmal phasenhaft gewalttätiges Verhalten.
- Phasenweise Depressivität: Gefühle der Ausweg-/Hoffnungslosigkeit und tiefen Verzweiflung, Antriebslosigkeit, innere Leere, Vernachlässigung der äußeren Erscheinung.
- Suizidfantasien und -ankündigungen.
- Unklares Selbstkonzept mit narzisstischer Dynamik: ausgeprägte Selbstbezogenheit, Grandiositätsgefühle und Überheblichkeit überdecken das geringe Selbstwertgefühl; hohe Kränkungsbereitschaft, Nachtragen von Zurückweisungen und Niederlagen, auch berechtigte Kritik kann nicht angenommen werden; durchgängiges Gefühl, Ungerechtigkeiten ausgeliefert zu sein; Anspruch auf bedingungslose Bestätigung der eigenen Person ohne Gegenleistung; Schuld am Versagen wird anderen zugeschrieben; Drang nach heldenhafter Berühmtheit und weltweiter Aufmerksamkeit.

KV 5
Frühwarnsignale und Risikomarker im Hinblick auf Amok (2)

- Enthusiastische Begeisterung für und übermäßige Beschäftigung mit Waffen; Verfügbarkeit von Waffen.
- Besonderes, zunehmendes Interesse an gewalthaltigen Medien (Internetseiten, Computerspielen, Filmen etc.)
- Identifikation mit früheren Amoktätern, ausgeprägtes Interesse an stattgefundenen Amokereignissen
- Flucht in (virtuelle) Fantasiewelten mit Realitätsverlust
- Hinweise auf psychische Erkrankungen

> Das Kollegium einer Schule muss solche Warnsignale kennen. Ein »*Early Warning Sense*« entwickelt sich im genauen Hinsehen, Hinhören und im durchgängigen, umfassenden Interesse an der gesamten Persönlichkeit des Jugendlichen. Geschulte Pädagogen werden bei entsprechenden Beobachtungen hellhörig – ohne jedoch in übertriebene Besorgnis zu verfallen und panisch Überbewertungen vorzunehmen.

Viele der Jugendlichen an einer weiterführenden Schule sind erheblichen Belastungen ausgesetzt, erleben Ausgrenzung oder sind von Verlustereignissen betroffen, ohne dass sie jemals schwere zielgerichtete Gewalt in Erwägung ziehen. Wenn die geschilderten Faktoren bei einem Jugendlichen gehäuft auftreten, ist es notwendig, genau hinzusehen und die Belastungsfaktoren im kollegialen Austausch regelmäßig zu kommunizieren und zu beraten. Gemeinsam mit dem Betroffenen soll überlegt werden, wie dem Jugendlichen zu mehr Anerkennung und schulischen Erfolgserlebnissen verholfen werden kann und wie sich Belastungsfaktoren verringern lassen. Entscheidend ist ein verlässliches Beziehungsangebot durch die Pädagogen, da emotionale Bindungen einen wesentlichen Schutzfaktor darstellen. Mindestens *ein* Erwachsener sollte dauerhaft im Kontakt mit dem Jugendlichen bleiben und als Coach zur Verfügung stehen. In Einzelgesprächen werden Nah- und Fernziele formuliert und Unterstützungsmöglichkeiten angeboten.

Die Frage ist auch, wie der Jugendliche besser in die Klassengemeinschaft integriert werden kann und wie die Eltern beraten werden müssen, damit sich mögliche familiär belastende Bedingungen verringern.

> Die obige Aufstellung über mögliche Frühwarnsignale/Risikomarker ist nicht als Checkliste zum Abhaken zu verstehen. Es geht um Anhaltspunkte mit statistischer Aussagekraft, die erst im Zusammenhang mit anderen konkreten Auffälligkeiten zu einem aussagefähigen Gesamtbild beitragen. Festlegungen sind unbedingt zu vermeiden.

KV 6
Leaking – Die große Chance für ein rechtzeitiges Eingreifen

Während betroffene Jugendliche im Laufe der geschilderten Dynamik im Vorfeld einer Amoktat anfangs noch das Bedürfnis haben, ihre destruktiven Fantasien zu verbergen, verändert sich diese Zurückhaltung in späteren Phasen. Sie beginnen, ihre Absichten bewusst oder unbewusst »durchsickern« zu lassen, und veröffentlichen Tatfantasien und Planungselemente in ihrem Umfeld. Dieses sogenannte »Leaking-Phänomen« (engl.: *lecken, tröpfeln, auslaufen*) besteht aus verschlüsselten oder direkten Botschaften, die nach außen hin weitergegeben werden (Lorenz, in: Robertz / Wickenhäuser 2007, S. 128). Leaking-Signale stellen neben den Frühwarnsignalen eine weitere konkrete Chance für ein präventives Eingreifen dar.

Leaking äußert sich auf unterschiedliche Weise:

1. **Direktes Leaking**
   - Verbale Mitteilungen:
     - persönliche mündliche Androhungen über geplante Attacken / Anschläge auf schulisches Personal und / oder Mitschüler und / oder Gebäude oder in Gesprächen mit Gleichaltrigen / Freunden / Bekannten
     - Androhungen über anonyme Telefonanrufe
   - Mitteilungen durch schriftliche Ausdrucksformen:
     - Gewaltfantasien, Tatfantasien, Tatelemente oder -ankündigungen in Briefen, auf Zetteln
     - Aufsätze, Gedichte
     - verfasste Todes(opfer)listen
     - Zeichnungen, die z. B. Gewalt- oder Todesfantasien, Tatelemente oder Raum-/Gebäudepläne mit einschlägigen Kennzeichnungen enthalten, Graffitis, Kritzeleien an der Tafel, auf Tischen, Türen, Wänden
   - Mitteilungen über technische Medien und computervermittelte Kommunikation:
     - SMS
     - E-Mail
     - Internetplattformen / Webportale, Social Networks, Weblogs, Chatrooms

2. **Indirektes Leaking**
   - übermäßiges Interesse an Waffen, Gewalt, Krieg; ständiger Bezug auf diese Themen
   - Sammeln von Informationen, z. B. Fotos über Amoktaten, Massenmörder
   - Heroisierung von Amoktätern
   - Tragen von einschlägiger Kleidung, die von vormaligen Amoktätern bekannt ist (militaristisches Outfit, Trenchcoat, schwarze Kleidung, Satanismussymbole)
   - Herzeigen von Waffen gegenüber Mitschülern, Freunden, Bekannten
   - Hinweise auf tatvorbereitendes Handeln (z. B. Informationssuche über Gebäudepläne, Beschaffung von Zubehör für Sprengsätze)
   - Suizidversuche und -drohungen

> Es gibt keine Zwangsläufigkeit, nach der ein Jugendlicher, der Leaking-Signale abgibt, zum Täter werden muss. Er signalisiert zu diesem Zeitpunkt lediglich, dass er erhebliche Probleme hat und dringend auf Hilfe angewiesen ist. Für seine Umwelt ergibt sich unbedingter Handlungsbedarf. Die einzelnen Puzzleteile, die sich aus frühen Warnsignalen, Leaking und weiteren Ansatzpunkten ergeben, müssen nun in einer Fallanalyse zusammengefügt werden. Dabei ist diskretes und sensibles Vorgehen erforderlich, weil eine Stigmatisierung den Betroffenen noch mehr in die Isolation treiben würde.

Sowohl das Wahrnehmen früher Warnsignale als auch abgegebene Leaking-Zeichen sollten nicht nur zur Verhinderung dramatischer Vorkommnisse wie Amok und Suizid Beachtung finden, sondern ganz allgemein die Beeinflussung ungünstiger Entwicklungsprozesse zum Ziel haben.

Christine Spies: »Wir können auch anders!« © Beltz Verlag 2011 · Weinheim und Basel

B.1.20 Umgang mit Amokdrohungen

Die Möglichkeit einer Amoktat durch einen Jugendlichen oder jungen Erwachsenen an einer deutschen Schule ist vor allem durch die Ereignisse im Jahre 2009 schockartig ins öffentliche Bewusstsein gedrungen. Trittbrettfahrer sorgen seither an Schulen beinahe wöchentlich für den rapiden Anstieg in der Statistik von Amokdrohungen. Solche Drohungen hinterlassen Gefühle der Hilflosigkeit und Beunruhigung und verunsichern auf bisher nicht gekannte Weise Schüler, Eltern und Schulpersonal. Als positiver Effekt hat sich ein neues Problembewusstsein für präventive Möglichkeiten entwickelt.

Die konkrete Androhung einer Amoktat erfordert eine zuverlässige Bewertung, da eine schnelle und effiziente Entscheidung notwendig ist. Es muss geklärt werden, worum es sich handelt:

- eine umsetzungsorientierte Drohung, die der gestörten Dynamik und gezielten Absicht eines Jugendlichen entspringt
- eine Androhung, bei der keine schädigende Handlung in Erwägung gezogen wurde, sondern andere Zielsetzungen / Motive eine Rolle spielen

Eine hundertprozentige Sicherheit in der Einschätzung gibt es nicht, wohl aber den empfehlenswerten Grundsatz:

> Es ist besser, jede Drohung ernst zu nehmen, als sich im Nachhinein fassungslos fragen zu müssen, warum dies versäumt wurde.

Sowohl Leaking-Signale als auch Amokdrohungen werden häufig zuerst gegenüber der Peergroup geäußert. Deshalb sollten die Gleichaltrigen Information und Aufklärung darüber erhalten (siehe Kommentare und Kopiervorlagen in Kap. 4.7 und 4.9).

B.1.21 Erste Einschätzung von Drohungen

Der Psychologe und Jugendgewaltforscher Dewey G. Cornell (beschrieben bei Hoffmann, J., in: Robertz 2007, S. 121–122) stellte ein Screening-Verfahren (Siebtest) vor, durch das eine erste Einschätzung von Drohungen gewonnen werden kann. Es muss zunächst zwischen einer flüchtigen und einer substanziellen Drohung unterschieden werden (vgl. KV 7), egal ob diese schriftlich, mündlich, direkt, indirekt, verdeckt oder verschlüsselt abgegeben wurde.

Diese vorläufige Einschätzung kann, bei entsprechender Schulung, in den meisten Fällen von den Mitgliedern des Krisenteams geleistet werden. Bei entsprechender Bewertung sind, wie im Folgenden empfohlen, Experten von außen hinzuzuziehen.

Vergleichbare Informationen und Kopiervorlagen wie zum Thema »Amok« liegen auch zum Thema »Suizid« vor. Da diesbezüglich die Hinweise für die Jugendlichen mit denen für die Pädagogen deckungsgleich sind, sind sie im Kapitel B.4.7 enthalten. In Bezug auf Amok erhalten die Schüler nur solche Hintergrundinformationen, die unbedingt notwendig erscheinen.

KV 7
Bewertung von Amokdrohungen

(Indikatoren nach Cornell / Hoffmann, in: Robertz / Wickenhäuser 2007, S. 121–122)

A. Flüchtige Drohung (potenziell ungefährlich) (Zutreffendes ankreuzen)

- ☐ 1. entspricht nicht einer dauerhaften Intention
- ☐ 2. wird unmittelbar, spontan und situativ geäußert
- ☐ 3. entspricht dem typischen Kommunikationsstil von Jugendlichen
- ☐ 4. ist in der jeweiligen Situation nachvollziehbar
- ☐ 5. kann plausibel erklärt werden
- ☐ 6. lässt sich befriedigend auflösen durch eine glaubwürdig geäußerte Distanzierung und Entschuldigung

Beispiele: Spontane Äußerung gegenüber einem Mitschüler in einer aufgeladenen Konfliktsituation: »*Dafür wirst du bluten!*« – Drohung an eine Lehrerin bei der Rückgabe einer Klassenarbeit, oder nach dem Erteilen einer Ordnungsmaßnahme: »*Die bring ich um!*«

Maßnahmen: Motivklärung: Ärger, Frust, Scherz, Spiel? Angemessene pädagogische Reaktion mit Konfrontation und Normverdeutlichung. Arbeit beispielsweise an der Impulskontrolle, Gewaltbereitschaft, fehlender Anerkennung; Entschuldigung und Wiedergutmachung.

B. Substanzielle Drohung (potenziell gefährlich)

- ☐ 1. enthält spezifische Details wie z. B. die Angabe einer geplanten Tatzeit und / oder konkrete Bezeichnungen von Örtlichkeiten
- ☐ 2. wird wiederholt ausgesprochen und gegenüber verschiedenen Personen geäußert
- ☐ 3. zeigt konkrete Planungselemente und Handlungsabläufe
- ☐ 4. lässt Komplizen vermuten bzw. weist darauf hin, dass unter Gleichaltrigen ein Publikum für die Bühne des Gewaltauftritts angeworben wird
- ☐ 5. zeigt auf, dass Planungsideen materielle Gestalt annehmen
- ☐ 6. Verfügbarkeit von Waffen, Todeslisten

Maßnahmen: Schutz von potenziellen Opfern. Genauere Risikoeinschätzung durch eine Fallanalyse, Einbezug von Experten (Netzwerk), evtl. auch Polizei, Elternbenachrichtigung. Weitergehende Unterstützungsmaßnahmen, die vorwiegend auf die Verringerung von Belastungsfaktoren sowie auf Reintegration und nicht nur auf Sanktion abzielen. Erziehungs- und Ordnungsmaßnahmen je nach Deliktschwere.

> Für sich genommen kann jede einzelne der zuletzt genannten sechs Indikatoren für die Annahme sprechen, dass es sich um eine substanzielle Drohung handelt.

C. Akut gefährliche substanzielle Drohung (unmittelbar gefährlich)

- ☐ 1. wenn eine substanzielle Drohung überdies **schwere, tödliche Gewalt** gegenüber Einzelnen oder Gruppen beinhaltet
- ☐ 2. wenn eine Drohung **nicht aufgelöst werden kann**, wird sie **sicherheitshalber** als substanzielle Drohung gewertet.

Maßnahmen: sofortiges Handeln mit Einschaltung der Polizei und der Schulpsychologie (weitere Maßnahmen: vgl. substanzielle Drohung)

Die meisten der angekündigten Bedrohungskulissen erweisen sich zum Glück als haltlos.

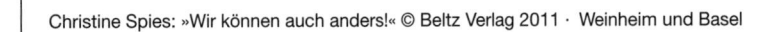

Christine Spies: »Wir können auch anders!« © Beltz Verlag 2011 · Weinheim und Basel

B.1.22 Fallmanagement

Das Fallmanagement beinhaltet zunächst ganz allgemein die präventive Auseinandersetzung mit gefährdeten Schülern. In der bekannten Alltagshektik erfolgt ein Austausch häufig nur zwischen »Tür und Angel«. Der Informationsgehalt dieser Mitteilungen ist lückenhaft und damit unbefriedigend. Notwendig ist die Sammlung und Bündelung aller Informationen, die Anlass zur Sorge über einen Schüler betreffen, in einem regelmäßigen Forum, z. B. in den Sitzungen der Jahrgangsteams. Hier können Frühwarnsignale gemeinsam von allen beteiligten Pädagogen in den Blick genommen und beraten werden: Ausgrenzungs- und Isolationstendenzen innerhalb der Peergroup, Leistungsabfall und besondere Vorkommnisse, wie die Scheidung der Eltern, Todesfälle von nahe stehenden Personen und krisenhafte Zuspitzungen im Pubertätsgeschehen.

Schlechte Noten und Sanktionen bei Regelverstößen werden von vielen Jugendlichen als Kränkung, Zurückweisung und Statusverlust erlebt und stellen Wertigkeits- und Anerkennungszuschreibungen dar, die sie direkt mit ihrem Selbstbild verknüpfen.

> Bei Vergabe von negativen Zensuren, beim Erteilen von Ordnungsmaßnahmen und vor allem bei einem Schulverweis muss gemeinsam bedacht werden, ob der Schüler diese Ereignisse verkraftet und wie er sie bewältigt.

Fallmanagement im akuten Bedrohungsfall bringt einen kompetenten Personenkreis, etwa die Mitglieder des Krisenteams und die direkt betroffenen Pädagogen (gegebenenfalls unter Einbeziehung des Netzwerkes, das vom Krisenteam gebildet wurde), zur Durchführung einer Fallanalyse zusammen.

B.1.23 Die Fall- bzw. Risikoanalyse

Die Fallanalyse wird durch kompetente Pädagogen (aus dem Krisenteam) und Lehrer, die direkt mit dem Schüler zu tun haben, durchgeführt. So können verschiedene Sichtweisen eingebracht werden, und die Verantwortung für notwendige Entscheidungen wird sich auf viele Schultern verteilen. Es empfiehlt sich, Mitarbeiterinnen der Schulpsychologie hinzuzuziehen, im Falle einer akut gefährlichen, substanziellen Drohung ermittelt sowieso die Polizei.

Bei der Durchführung einer Fallanalyse werden alle biografischen, familiären und schulischen Daten (z. B. aus der Schülerakte) und Informationen über einen gefährdeten Schüler mit notwendiger Diskretion und Sorgfalt zusammengetragen. Dessen nachvollziehbare Entwicklung wird auf vorhandene Frühwarnsignale und Risikomarker überprüft. Der aktuelle Anlass, etwa eine substanzielle Drohung, wird zu etwaigen Leaking-Zeichen in Beziehung gesetzt. Die sich ergebenden Puzzleteile werden durch weitere Erhebungen ergänzt (vgl. KV 8/9). Es müssen Informationen aus allen Richtungen gewonnen werden, im Gespräch mit den Eltern, Mitschülern und den in der Drohung genannten Zielpersonen.

KV 8
Leitfaden für eine sachgerechte Fallanalyse (1)

In der Fallanalyse wird durch tiefergehende Fragestellungen versucht, ein besseres Verständnis für die Vorgänge und ein profundes Hintergrundwissen zu gewinnen, um für das weitere Vorgehen beschlussfähig zu werden. Die Beteiligten benötigen die Fähigkeit, ihre Urteilskraft kritisch zu hinterfragen und müssen mit großer Sensibilität bei der Recherche von Informationen vorgehen. Oberste Maxime:

> Entscheidend ist letztlich nicht, dass der Jugendliche eine substanzielle Drohung ausgesprochen hat, relevant ist, ob er eine darstellt! Dies zu klären, ist Aufgabe der an der Analyse beteiligten Personen (Fein u.a. 2002, S. 31).
>
> Eine Fallanalyse darf sich nur an Fakten und am konkreten Verhalten des Jugendlichen orientieren. Sie stützt sich nicht auf Mutmaßungen und Befürchtungen und auch nicht auf schablonenhafte charakterliche Zuschreibungen! (Fein u.a. 2002, S. 32).

Grundlage der Fallanalyse können folgende Fragestellungen sein
(nach den Empfehlungen des Secret Service Fein u.a. 2002, S. 54ff.; Bannenberg 2010, S. 169ff.; Hoffmann 2007, S. 122–123)

1. Welche Motive und Ziele verbergen sich hinter dem gelieferten Anlass (Äußerung, Handlung)?
2. Welche Ereignisse und Erfahrungen (vgl. auch Frühwarnsignale und Risikomarker) haben den Schüler zum bedrohlichen Verhalten geführt?
3. Gibt es akute, krisenhafte Zuspitzungen und Ereignisse: z.B. Statusverlust, Kränkungen, Zurückweisungen, Leistungseinbrüche mit Versetzungsgefährdung, disziplinarische Schulmaßnahmen, Streit mit Mitschülern, Lehrern, Eltern, Beziehungsverlust, Liebeskummer?
4. Bestehen Wut- oder Hassgefühle? Auf welche Person/en konzentrieren sie sich?
5. Sieht der potenzielle Täter Möglichkeiten, seine Probleme alternativ zu lösen, und was hat er diesbezüglich versucht?
6. Hat der Jugendliche Äußerungen und Mitteilungen über Gewaltideen und -absichten nach außen abgegeben (mündlich, schriftlich, via Internet) (vgl. Leaking)? Wem gegenüber (Mitschülern, Freunden, Lehrern, Familienmitgliedern, möglichen Opfern)?
7. Gab es Warnungen an Freunde oder Mitschüler?
8. Gibt es Hinweise auf übermäßiges, fanatisches Interesse an folgenden Inhalten (vgl. *Indirektes Leaking*)? Unangemessene Begeisterung für Waffen (Schuss-, Stichwaffen, Sprengsätze), gewalthaltige Medien, Militär, Kriegsdokumente, frühere Amokereignisse und -täter, Terrorismus, Massaker?
9. Werden konkrete Handlungen in Richtung Tatvorbereitung und Umsetzungsorientierung deutlich?
10. Zugang / Bemühung um Waffen? Training mit Waffen? Vorzeigen von Waffen oder Munition?
11. Hat der Schüler Opfer-/Todeslisten erstellt?
12. Ist der Schüler potenziell in der Lage, die angekündigte schwere Gewaltattacke auszuführen, besitzt er das erforderliche Alter und die technischen und körperlichen Voraussetzungen dafür? (Die Panzerattacke auf dem Pausenhof, die in einer verstörend-brutalen Schülerzeichnung mit vielen Opfern im Detail dargestellt wird und die Androhung enthält: »Ich mach euch alle platt!«, enthüllt zwar massive Gewaltfantasien, dürfte für einen elfjährigen Schüler aber kaum umsetzbar sein.)
13. Gibt der Jugendliche Hinweise auf Depressionen und Suizidideen? Äußerungen über Verzweiflung, Hoffnungs und Sinnlosigkeit jetzt oder früher?
14. Sieht er in Bezug auf seine schulische Laufbahn und berufliche Erfolgsaussichten keine Perspektiven?
15. Begreift er sich als jemand, der stets ungerecht behandelt und vom Leben benachteiligt wird?
16. Existiert eine vertrauensvolle Beziehung zu mindestens einem Erwachsenen? Vertrauensvolle Bindungen sind Schutzfaktoren, ihre Abwesenheit deutet auf fehlenden Halt und mangelnde soziale Einbindung hin. Falls es einen Erwachsenen gibt, der Zugang zum Jugendlichen hat, könnte dieser als Kontaktperson fungieren, bei einem Gespräch mit ihm moderieren und ihn auf dem Weg aus der Krise in besonderer Weise unterstützen.

KV 9
Leitfaden für eine sachgerechte Fallanalyse (2)

17. Unterhält der Schüler nur oberflächliche Beziehungen zu Gleichaltrigen?
18. Stößt er als männlicher Jugendlicher auf Interesse bei den Mädchen?
19. Welche Rolle spielt die Beziehung zu den Eltern (bietet sie dem Jugendlichen emotionale Nähe, Verständnis und Interesse für seine Probleme)?
20. Ist oder war der Schüler in psychologischer/jugendpsychiatrischer Behandlung und dem gegenüber aufgeschlossen?
21. Wird Gewalt als legitimes Mittel zur Konfliktlösung angesehen? Bisherige Amoktäter waren keine notorischen Schläger und sind durch Gewaltverhalten nicht wesentlich aufgefallen. Gab es beim Betroffenen Äußerungen, die darauf hinweisen, dass er im Zusammenhang mit seinen Problemen drastische Gewalthandlungen als berechtigt bzw. als einzige Lösung ansieht?
22. Wirken die Aussagen des Schülers kongruent oder ergeben sich Widersprüche aus Äußerungen und Handlungsweisen?
23. Decken sich die Aussagen des Jugendlichen mit denen anderer Personen?
24. Machen sich Personen Sorgen um den Jugendlichen? Im Nachgang zu bisherigen Amokereignissen wurde klar, dass sowohl Erwachsene als auch die Eltern sowie Mitschüler und Freunde zumindest phasenweise besorgt über den Täter waren: veränderte Verhaltensweisen, Stimmungen und geäußerte Meinungen gaben dazu Anlass.
25. Gibt es eine Besorgnis um mögliche Opfer?
26. Was muss passieren, damit sich die Wahrscheinlichkeit einer geplanten Gewalttat erhöht oder verringert?
27. Wie kann die Perspektive des Jugendlichen trotz schulischer Leistungsdefizite positiv beeinflusst werden?
28. Welche außerschulischen Stellen müssen (soweit noch nicht geschehen) einbezogen werden (Polizei, psychologische/psychotherapeutische/jugendpsychiatrische Einrichtungen, Jugendamt, Erziehungsberatungsstelle)?

Ob der entsprechende Jugendliche sofort mit seinen Äußerungen konfrontiert werden soll oder ob das Team zunächst verdeckte Untersuchungen anstellt, hängt von der Bedrohungsqualität und den Umständen ab. Wünschenswert ist es, vor dem Gespräch mit dem Schüler möglichst viele Fakten in der Hand zu haben. Eine direkte Befragung (KV 10–12) gibt möglicherweise Aufschluss über die Motive und die Ernsthaftigkeit der Drohungsinhalte.

Wenn der Drohende sich in einer direkten Konfrontation
- den gestellten Fragen entzieht
- über seine Motive keine nachvollziehbaren Erklärungen abgibt
- kein Unrechtsbewusstsein erkennen lässt
- sich nicht von seinem Fehlverhalten distanziert

müssen die offenen Fragen beispielsweise durch Ermittlungen der Polizei, Gutachten der Kinder- und Jugendpsychiatrie geklärt werden. Aus dem Ergebnis der Fallanalyse wird sich ein Gesamtbild ergeben, das eine solide Einschätzung und Entscheidungen möglich macht.

Manche Bedrohungssituationen, vor allem im Zusammenhang mit akut gefährlichen substanziellen Drohungen, *erfordern sofortige, wirkungskräftige Handlungsstrategien der Polizei:* z. B. die Evakuierung und Durchsuchung der Schule, die Vernehmung oder Festnahme eines entsprechenden Schülers, eine Hausdurchsuchung, Beschlagnahmung des Schüler-PCs. Die Fallanalyse ist kein dauerhaft gültiger Befund. Sie sollte dynamischen, prozesshaften Charakter haben. In den meisten Fällen muss die weitere Entwicklung des Jugendlichen in regelmäßigen Abständen neu bewertet werden.

**Eine ideale oder perfekte Fallanalyse gibt es nicht;
Restunsicherheiten liegen in der Natur der Sache.**

B.1.24 Weiterführende Konsequenzen

> Eine substanzielle Drohung stellt eine drastische Gefährdung des Schulfriedens dar, und mit einer akut gefährlichen substanziellen Drohung wird Gefahr für Leib und Leben von Personen ausgedrückt. Solche Verhaltensweisen müssen nicht nur als massiver Regelverstoß gegen Schulregeln verstanden werden, sie unterliegen auch der gängigen Meldepflicht von Gewaltvorfällen – gegebenenfalls haben sie auch strafrechtliche Relevanz und erfordern polizeiliche Ermittlungsarbeit mit staatsanwaltlichen Konsequenzen bis hin zur Hausdurchsuchung und Festnahme.

Schulische Sanktionen im diesem Zusammenhang müssen jedoch von den Bemühungen des Bedrohungs- und Fallmanagements grundsätzlich unterschieden werden. Erstere sind Konsequenzen aus nicht hinnehmbarem Verhalten, letztere dienen der akuten oder künftigen Gefahrenabwehr.

> Eine scharfe Disziplinierung, gar ein Schulverweis als alleinige Maßnahme, kann gerade zu dem führen, was verhindert werden soll: Im Nachhinein muss bei einer Reihe von bisherigen Amokereignissen der erfolgte Schulverweis als tatbegünstigend bzw. tatauslösend angesehen werden (ersteres war beispielsweise beim Amoklauf in Erfurt der Fall).

Im Vordergrund sollten daher Maßnahmen stehen, die grundlegende Probleme, also familiäre, soziale oder psychische Risikofaktoren, des jeweiligen Schülers aufdecken und beseitigen. Gezielter Beziehungsaufbau durch die Pädagogen, die Stärkung des Selbstwertes durch mehr Anerkennungsaussichten im Schulzusammenhang, ein enger Kontakt zu den Eltern und das Angebot von Unterstützungssystemen durch Gleichaltrige sind neben gegebenenfalls psychologischer/psychotherapeutischer/jugendpsychiatrischer Hilfe wesentlich und Voraussetzung für eine soziale Reintegration.

Sollten die entscheidenden Gremien zur Entscheidung kommen, einen Schulverweis aussprechen zu müssen, ist die Entwicklung einer produktiven Entlassungskultur wesentlich. Sie beinhaltet, den Schüler bei diesem folgenschweren Ereignis wertschätzend und fürsorglich zu begleiten. Mindestens ein Pädagoge sollte auch nach dem Schulwechsel Kontakt mit dem Schüler und dem neuen Klassenlehrer halten und sich vergewissern, dass der Jugendliche die Situation ausreichend bewältigt.

Dem Schüler muss signalisiert werden: Dein Verhalten in Bezug auf Regelverstöße zwingt uns dazu, dich der Schule zu verweisen. Trotzdem bist du uns nicht gleichgültig, wir sind an dir und deiner weiteren Entwicklung/Zukunft interessiert! Wir sind fest davon überzeugt, dass du deine Krise überwinden kannst!

KV 10
Leitfaden für ein Gespräch mit dem drohenden Jugendlichen (1)

Ziel dieses Gespräches ist es, Aufschluss über Vorstellungen, Gedanken, Motive und tatsächliche Tatabsichten zu erhalten und den Betroffenen von einer möglichen Tatumsetzung abzuhalten.

Das Gespräch kann in verschiedenen Konstellationen geführt werden. Empfehlenswert ist die Anwesenheit eines Schulpsychologen und eines Vertrauenslehrers. Die Gesprächsleitung sollte von einem Pädagogen übernommen werden, zu dem der Schüler eine gute Beziehung hat. Die entsprechenden Personen bereiten das Gespräch vor. Der Verlauf muss protokolliert werden. Die Unterredung wird so arrangiert, dass die Mitschüler keine Kenntnis davon haben. Das Gespräch soll ruhig und sachlich und ohne Zeitdruck gestaltet werden, mit Einfühlung und Offenheit geführt, aber auch von Klarheit, Entschiedenheit und Nachdruck geprägt sein. Es soll keinesfalls den Charakter eines Tribunals oder eines Verhörs vermitteln: Moralisierende, anklagende Haltungen und vorverurteilende Zuschreibungen sind zu vermeiden – wenn der Betroffene das Gefühl hat, in die Zange genommen und mit dem Rücken an die Wand gedrängt zu werden, wird er sofort »zumachen«. Ein »Herumeiern« um brisante Fragestellungen ist aber genauso wenig effizient.

Ein solches Gespräch bietet die große Chance, authentische Informationen zu erhalten. Für den Jugendlichen ergibt sich die Möglichkeit, Gehör zu finden – für seine individuelle Geschichte, seine Entwicklung und seine subjektiven Beweggründe. Er kann angeregt werden, seine (gewalttätigen) Ziele neu zu überdenken, Überzeugungen zu überprüfen und Einstellungen zu verändern (Fein u. a. 2002, S. 53–54).

1. Grundlegender Gesprächsverlauf / Fragestellungen
(nach Bannenberg 2010, S. 167 ff. und Robertz 2007, S. 229–230)
- Damit dieses Gespräch gut ausgeht, ist es wichtig, dass du offen und ehrlich bist.
- Es hat einen Anlass / Grund, warum wir dich hergebeten haben. Welchen Grund vermutest du?
- Was genau hast du gesagt / geschrieben / gezeichnet / getan? Erkläre es uns genau.
- Was war dein genaues Ziel? Was sollte passieren? Was war dein Wunsch?
- Von deiner Drohung ist eine Person bzw. sind mehrere Personen betroffen. Welche Beziehung hast du zu ihr / ihnen? Gab oder gibt es Konflikte? Erzähle uns darüber.
- Welche Folgen hätte die angedrohte Tat für wen (Gesundheit, Leben)? .... für die Gesundheit, das Leben der bedrohten Person/en hätte? Es gibt einen Begriff dafür, wenn jemand den Tod eines Menschen in Kauf nimmt oder gezielt verursacht ...
- Wie ginge es dir, wenn du auf einer Todesliste stündest?
- Wertschätzung ausdrücken: Wir kennen dich als jemanden, der sich viele Gedanken macht, ... sehr ernsthaft ist, ... Verantwortung übernimmt, ... viele Interessen hat ...
- Du bist uns wichtig, wir machen uns große Sorgen und wir wollen, dass du aus dieser Krise herauskommst. Du kannst dich auf uns verlassen, wir werden dich dabei unterstützen!
- Siehst du eine andere Lösung, wie du zu deinem Recht kommen, den Konflikt, die Probleme lösen kannst? Was brauchst du dazu? Was müsste kurzfristig / langfristig passieren?
- Menschen haben Fehler und begehen manchmal Irrtümer. Du hast hier die Chance, einen Irrtum zu erkennen und einen Fehler einzugestehen. Damit kannst du noch Schlimmeres verhindern. Wie stehst du jetzt zu dem, was du angedroht hast? Denkst du (immer noch) daran, deine Drohung in die Tat umzusetzen? Was hast du heute / morgen, die nächsten Tage vor? Fühlst du immer noch diese/n Wut / Hass? Wie gehst du jetzt damit um?
- Woran können wir erkennen, dass du es ernst meinst?
- Du hast eine gefährliche Drohung ausgesprochen und damit viele in Angst und Schrecken versetzt. Du merkst, wie ernst wir das nehmen. Dir zu helfen ist für uns das Wichtigste. Wir haben aber auch eine Verpflichtung gegenüber dem Schulgesetz und dem Strafgesetz. Was denkst du, wozu wir bei einer solchen Tat verpflichtet sind? Mögliche Konsequenzen ankündigen.
- Wie geht es dir jetzt? Kommst du damit klar? Es wird dich jemand nach Hause begleiten.

Verabschiedung durch alle Beteiligten mit Handschlag, Blickkontakt und ermutigenden Worten: »Die Sache ist ernst, aber zusammen schaffen wir es! Wir werden Lösungen finden! Du wirst deine Probleme in den Griff bekommen, wenn du es ernsthaft angehst!

KV 11
Leitfaden für ein Gespräch mit dem drohenden Jugendlichen (2)

Das grundlegende Gespräch sollte durch nachfolgende Fragestellungen vertieft und ergänzt werden.

2. Zusätzliche, vertiefende Fragestellungen für wichtige Bereiche

Lebensgefühl, Belastungen, subjektive Perspektive
- *Was belastet dich in deinem Leben? Worüber denkst du oft nach?*
- *Welche Ereignisse / Erfahrungen waren schlimm für dich / haben dich geprägt?*
- *Was vermisst du / worunter leidest du? Was würdest du gerne verändern?*
- *Wie denkst du über deine Zukunft? Glaubst du, dass du dein Leben meistern kannst?*
- *Was sind deine Stärken und Talente?*

Schulerfahrungen
- *Wie war deine bisherige Schulzeit für dich?*
- *Wie war das letzte Schuljahr, wie läuft es zur Zeit?*
- *Wie fühlst du dich an dieser Schule / in deiner Klasse? Mit welchen Mitschülern / Pädagogen verstehst du dich gut?*
- *Wo brauchst du Unterstützung?*

Familie und Freundschaften
- *Wie geht es dir in deiner Familie?*
- *Wie ist die Beziehung zu deinen Eltern / Geschwistern?*
- *Hast du Freunde? Wen? Wie viele? Hast / hattest du eine Freundin? Wer von ihnen kennt deine Probleme? Hast du jemandem deine Drohung anvertraut?*
- *Wer ist für dich am wichtigsten auf der Welt?*
- *Wie gestaltest du deine Freizeit?*

Psychische Probleme
- *Die Pubertät ist eine schwierige Zeit. Manche Jugendliche geraten dabei in Krisen und entwickeln Depressionen, die man behandeln kann:*
- *Leidest du unter Schlafstörungen, Antriebsschwäche, Konzentrationsschwierigkeiten, Appetitlosigkeit?*
- *Hast / hattest du in letzter Zeit Liebeskummer? Bist du von einem Mädchen enttäuscht worden?*
- *Fühlst du dich manchmal verzweifelt und hoffnungslos? Hast du oft das Gefühl, dass alles keinen Sinn mehr hat? Siehst du manchmal keinen Ausweg aus Problemen?*
- *Hast du schon einmal daran gedacht, dein Leben zu beenden? Hast du es schon einmal versucht?*
- *Bist / warst du in psychologischer Behandlung? Hast du Medikamente verordnet bekommen?*

Gewaltprobleme
- *Wie gehst du mit Wut um?*
- *Neigst du zu unkontrollierten Wutausbrüchen? Welche Situationen bringen dich zum »Ausrasten«?*
- *Schlägst du dich?*
- *Bist du in deiner Fantasie oft mit Gewalt beschäftigt? Fantasien schildern lassen.*
- *Fühlst du dich oft ungerecht behandelt oder kritisiert? Hast du dann Rachegedanken?*
- *Hast du den Eindruck, dass Mitschüler Angst vor dir haben?*
- *Hast du früher schon einmal jemanden bedroht?*

Wenn manche dieser vertiefenden Fragestellungen nur mit Unbehagen und Unsicherheit seitens der beteiligten Erwachsenen aufgeworfen werden können, weil sie als zu persönlich oder belastend empfunden werden, können sie allgemeiner abgefasst werden. Fragen, die als heikel betrachtet werden, sollten dann besser in einem Einzelgespräch vom Psychologen gestellt und / oder gegebenenfalls der Polizei überlassen werden.

> Der Betroffene darf nicht das Gefühl haben, dass ein Katalog von Fragen abgehakt wird. Es geht darum, diese in ein Empathie vermittelndes Gespräch einzubetten, das nicht nur Ja/Nein-Antworten zulässt. Die Situation ist für den Jugendlichen hochgradig stressbesetzt. Er muss Gelegenheit haben, nachzudenken und Gefühle der Betroffenheit, Unsicherheit, Bedrückung und Scham ausdrücken können, z. B.: *Wie fühlst du dich gerade? Wie wirkt diese Frage auf dich? Es fällt dir schwer, auf diese Frage zu antworten. Du bist unsicher, wie du das ausdrücken sollst. Es ist schwierig, darüber zu sprechen. Dieses Gespräch ist für dich nicht einfach.*

Christine Spies: »Wir können auch anders!« © Beltz Verlag 2011 · Weinheim und Basel

KV 12
Leitfaden für ein Gespräch mit dem drohenden Jugendlichen (3)

3. Nach dem Gespräch

Der Jugendliche sollte am Ende des Gesprächs
- die Tragweite seines Handelns weitgehend erfasst
- und als einen gefährlichen, nicht hinnehmbaren Normverstoß begriffen haben
- mit der Gewissheit erfüllt sein, dass es ein echtes Interesse seitens der Schule an ihm gibt und ein genannter Personenkreis mit ihm zusammen eine tragfähige Perspektive entwickeln wird.

Sinnvoll ist die Bestimmung eines *Betreuers*, der mit dem Betroffenen für die folgende Zeit kontinuierlich Kontakt hält und mit ihm an Lösungen arbeitet. Auch die zusätzliche Unterstützung durch die Gruppe der Peer-Helper kann erwogen werden.

Der Betroffene hat aus Sicht der Gesprächsteilnehmer
- nachvollziehbare Erklärungen abgegeben und seine Motive für die Drohung offengelegt.
- Unrechtsbewusstsein entwickelt und den Willen zur Auflösung der Drohung gezeigt.
- signalisiert, dass es ihm leid tut.
- Interesse und Motivation gezeigt, vorhandene Konflikte und Probleme auf andere Weise zu lösen.

Im ungünstigen Fall
- bleibt der Schüler auch im Verlauf des Gesprächs verschlossen, abwehrend oder starrsinnig.
- bestreitet er trotz einschlägiger Hinweise den Sachverhalt der Drohung und zeigt keinerlei Einsicht.
- flüchtet er sich in Rechtfertigungen und weist Schuld und Verantwortung für sein Verhalten anderen zu.
- zeigt er keine/ungenügende Bereitschaft/Offenheit, die auf die Auflösung der Drohung schließen lässt.

Alleine aus der Befragung des Jugendlichen kann keine Sicherheit in der Einschätzung abgeleitet werden. Natürlich können die Angaben des Schülers irreführend, unwahr oder von seiner verfälschten Wahrnehmung getrübt sein.

Deshalb sollten solche oder ähnliche Fragestellungen ebenfalls Gegenstand eines Elterngesprächs sein. Es muss aber damit gerechnet werden, dass Eltern ihr Ansehen und das ihres Kindes schützen wollen und Fakten verleugnen und/oder verdrängen oder versuchen, anderen Schuld zu geben. Oft sind sie im Umgang mit ihrem Kind hilflos, haben keinen Zugang mehr, sind in Konflikte mit ihm verstrickt und haben selbst kaum eine Vorstellung, was in ihrem Kind überhaupt vorgeht (Fein u. a. 2002, S. 52–53).

Die Befragung von Zielpersonen, also der potenziellen Opfer, muss besonders sensibel durchgeführt werden (Fein u. a. 2002, S. 54–55). Zu wissen, dass eine akute Drohung im Raum steht, die schwere, tödliche Gewalt beinhaltet, löst Angst aus. Diese Angst muss so gering wie möglich gehalten werden, weshalb auf die Bekanntgabe von Details so weit wie möglich verzichtet werden sollte.

Im Vordergrund stehen dabei folgende Leitfragen:
- Wie wird die Beziehung zu dem drohenden Jugendlichen beschrieben (auch zu Mädchen)?
- Gab es Konflikt- und Streitsituationen?
- Welche Ereignisse könnten Kränkungen oder Frustrationen beim Betroffenen ausgelöst haben (durch Erwachsene oder durch Gleichaltrige)? Haben andere Angst vor ihm?
- Hat sich der Betreffende in letzter Zeit verändert? Was ist aufgefallen, wirkt befremdlich?
- Gab/gibt es Ausgrenzungstendenzen durch andere? Warum?

> Potenziellen Opfern muss zuverlässig Unterstützung, Hilfe und Schutz angeboten werden!

Unter Berücksichtigung aller vorliegenden Informationen wird eine Gesamtbewertung vorgenommen. Notwendige Sanktionen wie Erziehungs- und Ordnungs- sowie Wiedergutmachungsmaßnahmen werden beschlossen und umgesetzt. Der ernannte Betreuer erarbeitet mit dem Schüler Möglichkeiten zur Bewältigung der maßgeblichen Probleme und unterstützt und begleitet ihn für einen festgelegten Zeitabschnitt. In enger Kooperation mit der Schulpsychologie werden gegebenenfalls externe Maßnahmen (psychologische/jugendpsychiatrische Behandlung, Jugendamt) eingeleitet. In einem angemessenen Zeitraum erfolgt eine Neubewertung.

B.2 Die Ebene der Lehrpersonen und anderen schulischen Pädagogen

B.2.1 Professionalität im Rollenverständnis

Gegenwärtiges Lehrerdasein ist durch eine Fülle neuer Aufgabenstellungen und Anforderungen gekennzeichnet. Sie bewirken komplexe Belastungen: Das Überstülpen strittiger Bildungskonzepte, der Druck, sich in der Epoche nach PISA an vorgegebene Standards anpassen zu müssen, obwohl beispielsweise Schüler grundlegende Voraussetzungen wie etwa Sprachkompetenz oder Konzentrationsfähigkeit nicht mehr ausreichend mitbringen, Eltern die Verantwortung für ihre Kinder auf die Schule abwälzen, öffentliche Anerkennung fehlt, zeitliche Mehrbeanspruchung durch Rhythmisierung, Teamarbeit, Lernstandsermittlung und bürokratische Tätigkeiten zu verzeichnen ist.

Die Zuweisung zahlreicher, ursprünglich gesamtgesellschaftlicher Aufgaben bringt einen Berufsstand bis an die Grenze des Leistbaren und führt bei vielen zu chronischer Überlastung mit dem Risiko, physisch und psychisch zu erkranken. Lehrer müssen daher für sich selbst präventiv denken und handeln, um einer psychosomatischen Störung, Depression oder Suchtgefahr im Burn-out-Syndrom zu entgehen.

> Dies beinhaltet, sich gemeinsam innerhalb des Kollegiums den veränderten Bedingungen zu stellen. Für den Einzelnen heißt es, die eigene Rolle neu zu reflektieren, das berufliche Verständnis zu modifizieren und auf alte, nicht mehr haltbare Rollenmuster zu verzichten – weil sonst ein Scheitern absehbar ist. Es führt gleichzeitig zu einer ernüchternden Feststellung: Pädagogen müssen zuerst bei sich selbst anfangen und an ihren Einstellungen und Haltungen arbeiten.

B.2.2 Das neue Rollenbild

Das neue Rollenbild wurde inzwischen hinreichend definiert, wird aber bei weitem noch nicht von allen schulischen Pädagogen angenommen. Dieses Rollenbild verpflichtet zu einem Wandel im Rollenverständnis: vom kognitiv ausgerichteten Wissensvermittler, der ausschließlich einen inhaltlichen Kanon abarbeiten will, zum Moderator und Coach. Der »neue Lehrer« wird beim Lernen beraten und begleiten, ohne seine Verantwortung für eine hohe Qualität bezüglich der Inhalte und Methoden zu schmälern. Er sieht es als gleichwertige Aufgabe an, den Jugendlichen in seiner Persönlichkeitsentwicklung zu fördern und ihm zu sozialen Kompetenzen zu verhelfen. Dagegen werden immer die gleichen Einwände geäußert:
- Ich habe nicht die nötige Zeit.
- Ich bin dafür nicht ausgebildet.

Dazu müssen immer die gleichen Appelle erhoben werden:
- Die Zeit dafür muss bereitgestellt werden (Einrichtung einer obligatorischen Klassensozial-Stunde, Verhandlungen mit der Schulleitung und Schulverwaltung).
- Die erforderlichen neuen Haltungen und Kompetenzen können erworben werden (dieser Forderung sehen sich in den letzten Jahren nahezu alle Berufsbilder ausgesetzt).

B.2.3 Entwurf eines Idealbildes

Eine ideale Lehrerpersönlichkeit (oder die eines Sozialpädagogen, Erziehers)
- kennt ihre Stärken und Schwächen.
- wirkt glaubwürdig und authentisch.
- zeigt Konturen, Ecken und Kanten, ist schlichtweg ein Mensch.
- besitzt eine positive Autorität und Durchsetzungsfähigkeit.
- ist gegenüber den Jugendlichen genauso höflich wie gegenüber ihren Vorgesetzten.

- besitzt Charme, Humor und Gelassenheit.
- vermittelt Sachwissen mit Leidenschaft.
- betreibt ein gezieltes Selbst-Labeling bezüglich ihrer Ausstrahlung, indem sie individuell stimmige Ausdrucksmuster entwickelt (z. B. Habitus, Gestik, Mimik, Stimme).
- verkörpert Optimismus.
- ist unterhaltsam und immer wieder überraschend.
- kümmert sich aktiv um sich selbst, um einem Burn-Out entgegenzuwirken.

Nur wenige Pädagogen kommen so auf die Welt – für den Rest bedeutet es, sich diesem Ideal tagtäglich geduldig anzunähern.

B.2.4 Eigene Rollenreflexion

Professionalität im eigenen Rollenverständnis äußert sich unter anderem in diesen Segmenten:
- in den Beziehungen zur jugendlichen Klientel, zu Kollegen, Vorgesetzten und Eltern
- in der Selbstrepräsentation / äußeren Wirkung
- im Image innerhalb der Institution (Schulöffentlichkeit)

Folgende Fragestellungen sind klärend und hilfreich:
1. Wie war das innere Bild, das ich von mir selbst als Pädagoge beim Berufseinstieg hatte?
2. Welche Originalität, welche positiven Eigenarten wollte ich verkörpern / ausstrahlen?
3. Welche Stärken und Schwächen sehe ich heute in meiner Rolle?
4. Welches Bild schreiben mir meine Schüler heute tendenziell zu? Wer bin ich für sie?
5. Welche Positivaussage wünsche ich mir von den Jugendlichen?
6. Welche Sichtweise / Äußerung von ihnen würde mich kränken / erschrecken / treffen?
7. Diese Fragen lassen sich auch im Bezug auf die Kollegen und Eltern stellen.
8. An welchen Rollensegmenten möchte ich künftig arbeiten? Wer kann mich dabei unterstützen?

B.2.5 Die Beziehung – der Motor im pädagogischen Prozess

Was im therapeutischen Prozess schon lange vorausgesetzt wird, muss auch in pädagogischen Zusammenhängen endlich als zentraler Aspekt begriffen werden:

> Eine positive Beziehungsgestaltung ist der Garant für eine erfolgreiche Pädagogik!

Defizite in der Lehrer-/Schülerbeziehung verhindern das Erreichen von Bildungszielen und blockieren den Jugendlichen in seiner persönlichen Entwicklung. Einen Jugendlichen, den ich innerlich ablehne, kann ich nicht unterrichten, geschweige denn erziehen. Eine aktive Beziehungsgestaltung, die menschliche Nähe zulässt und dem Jugendlichen Halt gibt, muss daher vorrangiges Ziel sein. Dazu müssen unbewusste eigene Haltungen bewusst gemacht und erwünschte Einstellungen gezielt erworben werden.

B.2.6 Unproduktive und unprofessionelle Haltungen und Einstellungen

Folgende Haltungen sind unprofessionell und führen mitnichten zu positiver Autorität – sie sind von eigenen Bedürfnissen bestimmt:
- Ich will von den Jugendlichen geliebt werden.
- Ich möchte für sie ein/e Freund/in sein und als Kumpel auf gleicher Augenhöhe wahrgenommen werden.

Folgende Haltungen produzieren Widerstände und Ablehnung – sie lösen Ohnmachts- und Unterlegenheitsgefühle bei Jugendlichen aus:
- Ich weiß alles.
- Ich belehre und moralisiere.
- Ich habe Macht über dich.

KV 13
Die vier Schlüssel im produktiven Beziehungsgeschehen

Die vier Schlüssel

Erfolgreiche Beziehungsgestaltung mit Jugendlichen setzt als pädagogische Grundhaltungen das Verständnis und die Bereitschaft voraus, neben dem Bildungsanspruch auch kontinuierlich Erziehungsaufgaben zu übernehmen. Sie reduzieren den eigenen Verschleiß und sichern Professionalität.

Akzeptanz

heißt vorbehaltlose Wertschätzung und Anerkennung sowie Interesse an der Person des Jugendlichen mit seinen Stärken und Schwächen. Sie enthält ein verlässliches Beziehungsangebot, das auf Herzenswärme, Vertrauen, Stabilität, Ermutigung und gegenseitigem Respekt beruht: »Ich bin für dich da!«; »Deine Entwicklung ist mir wichtig!« Das Bemühen, mit dem Heranwachsenden Nahziele und Lebensperspektiven zu entwickeln, unterstützt ihn in seiner Suche nach sich selbst und nach Sinn in seinem Leben. Akzeptanz vermittelt die Bereitwilligkeit, Fehlverhalten und Krisensignale beim Jugendlichen nicht als Störfaktoren, sondern als Hilfeersuchen wahrzunehmen. Akzeptanz meint, Erfahrungen der Selbstwirksamkeit und Mitbestimmung zu ermöglichen: »*Du bist wertvoll und für diese Gemeinschaft wichtig!*« Sie setzt den Glauben an die grundsätzliche Entwicklungs- und Veränderungsbereitschaft des Jugendlichen voraus.

Grenzziehung

beinhaltet den Mut zu couragierter Auseinandersetzung, in der klar und unmissverständlich Norm- und Grenzüberschreitungen signalisiert werden: Du kannst Vertrauen in mich und diese Institution haben! Unrecht wird hier nicht geduldet, dafür setze ich mich ein. Regelverstöße werden zum Anlass genommen, ein Bewusstsein für Unrecht entstehen zu lassen und die moralische Entwicklung zu fördern. Grenzziehung heißt auch, dass Pädagogen und Schüler ein Regelwerk verinnerlichen, von dem alle schulisch Beteiligten voraussetzen können, dass es einheitlich eingefordert wird. Auch das Vorgehen bei Regelverstößen wird von pädagogischer Seite unterschiedslos gehandhabt (alle ziehen am gleichen Strang).

Konfrontation

ist als Hilfe und Chance gedacht. Sie erfolgt bei jeglichem unsozialen oder gewalttätigen Verhalten ebenso wie bei Unterrichtsstörungen – prompt, mit radikaler, aber ruhiger und sachlicher Eindeutigkeit. Konfrontative Methoden, etwa bei Mobbingverhalten, werden dabei in verschiedenen Settings verantwortungsvoll angewandt, ohne dass ein Gesichtsverlust des Betreffenden riskiert wird oder die Konfrontation den Charakter eines Tribunals erhält. Es erfolgt eine strikte Trennung von Verhalten und Person (Harvard-Prinzip). In der Konfrontation mit dem unerwünschten Verhalten werden Rechtfertigungsstrategien zerlegt, die Folgen der Handlung aufgezeigt und der Jugendliche zur Verantwortungsübernahme aufgefordert: »*Ich bestrafe nicht, sondern ich ziehe dich für den Regelverstoß zur Verantwortung, weil ich dich ernst nehme und du mir wichtig bist!*« Einem Regelverstoß folgt obligatorisch eine konkrete Wiedergutmachung.

Konsequenz

meint verlässliches und Orientierung gebendes Hinsehen und Reagieren aller verantwortlichen Pädagogen. Sie vermittelt Kindern und Jugendlichen die Erfahrung, dass jedes Handeln spürbare Auswirkungen hat und Folgen nach sich zieht. Konsequenz bedeutet auch, »am Ball« zu bleiben. Es gilt einerseits, hartnäckig die Stärken des Einzelnen zu fördern, und andererseits, unnachgiebig, aber wohlwollend bei unsozialem Verhalten eine Verhaltensänderung zu fordern und dabei jeweils längerfristig die weitere Entwicklung im Blick zu behalten. Konsequenz schließt die Würdigung von Fortschritt ein, selbst wenn sich dieser in kleinsten Entwicklungsschritten vollzieht (»*Du bist auf dem richtigen Weg!*«; »*Du schaffst es!*«).

Die vier Haltungen müssen in einer ausgewogenen, gleichwertigen Balance gehalten werden. Wird eine davon überbetont, kippt das Gleichgewicht und gefährdet den konstruktiven pädagogischen Prozess.

B.2.7 Eigene Gefühle im Umgang mit problembehafteten Schülern

Schlüsselsituationen, bei denen der Pädagoge durch das Verhalten von Jugendlichen von eigenen negativen Gefühlen bedrängt wird und die Gefahr einer Selbstentgleisung (unsachlich werden, schreien, drohen, beschimpfen) droht, sollten genauer analysiert werden:
- Welches genaue Verhalten des Jugendlichen stört mich?
- Was löst es bei mir aus?
- Warum fühle ich mich dabei gestresst, gekränkt, wütend, ohnmächtig, gereizt?
- Wie äußern sich körperliche Signale beim Auftreten von negativen Gefühlen?

B.2.8 Neue Handlungsstrategien

1. Frühzeitiger signalisieren, dass das Gegenüber eine Grenze überschreitet, die nicht toleriert wird. Es ist besser, schon auf Kleinigkeiten zu reagieren, bevor es zu einer Eskalation und einem Machtspiel kommt. Auf Körpersignale achten.
2. Entspannungs-, Atemtechniken und vorher eingeübte Selbstinstruktionen verhelfen dazu, eine angemessene innere Distanz aufzubauen und gelassen *aus dem Ring* zu steigen.
3. Rollenzuweisungen gegenüber dem Jugendlichen bewusst aufgeben, »Schubladen« öffnen (Jugendliche spüren, wenn sie mit Vorurteilen bedacht werden) und den Jugendlichen anregen, eigenverantwortlich seine Rolle zu verändern.
4. In einem Einzelgespräch mit dem schwierigen Schüler ein konkretes Beziehungsangebot machen (»*Wie können wir unsere Beziehung verbessern?*«; »*Ich möchte, dass wir uns gegenseitig respektieren. Was können wir beide dazu beitragen?*«) und konkrete Vereinbarungen treffen.

Oft hilft es, sich klarzumachen, dass Störungen und Provokationen von Jugendlichen nicht gegen den Pädagogen gerichtet sein müssen, sondern eher auf deren Probleme mit sich selbst hinweisen:

> Wer Probleme macht, hat Probleme!

B.2.9 Gewalt durch Pädagogen

Angepasste, allseitig begabte und kommunikativ befähigte Schüler zum schulischen Erfolg zu bringen, ist im Rahmen pädagogischen Wirkens zu erwarten und bedeutet nichts Außerordentliches.

> Wirkliche pädagogische Kompetenz und Integrität zeigt sich darin, gerade leistungs- und anpassungsunwillige, verschlossene, aggressive oder auf Kritik besonders empfindsam reagierende Schülerpersönlichkeiten zu ermutigen und diese ausdrücklich in ihrem Selbstwert zu bestätigen.

Schulische Pädagogen haben dazu insgesamt mindestens zehn Jahre lang fast täglich Gelegenheit. Ihr Einfluss kann zuträglich, entwicklungsfördernd oder auch zerstörerisch sein. Sie besitzen Macht – positive Macht, um gerade instabilen und gefährdeten Schülern zu vermitteln, dass auch sie liebenswerte Individuen mit Stärken und Begabungen sind und dass auch sie später ihren Platz in dieser Gesellschaft finden können. Lehrer können immer wieder vermitteln: »*Es gibt jemanden, der dich mag!*«; »*Es gibt jemanden, der daran glaubt, dass du etwas kannst!*«; »*Ich weiß, dass du in deinem Leben etwas erreichen wirst!*«

Machtmissbrauch von Lehrpersonen geschieht auch heute noch – täglich. Seltener durch direkte Gewalt, oft aber mit Wortgewalt und verletzenden Handlungen. Das Spektrum von Lehrergewalt ist schockierend:

- Entgleisungen durch Beleidigungen und Beschimpfungen:
  - zynisch-sarkastische Bemerkungen und persönlichkeitsverletzende Kommentare: *»Deinen Abschluss kannst du vergessen, das schaffst du sowieso nie…!«*; *»Bei dir reicht's noch nicht mal für einen Job im Dönerimbiss…!«*; *»Da, wo andere ein Gehirn haben, ist bei dir ein Vakuum!«*; *»Ist ja klar, wer hier mal wieder nichts weiß…«* etc.
  - Unterwerfungsszenarios mit Herabsetzungen, Bloßstellungen und Demütigungen vor der Klasse
  - Ansprechen von Leistungsversagen im Klassenforum (Klausurenergebnisse, Zeugnisnoten)
  - Zensurendruck/Androhung schlechter Zensuren aus Hilflosigkeit
  - Erteilen willkürlicher Strafen
- mangelnde Unterrichtsqualität:
  - Lerninhalte gehen an den Lebensbezügen der Schüler vorbei, es wird überhaupt nicht klar, *warum* etwas gelernt werden soll.
  - unklare oder unangemessen hohe Leistungsanforderungen
- Die Bevorzugung einzelner Schüler gehört auch dazu.

Besagtes Verhalten vermittelt Jugendlichen das Gefühl der Ohnmacht und Hilflosigkeit. Es wirkt wie Gift auf den Selbstwert von Heranwachsenden und bedroht sie durch den Verlust an Zugehörigkeit (vgl. Singer 2002). Lehrergewalt ist zutiefst destruktiv und unprofessionell, sie verstärkt den allgemeinen Leistungsdruck und verursacht Konkurrenzdenken. Wenige solcher Pädagogen an einer Schule sind genug, um großen Schaden anzurichten. Ihre Verletzungen haben traumatische Nachwirkungen – oft bis ins Erwachsenenleben hinein (Hurrelmann/Bründel 2007, S. 104 ff. und 122 ff.).

> Wer es als Pädagoge nicht schafft, ein gewaltfreies Vorbild abzugeben, kann auch keine friedfertigen Jugendlichen erwarten.

Leider wird Lehrergewalt immer noch tabuisiert. Reale Abhängigkeiten verhindern, dass Schüler und Eltern sich trauen, dagegen vorzugehen. **Falsch verstandene Loyalität und Ratlosigkeit in den Lehrerkollegien** führen dazu, dass entsprechende *Hardliner* bis zu ihrer Berentung weiter ungestört agieren. Im Grunde gilt die gleiche Prämisse, die auch Jugendlichen vermittelt werden sollte: Wer zuschaut und schweigt, trägt Mitverantwortung! Es muss gemeinsam überlegt werden, wie solche Kollegen konstruktiv beeinflusst werden können, gegebenenfalls muss die Schulleitung eingeschaltet werden.

B.2.10 Der Bumerang

In der Kriminologie und Forensischen Psychologie/Psychiatrie wird auf die Rolle von Kränkungserfahrungen auf dem Hintergrund von Rache- und Vergeltungsideen und der Entwicklung von Tötungsfantasien hingewiesen. *Amoktäter* begreifen Schule als verhasstes Symbol für all das, was ihnen Zukunft verwehrt und ihnen solche Versagens-, Kränkungs- und Diskriminierungserfahrungen aufbürdet.

Das Gefühl der Ausweglosigkeit bei suizidgefährdeten Jugendlichen bezieht sich häufig ebenfalls auf Misserfolgs- und Versagenserlebnisse in der Schule. Einschlägige akute Ereignisse im Schulzusammenhang sind oft Auslöser für einen Suizidversuch.

> Amok- und Suizidprävention bedeuten, schulische Gewaltfaktoren auszuschalten und den Bumerang nicht zu werfen! Lehrer dürfen die paradoxen Anmaßungen einer leistungs- und konkurrenzorientierten Gesellschaft nicht ungefiltert an ihre Schüler weitergeben. Sie müssen diese auf eine menschenwürdige Weise abfedern.

B.2.11 Wissenswertes über Kränkungserfahrungen bei Jugendlichen

Nicht erfüllbare pädagogische Ansprüche können Scham, Schuldgefühle, Angst oder Wut auslösen. Anlass können Aufgabenstellungen sein, die den jeweiligen Schüler *objektiv oder subjektiv* überfordern. Oft wird aber auch grundsätzlich alles als Zumutung abgewehrt, was mit Anstrengung, Konzentration oder Disziplin zu tun hat. Negative Gefühle werden dabei meist jenen angelastet, die solche Anforderungen stellen – den Lehrpersonen und der Institution Schule insgesamt.

- Unvermögen und persönliche Unzulänglichkeit müssen nach außen hin verborgen werden (ein Lerninhalt wird nicht verstanden, gewusst oder kann sprachlich nicht artikuliert werden), es droht sonst im komplizierten pubertären Gefüge der Peergroup die Gefahr, durch öffentliche Blamage Gesichts- und Statusverlust zu erleiden.
- Die meisten Heranwachsenden können mit Kritik noch nicht souverän umgehen. Sie wird als Angriff auf die persönliche Integrität erlebt, lädiert einen noch gering ausgebildeten Selbstwert oder wird als Beleidigung und Provokation aufgefasst. Schlechte Zensuren werden als Wertigkeitszuschreibung verstanden, sie weisen den Jugendlichen *direkt* auf fehlende gesellschaftliche Chancen und Perspektiven hin.

Unterschiedliche Strategien/Abwehrmuster (Überschneidungen sind möglich):

- *Die direkte, aggressive Entladung:* Der Schüler mit aggressivem, martialem Habitus inszeniert lautstark eine Situation, die eine Unterrichtsstörung, Beleidigung, Drohung oder gar einen Angriff auf den Lehrer beinhaltet.
- *Der stille Rückzug:* Der introvertierte, eher depressiv strukturierte Schüler verstummt, verweigert und resigniert. Unsicherheit und Versagensangst lösen das Bedürfnis aus, sich zu entziehen und die Situation zu verlassen oder gänzlich zu vermeiden (häufiges Motiv für Schuldistanz). Die Flucht aus der Realität in die Welt der Fantasie bringt Entlastung, Geborgenheit und Ruhe.
- *Der unheilvolle Gefühlsstau:* Jugendliche mit einer narzisstischen Persönlichkeitsdynamik sind hochgradig kränkungsanfällig. Wiederholt erlebte Frustrationen, Kränkungen und Verletzungen werden nicht vergessen, stauen sich an und schlagen in aggressive Gefühle um. Sie finden dann Ausdruck in Fantasien, die sich gefährlich verdichten. Lehrpersonen und die Institution insgesamt können zur Projektionsfläche für ein Feindbild werden, das vom eigenen Unvermögen ablenkt.

> Pädagogen müssen solchen Mechanismen die Grundlage entziehen. Durch ihr Verhalten und ihre Beziehungsgestaltung können sie von Jugendlichen subjektiv oder objektiv erlebte Enttäuschungen, Frustrationen und Kränkungen ausgleichen!

B.3 Die Ebene der Eltern

Eine produktive Elternarbeit beinhaltet eine Kooperation auf der Ebene der Institution und setzt eine enge Zusammenarbeit der jeweiligen Lehrpersonen mit den Erziehungsberechtigten ihrer jeweiligen Schüler voraus. Sie ist ein wesentliches Kriterium für Schulqualität.

In der Realität sind Eltern jedoch häufig für schulische Pädagogen gar nicht mehr erreichbar, entziehen sich grundlegenden Pflichten und scheinen überdies ihren Erziehungsaufgaben nicht mehr gewachsen zu sein – ein Austausch mit gegenseitiger Wertschätzung auf Augenhöhe kommt nicht zustande. Viele Eltern treten nur noch bei massiven Konflikten in Erscheinung und versuchen, Verantwortung auf die Schule abzuwälzen. Eine Verbesserung der Beziehungen kann durch eine Reihe von Maßnahmen erzielt werden:

- Einbeziehung von Eltern in den Schulalltag durch Würdigung und Nutzung ihrer unterschiedlichen Ressourcen und Fähigkeiten
- Transparenz in der Unterrichtsgestaltung durch das Angebot zu hospitieren
- Einrichtung eines Elterncafés, Elternstammtisches
- Vorträge und Diskussionen über erziehungsrelevante Themenstellungen
- Angebote von Elternkursen (z. B. *STEP, Triple P, Starke Eltern – Starke Kinder, KESS, Elternführerschein* etc.)

Die Umsetzung von »Wir können auch anders!« als Trainingsprogramm oder der Einsatz einzelner Elemente wird am besten in einem *Elternbrief* angekündigt (Kopiervorlage als Download-Möglichkeit).

Erfahrungsgemäß kommt das Trainingsprogramm bei Eltern ausgesprochen gut an, weil es das Sicherheitsgefühl verstärkt und ihnen vermittelt, dass die Schule in Bereichen wie »Soziales Lernen« und »Gewaltprävention« nicht untätig ist, sondern zeitgemäß handelt.

B.4 Die Ebene der Jugendlichen (Klasse / Gruppe)

B.4.1 Von Träumen, Wünschen und Zielen
Das eigene Selbst entdecken und weiterentwickeln

>»Werde, der du bist!«
>André Gide

>»*Gnothi Seautón* – Erkenne dich selbst.«
>Spruch am Tempel des Apoll in Delphi

>»*Human diversity is a resource, not a handicap.*«
>Margaret Mead

Kommentar
Amok- und Suizidprävention findet ihren Ausgangspunkt in der Förderung der Persönlichkeit des Einzelnen: Auf dem Weg zum Kohärenzgefühl als Fundament des Ichs soll sich dabei eine Stimmigkeit entfalten, die dem Jugendlichen das durchdringende, dynamische Gefühl des Vertrauens gibt (vgl. Kohut 2003). Sie ermöglicht ihm, sich dessen bewusst zu werden, was passiert, und verhindert, zu versinken und verloren zu gehen (vgl. Goleman 1996).

Mit anderen Menschen gut auszukommen, setzt voraus, mit sich selbst klarzukommen, und das erfordert, sich an die Ecken und Kanten der eigenen Persönlichkeit heranzutasten, Stärken und Schwächen auszuloten, Zugang zu seinen Gefühlen zu bekommen, konflikt- und entscheidungsfähig zu werden und zu lernen, sich in andere hineinzuversetzen. Die Beschäftigung damit begründet sich auf der vorgestellten Konstruktion des Selbst, aus dem eine *Selbstdefinition* bestimmt wird und aus dem entsteht, was mit psycho-sozialer Identität gemeint ist. Als erstes ist es die *Selbstwahrnehmung*, das Nachvollziehen von inneren Prozessen, das Beobachten des eigenen Verhaltens und das Erkennen der Wirkung auf andere.

Sie ermöglicht schließlich, ein Bild von sich selbst zu entwickeln. Jenes schlüssige, strukturierte Bild, *Selbstkonzept* genannt, ist die Voraussetzung zur erfolgreichen Bewältigung der Lebensaufgaben sowie für Glück, Sinn und Erfahrungsreichtum. Erst dieses Wissen über persönliche Eigenschaften, Fähigkeiten, Vorlieben, Gefühle und Verhalten kann zu einer gelungenen Bewertung von sich selber und damit zu positiven *Selbstwertgefühlen* führen. Die gelungene *Selbstverwirklichung* aller Persönlichkeitsanteile wird sich dann in einem *Selbstbewusstsein* widerspiegeln, das auch die *Grenzen des Selbst* kritisch mit einbezieht und eine Unter- oder Überbewertung ausschließt. Die Entwicklung eines stabilen Selbst wird in diesem Sinne in pubertären Zuspitzungen vor einer Identitätsdiffusion schützen, ein Zersplittern in der Pluralität der Rollen verhindern (vgl. Gudjons / Wagner-Gudjons 2008) und stattdessen einen Zugang zu den vorhandenen Ressourcen ermöglichen.

Der Anreiz und die Herausforderung, die Jugendlichen mit der Themenstellung gegeben werden soll, lauten: »Yes, you can!« – nämlich *deine Entwicklung mit bestimmen!* Wenn sie aufgenommen werden kann, wird der Heranwachsende sie zur angeregten, zufriedenen Selbsterklärung im Sinne von William Stern umformulieren: »Ja! Ich will, was ich kann, und ich kann, was ich will!«

Wenn es eine, im eingangs aufgeführten Verständnis, gelingende Entwicklung sein soll, sind Jugendliche heute mehr denn je auf gezielte Unterstützung angewiesen. Für die Institution Schule bedeutet dies: Bildung muss, mehr als bisher, auf die Förderung der *gesamten* Persönlichkeit ausgerichtet werden, zumal die Entwicklung sozialer Schlüsselkompetenzen, der Erwerb sogenannter *Life* oder *Soft Skills*, eine hohe lebens- und berufsperspektivische Relevanz hat (D. Goleman hat hierzu den Begriff der *Emotionalen Intelligenz* geprägt). Schule muss dafür Spielräume, Zeit sowie konkrete Anregungen, wie sie in diesem Kapitel vorgesehen sind, bereitstellen.

Für die Lehrperson heißt dies konkret, sich bewusst auf das einlassen, was den Entstehungshintergrund jugendlicher Persönlichkeiten ausmacht und was Heranwachsende bewegt und beschäftigt. Es sind dies ihre biografischen Erfahrungen und Bedingungen in der Familie und ihre Befindlichkeiten in der aufwühlenden Dynamik der Pubertät sowie ihre Sorgen und Ängste um ungesicherte Perspektiven (Ausbildung, Natur und Umwelt, Globalisierung). Die Jugendlichen müssen Gelegenheit erhalten, bei ihren Suchbewegungen in Bezug auf Normen und Werte Orientierung zu erhalten. Sie brauchen Anlässe, bei denen sie ihre Eindrücke aus impulsgebenden Jugend- und Medienkulturen bewusst reflektieren können. In einer Atmosphäre der Wertschätzung und des gegenseitigen Vertrauens können sie ihre Träume und Wünsche artikulieren und als konkrete Lebensziele formulieren. In diesem Entwicklungsprozess gibt der Erwachsene entscheidende Impulse, wirkt aber im Sinne des Harvard-Konzeptes *On The Sideline*, indem er als Coach strukturiert, berät und konstruktiv begleitet. Dies setzt, wie schon erwähnt, ein neues Rollenbild voraus:

Um mit Schülern entsprechende Themen zu erarbeiten, ist menschliche Nähe *und* professionelle Distanz notwendig. Nur in einer funktionierenden Lehrer-/Schüler-Beziehung werden sich die Jugendlichen auf vorgesehene Übungen einlassen, persönliche Einstellungen offen äußern und sich in Krisensituationen vertrauensvoll an schulische Pädagogen wenden.

Die Stunden, in denen das Trainingsprogramm absolviert wird bzw. Ausschnitte daraus vermittelt werden, sollten sich von Unterrichtsfächern unterscheiden, die einen Leistungsnachweis erfordern. Die nachfolgenden Materialien sind so abgefasst, dass sie möglichst wenig Texterschließung voraussetzen. Bei einer Textanalyse oder bei der Abgabe von schriftlichen Statements sind andere Kriterien anzusetzen als im Deutsch-Leistungskurs. Rechtschreibung etc. sollten eine untergeordnete Rolle spielen, Hausaufgaben im Zusammenhang mit dem Trainingsprogramm lediglich Internetrecherche oder Beobachtungsaufgaben beinhalten.

Jeder Schüler hat ein Recht auf seine eigene Meinung, es gibt Gründe, warum er sie sich gebildet hat. Wenn diese mit der Würde des Menschen oder dem Strafgesetz kollidiert, werden gültige Normen und Werte aufgezeigt und sachlich, aber deutlich dagegen gesetzt. Anders ist es bei Gefühlen, »sie haben immer recht«. Deshalb sind sie, wenn sie im Zusammenhang mit den Themenstellungen geäußert werden, auch niemandem abzusprechen oder in Zweifel zu ziehen. Gefühle äußern sich bei Menschen unterschiedlich. Gerade bei Pubertierenden bedeuten unangemessenes Lachen, unsachliche Bemerkungen oder albernes Getue oft Unsicherheit oder persönliche Betroffenheit. Es muss gemeinsam besprochen werden, wie damit umgegangen wird und wie sich solche Äußerungen besser kontrollieren lassen (persönliche Kritik immer im Einzelgespräch).

Bei der Erarbeitung von Problemstellungen dürfen Jugendliche nicht zum Objekt einer thematischen Verdeutlichung oder Zielsetzung gemacht werden, z. B.: *Wer gewaltverherrlichende Computerspiele benutzt und dies äußert, darf sich deswegen nicht verurteilt fühlen – genauso wenig darf jemand, der beispielsweise im Verdacht steht, Mobbingopfer zu sein, als Beispiel herangezogen werden – usw.*

Für Äußerungen zu persönlichen Einstellungen, Gefühlen und Problemen gilt der *Grundsatz der Freiwilligkeit*, denn diese fallen in den Bereich der Privatsphäre. Eine aktive Mitarbeit kann aber dennoch, wie bei jedem Fachunterricht auch, gefordert werden. Beispiele: *»O. k., du hast das Gefühl, dass dich dieses Thema nur ganz persönlich angeht. Ich möchte aber trotzdem, dass du die Fragen für dich beantwortest, weil du dich damit auseinandersetzen sollst.«; »Du brauchst das, was du schreibst, nicht zu veröffentlichen.«; »Ich verstehe, dass du an diesem Rollenspiel nicht aktiv teilnehmen willst. Ich möchte aber, dass du folgende Aufgabe übernimmst (z. B. als Beobachter, Moderator, Anleiter, Erzähler).«*

Es ist wichtig, dass die Schüler begreifen, warum sie sich mit den jeweiligen Inhalten beschäftigen sollen und inwiefern sie durch die Auseinandersetzung für ihr derzeitiges und künftiges Leben profitieren – ansonsten entsteht der Eindruck der Beliebigkeit.

Die Materialien zum Thema umfassen folgende Inhalte und Aspekte:
- Wer bin ich? Wer möchte ich sein?
- eigene Stärken und Schwächen
- Träume, Wünsche und Ängste in Bezug auf Gegenwart und Zukunft
- Kommunikation und Interaktion / Außenwirkung
- positive Selbstinstruktion
- Gefühle bei sich und anderen wahrnehmen und steuern
- Erfolgreiche Lebensstrategien
- Kurzversion eines Anti-Gewalt-Trainings

KV 14

I AM WHO I AM

> »Denn ich bin, wer ich bin.
> Was auch sonst.
> Und ich stehe da, wo ich stehe.
> Ich habe mich für mich entschlossen.«
> (aus: Adrian, L.: »I am who I am«)

❶ Textauszug lesen. Gemeinsam besprechen, wie die Aussage auf euch wirkt.

❷ Welches Zeichen / Symbol passt auf dich? Zeichne es *oben* in das Kästchen.

❸ Formuliere *spontan* fünf Antworten, die dir zum Satz *I am who I am* einfallen. Sie sollen etwas über deine Stärken und Schwächen aussagen. Schreibe sie spontan hin, ohne dass du sie vom Kopf her abfilterst – sie können auch witzig oder albern sein! Am besten geht das, wenn du dir vorstellst, dass du *dir selbst* die Antworten gibst, nicht jemand anderem!

1. _____
2. _____
3. _____
4. _____
5. _____

❹ Formuliere *zusammenfassend* einen ähnlichen Text auf der Rückseite des Blattes über dich, wie er in den vier Zeilen des oben genannten Songs ausgesagt wurde. Er soll aussagen, wie du zu dir selbst stehst.

I AM WHO I AM ...

❺ Die eigenen Aussagen in Zweier-/Dreiergruppen vorstellen.

Fest steht:

Du bist einmalig!

Und du hast noch dein Leben lang Zeit, alle deine Potenziale zu entwickeln.

Fang jetzt damit an, in diesem Augenblick!

KV 15
Nobody is perfect

Was sind deine Stärken?

Ich bin/ich kann/ich habe …

… überzeugend im Gespräch   … zuverlässig   … gut im Zeichnen
… ordentlich   … selbstbewusst, vertrete meine eigene Meinung
… fantasievoll   … gute Laune verbreiten   … ehrlich und offen
… humorvoll   … sportlich   … gut singen   … hilfsbereit
… kochen   … charmant   … basteln   … bescheiden   … tanzen
… gut in Mathe   … modisch *on top*   … schnell auswendig lernen
… bei Streitfällen ausgleichen   … gut im Schreiben   … ein Instrument spielen
… kontaktfreudig   … gewaltfrei   … pünktlich   … gutes Benehmen
… mit anderen teilen   … offen für die Probleme anderer   … mit Geld gut umgehen
… um Kleinere/Schwächere kümmern   … mich an Regeln halten
… konzentriert arbeiten   … tolerant sein   … verschwiegen   … ehrgeizig
… diszipliniert   … eine gute Allgemeinbildung   … ein gepflegtes Äußeres

NOBODY IS 😉 PERFECT!

Was sind deine Schwächen?

Ich bin/ich kann/ich habe…

… unpünktlich   … verschlossen und abweisend   … unsportlich
… angeberisch   … meistens faul   … kein Selbstvertrauen   … unmusikalisch
… egoistisch   … schüchtern   … eingebildet   … Probleme mit Gewalt
… unkonzentriert   … schlampig   … manchmal über andere herziehen
… intolerant   … mich vor Aufgaben drücken   … neidisch auf den Erfolg von anderen
… oft schlecht gelaunt   … oft gegen Regeln verstoßen   … schlechtes Benehmen
… keine Ausdauer   … oft im Mittelpunkt stehen   … keine Selbstkontrolle bei Wut
… nicht verlieren   … oft petzen
… eine schlechte Allgemeinbildung   … im Unterricht stören   … oft provozieren

❶ Zutreffendes mit einem Textmarker kennzeichnen.

❷ Im Plenum vorstellen. Welche Stärken willst du weiter ausbauen? An welchen Schwächen willst du arbeiten?

KV 16

Elf und mehr fette Erfolgsgeheimnisse für Jugendliche im 21. Jahrhundert

1. Klick mal öfter auf *aus*!
2. Versuche nicht jedem blödsinnigen Trend hinterherzujagen.
3. Kaufe nur das, was du wirklich brauchst und von dem du sicher weißt, dass du es auch noch in drei Monaten aufregend findest.
4. Versuche, dir nicht alle Wünsche zu erfüllen, heb dir ein paar für später auf.
5. Lerne zu lassen: loszulassen, auszulassen, wegzulassen. Du musst nicht bei jedem Event dabei sein, meistens passiert sowieso immer das gleiche. Pack dich lieber in die Hängematte oder sonst wohin und träume.
6. Lerne, dich ganz auf eine Sache zu konzentrieren, statt drei Dinge gleichzeitig zu tun: *Was ich tue, tue ich ganz!*
7. Genieße Stille. Nur so kommst du zu dir selbst.
8. Gewalt ist ein Bumerang: Er kehrt zurück und trifft dich. Tu also nichts, was anderen schadet oder unsere Erde zerstört.
9. Sei kritisch, was die Leute angeht, mit denen du dich umgibst: Schlechter Umgang ist wie eine Schlingpflanze in einem schmutzigen Gewässer: Er zieht dich nach unten!
10. Glaube an dich, dann werden es auch andere tun!
11. Verdiene dir dein Lebensglück: durch Arbeit oder durch gute Taten.

- -

- Schreibt eigene zusätzliche Erfolgsgeheimnisse auf kleine Zettel und klebt sie um den Rand des Blatts. Gestaltet das Blatt bunt.
- Diskutiert die Ergebnisse.
- Hängt euch die Erfolgsgeheimnisse über's Bett und versucht, sie anzuwenden!

(nach Murphy/Stamer-Brandt 2004, S. 47)

KV 17

mein idol

Fakten:

_____

_____

_____

Ich bewundere und verehre dich, weil …

_____

_____

_____

Wenn ich könnte, würde ich dir diese Fragen stellen:

_____

_____

_____

✂ ··

Abschneiden und auf A4 oder A3 vergrößern, verteilen und erläutern:
Ein Idol ist jemand, den du außerordentlich bewunderst und verehrst. Es kann jemand aus deiner Familie oder deinem nahen oder fernen Bekanntenkreis sein, ein Mensch aus Geschichte oder Gegenwart und aus allen Bereichen der Gesellschaft, z. B. Literatur, Kunst, Sport, Wissenschaft, Politik, Musik, Showbusiness, Film oder Fernsehen.

❶ Fertige ein *Plakat* an und beantworte die drei Fragestellungen.
❷ Schreibe *in* die Umrandung den Namen deines Idols.
❸ Klebe Fotos an freie Stellen oder versuche, etwas zu zeichnen, was dein Idol verkörpert.
❹ Schreibe auf, was du über dein Idol weißt (recherchiere im Internet, in Büchern, Zeitungen etc.): Kindheit, Werdegang, Beruf, Alter, Wohnort.
❺ Schreibe auf, warum du dein Idol bewunderst (Eigenschaften, Fertigkeiten, Leistungen etc.).
❻ Überlege dir zum Schluss, welche Fragen du an dein Idol hättest, wenn es die Gelegenheit gäbe, sie zu stellen.

KV 18

Zukunft im 21. Jahrhundert?

❶ Stellt euch die nächsten 50 Jahre auf dieser Erde vor.
❷ Was fällt euch dazu ein? Was könnte sich an Positivem oder Negativem ereignen? Geht dabei alle möglichen Lebensbereiche durch: Partnerschaft, Freundschaft, Familie, Freizeit, Beruf, Politik, Weltgeschehen, Technik.
❸ Schreibt dafür jeweils ein Stichwort in ein Kästchen, z. B. Entdeckung eines Krebsheilmittels.
❹ Markiert den Punkt im Kästchen: mit Grün, wenn die Zukunftsvorstellung mit Hoffnung und Zuversicht besetzt ist, mit Rot, wenn sie mit Angst und Sorge verbunden ist.
❺ Ruft reihum nacheinander eure Stichworte in den Raum.
❻ Schneidet eure Kästchen aus und klebt sie in zwei Spalten auf ein Plakat (grüne Punkte und rote Punkte).
❼ Im Gespräch: Welche Farbe überwiegt? Worum drehen sich die meisten Zukunftshoffnungen und -ängste?
❽ Bildet Vierergruppen und sammelt Möglichkeiten, wie man mit solchen Zukunftsängsten umgehen kann. Auf welche dieser Befürchtungen habt ihr persönlichen Einfluss? Wie? Wodurch? An welcher Stelle könnt ihr aktiv werden?
❾ Ergebnisvorstellung im Klassenplenum

KV 19
Achtung Außenwirkung – Wie Kommunikation funktioniert!

Im Umgang miteinander übermitteln wir auf verschiedene Weise Botschaften (*Kommunikation*) und treten mit anderen in Austausch (*Interaktion*). Das bedeutet, dass wir aufeinander reagieren und in Abhängigkeit von anderen handeln. Am Kommunikationsprozess nimmt immer der ganze Mensch teil.

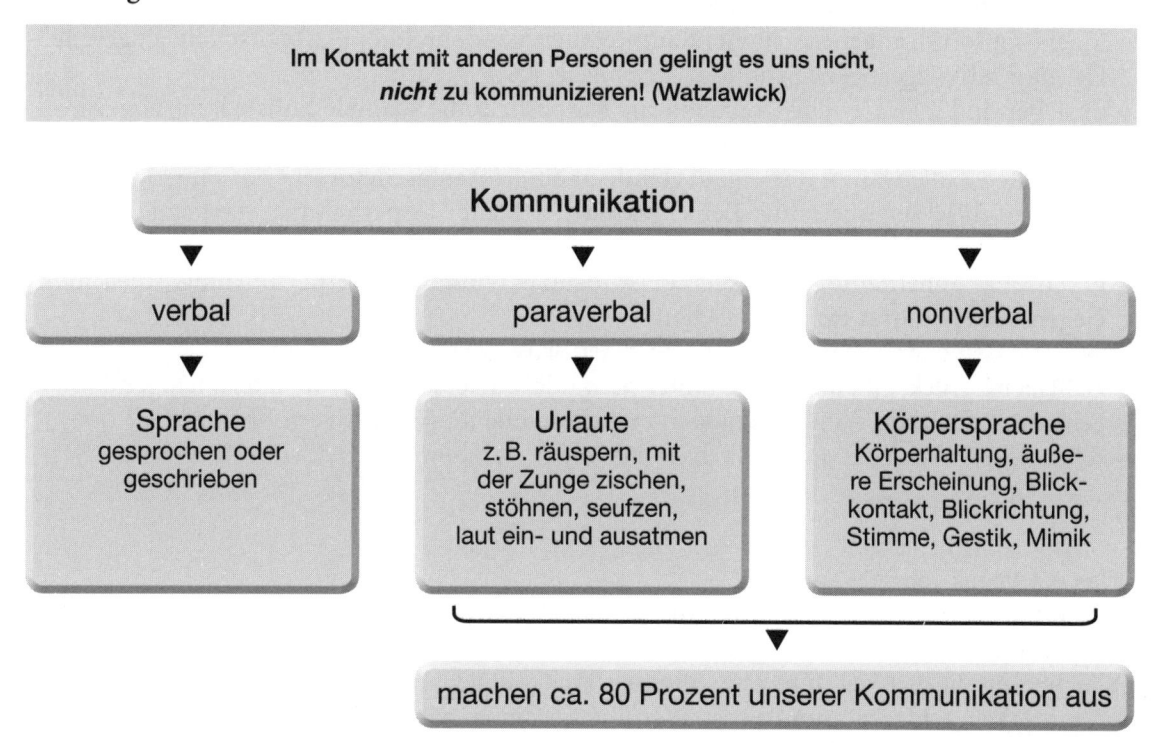

> Im Kontakt mit anderen Personen gelingt es uns nicht,
> *nicht* zu kommunizieren! (Watzlawick)

Kommunikation

- **verbal** → Sprache: gesprochen oder geschrieben
- **paraverbal** → Urlaute: z. B. räuspern, mit der Zunge zischen, stöhnen, seufzen, laut ein- und ausatmen
- **nonverbal** → Körpersprache: Körperhaltung, äußere Erscheinung, Blickkontakt, Blickrichtung, Stimme, Gestik, Mimik

Paraverbal und nonverbal machen ca. 80 Prozent unserer Kommunikation aus.

Mit der Sprache unseres Körpers geben wir Signale ab, die oft ehrlicher sind als Worte und mehr Wahrheit über uns offenbaren, als alles, was wir sagen. Mithilfe der Sprache vermitteln wir in erster Linie Fakten, mit nonverbaler Kommunikation deren Bedeutung. Unsere Körperhaltung, die Stellung unserer Arme und Beine, unsere Handbewegungen und der Ausdruck unserer Augen oder wie wir unsere Mundwinkel verziehen, verraten viel über unser Seelenleben: über unsere Gedanken, Ängste, Begierden, Unsicherheiten, Enttäuschungen usw. Die Wissenschaft der Körpersignale ist die Kinesis.

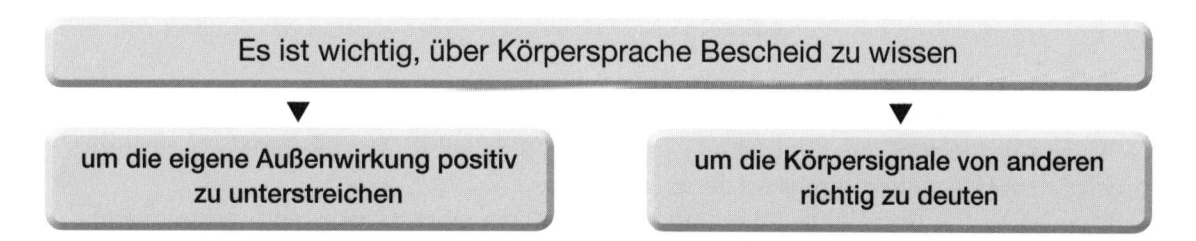

Es ist wichtig, über Körpersprache Bescheid zu wissen
- um die eigene Außenwirkung positiv zu unterstreichen
- um die Körpersignale von anderen richtig zu deuten

Was bedeutet es, wenn Körpersprache immer mehrdeutig ist, in Abhängigkeit von …
- von der jeweiligen Kultur.
- von der Einstellung zum Menschen, der einem gegenüber steht.
- von der Situation.

Beispiele: Lachen kann ein Zeichen für Freude und Glück, aber auch für Verachtung und Sarkasmus oder Unsicherheit und Angst sein. Tränen können Ausdruck für Verzweiflung, Wut oder auch Freude sein. Die Augen nach oben zu drehen kann Begeisterung oder Genervtsein bedeuten usw.

KV 20

Verräterische Zeichen – Körpersprache

In Kleingruppen darstellen und fotografieren. Fotogalerie auf Plakaten arrangieren. Die Bilder mit Kommentaren untertiteln. Problem der Mehrdeutigkeit von Körpersprache erörtern.

Was die Körperhaltung verraten kann
- Macht fordernd, angeberisch: viel Raum einnehmend, breitbeinig, breitschultrig; gerade Haltung, zurückgezogene Schultern, Kopf nach vorne gereckt
- unsicher und schwach: enge, schüchterne Körperhaltung, schmale Fußstellung, abgewinkeltes Bein, schräg gestellter Kopf
- nicht offen, hat etwas zu verbergen: Hände in den Hosentaschen
- nicht gut durchsetzungsfähig: Beine gekreuzt, schlaffe Körperhaltung, hängende Schultern.
- nervös, hat unbefriedigte Sehnsüchte, ist realitätsfremd: Oberkörper unruhig, spielt mit Gegenständen, formt Papierkügelchen
- verschlossen oder enttäuscht: Arme über der Brust gekreuzt
- zieht sich zurück, gibt auf: Arme hinter dem Rücken verschränkt, Schultern hängend
- gehemmt, unsicher: Armbewegungen verhalten, Ellenbogen dicht am Körper
- selbstsicher, überzeugt, menschlich: weite, offene Armbewegungen, vom Körper weg

Was die Mimik verraten kann
- Verblüffung oder Überraschung: Augenbrauen hochgezogen, Augen weit geöffnet, offener Mund
- Sicherheit, Ehrlichkeit, Interesse: direkter Blickkontakt
- Traurigkeit, schlecht Laune, Frust oder Enttäuschung: hängende Mundwinkel
- Unaufrichtigkeit oder Lüge: Blickrichtung häufig wechseln, dem Blick des Anderen nicht standhalten, ihm ausweichen; beim Sprechen den Mund verdecken, sich an der Nase reiben
- Langeweile: Blick wandert langsam suchend herum; oder Augen wandern im Kreis (rollen); Seufzen, tief Ausatmen
- Freude oder Begeisterung: mit strahlenden Augen lächeln
- Entschlossenheit: Kopf mit erhobener Nase angehoben
- Eitelkeit und Stolz: Kragen mehrfach mit dem Zeigefinger lockern, Kopf nach hinten recken

Was die Gestik verraten kann
- Aufbau des Kommunikationsfeldes, Zuneigung, Sympathie: Die eigene Körperhaltung wird dem Gegenüber immer wieder angeglichen.
- Unsicherheit, Angst: Hände öffnen und schließen, um einen Gegenstand verkrampfen
- Aufrichtigkeit und menschliche Wärme: offene Bewegungen, die vom Körper wegführen
- Hände vor der Genitalregion: Jemand sucht Schutz, ist unsicher.
- Angeberei, Großspurigkeit: Hände in Halshöhe ausstrecken, weite ausholende Bewegungen, die auf andere zielen
- Wut, Angriffslust, Entschlossenheit: Hände zu Fäusten ballen

Christine Spies: »Wir können auch anders!« © Beltz Verlag 2011 · Weinheim und Basel

KV 21
Der »Wow«-Faktor

> Das, was du mit deinem Körper ausstrahlst, positiv oder negativ, wirkt nicht nur nach außen, es zeigt auch bei dir selbst Wirkung, in deinem Inneren!

Neurobiologen sind Wissenschaftler, die unter anderem biochemische Prozesse im Gehirn und in Nervenzellen erforschen. Sie haben Folgendes herausgefunden: Wenn du bewusst, auch ohne Grund lächelst und deine Mundwinkel nach oben ziehst, wird dein Gehirn angeregt, Endorphine (Botenstoffe) auszuschütten. Diese Botenstoffe vermitteln dir, sogar ohne äußeren Grund, *Glücksgefühle*! Auch Körperhaltungen, Gestik und Stimme haben, wenn sie bewusst eingesetzt werden, eine Rückwirkung auf deine innere Befindlichkeit:

Das Prinzip: Der Körper gibt vor, der Geist folgt!

Versuche dich gezielt vor dem Spiegel, in eine gute Stimmung hinein zu programmieren – mit
- einem strahlenden Lächeln
- einer straffen, geraden Körperhaltung
- erhobenem Kopf, so, als würde dich ein Faden am Scheitel an die Decke ziehen
- lockeren Arm- und Handbewegungen, die offen vom Körper wegführen (die Ellbogen berühren ihn nicht)
- einem Blick, der ruhig und offen in die Welt gerichtet ist

Du wirst dich sofort ein bisschen selbstbewusster und besser gelaunt fühlen.

Die Kraft des positiven Denkens

Erfolgreiche Leute im Sport, Business, in der Politik oder im Showgeschäft programmieren sich jeden Tag gezielt mit positiven Gedanken und Vorsätzen vor einer komplizierten beruflichen Aufgabe: ein Sportler vor dem Hochsprung, der Popstar vor dem Auftritt, ein Politiker vor seiner Rede, die Geschäftsfrau vor einem wichtigen Verhandlungstermin. Sie üben das mit Hilfe von teuren *Personal Trainern*. Der Begriff dafür ist *Selbstaffirmation*, d. h., negative Polungen und Einstellungen ins Positive umzudrehen. Dabei lädst du dich wie ein Akku mit positiven Aussagen auf und suggerierst dir (redest dir ein) am besten öfter am Tag solche oder ähnliche Aussagen:

Ich bin es mir wert! Ich glaube an mich! Ich bin gelassen und ruhig! Ich tu das, was mir gut tut und anderen nicht schadet! Ich glaube an mich! Was ich tue, tue ich ganz!

Damit kannst du negative Gedankenschleifen und lähmende Erwartungshaltungen aufbrechen. Zum Beispiel solche:

Ich schaffe ~~das nie! Wieder so ein beknackter Tag! Erfolg haben im~~mer andere!

Die Kraft des positiven Denkens zeigt doppelte Wirkung:
Du fühlst dich für dich selber besser!
Alles, was du ausstrahlst, bekommst du zurück!

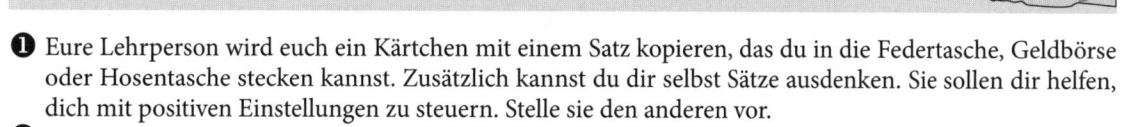

❶ Eure Lehrperson wird euch ein Kärtchen mit einem Satz kopieren, das du in die Federtasche, Geldbörse oder Hosentasche stecken kannst. Zusätzlich kannst du dir selbst Sätze ausdenken. Sie sollen dir helfen, dich mit positiven Einstellungen zu steuern. Stelle sie den anderen vor.
❷ Schreibe sie auf, schneide sie aus und klebe/hänge sie an Stellen, auf die du öfter am Tag schaust.
❸ Präge sie dir ein und sage sie deinem Spiegelbild am Morgen oder in Gedanken öfter während des Tages. Sag dabei: »Wow!« Wenn du dabei noch lächelst und deine Körperhaltung straffst, wirst du dich selbstbewusster und selbstsicherer fühlen und das auch ausstrahlen!

KV 22

Ich kann, was ich will, und ich will, dass ich kann! Puzzle (1)

❶ Text **mit** der Umrandung ausschneiden. Für die Hälfte der Schüleranzahl in der Klasse kopieren. Kopien laminieren, jedes Exemplar in ca. **zehn Puzzleteile** zerschneiden, jedes Puzzle in einen Briefumschlag geben. Paargruppen bilden. Jedes Paar erhält einen Briefumschlag. Alle starten auf Kommando das Puzzeln. Ergebnis vorlesen lassen – damit sich der Satz einprägt, einzeln laut / leise / flüsternd, im Chor sprechen lassen.

> **Ich kann,**
> **was ich will,**
> **und ich will,**
> **dass ich kann!**

❷ Die folgende Seite in der erforderlichen Anzahl kopieren, laminieren, zu kleinen Kärtchen schneiden. Jeder Schüler erhält für die Hosentasche / Geldbörse etc. ein oder mehrere Kärtchen. Der Satz wird geübt, damit er sich einprägt. Nachfragen, ob er eingesetzt wird und was es gebracht hat.

❸ Die Schüler sollen sich täglich gezielt positiv programmieren, besonders in / vor Situationen, die als Herausforderung angesehen werden oder mit der Angst zu versagen besetzt sind (Klassenarbeiten etc.).

❹ Puzzleteile wieder in die Umschläge geben lassen. Laminierte Vorsatz-Kärtchen an die Schüler verteilen. Die Klasse und einzelne Schüler immer wieder an den Satz erinnern. In der Folge die Erfahrungen damit austauschen.

KV 23

Ich kann, was ich will, und ich will, dass ich kann! (2)

KV 24

Schüchtern war gestern: Interaktionsübungen zur positiven Außenwirkung (1)

Übungen: Körperhaltung/-schema

Zielsetzung: Bewusst erleben, dass eine aufrechte, selbstbewusste Körperhaltung nicht nur nach außen hin positiv wirkt, sondern ebenso Einfluss auf die eigene Befindlichkeit hat.

1. Übung:
- Alle sitzen mit eingesunkener Körperhaltung lustlos auf ihrem Stuhl. Kopf und Arme hängen schlaff herunter. Nach Zählansage eins bis zehn richten sich alle langsam, in *Slow Motion*, auf und heben sich von ihrem Stuhl ab, bis hin zu einer aufrecht stehenden Haltung. *Freeze* (in der Haltung einfrieren).
- Langsam in schlaffe Haltung zurückfallen lassen, wiederholen.
- Das Gleiche in abrupter, schlagartiger Abfolge durchführen.
- Zwischenauswertung

2. Übung:
- Alle *gehen* kreuz und quer durch den Raum, ohne sich zu berühren: zuerst mit eingeknickter, hängender und anschließend in aufrechter Körperhaltung.
- Paarweise mit kleinen Schritten und eingesunkener Haltung durch den Raum *gehen*.
- Auf akustisches Signal hin Haltung verändern und mit großen Schritten und ausholenden Armbewegungen weitergehen.
- Zwischenauswertung

3. Übung:
- Alle laufen kreuz und quer durch den Raum. Akustisches Signal: Stopp. Beim Nächststehenden stehen bleiben. *Begrüßung* mit gegenseitigem Händeschütteln, Abklatschen in eingesunkener, lascher Körperhaltung. Auf Signal hin Veränderung der Körperhaltung.
- Wiederholung mit anderer Partnerkonstellation

Gesamtauswertung: Was verändert sich mit den verschiedenen Haltungen? In der äußeren und inneren Wirkung? In der jeweiligen Befindlichkeit? Zu welcher Haltung neige ich im Alltag?

Übungen: Hand-, Arm- und Beinhaltungen im Körperschema

Zielsetzung: Die Wirkung von Arm- und Beinhaltungen soll in der Kommunikation mit anderen erfasst werden. Hand-, Arm- und Beinbewegungen sollen in ein harmonisches Körperschema integriert werden.

1. Übung: Sitzen
Vier Stühle nebeneinander vor die Gruppe platzieren. Jeweils vier Schüler nehmen Platz und demonstrieren verschiedene Sitzhaltungen. Die Lehrperson zeigt diesen ein Blatt, auf dem die im Einzelnen erwünschte Haltung steht: respektlos, provozierend / gelangweilt, desinteressiert / angeberisch, großspurig / selbstunsicher, gehemmt / locker, selbstbewusst

Zwischenauswertung: Welche Hand-, Arm-/Beinhaltungen erzielen welche Wirkung?

2. Übung: Stehen
Mehrere Schüler stellen sich abwechselnd nacheinander vor die Gruppe.

Zwischenauswertung: Die anderen geben ein Feedback über die Arm- und Beinhaltung.

3. Übung: Stehen und Sprechen
Mehrere Schüler kommen nacheinander herein, stellen sich vor die Gruppe und sagen: »Guten Abend, meine Damen und Herren, ich begrüße Sie!« Alternativ: »Hallo, mein Name ist …, schön, dass ihr da seid«!

Christine Spies: »Wir können auch anders!« © Beltz Verlag 2011 · Weinheim und Basel

KV 25

Schüchtern war gestern:
Interaktionsübungen zur positiven Außenwirkung (2)

Gesamtauswertung: Innen- und Außenwirkung? Was wirkt selbstsicher und überzeugend? Zeichen für selbstsicheres Auftreten: eine gerade, aufrechte Körperhaltung, mit runden, harmonischen Armbewegungen (Ellbogen klebt nicht am Körper), eine ruhige Handführung, Füße, die mit leicht geöffneten Beinen, nebeneinander fest auf der Erde stehen.

Übungen: Blickkontakt

Zielsetzung: Die Fähigkeit, einen offenen, gelassenen und freundlichen Blickkontakt halten zu können, als eines der wirksamsten Elemente erfolgreicher Kommunikation und attraktiver Ausstrahlung trainieren.

Wichtiger Hinweis an die Schüler: Ein positiver Blickkontakt meint nicht ein maskenhaft stechendes Starren in die Augen des Gegenüber, sondern einen flexiblen, unverkrampft offenen Blick, der zwischen Augen und Mund wechselt.

1. Übung:

Vier Paargruppen werden aufgefordert, nacheinander kurz eine Alltagsbegegnung zu spielen, bei denen jeweils einer den Blickkontakt deutlich vermeidet. Rollen absprechen, darstellen.

Situationsbeispiele:
- Frage nach einer Busverbindung
- Bitte um den Umtausch eines T-Shirts an der Kasse eines Bekleidungsgeschäftes nach Ablauf der Umtauschfrist
- Entschuldigung nach einem Fehlverhalten
- Bitte/Wunsch einem Mitschüler gegenüber äußern

Auswertung: Wie wirkt sich der fehlende Blickkontakt aus? Auf das Gegenüber? Auf die Zuschauer?

Wiederholung der vier Spielsituationen, diesmal wird konsequent Blickkontakt gehalten.

Auswertung: Wie wirkt sich der kontinuierliche Blickkontakt aus?

2. Übung:

Eine Gasse mit zwei sich gegenüberstehenden Reihen bilden, die jeweils auf einer (gedachten) Linie stehen. Jeder hat ein Gegenüber, Abstand ca. eineinhalb Meter. *Vorher ankündigen*, dass die Übung etwa zwei Minuten durchgehalten werden soll. Alle drehen sich zunächst nach außen (sind ihrem Gegenüber abgewandt). Auf ein akustisches Signal hin drehen sich alle um und schauen ihrem Partner fortdauernd in die Augen. Nach etwa dreißig Sekunden folgt das Kommando, dass eine Reihe einen kleinen Schritt auf die gegenüberliegende zugeht. Weiterhin Blickkontakt. Am Ende ertönt ein akustisches Signal.

3. Übung:

Gleiche Anordnung, zwei Reihen bilden eine Gasse. Jeder steht einem anderen zugewandt gegenüber. Abstand etwa ein Meter. Nacheinander läuft jeder einmal durch die Gasse: Jeder geht zuerst die rechte Reihe, im Abstand von knapp einem Meter, wie eine Parade ab und schreitet dann die Personen auf der anderen Seite der Gasse ab, bis er zu seinem Ausgangspunkt zurückkommt. Der Nächste folgt zügig in kurzem Abstand, der Rest der Reihe rückt jeweils auf. Dabei nimmt jeder im Vorbeigehen zu jedem Einzelnen, an dem er vorbeikommt, *Blickkontakt* auf. Dieser wird gehalten, bis der Nächste in der Reihe erreicht wird.

Auswertung: Welche Erfahrungen wurden bei der Übung gemacht? Warum fällt es so schwer, Blickkontakt zu halten? Denkt an die Redewendung »Die Augen sind der Spiegel der Seele.«

KV 26
Speed-Dating – Interaktionsübung

Ein Rabbi aus einer orthodoxen jüdischen Organisation erfand das Speed-Dating in den USA zu einem bestimmten Zweck: Er wollte möglichst viele junge Leute seiner Religionsgemeinschaft zusammenbringen, die über die Bundesstaaten zerstreut lebten. Sie sollten sich in kürzester Zeit kennenlernen und zum Zweck einer eventuellen Heirat schnell eine Entscheidung treffen. Kennenlernen im Turboverfahren – diese Idee wurde von kommerziellen Partnervermittlungen aufgegriffen. Sie breitete sich in einer Welle der Begeisterung auch in Deutschland aus. Auf unkomplizierte Weise festzustellen, ob die »Chemie« stimmt oder nicht, und sich dabei zeitverschwenderische Verabredungen zu ersparen, scheint für viele Singles ein reizvoller Weg zu sein.

Teilnehmer von Speed-Datings berichten von sehr unterschiedlichen Erfahrungen: Sie können offensichtlich interessant und witzig, aber auch sehr enttäuschend verlaufen. Speed-Datings basieren auf der Annahme des sogenannten *Halo-Effekts*, wonach Sozialpsychologen behaupten, dass der erste Eindruck alle nachfolgenden überstrahlen kann.

»Sieben Frauen treffen sieben Männer an sieben Tischen für je sieben Minuten« – so lautet das Motto eines Anbieters. Beim Speed-Dating treffen, je nach Veranstalter, manchmal auch sehr viel mehr, bis zu hundert Menschen, aufeinander. Sie lernen sich innerhalb einer vorgegeben Zeit kennen und wechseln dann zu einem neuen Gesprächspartner.

❶ Diskutiert im Unterrichtsgespräch über diese Möglichkeit des Kennenlernens und ihre Vor- und Nachteile.
❷ Findet ihr, dass dies eine erfolgversprechende Methode zur Beziehungsaufnahme ist?
❸ Lässt sich in sieben Minuten feststellen, ob ein Mann und eine Frau zusammenpassen?
❹ Wann wird aus eurer Sicht ein Speed-Dating zu einem Erfolg, wann zu einer Enttäuschung?

Das Prinzip des Speed-Datings eignet sich zum Training der positiven Selbstdarstellung:

Interaktionsübung
- Jeder überlegt sich, wie er sich bei einem Speed-Dating positiv darstellen würde, und macht sich dazu Notizen.
- Die Klasse wird in zwei Gruppen geteilt, es werden ein Innen- und ein Außen-Stuhlkreis gebildet.
- Eine Gruppe setzt sich, mit nach außen ausgerichteten Stühlen, in den Innenkreis.
- Die andere Gruppe setzt sich, dem Innenkreis zugewandt, in den Außenkreis, sodass jeder ein Gegenüber hat.
- Auf Kommando beginnen alle paarweise, sich einander vorzustellen und für sich zu werben.
- Die Lehrperson stoppt eine vereinbarte Zeit, etwa fünf Minuten, danach rutschen die Teilnehmer im Innenkreis einen Stuhl weiter nach rechts. Neues Kommando, usw.
- Im Dating-Gespräch soll weniger über Fakten als über Träume, Lebensziele und Hobbys gesprochen werden. (Auf besondere Fähigkeiten und Talente von sich aufmerksam machen und Vorstellungen über Freundschaft/Beziehung darlegen!)
- Auf positive Ausstrahlung, zugewandte Körperhaltung, Mimik, Gestik, Blickkontakt und selbstsichere Stimme soll geachtet werden, außerdem aufmerksam zugehört, gespiegelt, Fragen gestellt werden.

Auswertung: Wie hat sich wer gefühlt? Was fiel schwer, was ging gut/schief?

Paradoxe, witzige Kurzvariante
In zwei Reihen im Abstand von etwa einem halben Meter Rücken an Rücken paarweise gegenüberstehen. Auf Kommando umdrehen: Jeder redet gleichzeitig auf den anderen ein und stellt sich vor. Flüsternd beginnen, nach akustischem Signal oder Handzeichen lauter werden, bis sich alle anschreien. Danach wird der Lautstärkepegel wieder nach unten gezogen, bis alle flüstern. Das Gleiche wird in wütender und in weinerlich/flehender Haltung durchgeführt. Auf die Signale muss prompt reagiert werden, sonst gerät die Angelegenheit aus dem Ruder.

KV 27
Menschen haben Gefühle

❶ Einstiegsimpuls: *Menschen haben Gefühle*

❷ Schüler schreiben die Anfangsbuchstaben eines Gefühls, das ihnen einfällt, an die Tafel, die anderen raten, um welches es sich handelt.

Sacherklärung zum Vorlesen
Wissenschaftler, die Gefühle erforscht haben, gehen davon aus, dass Menschen fünf Grundgefühle kennen, die in der Psyche, also im Seelenleben aller Menschen vorkommen, egal in welchem Teil der Welt sie leben. Sie sind in allen Kulturen anzutreffen. *Frage: Um welche Gefühle wird es sich handeln?*

Freude, Angst, Liebe, Wut, Ekel und Überraschung (noch nicht notierte Gefühle an die Tafel dazuschreiben, alle Grundgefühle unterstreichen)

Diese Grundgefühle sollen biologisch in uns verankert sein. Sie bestimmen genauso wie unser Denken, die Art und Weise, wie wir handeln. Es ist wichtig, sich die eigenen Gefühle bewusst zu machen, damit wir sie beeinflussen und steuern können, weil manche von ihnen, wenn sie uns ungehemmt überfluten, Schaden anrichten können (z. B. kann man innerlich geladen sein, ohne dass es einem selbst auffällt).

Forscher sprechen dann von einer fehlenden emotionalen Aufmerksamkeit. Sie kann dazu führen, dass wir außer Kontrolle geraten und andere uns als hilfloses Gefühlsbündel wahrnehmen. Sie erkennen dann, lange bevor wir es selbst merken, dass wir uns gerade nicht im Griff haben. Unsere Körpersprache verrät uns, und sei es nur durch eine leichte Verkrampfung der Mundmuskulatur oder eine Verengung der Pupillen. Diese fehlende emotionale Aufmerksamkeit verhindert auch, dass wir positive Gefühle bewusst genießen, verlängern oder gezielt abrufen. Wer wenig über Gefühle weiß, kann sich auch schlecht in andere hineinversetzen, er oder sie tappt im Umgang mit anderen im Dunkeln, reagiert falsch oder gar nicht. Das wirkt sich wiederum negativ auf die Beziehungen aus, die er oder sie zu anderen Personen hat.

Erfolgreiche Menschen kennen sich mit Gefühlen aus. Sie achten auf Empfindungen – bei sich selbst und bei anderen. Ihre eigenen Gefühle versuchen sie gezielt zu steuern. Wer zufrieden und ausgeglichen sein will, muss Verantwortung für seine Gefühle übernehmen und seinem Gefühlsleben genauso viel Aufmerksamkeit schenken wie seinem Verstand.

Zu jedem der genannten Grundgefühle gehört eine *bunte Vielfalt von verwandten Empfindungen*. Beispielsweise kann Wut von leichtem Ärger bis hin zu rasendem Zorn oder tiefgehendem Hass reichen. Freude kann flüchtige Zufriedenheit bedeuten bis hin zu einem tiefen Liebesgefühl, das einen vollständig erfüllt.

❸ Verbale Kategorisierung (der Tafelanschriften) vornehmen: nach positiven und negativen oder guten und »schlechten« Gefühlen. Klarstellen, dass negative Gefühle zum Menschsein dazu gehören und dass sie jeder Mensch zuweilen empfindet.

❹ Gefühle darstellen (nach KV 28)
– pantomimisch
– pantomimisch plus Stimme
– mit kleinen Spielszenen, die zum jeweiligen Gefühl ausgedacht werden
– mit Klängen durch Musikinstrumente / Alltagsgegenstände
– bildnerisch (gegenständlich oder abstrakt, z. B. mit Farben)
– als Collage mit Illustrierten / Zeitungsausschnitten

Fragestellungen zum jeweils Dargestellten:
– Wodurch wird das entsprechende Gefühl ausgedrückt?
– Drücken Menschen ihre Empfindungen unterschiedlich aus? Sind Gefühlsäußerungen ein- oder mehrdeutig?

KV 28

Die Palette der Gefühle

Angst	Scham
Trauer	Langeweile
Wut	Begeisterung
Trotz	Schreck
Überheblichkeit	Einsamkeit
Hass	Stress
Freude	Erstaunen

Christine Spies: »Wir können auch anders!« © Beltz Verlag 2011 · Weinheim und Basel

KV 29

Wenn Menschen hassen

❶ Beispiele für alltägliche Sprüche/Redensarten aufzählen, bei denen der Begriff »hassen« benutzt wird: *»Ich hasse es, wenn mein Handy keinen Empfang hat ...«; »Ich hasse Techno ...«*

❷ Kleingruppen bilden, eine/n Moderator/in bestimmen. Er/sie moderiert und leitet die Gruppenarbeit.

❸ Der/die Moderator/in liest diesen Text vor:

> Hass ist anders als Wut. Hass meint absolute Ablehnung und abgrundtiefe Feindseligkeit. Hass führt zu brutaler Gewalt und schlimmen Verbrechen. Hass will zerstören, was ihn hervorruft: einzelne Personen oder Gruppen von Menschen. Hass richtet sich auf Fremdes und Unvertrautes, auf das, was anders ist.

❹ Der *Moderator* klärt mit den Teilnehmern: Was ist der Unterschied zwischen dieser Art von Hass zu dem, was zuvor in den Beispielen mit den Alltagssprüchen gemeint ist?

❺ Die Teilnehmer der Arbeitsgruppe notieren um die unten stehenden Aussagen herum Beispiele für absoluten, zerstörerischen Hass, der sich gegen einzelne oder Gruppen richtet.

❻ Die Ergebnisse aus den Gruppen werden im Klassenplenum zusammengetragen. Es wird überprüft, ob und wie die Beispiele auf die sechs Aussagen unten zutreffen. Es wird versucht, Gründe für die Entstehung von Hass zu finden.

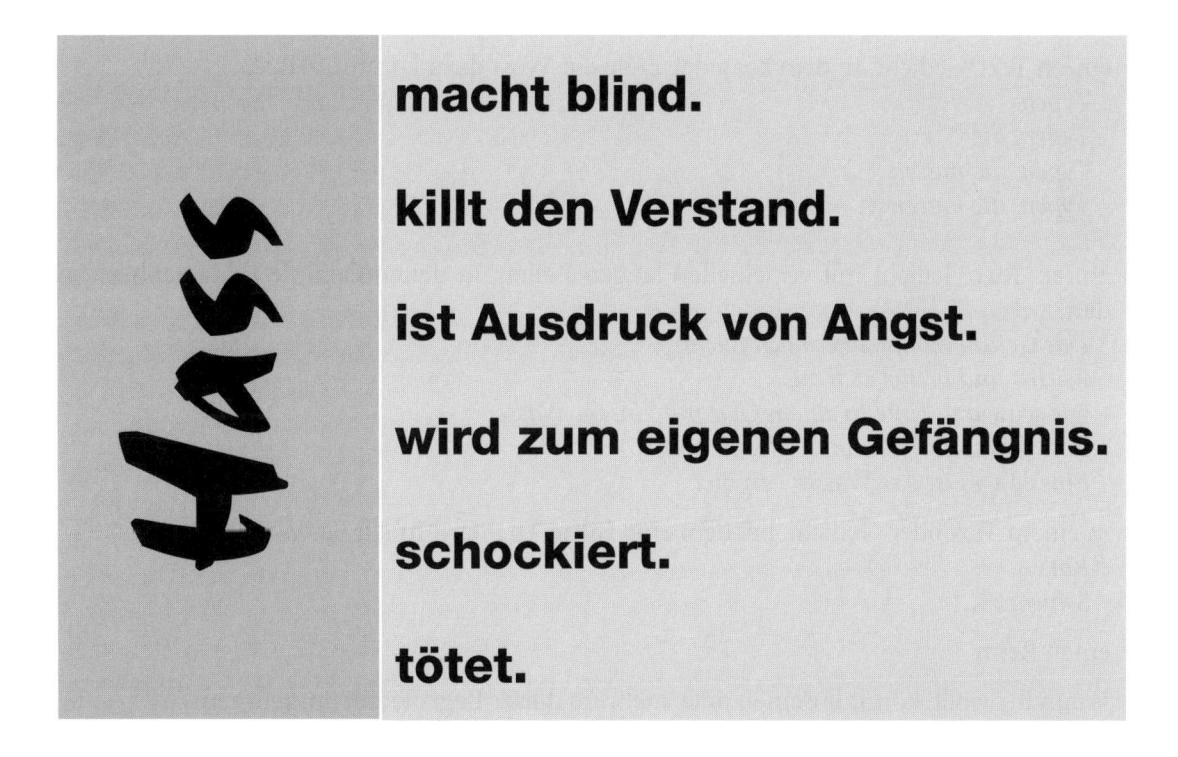

Hass

macht blind.

killt den Verstand.

ist Ausdruck von Angst.

wird zum eigenen Gefängnis.

schockiert.

tötet.

KV 30

Das macht Mut! — Texte gegen den Hass verfassen

- Hass ist nicht angeboren, er beruht auf Vorurteilen und Irrtümern.

- Wem es gelingt, seine Vorurteile zu überwinden und seine Irrtümer zu durchschauen, wird seinen Hass zum Verschwinden bringen!

- Die meisten von uns haben schon einmal heftige Ablehnung gegen jemand anderen gespürt, und niemand ist vorurteilsfrei. Wer andauernden Hass auf einzelne Menschen oder -gruppen empfindet, sollte, mithilfe von anderen herausfinden, warum dieses Gefühl andauernd in ihm kocht, und versuchen, sich davon frei zu machen – Hass zerstört, auch den Hassenden selbst. Es gibt eine Reihe von Initiativen, bei denen Jugendlichen sich aktiv gegen verschiedene Formen des Hasses einbringen können, z. B. gegen Rassismus und Menschenfeindlichkeit. Recherchiert darüber im Internet.

Schreibt Texte gegen Hass!

- assoziative Wort-/Satzketten

- freie Verse

- einen Rap

- ein *Wenn*-Gedicht, z. B.:
  Wenn …   dann ist das Hass.
  Wenn …   dann ist das Hass.
  usw., auch mit verschiedenen Endungen: dann ist das Mut.

- ein/en Text/Gedicht, in dem bei jeder Zeile ein Wort dazu kommt, z. B.:
  Typen
  Typen, die
  Typen, die hassen
  Typen, die hassen …
  …

- ein/en Text/Gedicht mit verschieden langen Zeilen, in denen Gefühle zu Metaphern werden, z. B.:
  Das Gefühl dumpf, aber noch flüchtig
  wächst und breitet sich aus
  wie schwarze Tinte in einem Glas mit klarem Wasser.
  Ein Gefühl übernimmt das Kommando.
  Eines Tages ist das Wasser vergiftet.

- in einem Text oder Gedicht, bei dem eine Farbe Titel und Inhalt bestimmt, z. B.:
  Rot …
  Schwarz …

- einen Reim

- Wenn ihr wollt, könnt ihr einen oder mehrere dieser Begriffe mit aufnehmen:
  Rache – Neid – Habgier – Eifersucht – Liebeskummer – Hassliebe – Kränkung – Gewalt – Hautfarbe – Religion

Christine Spies: »Wir können auch anders!« © Beltz Verlag 2011 · Weinheim und Basel

KV 31

Kleines Anti-Gewalt-Training (1): Wut im Körperschema

Aggression und Wut

Aggression und Wut sind normale menschliche Empfindungen, jeder hat sie manchmal. Wut ist stärker als Ärger, lässt sich schwerer kontrollieren als Zorn, ist aber vom Hass noch entfernt. Wut ist ebenso wie Angst ein Stresszustand, der in einem bestimmen Gehirnzentrum ausgelöst wird. Wut führt zur Ausschüttung von Stresshormonen, z. B. von Adrenalin. Sie entsteht, wenn wir meinen, eine Situation nicht im Griff zu haben, und ist mit körperlichen Stresszeichen verbunden: Jeder kennt das Gefühl, innerlich zu kochen, das Herz scheint zu rasen, die Atmung verändert sich, und mancher fletscht dabei, wie unsere Vorfahren, die Zähne. Man möchte sich auf jemanden stürzen, auf ihn oder etwas einschlagen, und genau das ist auch die Reaktion, die in der frühen Entwicklung der Menschheit zum Überleben sinnvoll war. Heute wirkt es befremdlich, wenn jemand seine Wut ungehemmt auslebt. Blinde, ungehemmte Wut gilt als Zeichen persönlicher Schwäche und fehlender Kontrolle. Trotzdem sind die Stresshormone in Wutsituationen auch bei heutigen Menschen noch vorhanden. Mit seinen Aggressionen und Wut angemessen umzugehen, kann gelernt und trainiert werden. Dazu sind vier Schritte notwendig:

Der 1. Schritt: Wut im Körperschema erkennen

Dein Körper gibt *Warnsignale* ab, wenn du anfängst, wütend zu werden. Sie sind bei jedem Menschen verschieden. Erinnere dich an das letzte Mal, als du so richtig wütend auf jemanden warst und/oder die Beherrschung verloren hast! Wo im Körper spürst du deine Wut? Bitte ankreuzen:

- ☐ Fußzehen ☐ Füße ☐ Finger ☐ Hände ☐ Arme ☐ Schultern
- ☐ Bauch ☐ Herz ☐ Brustkorb ☐ Hals ☐ Stimme ☐ Mund
- ☐ Augen ☐ Stirn ☐ Kopf ☐ Nacken

Zeichne rote Pfeile an die Körperstellen, wo du deine Wut spürst:

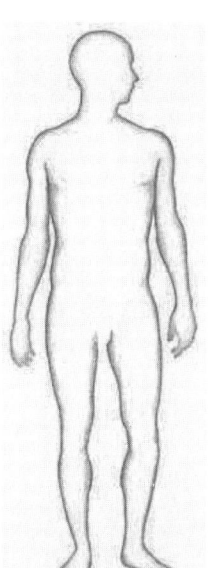

Das berichten andere Menschen:	
Füße:	kribbeln, zucken
Arme:	werden steif, werden an den Körper gepresst
Hände:	werden feucht, zittern, ballen sich zur Faust
Finger:	zittern
Magen:	Druck, Übelkeit
Atmung:	schneller oder schwerer, Gefühl, keine Luft zu bekommen
Brustkorb:	eng, drückt, sticht
Hals:	Kloß oder Stechen, wird trocken oder eng
Stimme:	zittert, klingt heißer, laut, schrill, verstummt
Mund:	wird trocken, Mundwinkel zucken
Augen:	verschwommen sehen, Lichtblitze, Rot-Sehen
Stirn:	gerunzelt, wird feucht
Kopf:	Druck, Schwindel, Kopfschmerzen, Hitzegefühl, Explosionsgefühl
Nacken:	verspannt

Wer möchte, stellt seine Körperskizze vor und beschreibt, was bei ihm im Körper abläuft.

Aufgabe: Beobachte dich die nächsten Wochen aufmerksam und achte auf deine Körpersignale. Berichtet euch gegenseitig über eure Beobachtungen.

KV 32

Kleines Anti-Gewalt-Training (2): Der Vulkan

Der 2. Schritt: Wut verstehen

Es bringt nichts, Wut zu verdrängen oder hinunterzuschlucken. Das belastet das Immunsystem des Körpers und kann auf Dauer krank machen. Je stärker die Wut wird, desto mehr schraubt sich in einer provokativen Situation die sogenannte *Eskalationsspirale* hoch, und es droht eine *Denkblockade*, d.h., jegliches rationale Denken wird irgendwann ausgeschaltet. Dieser Punkt, genannt »Point of no Return«, muss vermieden werden! Versuche als Erstes, im Moment der Wut innerlich Abstand zur Situation zu bekommen, schau sie dir von außen an, als ob du ruhig und entspannt aus einem Segelflieger auf die Situation schaust! Menschen, die ihre Wut ungesteuert herauslassen, sind wie ein Vulkan. Was macht einen Vulkan aus?

- Schreibe um den Vulkan herum Situationen auf, in denen du die Beherrschung verlierst, ausrastest, an die Decke gehst, zum Tier wirst, auf die Palme gehst – zum Vulkan wirst… Denke dabei an Wutauslöser in den Bereichen Familie, Freunde, Schule, Freizeit, öffentlicher Raum.

Der Vulkan

**Ein schlagartig ausbrechendes Monstrum,
das sein explosives Gemisch in die Umwelt sprengt und dort Zerstörung anrichtet:**

- Besprecht und vergleicht eure unterschiedlichen Wutauslöser im Klassenplenum.
- Hängt eine Vergrößerung des Vulkans gut sichtbar in die Klasse, um an das zu erinnern, was niemand sein will.

KV 33

Kleines Anti-Gewalt-Training (3): Unkontrollierte Wut hat Folgen

Blinde, ungehemmte Wut hat negative Folgen für den Wütenden, der die Kontrolle über sich verliert und für andere.

❶ Führt in Dreiergruppen ein *Schreibgespräch* durch, das sich »Blätterlawine« (*round robin*) nennt. Der Erste nimmt das Blatt und schreibt unter die Überschrift auf die erste Linie ein Beispiel. Der Nächste übernimmt das Blatt, liest das Geschriebene und fügt ein eigenes Beispiel dazu. Das Blatt wird an den Dritten weitergereicht und wiederum um eine Idee ergänzt. Jetzt landet es wieder bei der ersten Person, die weiterschreibt usw.

❷ Wenn keine Ideen mehr vorhanden sind, wird zur nächsten Überschrift übergegangen, und es werden wiederum reihum Beispiele / Vorschläge aufgeschrieben. Wem nichts einfällt, setzt eine Runde aus. Nach der vereinbaren Zeit wird die Blätterlawine unterbrochen.

❸ Im Klassenplenum werden die Vorschläge aus den Gruppen vorgelesen (Doppelungen weglassen) und die Ergebnisse zusammengefasst.

> **Während des Schreibgespräches darf nicht gesprochen werden!**

Blätterlawine

Beispiele für körperliche und / oder seelische Folgen von unkontrollierter Wut (für die Person, welche die Wut direkt abbekommt):

_____

_____

_____

Beispiele für negative Folgen (für die Person, die ihre Wut nicht kontrollieren kann):

_____

_____

_____

Beispiele für negative Folgen, die in Beziehungen entstehen (in der Familie, bei Freunden, innerhalb der Klasse / Schule):

_____

_____

_____

KV 34

Kleines Anti-Gewalt-Training (4): Wut kontrollieren und steuern

Der 3. Schritt: Wut kontrollieren

Jetzt kennst du schon zwei Schritte zum erfolgreichen Umgang mit Wut:
- Du erkennst deine Wut rechtzeitig durch Körpersignale.
- Du verstehst deine Wut, weißt, in welchen Situationen Gefahr droht, und willst nicht mehr zum Vulkan werden, weil dies negative Folgen hat.

Was noch fehlt, sind sogenannte Strategien in Wutsituationen, also gezielte und geplante Handlungen und Methoden, die du längere Zeit üben musst. Solche Strategien wirken sogar bei Leuten, die massive Probleme mit Wut- und Gewaltausbrüchen haben.
   Wenn du in eine Situation kommst, in der du Signale im Körper spürst, die auf den Vulkanausbruch hindeuten, brauchst du einen **Cool-Down-Satz** – einen Satz, den du dir einprägst, den du immer im Hinterkopf hast und mit dem du lebst, tagtäglich.

- Finde einen kurzen Satz, der für dich passt, z. B. »*Ich bleib cool!*« oder »*Ich lass mich nicht stressen!*«

- In einer entsprechenden Situation sagst du diesen Satz in Gedanken ohne Pause immerzu vor dich hin. Versuche dabei auszuatmen. Wenn du dich nur auf diesen Satz konzentrierst und ihn im Kopf unablässig herunterleierst, prallt das, was dich wütend macht, von dir ab wie Wasser von einem Regenmantel, und du überstehst die Sache, ohne zum Vulkan zu werden.
- Steig rechtzeitig aus – *Be cool!*

Der 4. Schritt: Wut steuern

Wohin mit der Wut?
Wenn du deine Wut kontrollierst und sie nicht herausschießen lässt, ist sie nicht weg, sie erfüllt dich immer noch. Du weißt schon, das Adrenalin brodelt immer noch im Vulkan, und du sollst Wut ja nicht wegdrücken oder verdrängen. Wohin also mit der Wut? Du musst sie umleiten und kontrolliert in ungefährliche Bahnen steuern durch / mit:
- Ablenkung
- Aufladung mit positiven Energien durch eine befriedigende Tätigkeit
- Ortswechsel
- Körperliche Bewegung
- Entspannung
- Schöne Bilder, die du in der Fantasie aufkommen lässt

Sammelt dazu Möglichkeiten auf einem Plakat, wie Wut so gesteuert werden kann, dass sie harmlos ausgelebt wird, ohne dass andere zu Schaden kommen. Was könnt ihr dabei konkret tun?

In der Vermeidung blinder, hemmungsloser Wut und Aggression bist du jetzt Experte – ein letzter Hinweis: Wer bisher immer andere für seine ungesteuerte Wut verantwortlich gemacht hat, muss begreifen, dass nur er selber Verantwortung für seine Wutausbrüche hat – die Mehrheit der Menschen schafft es, anders mit Wut umzugehen, auch wenn sie provoziert oder beleidigt werden. Lebendige menschliche Vulkane müssen einsehen, dass es keinen Grund gibt, bei Wut gewalttätig zu werden, sondern lernen, sich anders zu wehren!

KV 35

Kleines Anti-Gewalt-Training (5): Interaktionsübungen zur Impulskontrolle

1. Klare Regeln verkünden: Klarstellen, dass es sich *nicht* um die Nachstellung einer realistischen Situation handelt, dass die Übungen aber wesentliche Elemente einer solchen Situation vermitteln und sich daraus ein Trainingseffekt ergibt. Es soll begreiflich gemacht werden, dass es *nicht* darum geht, in der Realität Situationen, wie unten gefordert, über sich ergehen zu lassen, sondern dass die Übungen nur dazu dienen, den Cool-Down-Satz zu trainieren!
2. Der individuelle Cool-Down-Satz soll während der Aktion, wie oben beschrieben, eingesetzt werden. Der Sinn wird noch einmal erklärt. Während der Übung soll der Satz, bei voller Konzentration, im Kopf fortwährend abgespult werden. Am Beginn jeder Übung wird der Cool-Down-Satz laut gesagt.
3. Jede Situation muss vorher gut besprochen werden. Es muss im Detail klar sein, wie die Übung gestaltet werden soll.
4. Keine Berührung ohne vorherige Absprache und das Einverständnis der Beteiligten!
5. Die Teilnahme ist freiwillig, jedoch sollten die Schüler ermuntert werden, sich darauf einzulassen: »Du wirst sehen, dass du eine wichtige Erfahrung machst. Traut euch, es bringt euch ein Stück weiter!«
6. Niemand darf verletzt werden oder stürzen. Auf rücksichtsvollen Körperkontakten bestehen!
7. Bei direktem Kontakt üben Mädchen besser mit Mädchen und Jungen mit Jungen.
8. Auf Mimik, Gestik etc. der Beteiligten achten, damit eine Überforderung bemerkt werden kann.
9. Deutliches (akustisches) Signal zum sofortigen Abbruch des Rollenspiels vereinbaren.
10. Nach jeder Übung die Erfahrungen auswerten: Was war aus Sicht jedes Beteiligten positiv / schwierig / grenzwertig? Was hat der Einsatz des Cool-Down-Satzes bewirkt?
11. Vor jeder Übung neu darauf hinweisen: Jeder hat das Recht, »Stopp« zu rufen, das bedeutet, dass das Spiel sofort unterbrochen wird.

1. Drei Schüler gehen auf einen einzelnen zu und schieben/drängen ihn nur mit den Schultern durch den Raum in eine Ecke. (Alle haben die Hände auf den Rücken.)	2. Vier Schüler umringen einen auf seinem Stuhl sitzenden Mitschüler, heben den Stuhl vorsichtig an und schaukeln ihn damit hin und her.	3. Ein Schüler steht an der Wand. Fünf Schüler bauen sich im Halbkreis vor ihm auf (Abstand zu ihm ½ Meter) und sagen, kopfschüttelnd immer wieder: »Na, na, na!« (ca. zwei Minuten lang).
4. Ein Schüler steht in der Mitte. Fünf andere umringen ihn im Kreis (Abstand knapp ein Meter). Der Schüler in der Mitte bekommt die Augen verbunden. Nur auf das Handzeichen der Lehrperson hin stupsen die anderen ihn abwechselnd mit dem Zeigefinger vorsichtig auf Oberarme, Beine und Schulterblätter.	5. Ein Schüler sitzt mit verbundenen Augen auf einem Stuhl. Ihm wird angekündigt, dass er berührt wird. (Es wird nicht verraten, dass es mit einer Feder geschieht.) Zwei Schüler berühren ihn abwechselnd mit einer Feder an Händen, Hals und im Gesicht.	6. Ein Schüler wird mit verbundenen Augen von drei anderen vorsichtig durch die Klasse geschoben, ohne dass er Hindernisse berührt. Ab und zu fassen ihn drei andere Schüler auf Handzeichen der Lehrperson von hinten oder von vorne auf die Schulter und sagen: »Hallo, du…!«

KV 36

Kleines Anti-Gewalt-Training (6): Der Stolperpfad (1) – Provokationsübung

Ziele:
- Den Cool-Down-Satz trainieren
- Provokationen ohne körperliche Gegenwehr durchstehen

Durchführung:
Erklärung der Übungsziele und Erläuterung der Regeln (KV 35). Ein Schüler erklärt sich zur Teilnahme bereit. Er verlässt den Raum. Etwa zehn bis 14 Schüler/innen stehen sich paarweise in einem Abstand von ca. zwei Metern gegenüber. Am Ende wird ein Stuhl aufgestellt. In der Mitte entsteht ein »Pfad«, durch den der entsprechende Schüler durchgehen soll. Dabei wird er von den anderen (KV 37) provoziert. Die Handlungsaufträge werden verteilt, besprochen und leise durchgespielt. Zwei sich gegenüberstehende Personen erhalten jeweils den gleichen Auftrag und führen ihre Handlung gleichzeitig durch. Die Handlungen werden korrigiert, wenn sie zu heftig ausfallen.

1. Der Schüler wird hereingeholt, Beifall für seinen Mut, Ablauferklärung.
2. »Du gehst gemächlich durch diesen Pfad und versuchst dein Ziel, den Stuhl, zu erreichen und dich hinzusetzen. Die Personen rechts und links versuchen, dich zu verunsichern.«
3. »Du brauchst keine körperlichen Attacken zu befürchten. Es wird nichts Gefährliches passieren. Lediglich die beiden Personen am Ende des Pfades werden dich sanft berühren.«
4. »Wie lautet dein Cool-Down-Satz?«
5. »Du wirst dich nur auf diesen Satz konzentrieren, während du durch den Pfad gehst, und ihn fortwährend in deinem Kopf abspulen, bis du auf dem Stuhl sitzt.«
6. »Wenn du abbrechen willst, sagst du ›Stopp!‹.«
7. »Bist du einverstanden und bereit?«
8. An die anderen: »Seid ihr bereit? Kann er sich darauf verlassen?«
9. »Denke an deinen Cool-Down-Satz und gehe los!«

Auswertung:
- Lob und Beifall für alle Beteiligten!
- Fragen an den einzelnen Schüler: »Was fiel dir schwer/leicht?«; »Beschreibe, was die einzelnen Personen gemacht haben?« (Erfahrungsgemäß wird nur ein Teil dessen, was passiert ist, wahrgenommen, was mit der Konzentration auf den Cool-Down-Satz zusammenhängt) Gegebenenfalls die einzelnen Aktionen noch einmal langsam wiederholen lassen. »Was war für dich am unangenehmsten?«; »Bist du an eine Grenze gestoßen?«; »Konntest du dich auf deinen Satz konzentrieren?«; »Was hat er bewirkt?«
- Fragen an die anderen: »Wie habt ihr die Aktion erlebt?«; »Was fiel schwer/leicht?«; »Wie hättet ihr euch im wirklichen Leben verhalten?«

Erneuter Durchgang mit anderen Personen und variierten Handlungsaufträgen. Hinweis, dass das Gelernte (das Achten auf Körpersignale, das Aussteigen *vor* dem Point of no Return und die Anwendung des Cool-Down-Satzes) nun im Alltag trainiert werden muss. Die Lehrkraft fragt in den folgenden Wochen immer wieder mit spielerischen Aktionen (durch *Ballzuwurf*, Erraten durch *Stille Post* etc.) den jeweiligen Cool-Down-Satz ab und erkundigt sich regelmäßig nach den Erfahrungen damit.

KV 37

Kleines Anti-Gewalt-Training (7): Der Stolperpfad (2)

Handlungsanweisungen Übung Stolperpfad
- Handlungsanweisungen doppelt kopieren, in Streifen schneiden und verteilen.
- Zusätzliche Rollenaufträge finden lassen.

Vor dem Betreffenden aufstampfen und das Bein blitzschnell zurückziehen.

Laut »Ha!« brüllen (nicht direkt ins Ohr).

Den Arm kurz wie eine Schranke fallen lassen und schnell wieder zurückziehen.

Von vorne halb in den Weg stellen, rechtzeitig zurückweichen.

Vor dem Gesicht mit dem Handteller hin- und herwischen (Abstand!).

Gesicht seitlich anpusten (Abstand!).

Langgezogenes »Uuuhh« rufen (nicht direkt ins Ohr!).

So tun, als würde man in den Bauch boxen.

Mit den Fingern vor dem Gesicht schnipsen (Abstand!).

Das letzte gegenüberstehende Paar drückt den Probanden sanft auf den Stuhl.

Christine Spies: »Wir können auch anders!« © Beltz Verlag 2011 · Weinheim und Basel

KV 38

Kleines Anti-Gewalt-Training (8): Schutzraum persönlicher Unversehrtheit

Ziele:
- Die Grenzen des eigenen Schutzraums in Bedrohungssituationen bei sich selbst rechtzeitig wahrnehmen und den Schutzraum bei anderen respektieren.
- Lernen, in bedrohlichen Situationen klare und deutliche Signale der Abwehr zu geben bzw. »auszusteigen«.

Sacherklärung für Lehrpersonen

Jedes Lebewesen hat ein unterschiedliches Bedürfnis nach räumlicher Distanz oder Nähe zu anderen. Bei Menschen unterliegt dieses Bedürfnis unter anderem kultureller Verschiedenheit. Der vorausgesetzte Schutzraum ist, was die Wahrung von außen angeht, ebenso personen-, geschlechts- und situationsabhängig individuell verschieden und hängt von eigenen Erfahrungen mit Nähe und Distanz ab sowie vom vorhandenen Selbstbewusstsein etc. Im Allgemeinen fordert dieser fiktional angenommene Schutzraum in unseren gesellschaftlichen Zusammenhängen durchschnittlich etwa eine Armlänge, also ca. einen Meter Distanz, was fremde Personen angeht.

Beim Wahrnehmen von verunsichernden Impulsen durch Personen oder in irritierenden Situationen wird ein Eindringen in diesen Schutzraum als stress- und angstauslösend empfunden und kann Flucht- oder Verteidigungs- bzw. Angriffsverhalten hervorrufen. Deshalb ist es nicht nur bei disponierten Opfer- und Täterprofilen wichtig, die Wahrnehmung für die Gefahr einer Verletzung dieses Schutzraums zu schulen. Alle Kinder und Jugendlichen sollten die Mechanismen von Grenzüberschreitungen im Zusammenhang damit kennen und üben – als Schutz vor Übergriffen (auch sexuellen) im Privat- und Sozialraum.

Sacherklärung für Jugendliche

Wissenschaftler haben herausgefunden, dass alle Lebewesen eine Hülle um sich herum haben. Diese Schutzhülle oder diesen Schutzraum kann niemand sehen, anfassen oder fotografieren. Man könnte also meinen, es gäbe ihn gar nicht, weil es keine Mauer aus Stein oder Glas oder ein Zaun aus Draht ist. Trotzdem existiert er. Er umhüllt uns Menschen wie ein kreisförmiger Raum, in dem wir uns wie unter einer Glocke geschützt fühlen und soll verhindern, dass Fremdes oder Bedrohliches zu nahe an uns herankommt. Dringt jemand, den wir nicht gut kennen, in diesen Schutzraum ein, löst das bei uns Unbehagen, Unsicherheit, Angst oder auch Aggression aus. Das kann durch einen Hund geschehen oder durch Menschen. Dann sendet unser Körper Warnsignale an uns: über eine innere »Stimme«, die zu sagen scheint: »Vorsicht!«. Wahrscheinlich klopft das Herz dann schnell und laut, und wir bekommen ein mulmiges Gefühl im Bauch. Anzeichen, auf die wir hören sollten.

Das gleiche passiert anderen, wenn *wir* in *ihren* Schutzraum eindringen. Jeder Raubtierdompteur im Zirkus weiß davon. Bei seiner Arbeit mit den Tieren wird er diesen Schutzraum keine Sekunde lang vergessen. Ein Eindringen in den Schutzraum des Löwen beispielsweise ist für den Dompteur lebensgefährlich, weil das Tier sich dann bedroht fühlt und angreifen wird. Meistens, wenn ein Dompteur von einem Raubtier angefallen wird, hat dieser den Schutzraum des Tieres verletzt.

❶ Sacherklärung vorlesen und folgende Fragen stellen:
– Was schätzt ihr, wie groß dieser Schutzraum ist? Ist er bei jedem Menschen gleich groß?
– Warum und wann ist die Beachtung dieses Schutzraums im Alltag wichtig? (Bezug herstellen zu Gewalt-/Bedrohungserfahrungen im Lebensalltag)

❷ Übungen zum Schutzraum durchführen:
– Alle Schüler gehen/rennen/laufen (rückwärts) kreuz und quer durch den Raum, ohne sich gegenseitig oder ein Möbelstück zu berühren. Sie sollen dabei ihren Schutzraum wahrnehmen. Auf Kommando einfrieren, Wechsel der Bewegungsart. Was fällt leicht/schwer?
– Jeweils fünf Schüler stehen sich in zwei Reihen gegenüber, auf gleicher Linie stehend, einander zugewandt, im Abstand von ca. fünf Metern. Auf ein Signal hin bewegt sich eine Reihe auf den jeweiligen Partner gegenüber zu. Wenn dieser das Gefühl hat, die Grenze seines Schutzraums sei erreicht, sagt er »Stopp!«. Der andere friert ein. Ist der Abstand gleich?
– Weitere Übungen, gleiches Arrangement: Jetzt bewegen sich die Schüler bedrohlich, aggressiv/begeistert – als Freunde/Geliebte/enge Verwandte/Fremde aufeinander zu. Was verändert sich im Bedürfnis nach Nähe/Distanz? Warum?

Christine Spies: »Wir können auch anders!« © Beltz Verlag 2011 · Weinheim und Basel

KV 39

Kleines Anti-Gewalt-Training (9): Was ist Gewalt für dich?

Was ist ...

in der Politik	in der Familie
in der Schule	im Sozialraum
In den Medien	in Freundschafts-, Cliquen- und Liebesbeziehungen

... »Gewalt« für dich?

Schreibgespräch nach Art eines *Placemats* (auf A3-Format vergrößern):

❶ Gruppen mit vier Schülern erhalten das Blatt. Sie verteilen sich um den Tisch, das Blatt liegt in der Mitte. Während des Placemat soll nicht gesprochen werden.

❷ Jeder trägt still in das vor ihm liegende Kästchen ein Beispiel für Gewalt ein.

❸ Das Blatt wird im Uhrzeigersinn gedreht, bis genügend Beispiele in allen Kästchen aufgeschrieben wurden.

❹ Austausch der Ergebnisse im Klassengespräch. Fragestellung: Warum sind Gesetze und Regeln notwendig, die bestimmte Handlungen verbieten?

> Was als Gewalt gilt, muss im jeweiligen Bezugssystem definiert und als gültige Norm formuliert werden (z. B. im Staat, in der Schule).

KV 40

Kleines Anti-Gewalt-Training (10): Die Türen der Entscheidung

ES GIBT IN DIESEM UNIVERSUM KEINEN EINZIGEN GRUND, GEWALTTÄTIG ZU SEIN, EGAL, WAS PASSIERT!

Ausnahme: Notwehrsituation nach § 32 StGB
Entscheide dich für die richtige Tür!

[Tür mit Aufschrift »YES«]   [Tür mit Aufschrift »NO«]

**Achtung: Hinter der Tür mit dem »YES« »lauern« negative Folgen – für dich und andere!
Das bedeutet aber nicht, dass du dir alles gefallen lassen musst.
Du sollst dich wehren – aber ohne Gewalt!**

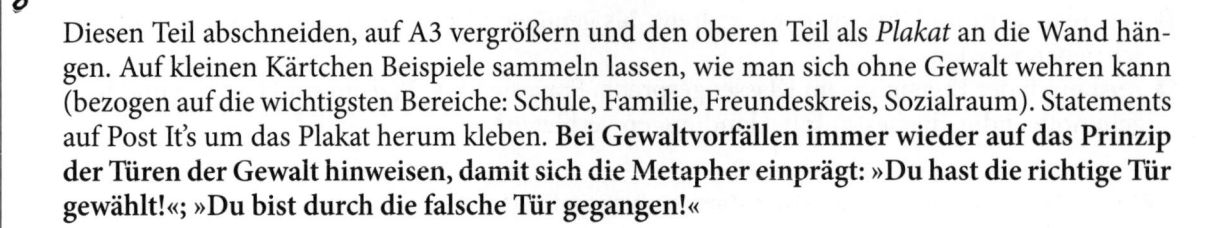

--- ✂ ---

Diesen Teil abschneiden, auf A3 vergrößern und den oberen Teil als *Plakat* an die Wand hängen. Auf kleinen Kärtchen Beispiele sammeln lassen, wie man sich ohne Gewalt wehren kann (bezogen auf die wichtigsten Bereiche: Schule, Familie, Freundeskreis, Sozialraum). Statements auf Post It's um das Plakat herum kleben. **Bei Gewaltvorfällen immer wieder auf das Prinzip der Türen der Gewalt hinweisen, damit sich die Metapher einprägt: »Du hast die richtige Tür gewählt!«; »Du bist durch die falsche Tür gegangen!«**

Christine Spies: »Wir können auch anders!« © Beltz Verlag 2011 · Weinheim und Basel

KV 41

Kleines Anti-Gewalt-Training (10): Sag einfach »Stopp«! (1)

Hintergrund der Stopp-Regel
Mit der sogenannten Stopp-Regel wird ein wirkungsvolles Instrument eingeführt, das dazu dient
- die Anzahl eskalierender Konflikte insgesamt zu verringern.
- eine Situation zu unterbrechen, **bevor** sie eskaliert.
- die Schüler zu eigenständiger Konfliktlösung zu befähigen, ohne dass sich eine Lehrperson einmischen muss.
- sich alternativ, ohne Gewalt, zu wehren.

Der Ausgangspunkt für die Stopp-Regel
liegt in den drei Standardsituationen, die eine *Eskalationsspirale* in Gang setzen:
1. Es erfolgt eine gezielte Provokation.
2. Es passiert eine eigentlich harmlos gemeinte »Anmache«.
3. Eine spielerische Aktion »kippt«: aus Spaß wird Ernst.

Auf diese Fälle erfolgt häufig eine *Gegenreaktion*, die Gewalt beinhaltet, was erneut Gewalt hervorruft, die wiederum eine Gewalthandlung hervorruft… usw. Am Ende sagen alle Beteiligten im Brustton der Überzeugung: »Ich hab doch gar nichts gemacht«! Es kommt zum Rollenwechsel, Täter werden zum Opfer und umgedreht. Beide fühlen sich auf ihre Weise verletzt. Innerhalb der Spirale wird es den Beteiligten unmöglich auszusteigen, weil dies mit dem Gefühl der Schwäche einhergeht und ein Gesichts- und Statusverlust innerhalb der Peergroup befürchtet wird. Der Konflikt führt entweder in eine Win-Lose-Situation, meistens sogar in eine Lose-Lose-Situation, bei Letzterem sind beide Verlierer.

Zielsetzung der Stopp-Regel ist es, die Situation vor dem *Point of no Return* zu stoppen. Durch den Einsatz des Rituals können sich die Jugendlichen hinter einer Regel »verstecken«, es muss nicht erklärt werden, warum eine Situation nicht hingenommen wird.

Die erfolgreiche Umsetzung der Stopp-Regel:
- Die Zielsetzung wird nachvollziehbar erklärt (vgl. Ausgangspunkt).
- Das Ritual wird vorgestellt und geübt.
- Die Regel wird als Klassenregel eingeführt. Die Lehrpersonen müssen konsequent ungeklärte Konflikte und Regelverstöße aufgreifen und vereinbarte Sanktionen sowie Wiedergutmachungen durchsetzen! Nur dann machen die Schüler die Erfahrung, dass es sich lohnt, sich gewaltfrei zur Wehr zu setzen.
- Regelverstöße werden in der Klassengemeinschaft besprochen und haben jeweils eine **Konsequenz** zur Folge. Nach zwei- oder dreimaligem Regelverstoß in Folge erfolgt eine schriftliche Benachrichtigung der Eltern, der Klassenrat beschließt weitergehende Konsequenzen.
- An die Regel muss immer wieder erinnert werden. Ein regelmäßiger Erfahrungsaustausch ist notwendig.

Noch wirksamer ist eine schulübergreifende Umsetzung der Stopp-Regel (Spies 2007, Kinder und Jugendliche lernen, sich erfolgreich zu wehren – Die Stopp-Regel als gewaltpräventives Buddy-Projekt in Schulen).

KV 42

Kleines Anti-Gewalt-Training (12): Sag einfach »Stopp«! (2) – Das Stopp-Regel-Ritual

(Schema auf A3 vergrößern und in die Klasse hängen)

Sag einfach »Stopp«!	
Bei einem Streit fühlst du dich • provoziert. • bedroht. • ausgegrenzt. • verletzt.	Du hast das Gefühl, • eine Grenze ist überschritten. • das ist kein Spaß mehr. Du willst einfach, dass Schluss ist.
Das ist der Zeitpunkt, dich erfolgreich zu wehren: Du sagst laut, deutlich und mit ernster Miene »Stopp«! Wenn der andere nicht reagiert, wiederholst du das »Stopp« als letzte Chance.	
Wer nicht auf das Stopp-Signal reagiert, begeht einen Regelverstoß und muss sich dafür vor der Gemeinschaft verantworten! Der andere hat das Recht auf Wiedergutmachung!	

Übungen zum Stopp-Regel-Ritual

- Situationsbeispiele zerschneiden und an Zweiergruppen verteilen. Es gelten die gleichen Regeln wie bei der Übung »Stolperpfad«. Die Handlungen werden nur angedeutet!
- In den Gruppen die Übungen vorbereiten, den anderen im Klassenplenum vorspielen.
- Fragestellung: »Wie würdest du normalerweise reagieren?«; »Was bringt dir diese Reaktion aller Wahrscheinlichkeit nach?«; »Wie kann sie dir schaden?«
- Die gleiche Szene mit Stopp-Regel-Ritual spielen lassen.

Ein Schüler reißt XY auf dem Pausenhof die Basecap vom Kopf und wirft sie auf die Erde. Er findet das lustig.	Ein Mitschüler zieht den Stuhl weg, auf den XY sich gerade setzen wollte, und greift sich im Spaß die Federtasche von XY.
Eine Mitschülerin sagt zu XY: »Du Schleimer rückst nie deine Hausaufgaben raus.«	Eine Mitschülerin sagt zu YX: »Du warst gar nicht krank, du schwänzt doch immer« und macht noch andere abfällige Bemerkungen.
Im Sportunterricht sagen Mitschüler: »Der Feigling XY traut sich mal wieder nicht!«	XY verschüttet aus Versehen die Limo eines Mitschülers, der ihn daraufhin heftig anrempelt und beschimpft.
Ein Mitschüler spuckt verächtlich vor XY auf die Erde und beleidigt ihn.	Drei Mädchen aus der Klasse stehen zusammen und tuscheln mit Blick auf eine Mitschülerin. Eine sagt laut und gehässig: »Wisst ihr, in wen XY verknallt ist?«
XY geht an zwei Mitschülern vorbei. Einer von beiden sagt: »Der/die ist schwul/lesbisch, das sieht man doch!«	Ein Mitschüler zeigt XY den Mittelfinger, als dieser sich auf seinen Platz setzen will: »Verzieh dich! Jetzt sitz ich hier!«

Christine Spies: »Wir können auch anders!« © Beltz Verlag 2011 · Weinheim und Basel

KV 43

Kleines Anti-Gewalt-Training (13):
Tust du was, kriegst du was! – Tust du nichts, kriegst du nichts!

Viele Bereiche des Lebens scheinen knallhart von diesem Prinzip, dieser Regel, diesem Grundsatz bestimmt zu sein. Es hat offensichtlich damit zu tun, ob jemand persönlichen oder gesellschaftlichen Erfolg oder Nichterfolg hat.

❶ Gibt es dieses Prinzip? Erzählt, wie und wann ihr schon Erfahrung mit diesem Prinzip gemacht habt: in der Familie, im Freundeskreis, in Liebesbeziehungen, in der Schule, im Praktikum, im Job, in der Freizeit.

❷ Führt eine Diskussion über die folgende Frage: Ist dieses Prinzip gerecht, angemessen, ungerecht oder schlecht?

Von diesen Personen könnte man behaupten, dass sie erfolgreich sind:

> »*Wenn du alles gibst, kannst du dir nichts vorwerfen!*«
> Dirk Nowitzki, 2007, Basketballspieler, NBA
>
> »*Es ist reine Zeitverschwendung, etwas nur mittelmäßig zu tun!*«
> Madonna Louise Veronica Ciccone, amerikanische Sängerin und Schauspielerin
>
> »*Der sicherste Weg zum Erfolg ist immer, es doch noch einmal zu versuchen!*«
> Barack Obama, Präsident der Vereinigten Staaten,
> 2008 vor dem Brandenburger Tor in Berlin

❸ Vier bis fünf Kleingruppen bilden und das Blatt mitnehmen. Ein/e Schüler/in moderiert die Gruppe und stellt Fragen an die Gruppenteilnehmer:
 – Welche der drei Aussagen spricht dich am meisten an?
 – Warum?
 – Was könntest du für dich aus dieser Aussage übernehmen und versuchen, praktisch anzuwenden?
 – Was denkst du, würde sich dann in deinem Alltag ändern?

❹ Plenum: Einzelne oder der/die Gruppenmoderator/in stellt Ergebnisse aus den Gruppen vor.

❺ Einzelarbeit: Alle notieren für sich alleine auf der Rückseite des Blatts persönliche Vorsätze unter der Überschrift »Tu ich was, krieg ich was!« Wer möchte, liest es am Ende vor.

KV 44

Kleines Anti-Gewalt-Training (14): »Hart aber fair?«

Ins Aus geschossen! – Die bitteren Erfahrungen eines Fußballidols
T. A., der ehemalige Nationalspieler, hatte eine steile Karriere hinter sich. Er wurde schon früh auf den Straßen seines Heimatlandes in Afrika entdeckt. Er wurde von einem Schweizer Verein angeworben, spielte dort auch in der Nationalmannschaft und gelangte schließlich, als Jahrhunderttalent gefeiert, nach England, wo er bei einem namhaften Londoner Verein einen Vertrag bekam.

Leider wurde ihm überall schnell die Kündigung ausgesprochen. Auch in Deutschland wurde er, vom HSV, ins Aus befördert und bekam die Konsequenzen für sein Verhalten zu spüren: Der Linksverteidiger wurde vom Bundesligisten aus disziplinarischen Gründen vom Mannschaftstraining suspendiert. Außerdem wurde der Fußballer mit einer hohen Geldstrafe belegt.

Hart aber fair?

Die Gründe für die Sanktionen:
- T. A. war nicht rechtzeitig vom Afrika-Cup zurückgekehrt.
- T. A. war für niemanden erreichbar und hatte schon Anfang des Jahres die ersten Fitnesstests versäumt.
- T. A. war häufig unpünktlich und zeigte teilweise nicht genug Respekt gegenüber Trainern und Verbandsfunktionären.
- T. A. fiel mehrfach auf dem Platz auf, weil er sich durch Zuschauer provozieren ließ.
- T. A. zeigte dabei den Mittelfinger.
- T. A. beleidigte Schiedsrichter und Gegenspieler mit Worten.

❶ Diskutiert im Klassenplenum, ob ihr die Sanktionen angemessen findet.

❷ Beantwortet in Paargruppen folgende Fragen und notiert in Stichpunkten auf der Rückseite des Blatts:
  – Wie kommt es, dass ein hochtalentierter, attraktiver, kluger und sympathischer junger Mann in der Gefahr stand, seine Karriere »an die Wand zu fahren« und komplett abzustürzen?
  – Was fiel ihm offensichtlich schwer, welche Verhaltensweisen hatte er nicht gelernt?
  – An welchen Punkten muss jemand wie T.A. an sich arbeiten?

❸ Diskutiert abschließend gemeinsam:
  – Von welchen anderen prominenten Persönlichkeiten weißt du, dass es ihnen ähnlich erging?
  – Welche Rolle spielen besondere Talente und Begabungen für beruflichen Erfolg?
  – Gibt es andere Fähigkeiten, die genauso wichtig sind?

Recherchiere im Internet über seine weitere Entwicklung! Hat T. A. aus seinen Erfahrungen gelernt? 2009 erhielt er einen Vertrag bei Ajax Amsterdam!

KV 45

**Kleines Anti-Gewalt-Training (15): Mission Possible – Yes, you can!
Macken und Schwächen in den Griff bekommen!**

Dieses Blatt wird nicht veröffentlicht! Die Lehrperson verpflichtet sich, über das, was du geschrieben hast, zu schweigen! Du kannst aber gerne die Ziele, die du erreichen willst, nennen. Das hilft, weil du dich dann auch nach außen verpflichtest! Kreuze alles an, was auf dich zutrifft:

☐ **Ich kann mich nicht gut durchsetzen.**
   Ich zeige zu wenig Selbstbewusstsein, bin schüchtern und traue mir zu wenig zu. Andere nutzen mich aus. Ich habe das Gefühl, ich bin wehrlos gegenüber Angreifern.

☐ **Ich provoziere andere und neige zu Gewalt.**
   Das heißt: Ich beleidige und / oder schlage zu. Ich kann mich schlecht beherrschen und gehe schnell hoch. Ich habe häufig das Gefühl, von anderen provoziert zu werden. Es fällt mir schwer, mich an Regeln zu halten. Ich bin oft respektlos gegenüber Lehrpersonen.

☐ **Ich schweige bei Gewalt.**
   Ich bin zwar selbst nicht beteiligt, wenn andere unsozial, gemein und gewalttätig sind, beobachte solche Vorfälle aber oft. Ich nehme keinen Einfluss auf das, was passiert, sondern halte mich raus.

☐ **Ich störe häufig den Unterricht.**
   Ich bringe alberne Sprüche, rufe dazwischen, laufe durch die Klasse etc. Ich bin undiszipliniert, habe mich nicht im Griff und / oder verweigere Arbeitsaufträge, komme zu spät bzw. manchmal gar nicht.

☐ **Ich bin selbstunsicher.**
   Ich beteilige mich selten am Unterricht und bin froh, wenn ich nicht aufgerufen werde. Oft weiß ich, was gerade gefragt wird, traue mich aber nicht, es zu sagen.

☐ **Ich bin desinteressiert und bequem.**
   Ich bin im Unterricht mit meinen Gedanken oft nicht dabei, versuche mich, wenn irgendwie möglich, vor Aufgaben zu drücken, melde mich selten und habe an der Schule wenig Interesse.

☐ **Ich kann ganz schön fies sein.**
   Manchmal ziehe ich über andere her und bin mit dabei, wenn über jemanden schlecht geredet wird. Ich beteilige mich, wenn jemand ausgegrenzt wird.

Versuche, dich ehrlich einzuschätzen. Du kannst auch mehrere Kästchen ankreuzen. Leite aus deinen Macken und Fehlern Veränderungsziele ab. Überlege dir, was du wirklich ändern willst, und suche dir Ziele, die realistisch zu erreichen sind. Es genügt auch *ein* Ziel, wenn du es dir ernsthaft vornimmst. Kleine Schritte sind leichter zu erreichen als große. Alle Blätter kommen in einen Umschlag, der verschlossen wird. Sie werden in drei Monaten wieder ausgehändigt. Dann kannst du überprüfen, ob du dein/e Ziel/e erreicht hast. Viel Erfolg!

❶ Zeichne Pfeile und eine Zielscheibe.

❷ Schreibe auf die Rückseite groß: ICH WILL …

❸ Zähle dein(e) Ziel(e) auf.

❹ Unterschreibe mit Datum.

B.4.2 GZSZ – Gute Zeiten – schlechte Zeiten
Das Leben als Auf und Ab

»Glück ist ein Entschluss.«
  René Descartes

Kommentar
Die Jugend von heute erscheint als ein Konstrukt aus Stereotypien, sie ist pluralistischer denn je und verwischt sich, in nie da gewesener zeitlicher Ausdehnung, sowohl nach vorne als auch nach hinten. Nach wie vor gibt sie allerdings ein Bild ab, in dem sich Hoffnungen und Wünsche einer Gesellschaft, ihre Träume und Erinnerungen, Ängste und Sorgen spiegeln (vgl. Hurrelmann/Albert 2006).

Einer Amok- und Suchtprävention, die viel-dimensional verstanden sein will, eröffnet sich mit dem Titel des Kapitels ein breiter Schauplatz. Für die Jugendlichen gilt es, jenseits der *Daily Soap* eine realistische Sicht auf das Leben als solches zu bekommen – abgestimmt auf die gegenwärtige, gesellschaftliche Perspektive und auf die sachlich optimistische Bewertung der eigenen, individuellen Möglichkeiten. Das Leben soll, in seinem Auf und Ab, als gestaltbarer Prozess begriffen werden, der zwangsläufig durch Höhen und Tiefen führt.

Das Leben zu bedenken beinhaltet die Auseinandersetzung mit dem Phänomen »Glück«, mit Glückserwartungen und dergleichen Versprechen in dieser Gesellschaft. Beim oberflächlichen Blick auf viele Jugendliche scheint sich das *Glücksbegehren dieser Generation auf Chillen, Saufen, Glotzen* und auf diffuse, unaufschiebbare Wünsche nach *Fun, Event* und *Kick* zu beschränken. Mit solchen Tendenzen werden Heranwachsende als Produkt dieser Gesellschaft erkennbar und gleichzeitig unterschätzt: Mit dem künstlichen Design ihrer Glücksangebote entlarvt sie sich als fragwürdige Konsum-, Event- und Mediengesellschaft, die vom Schönheits- und Jugendwahn bestimmt wird und Jugendlichen fremdgesteuerte Bedürfnisse suggeriert. Modelle und Leitbilder, die sie offeriert, werden von der Mehrzahl durchaus auf ihre Tauglichkeit hin kritisch betrachtet. Erkenntnisse der Glücksforschung fließen in die Themenstellung ein: Glück und Unglück, als vorwiegend subjektive Größen, unterliegen kulturellen, geschichtlichen, gesellschaftlichen und individuellen Vorstellungen. Glück und Unglück treten *voneinander unabhängig* auf. Unglück zu empfinden ist nicht das Gegenteil von Glück und umgekehrt. Als didaktische Konsequenz soll die Erkenntnis geschaffen werden, dass Glück *aktiv hergestellt werden muss* – denn es entsteht nicht einfach passiv, durch das Wegfallen von Unglücklichsein, Schmerz oder Stress. Nach einem solchen Wegfall sind wir bestenfalls in einem neutralen Zustand, aber damit noch nicht glücklich. Wie Paul Watzlawick (Watzlawick/Beavin/Jackson 2007) an vielen Beispielen aufzeigt, fällt damit dem *Willen zum Glück* und dem Erleben positiver Gefühle eine bedeutende Rolle zu. Die gegenwärtige Glücksforschung weist im übrigen eine überraschende Übereinstimmung zwischen antiken Philosophien, dem Buddhismus und den modernen Neurowissenschaften auf, die alle behaupten: Glücksgefühle sind eine Folge der richtigen Gedanken und Handlungen, die durch Wiederholungen und Gewohnheiten trainiert werden können.

Gleichzeitig muss natürlich herausgestellt werden, dass der persönliche Einfluss auf Glücks- und Unglücksereignisse begrenzt ist und viele Krankheiten, der natürliche Tod, Kriege oder Naturkatastrophen jenseits einer individuellen Willenslenkung liegen. Nichtsdestotrotz ist der Aspekt des sozialen Lernens folgender: Inwieweit kann ich andere an meinem Glück teilhaben lassen bzw. wie *finde* oder wie *gebe ich Hilfe in Augenblicken des Leids oder in Situationen, in denen ich oder ein anderer unglücklich bin/ist?* Somit schließt sich späterhin, mit der Thematisierung von pubertären Krisen, bis hin zu den Themen »Amok« und »Suizid«, ein didaktischer Kreis.

Es versteht sich von selbst, dass die geäußerten Vorstellungen, Visionen und aufgestellten Ziele *nicht bewertet* werden. Trotzdem steht die Lehrperson vor der schwierigen Aufgabe, Balance zu halten und auf der einen Seite altersbedingte Träume und schier unerreichbare Lebenszielformulierungen zuzulassen, andererseits kann sie aber auch nicht darauf verzichten, Klischees und allzu weltentrückte Vorstellungen und Lebenskonzepte mit kritischer Argumentation zur Diskussion zu stellen – z. B. bei geäußerten Vorstellungen, schon bald erfolgreicher Anwalt mit Villa, Swimmingpool und dickem BMW zu sein (bzw. als millionenschwerer Rapper zu brillieren – was das zweithöchste begehrte und anhaltend unerschütterliche Lebensziel robuster Jungen mit Migrationshintergrund ist). Solche Visionen sollten nicht abgebremst werden, wohl aber durch folgende, hilfreiche Fragen immer wieder konkretisiert werden:
- Welche Schritte sind notwendig, welche Nahziele musst du erreichen, um dich deinem Fernziel / deiner Wunschvorstellung / deinem Traum vom Lebensglück zu nähern?
- Was kannst du heute Nachmittag, morgen, nächsten Monat dafür tun?
- Welche deiner gegenwärtigen Verhaltensweisen / Unterlassungen verhindern dieses Lebensziel?
- Welche Eigenschaften musst du gezielt trainieren, um dahin zu kommen?
- Welchen Schulabschluss brauchst du dafür und welche Voraussetzungen musst du *jetzt* dafür schaffen?

Wie bei allen anderen Themenkreisen ist es für die Schüler wichtig, dass sich die Lehrperson, bei aller Zurückhaltung, *als Person mit Konturen zeigt,* als jemand mit eigenen Träumen, Erfahrungen und Enttäuschungen, damit sie als glaubwürdiger Gesprächspartner wahrgenommen werden kann.

Die Materialien eröffnen folgende Themenstellungen:
- Auseinandersetzung mit biografisch erlebten Ups and Downs
- Was macht einen guten oder belastenden Tag im individuellen Erleben aus?
- Reflexion persönlicher Lebenshaltungen und Handlungsmuster
- Glück und Leid
- Beschäftigung mit dem eigenen Rollenverständnis im Geschlechterverhältnis
- Erfahrungen mit erster Liebe und Bewältigungsstrategien gegen Liebeskummer
- kleine Flirtschule
- Vorschläge für einen fächerübergreifenden Projekttag zum Thema »Ich liebe, also bin ich«

KV 46

GZSZ – That's Life! – Das Leben ist wie ... (1)

Themeneinstieg:
Anfertigen einer Collage zum Thema: »GZSZ – That's Life!«
- großformatig als gemeinsames Klassenprodukt oder
- in Paargruppen auf A3-Format oder
- als Einzelarbeit

Ziele:
- sich Vorstellungen, Einstellungen und Eindrücke über das Leben bewusst machen und artikulieren
- Vielfalt, Gemeinsamkeiten und Unterschiede in der Lebensdeutung nachvollziehen
- anhand von Metaphern die optionale Vielfalt des Lebens deuten und positive wie negative Verläufe, Episoden und Entwicklungen im Lebensvollzug anerkennen

Vorbereitung:
- Die Schüler werden angeregt, Zeichnungen, Fotos, Zeitungsausschnitte, kleine Gegenstände, Gedichte, Songtexte etc. zum Thema zu sammeln und mitzubringen.
- Diese werden auf einem Untergrund (Plakatkarton, Tapetenrolle etc.) arrangiert. Die beschrifteten Blätter der Schüler werden entweder kreuz und quer in die Collage hinein geklebt oder um sie herum arrangiert.

Durchführung:
- Jeder Schüler sucht sich eine der in Streifen geschnittenen Metaphern »Das Leben ist wie...« (vgl. KV 47) aus bzw. zieht einen verdeckt liegenden Papierstreifen. Die Metaphern-Beispiele werden vorgelesen, und es wird gemeinsam überlegt, was die jeweilige Metapher aussagt bzw. ausmacht, z. B.:
- Eine Achterbahnfahrt macht Spaß, man bekommt aber auch Angst, möchte aussteigen und bereut, dass man sich darauf eingelassen hat. Dann wieder kribbelt es so schön im Bauch, man wünscht, es möge nie aufhören. Plötzlich wird einem schwindelig, man weiß nicht mehr, wo oben und unten ist, und es wird einem übel usw.
- Die Streifen werden als Überschrift auf ein kleines leeres Blatt (ca. A7-Format) geklebt. Darunter wird ein schriftliches Statement abgegeben, bei dem eine Übertragung der Metapher in Lebenserfahrungen vorgenommen wird. Dies soll nach Möglichkeit über pauschale Aussagen hinausgehen, gefragt sind konkrete Lebenssituationen und -beispiele.

Auswertung und Fragestellungen zu den Ergebnissen:
- Vielfalt, Unterschiede und Gemeinsamkeiten der Aussagen benennen
- Was macht Leben aus? Verändern sich die Sichtweisen auf das Leben?

KV 47

GZSZ – That's Life! – Das Leben ist wie ... (2)

Die Metaphernbeispiele werden kopiert und in einzelne Streifen geschnitten. Die Schüler ziehen die verdeckten Streifen.

Das Leben ist wie eine Riesenradfahrt ...	Das Leben ist wie eine Schatztruhe ...
Das Leben ist wie ein Tunnel ...	Das Leben ist wie eine Eisfläche ...
Das Leben ist wie ein Fest ...	Das Leben ist wie ein Feuerwerk ...
Das Leben ist wie die Hölle ...	Das Leben ist wie ein Regenbogen ...
Das Leben ist wie ein Rätsel ...	Das Leben ist wie eine Autobahn ...
Das Leben ist wie ein Geschenk ...	Das Leben ist wie das Wetter ...
Das Leben ist wie ein Traum ...	Das Leben ist wie ein Kampf ...
Das Leben ist wie ein Thriller ...	Das Leben ist wie ein Losgewinn ...
Das Leben ist wie eine Achterbahnfahrt ...	Das Leben ist wie eine Sackgasse ...
Das Leben ist wie ein Glücksspiel ...	Das Leben ist wie Berg und Tal ...
Das Leben ist wie ein Baum ...	Das Leben ist wie eine Seifenblase ...
Das Leben ist wie ein Bahnhof ...	Das Leben ist wie eine Baustelle ...
Das Leben ist wie eine Leiter ...	Das Leben ist wie ein Diamant ...
Das Leben ist wie ein Rucksack ...	Das Leben ist wie eine Hängebrücke ...
Das Leben ist wie eine Reise ...	Das Leben ist wie eine Landschaft ...

KV 48

»Shit happens!«

Ouups!!!

Fast jeder hat solche Momente schon einmal erlebt –
darüber lachen kann man zumeist erst hinterher:

Worst Cases, Horrorszenarien und Supergaus,
bei denen du dich vor Peinlichkeit und Scham
am liebsten unsichtbar gemacht hättest!

Was waren die peinlichsten Vorstellungen, die du je abgegeben hast?

❶ Bildet Paar- oder Dreiergruppen, nach Jungen und Mädchen getrennt.

❷ Berichtet euch gegenseitig über eure Erlebnisse.

❸ Findet für die Supergaus einen Titel / eine Überschrift.

❹ Schreibt die Überschriften auf die vorgesehenen Linien.

❺ Lest die Unterschriften im Klassenplenum vor. Die anderen können erraten, was passiert ist.

❻ Es braucht aber nicht verraten werden, was wirklich passiert ist und wer und was sich hinter der Überschrift verbirgt.

Die anderen aus der Gruppe bewahren unbedingt Stillschweigen!

1. Titel: _____

2. Titel: _____

3. Titel: _____

Ganz Mutige können ihr Horrorszenario vorspielen!

KV 49

EIN T☺TAL GUTER TAG

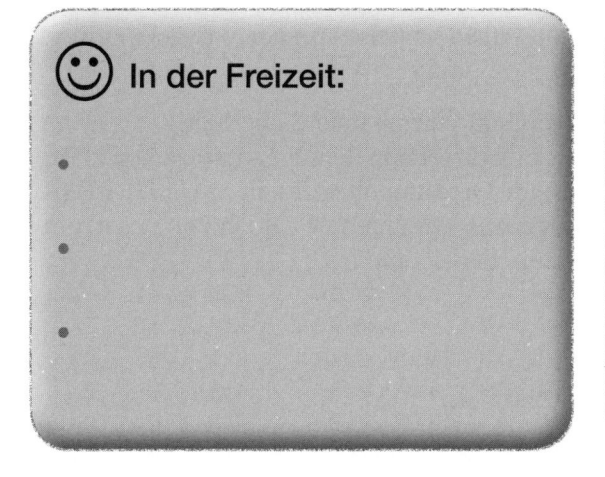

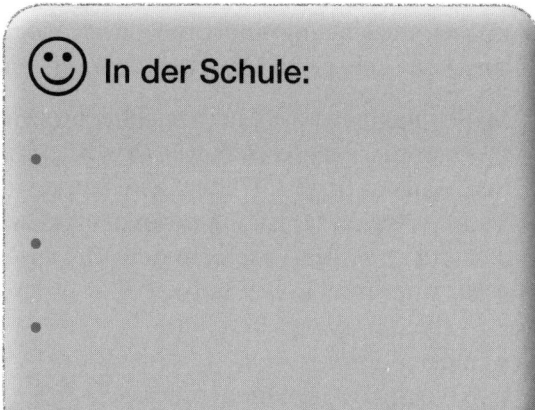

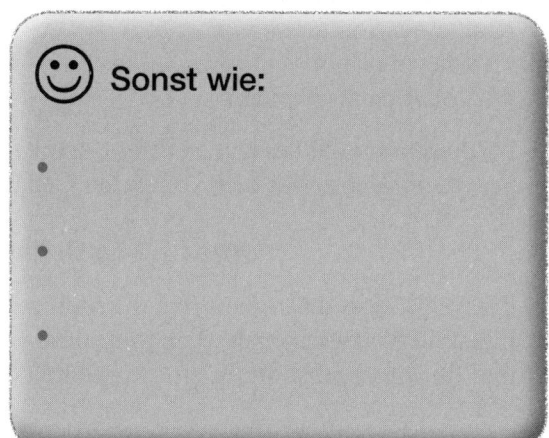

☺ **In der Freizeit:**
-
-
-

☺ **In der Schule:**
-
-
-

☺ **In der Familie**
-
-
-

☺ **Sonst wie:**
-
-
-

- Was gehört für dich zu einem erfreulichen Tag?
- Was tust du an so einem gelungenen Tag?
- Wer läuft dir über den Weg? Mit wem triffst du dich?
- Was passiert?
- Unterstreiche, was du davon selbst beeinflussen kannst.

Wie fühlst du dich an einem solchen Tag?

☺ ausgeglichen_____   ☺ _____   ☺ _____

☺ _____   ☺ _____   ☺ _____

KV 50

Hol's dir! – Fantasiereise

❶ Entspannte Haltung einnehmen, nach Möglichkeit Augen schließen und dem folgenden Text lauschen (Lehrperson liest den Text mit Musikuntermalung):

Manchmal bietet das Leben nicht genug Geborgenheit, Wärme oder Sicherheit.
Das hat jeder Mensch schon erlebt. Darum schaffst du dir jetzt in deiner Fantasie einen Platz, wo du all das findest. Dieser sichere und wohltuende Ort kann überall sein… Und das Fantastische ist, du kannst ihn dir in deiner Fantasie genauso gestalten, wie du ihn brauchst, um dich gut zu fühlen. Wie sieht dein Ort aus? Wo befindet er sich?

- auf einer Insel in der Südsee?
- in einer einsamen Berghütte?
- in der Wüste?
- in einem Traumschloss mit vielen Türen und Zimmern?
- im Wald?
- in einem Himmelbett?
- auf einer Sommerwiese?
- in den Wolken?
- … oder ganz woanders…?

An diesem Ort gibt es keinen Stress, keine Hektik und keinen Ärger. Entspanne dich, genieße, was du siehst, lass dich von guten Gedanken treiben, und dann fühlst du es…

Alles ist in Ordnung! Alles wird gut!

Du weißt, dass du in dein reales Leben zurückkehren musst. Aber das ist o.k. Denn jetzt fühlst du dich warm, geborgen und stark! Du kannst dieser Welt die Stirn bieten! Wann immer du willst, gehst du für eine kurze Zeit dort hin, um dich aufzutanken.

(nach einer Idee von www.hab-keine-angst-de)

❷ Die Schüler zeichnen diesen Ort mit Blei- und Buntstiften in die Wolke und verwischen die **Farben/Linien** mit dem Zeigefinger.

❸ Sie berichten, zu welchem Ort die Fantasiereise geführt hat, und zeigen ihr Bild.

KV 51

Life-Chart

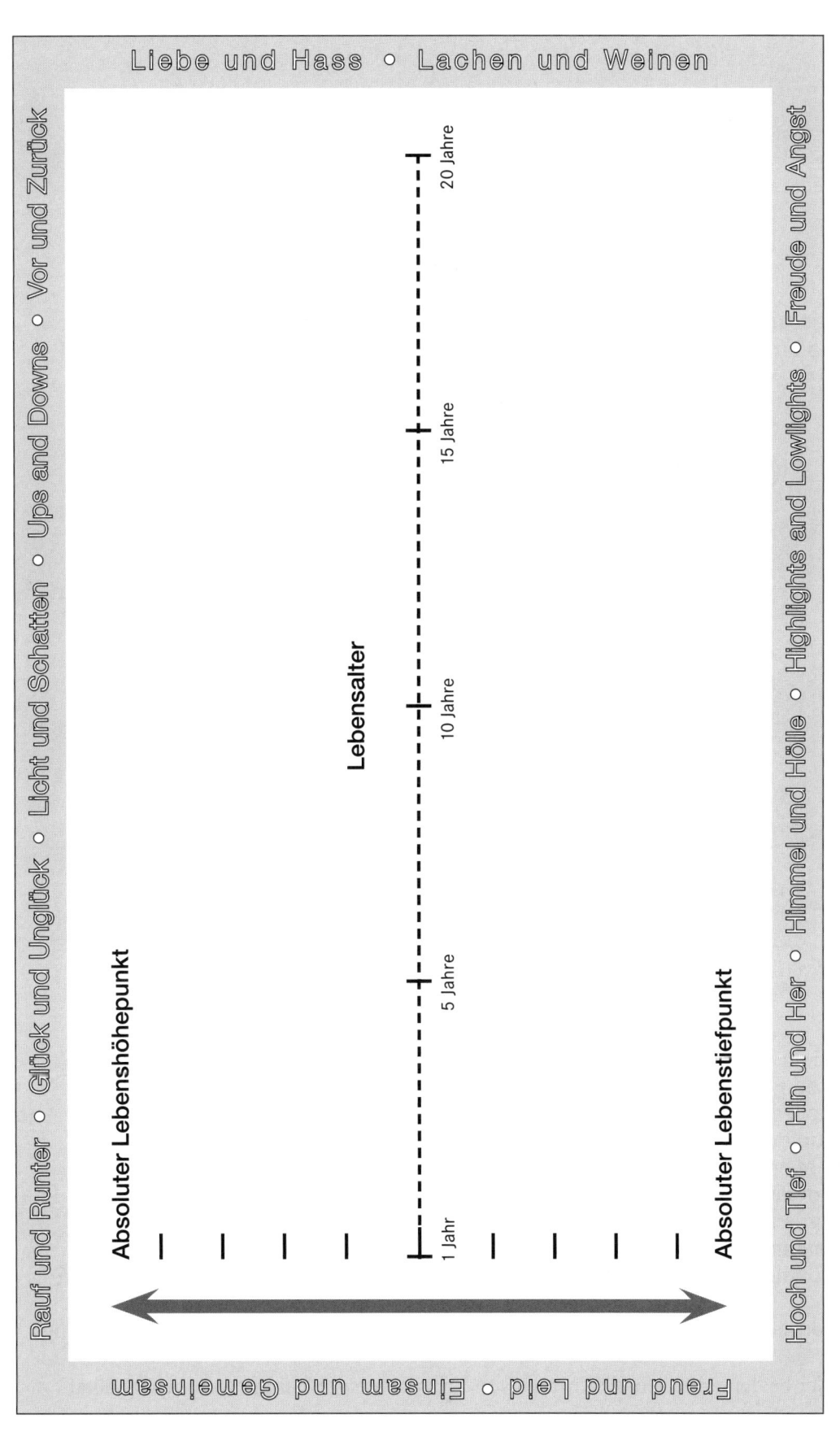

Liebe und Hass ○ Lachen und Weinen

Rauf und Runter ○ Glück und Unglück ○ Licht und Schatten ○ Ups and Downs ○ Vor und Zurück

Absoluter Lebenshöhepunkt

Lebensalter

1 Jahr — 5 Jahre — 10 Jahre — 15 Jahre — 20 Jahre

Absoluter Lebenstiefpunkt

Hoch und Tief ○ Hin und Her ○ Himmel und Hölle ○ Highlights and Lowlights ○ Freude und Angst

Freud und Leid ○ Einsam und Gemeinsam

Zeichne die verschiedenen Höhen und Tiefen deines bisherigen Lebens als Punkte über oder unter die Linie. Verbinde die Punkte so, dass eine Kurve entsteht. Schreibe zu jedem Punkt ein passendes Stichwort. Wer hatte auf die Geschehnisse Einfluss? Was hat dich weitergebracht? Woraus hast du gelernt? Tausche dich mit einem/r Mitschüler/in darüber aus. Wer möchte, stellt seine Life-Chart den anderen vor.

Christine Spies: »Wir können auch anders!« © Beltz Verlag 2011 · Weinheim und Basel

KV 52

Zeichne ein Glas, das zur Hälfte mit einer Flüssigkeit gefüllt ist:

IST DAS GLAS HALB VOLL ODER HALB LEER?

Was meint ein Mensch, der das Leben eher positiv sieht (Optimist),
und was meint jemand, der immer alles eher negativ bewertet (Pessimist)?

Was denkt, fühlt, tut oder sagt ein

OPTIMIST		PESSIMIST
	1	
	2	
	3	
	4	
	5	
	6	
	7	
	8	

wenn er / sie
1. am ersten Ferientag aufwacht?
2. ein/en tolles/n Mädchen/Jungen kennenlernt?
3. das Handy verliert?
4. eine zu enge Hose gekauft hat?
5. direkt vor einem Date vom Platzregen total durchnässt wird?
6. einen Virus auf dem Computer feststellt?
7. eine Klausur gegen die Wand gefahren hat?
8. der Geldautomat mal wieder die EC-Karte verschluckt hat, weil das Konto leer ist?

- Diskussion am Beispiel des Glases: Was sind die Vor-/Nachteile der jeweiligen Betrachtungsweise?
- Welche der beiden notierten Sichtweisen von 1. bis 8. versprechen mehr Lebensqualität?

KV 53

Menschen erfahren Unglück und Leid

1.

2.

3.

Menschen erfahren Unglück und Leid

5.

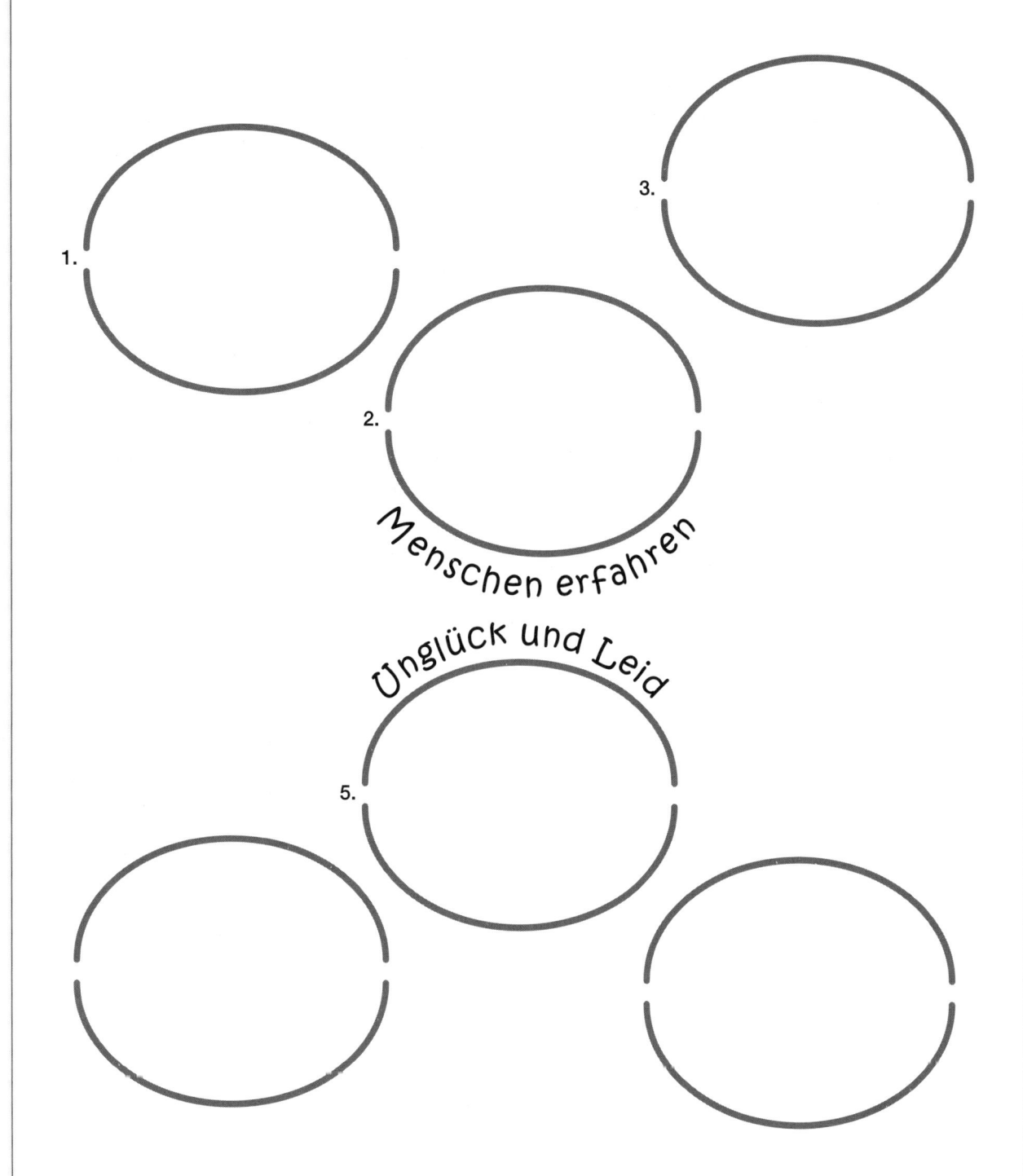

- Auf A3 vergrößern.
- In Kleingruppen *Beispiele* für folgende *Lebensbereiche* suchen und in die Kreisfelder eintragen: 1. Familie, 2. Private Beziehungen, 3. Berufsleben, 4. Schule, 5. Natur und Umwelt, 6. Körper und Geist.
- Gemeinsam überlegen, welches Unglück oder Leid verhindert werden könnte, und rot markieren. Wer hätte darauf Einfluss?

KV 54
Lerche oder Eule?

Was schätzt du, wie die beiden Vögel sich unterscheiden? Richtig, die Lerche ist schon in aller Frühe topfit und steckt am Abend beizeiten den Kopf ins Gefieder, während die Eule morgens nicht in die Gänge kommt und nachts hochaktiv auf Jagd geht – eine innere Uhr legt das fest.

Die **Chronobiologie** geht davon aus, dass es bei den Menschen ähnlich ist und eine genetisch bedingte Organ-Uhr unseren Schlaf-/Wachrhythmus beeinflusst. Sie unterscheidet **zwei Chronotypen** und nennt sie *Lerche* und *Eule*.

Wie viel Schlaf braucht der Mensch?
- Kurzschläfer: Schläft als Erwachsener unabhängig vom Wecker regelmäßig weniger als sechs Stunden.
- Mittelschläfer: Benötigt sechs bis acht Stunden zur optimalen Erholung.
- Langschläfer: Schläft durchschnittlich acht bis zehn Stunden.

Beim Aufwachen fühlen sich alle drei Typen gleich ausgeruht, weswegen Schlafforscher vermuten, dass Kurzschläfer einfach effektiver schlafen. Einige berühmte Persönlichkeiten wie Churchill, Edison, Rockefeller und Napoleon sollen mit vier bis sechs Stunden Schlaf ausgekommen sein. Einstein und Goethe sollen allerdings jede Nacht zehn bis zwölf Stunden Schlaf gebraucht haben.

❶ Stelle fest, zu welchem Schlaftypus du gehörst, und entscheide, ob du eine Lerche oder Eule bist oder ob du zu den vielen Menschen gehörst, die Mischtypen sind.

Lerche	Eule
Schon frühmorgens putzmunter, stürmt gut gelaunt aus dem Bett.	Stolpert frühmorgens wie betäubt aus dem Bett und hasst die Welt.
Ist in den Vormittagsstunden am leistungsfähigsten und hat da die besten Ideen.	Braucht mehrere Stunden am Vormittag, um leistungsfähig und ideenreich zu werden.
Sport direkt nach dem Aufstehen: Super!	Sport direkt nach dem Aufstehen: Undenkbar!
Schlechte Konzentrationsphase zwischen 5.00 und 6.00 Uhr	Schlechte Konzentrationsphase zwischen 8.30 bis 9.30 Uhr
Frühstückt gerne und ausführlich.	Bringt frühmorgens keinen Bissen hinunter.
Am Abend auf Entspannung gepolt.	Könnte am Abend Bäume ausreißen.
Steht an freien Tagen auch nicht viel später auf als sonst.	Schläft an freien Tagen deutlich länger.
Probleme werden am kreativsten am Vormittag gelöst.	Probleme werden am kreativsten am Abend gelöst.

Vielleicht wundert es euch, wenn sich die meisten von euch als Eule geoutet haben? Das hängt mit dem unterschiedlichen Rhythmus in den verschiedenen Altersphasen zusammen. Kinder haben meist das Bedürfnis, früh aufzustehen. In der Pubertät verschiebt sich der Rhythmus zeitlich nach hinten. Um die 20 Jahre sind die meisten Nachtschwärmer. Ein paar Jahre später verschiebt sich der Rhythmus wieder nach vorne, alte Menschen sind oft schon sehr früh wach und gehen früh ins Bett.

❷ Tauscht euch über die Ergebnisse aus und überlegt, wie man mit seinem Biorhythmus im Leben am besten umgeht, vor allem wenn er mit dem von außen geforderten Rhythmus nicht übereinstimmt.

KV 55

Mars oder Venus: typisch weiblich? typisch männlich?

Sind Jungen ♂ und Mädchen ♀
vom Mars? von der Venus?

»Das ist typisch männlich!« sagen Mädchen:	»Das ist typisch weiblich!« sagen Jungen:

❶ Sichtweisen in Mädchen- und Jungengruppen sammeln und in Stichpunkten notieren.

❷ Im Klassenplenum vortragen. Gibt es Gemeinsamkeiten?

❸ Diskussion führen: Wahrheit oder Vorurteil / Klischee? Stimmen die Sichtweisen heute noch?

❹ Gibt es auch Mädchen / Jungen, die untypisch sind? Hat es Vorteile, beide Rollen zu verkörpern?

❺ Ist Verschiedenheit von Nachteil oder von Vorteil?

KV 56

Küssen verboten!? (1) – Eine Pressemeldung

Diese Anweisung eines Schuldirektors bei Linz hat in Österreich Proteste erregter Jugendlicher und Politiker ausgelöst. Wie der Sender ORF berichtete, verhängte der Direktor einer Hauptschule in Oberösterreich in einem Brief an die Eltern ein generelles Kussverbot unter den Schülern. Die Erziehungsberechtigten sollten auf ihre Kinder einwirken, derartige Rituale aus dem Intimbereich künftig in der Schule zu unterlassen, heißt es. Nicht nur »knutschen« unter Verliebten, sondern auch Küssen unter Freunden will der Direktor nicht mehr auf dem Schulgelände sehen: Weil Küsse auf den Mund nichts mit Begrüßen und Verabschieden zu tun hätten und daher in der Schule zu unterlassen seien. Man wolle sich nicht dem Vorwurf aussetzen, nichts unternommen zu haben, sollte es zu einem »ernsteren Vorfall« kommen, hieß es in seiner Erklärung gegenüber dem Österreichischen Rundfunk.

(nach einem Artikel, dpa Wien, 22.11.2008)

Einen Entwurf für ein witziges Ver-/Gebotsschild zeichnen

Küssen in der Schule: erlaubt! | Küssen in der Schule: verboten!

❶ Zeichnungen vorstellen

❷ Text lesen

❸ Spielt eine Schulklasse, die von dem Verbot betroffen ist. Bestimmt zwei Moderatoren. Sie bringen folgende Fragestellungen ein:
– Kann Küssen die Störung des Schulfriedens/Schulbetriebes bedeuten?
– Gefahr von Eifersüchteleien, Ausgrenzung oder Konkurrenzgefühlen?
– Verletzung des Schamgefühls?
– Küssen nur im intimen Privatbereich oder auch in der Öffentlichkeit?
– Welche Bedeutung hat es für Jugendliche, ist es ein wichtiges Ritual für Jugendliche? Unterschied: Begrüßungskuss und Kuss zwischen Verliebten?
– Ist das Verbot sinnvoll, notwendig, albern, unmöglich?

Führt eine anonyme Abstimmung durch: Zettel mit »K e« (»Küssen erlaubt«) oder mit »K v« (»Küssen verboten«) beschriften, zusammenfalten und in einen Behälter geben, Stimmen auszählen, Ergebnis verkünden. Führt eine Talkshow zum Thema durch (KV im Download).

KV 57

Kleine Flirtschule (1): Die Phasen eines Flirts

Das sagen Flirtforscher:
Jeder erfolgreiche Alltagsflirt läuft nach dem gleichen Muster und in bestimmten Phasen ab.

Nummeriere die vier Flirtphasen in der richtigen Reihenfolge:

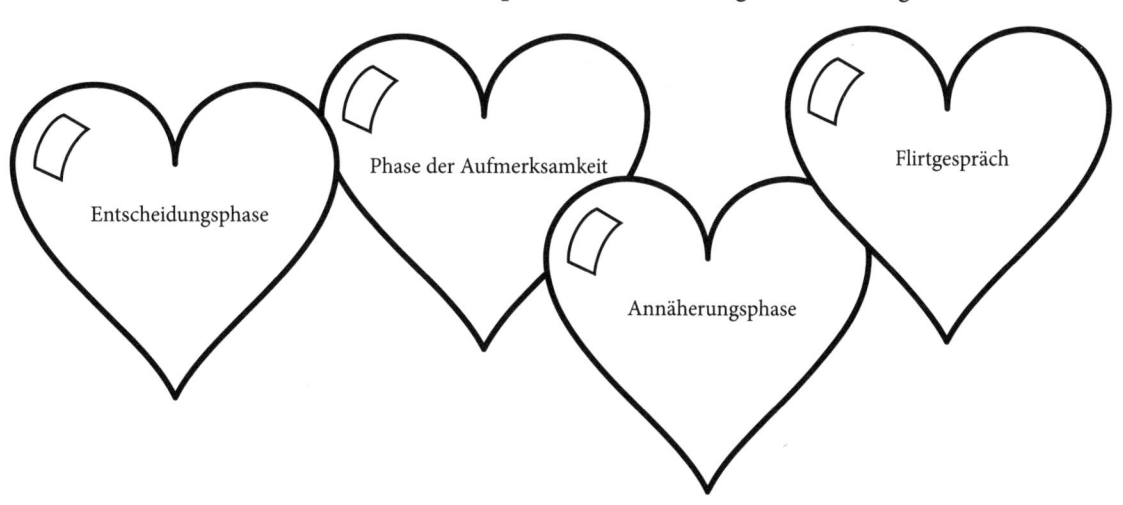

- Entscheidungsphase
- Phase der Aufmerksamkeit
- Annäherungsphase
- Flirtgespräch

Eine andere Person wird als positive Erscheinung wahrgenommen. Die Körperhaltung und -sprache des Gegenübers wirkt anziehend. Blickkontakt wird aufgenommen. Dauert dieser länger als drei Sekunden, besteht Interesse. Der/die Flirtpartner/in zeigen dies durch geschlechtsspezifische Körpersprache.

Die räumliche Distanz wird verkürzt oder aufgehoben. Beide signalisieren, dass sie sich auf den Flirt einlassen wollen.

Einer von beiden spricht den anderen an. Der weitere Erfolg hängt davon ab, ob sich im Gespräch der »Zauber« der gegenseitigen Anziehung und Sympathie fortsetzt.

Ob der Flirt in einen nachfolgenden Kontakt oder in eine weitergehende Verbindung mündet, hängt davon ab, wie die *grundlegende Motivation und das Ziel* der *beiden* Partner im Flirtgeschehen ist:
- Flirt als Selbstbestätigung
- Flirt als unverbindliche Unterhaltung
- Flirt aus Interesse an Freundschaft / Partnerschaft
- Flirt aus sexuellem Interesse

❶ Schüler, in mehrere Jungen- und Mädchengruppen aufgeteilt, definieren den Begriff Flirt und beantworten folgende Fragen:
– Wann hast du zuletzt geflirtet?
– Wo und wie flirtet es sich am besten – im Netz, per SMS, im Supermarkt, in der Schule?
– Ist Flirten in festen Beziehungen erlaubt?
– Kurze Zusammenfassung der Gruppenergebnisse im Plenum

❷ Austausch der Ergebnisse im Klassenplenum: Entspricht das, was Flirtforscher über die Flirtphasen herausgefunden haben, auch eurer Erfahrung?

KV 58

Kleine Flirtschule (2): Die Spielregeln

Kennst du 😊 die Spielregeln?

Welche Verhaltensweisen sind bei einem Flirt erfolgreich und welche gehen gar nicht?

Go	~~No go~~

❶ Entsprechende Verhaltensweisen in Kleingruppen sammeln und eintragen: Es geht um Stimme, Mimik, Körperhaltung, sprachlichen Ausdruck und um das Handeln in der Situation.
❷ Spielszenen ausdenken und als Rollenspiel vorbereiten.
❸ Im Rollenspiel darstellen (kann ruhig mit einiger Übertreibung gespielt werden).
❹ Szenen daraus einfrieren und fotografieren, ausdrucken, nach den oben genannten Kategorien auf einen Karton kleben und beschriften.

KV 59

LK – Die gute und die schlechte Nachricht (1)

Was ist das?

LK

- gibt dir das Gefühl, der unglücklichste Mensch auf der Welt zu sein.
- kann so weh tun, dass du denkst, den Tag nicht zu überstehen.
- kann dazu führen, dass du primitive Rachepläne schmiedest oder andere alberne, erniedrigende Dinge tust.
- bringt dich dazu, dich unattraktiv und wenig liebenswert zu fühlen.
- vermittelt dir das hoffnungslose Gefühl, dass du nie mehr ein glücklicher Mensch sein wirst.
- sorgt dafür, dass du die Falschen für deinen Zustand bestrafst, weil du ihnen mit einer unerträglich schlechten Laune begegnest.
- führt dazu, dass du schwörst, das andere Geschlecht für den Rest deines Lebens wie eine ansteckende Krankheit zu meiden.
- kurzum, ist das mieseste, was einem passieren kann.

Unteren Abschnitt vor dem Austeilen nach hinten umknicken. Die Schüler lesen zuerst nur den Text oben vor.

LK

1. Die tröstliche Nachricht:	2. Die gute Nachricht:	3. Die schlechte Nachricht:
Niemand bleibt vor LK verschont, vielen anderen da draußen geht es genauso!	Irgendwann ist jeder LK zu Ende – immer!	Wenn du gerade LK hast, sollst du wissen, dass es garantiert nicht der letzte in deinem Leben sein wird. Aber: siehe 1. und 2.

LK

tut weh wie eine tiefe Wunde und ist so überflüssig wie ein Pickel, aber er ist mit Sicherheit **kein Grund zum Verzweifeln!** (siehe 1. und 2.)

❶ Entwerft drei Zeichen oder Symbole für LK und zeichnet sie in die Rahmen.

❷ Erzählt euch in Zweier- oder Dreiergruppen (evtl. Jungen / Mädchen getrennt) von eigenen Erfahrungen mit LK oder über das, was ihr darüber gelesen, in Filmen gesehen oder bei anderen beobachtet habt. Wer will, erzählt davon im Klassenplenum.

❸ Bringt Musiktitel mit, in denen LK thematisiert wird.

KV 60
LK-Broken Heart? Wege der Heilung

Vergrößern auf A3 und gemeinsam lesen (siehe auch KV im Download).

Egal, ob du Liebeskummer hast, weil du unglücklich verliebt bist oder noch schlimmer, weil du plötzlich verlassen wurdest und gar nicht begreifst, wie dir geschehen ist – es gibt zwar kein Rezept, aber ein paar Tipps, wie du den Herzschmerz besser bewältigen kannst, ohne in einer absoluten Krise zu versinken.

1. Schritt: Gefühle zulassen
   O. k., du bist geschockt, verletzt, wütend, verzweifelt, gefrustet, erstarrt – wahrscheinlich alles zusammen, und nach dem anfänglichen Schock geht erst mal gar nichts. Völlig normal! Dann tut es gut, deinen Gefühlen freien Lauf zu lassen: Heulen, kreischen, schreien … In einem See von Tränen zu versinken befreit und hilft. **Wer seinen Schmerz nicht fühlt, kann ihn auch nicht heilen!** Am besten ist es, sich erst mal zu verkriechen. Keine Gefühle unterdrücken oder runterschlucken: Sonst kommen sie irgendwann hoch, wenn es gerade gar nicht passt!

2. Schritt: Reden, reden, reden
   Du brauchst jetzt jemanden, bei dem du dich »*auskotzen*« und dir deinen Schmerz so richtig von der Seele reden kannst – einen/eine, der/die dir zuhört und versucht, dich zu verstehen. Das kann ein/e Freund/in, ältere Schwester, ein Bruder, die Mutter, der Vater, ein/e Chat-Partner/in oder ein sonstiger Vertrauter sein. **Der Verlust muss betrauert werden!**

3. Schritt: Heilmittel suchen
   Beginne, dich langsam abzulenken, mit Dingen, die dir Spaß machen, und verwöhne dich selbst mit vielen Kleinigkeiten! Wahrscheinlich musst du dich noch dazu zwingen. Wirf alle Erinnerungsgegenstände in einen Karton, den du weit wegpackst. Wenn es sein muss, in den Müll. Hüte dich in dieser Phase noch davor, sentimentale Musik zu hören oder dir Filme mit ergreifenden Love Storys reinzuziehen. Verfasse einen Brief an die/den Ex und klage an: Schreibe alles hinein, was dich gekränkt und verletzt hat. Doch: *Schicke ihn niemals ab*, es könnte dir später leidtun! Stelle eine Liste mit den Eigenschaften der/des Ex auf, die dich immer genervt haben, oder notiere, was dich immer in dieser Beziehung gestört hat, und hänge sie dir übers Bett.

4. Schritt: Raus aus dem Versteck
   Versuche aus deiner Höhle herauszukommen! Je mehr du unternimmst und dich aktiv ablenkst, desto weniger musst du an ihn/sie denken! Treibe Sport, ziehe mit deiner alten Clique herum oder interessiere dich für ein neues Hobby. Am besten tust du all das, was du mit ihm/ihr nicht machen konntest, weil er/sie dazu keine Lust hatte, z. B. die Musik hören, die er/sie grässlich fand. Wenn dir danach ist, verändere deinen Typ (neuer Haarschnitt, neue Kleidung, neues Parfum etc.) und mach ein paar nette Fotos von dir – davor und danach.

5. Schritt: Plan B
   Jetzt solltest du dir eingestehen: Es ist vorbei – endgültig – so schmerzlich das auch ist, setze einen dicken Strich darunter. Versuche irgendwann, ohne Groll, auf das zurückzuschauen, was war, und versuche zu verzeihen: Solange du Hass hegst, vergiftest du dich selbst – es gibt keine Schuldigen! Jetzt pulsiert das Leben wieder und wartet auf dich. Manchmal wirst du Rückschläge erleben. Lass dich davon nicht irritieren, Trauer verläuft in Wellen. Setze dich einmal in Ruhe hin und überlege, was in dieser Beziehung falsch gelaufen ist und was du künftig anders machen wirst.

6. Schritt: As time goes by …
   Gratuliere dir selbst: Du hast in Würde etwas losgelassen, was du nicht halten konntest! Das Leben hat dich wieder, und du bist stärker geworden, als du vorher warst! Geh jetzt wieder mit offenen Augen durch diese Welt, denn es gibt noch viele interessante und bezaubernde Girls/Boys auf diesem Planeten! Aber mach nicht den Fehler, dich in *irgendeine* nächste Beziehung hineinzuwerfen, nur um nicht alleine zu sein!

Jeder geht mit Trennung und Verlust anders um. Liebeskummer darf aber *niemals* Grund sein, am Leben zu zweifeln! Wer es nicht schafft, sich zu lösen, und bei wem das Leiden nicht aufhört, sollte ohne Scheu einen Experten aufsuchen! Oft hilft es, wenige Male zu einer Beratung zu gehen.

Diskutiert das Zitat von Vàclav Havel:
»Hoffnung ist nicht die Überzeugung, dass etwas gut ausgeht, sondern die Gewissheit, dass etwas Sinn hat, egal wie es ausgeht.«

B.4.3 Winning Team
Die Klasse/Gruppe als Schutzfaktor

»*Es geht nur zusammen!*«
Jürgen Klinsmann nach der Fußball-WM 2006

»*Verbunden werden auch die Schwachen mächtig.*«
Friedrich Schiller, »Wilhelm Tell«

»*Wer den höchsten Rang in einer Gruppe von Tieren oder Menschen hat, ist leicht zu erkennen. Er ist immer derjenige, der am meisten angeschaut wird. Davon kommt auch das Wort Ansehen.*«
Irenäus Eibl-Eibesfeldt

Von nichts kommt nichts – und eine funktionierende Klassengemeinschaft kommt selten alleine zustande. Mit Schülern das Bewusstsein einer kollektiven Einheit zu entwickeln, in der jeder Einzelne grundsätzlich bereit ist, sich für den anderen und für gemeinsame Ziele einzusetzen, also das entstehen zu lassen, was als *Gruppenkohäsion* verstanden wird, verlangt von der Lehrperson, insbesondere von Klassenlehrern, Engagement und Zeitaufwand.

Schüler ab der siebten Klasse befinden sich in der mittleren Adoleszenz – der Einfluss der Peergroup ist hier an seinem *Höhepunkt* angelangt, während sich in der Endphase, etwa ab dem Alter von 17 Jahren, der Wunsch nach autonomen Handlungen durchsetzt. Die Peergroup ist also zum wichtigsten Bezugssystem geworden, und die Abhängigkeit von Erwachsenen verliert ihre Bedeutung. In der Gruppe der Peers wird definiert, was *flasht* und was *abtörnt*, hier entstehen eigene Rituale, werden Stilelemente verschiedenster Jugendkulturen als *Markt der Möglichkeiten* hineingetragen und *collagiert*, hier wird um das gerungen, was aus Sicht der Jugendlichen vonseiten der Erwachsenen oft verweigert wird: *Respekt und Anerkennung* (Farin 2006). Mit dem Faktor *Gleichaltrige untereinander* eröffnen sich innerhalb der Klassengemeinschaft vielfältige soziale *Lernchancen im Miteinander*:

- Die Gleichaltrigen fungieren als wirksame *Ich-Stütze,* weil die Gemeinschaft der Peers Sicherheit und Geborgenheit liefert und als emotionale Tankstelle herangezogen wird.
- Die Begegnung mit dem anderen Geschlecht wird erprobt.
- Das Lösen von Konflikten kann geübt werden.
- Die Einzelperson ordnet sich (zeitweilig) einer gemeinsamen Zielsetzung unter.
- Der einzelne Schüler gelangt durch Interaktionen mit anderen zu neuen Sichtweisen und Erkenntnissen, welche die Entwicklung seiner eigenen Persönlichkeit ergänzt und forciert, z. B. die Verantwortungsübernahme für andere oder die Fähigkeit zur Empathie.
- Neue Rollen können erprobt und modifiziert werden.
- Vorbild- und Nachahmungshandeln werden angeregt.

Eine Schulklasse weist systemische Phänomene und Merkmale einer *Gruppe* auf, die im gelungenen Fall zu einer positiven Identifikation und zum *Gefühl eines WIR* führt. Schulklassen stellen eine lose Gruppenform im Gegensatz zu festen Cliquen oder anderen formalisierten Formen dar und sind, im Gegensatz zu anderen Gruppenprägungen, *keine* selbst gesuchten, persönlich favorisierten Gemeinschaften. Mehrere Autoren beschreiben den Charakter von Gruppen als Zwangsaggregate (z. B. Weiss 1967). Solche Zwangsgemeinschaften sind prädestiniert, in besonderer Weise *negative Gruppenprozesse* zu produzieren oder zu verstärken:

Normale Verhaltenseinschränkungen des Einzelnen werden unter der Schutzdecke der Gruppe gelockert, was zu vermehrt abweichenden, impulsiven Handlungen wie Disziplinlosigkeit und aggressiven Handlungs- oder schikanierenden Verhaltensmustern wie Ausgrenzung und Mobbing führen kann. In einer Gruppe werden spezifische Ängste mobilisiert: bloßgestellt oder blamiert zu werden, keine Anerkennung zu erhalten und in der Rangordnung einen ungünstigen Platz mit geringem Status zu erhalten. Konformitätsdruck und Gruppensog innerhalb einer Klasse können Jugendliche dazu bringen, *gegen* ihre moralische Überzeugung zu handeln. Sie steigern alterbedingtes Risikoverhalten (*Risky Shift*) und fördern Verantwortungsdiffusion. *Social Loafing* (sogenanntes *Soziales Faulenzen*) führt zu Phänomenen, die das Lernen beeinträchtigen und Motivationsverluste erzeugen, bspw. durch den Free-Rider- und Succer-Effekt (Fend 2001, S. 304 ff.). Schließlich können Rollenübernahmen, wie im Falle von Mobbing, negative Machtstrukturen und Gewalt begünstigen.

Solchen Prozessen kann entgegengewirkt werden. Dazu muss die Lehrperson zunächst *Gruppenstrukturen durchschauen* und die Besetzung der *informellen* Rollen mit ihren jeweiligen Funktionen erkennen. Typische informelle Rollen sind Führer/in, Vermittler/in, Experte/in, Spaßvogel, Sündenbock, Außenseiter/in. Peer-interne Gewaltformen, deren Kennzeichen *Geheimhaltung* und *Exklusivität* sind (Mobbing, Erpressung, Happy Slapping etc.), müssen aufgespürt und bearbeitet werden.

Um die genannten positiven Gruppeneffekte zu fördern und die negativen zu bändigen, ist es erforderlich, die Interessen der Einzelnen, die Interessen einzelner Gruppen (klasseninterner Cliquen) und das Interesse der Klasse als Gesamtheit im Blick zu halten.

Auf der Ebene der Lehrpersonen bedarf es dazu eines geschickten Balanceaktes zwischen
- der Selbstbestimmung der Schüler *und gleichzeitig* einer notwendigen Strukturgebung durch die Lehrperson
- der Bereitschaft zu begleiten *und ebenso* steuernd einzugreifen

Auf der Schülerebene beansprucht es
- ein dynamisches Pendeln zwischen Eintracht *und* Spannung.

In der Praxis geht es darum, *möglichst viel* gemeinsam zu *tun* und Aktivitäten zu starten, die außerhalb des Schulalltags einen unbefangeneren und unbelasteten Umgang gestatten, dem Eventbedürfnis der Jugendlichen entsprechen und somit das Binnenverhältnis verbessern: Der Unterricht sollte, wann immer es geht, nach draußen verlagert werden. Möglich sind etwa Picknicks, gemeinsame Besuche von Kino-/Theater-/Sportveranstaltungen oder Events der Jugendkultur: Letztgenannte können von Schülern organisiert werden, gefragte Künstler in die Schule/Klasse eingeladen werden etc.

Zwiespältige Empfindungen nach dem Übergang an die weiterführende Schule:
- Viele Jugendliche empfinden den Wechsel häufig als Sprung in ein emotionales Vakuum, das durch unterkühlte Sachlichkeit, lernzielorientierte Beziehungsferne und unvertraute Anonymität anmutet, d. h., sie vermissen Geborgenheit, die ihnen in einer gelungenen Grundschulzeit mit vielen Alltagsimpulsen entgegengebracht wurde:
  - Wohnlichkeit im Klassenzimmer, z. B. durch eine Kuschelecke, Pflanzen, ein Aquarium usw.
  - gemeinsames Frühstück, was sie von zu Hause aus oft nicht mehr kennen, die Möglichkeit, sich Tee aufzubrühen etc.
  - Beziehungskontinuität durch wenige Lehrpersonen
  - Körperkontakt durch ein »in den Arm nehmen« durch Lehrpersonen

Andererseits fühlen sie jetzt die wichtige Herausforderung, sich einer *erwachseneren* Umwelt anzupassen. Viele Elemente von Nestwärme werden aber vor allem von denjenigen Schülern vermisst, die sie auch im Elternhaus entbehren müssen. Weiterführende Schulen könnten Anpassungsprozesse erleichtern und helfen, häusliche Defizite auszugleichen. Eine aufbauende Atmosphäre innerhalb der Klasse wirkt gewaltpräventiv und unterstützt ein entspanntes Unterrichtsklima:

Dabei helfen symbolträchtige, mit sinnlichen Elementen angereicherte, gemeinschaftsstiftende Rituale, z. B. die Gestaltung (durch die Schüler) des Wochenanfangs bzw. des Endes der Schulwoche in kurzen Sequenzen (beispielsweise mit dem gezielten Auftrag, einen Kuchen zu organisieren, abwechselnd eine Blume mitzubringen, Teelichter zu arrangieren, beim kurzen Zusammensitzen einen Musiktitel nach Auswahl der Schüler abzuspielen, besondere Wünsche für die folgende Woche zu formulieren). Warum nicht auch an Oberschulen *Geburtstage* der Schüler mit einem kleinen Ritual bedenken? Auch das Vierteljahres-Feedback kann mit einem gemeinsamen Frühstück verbunden werden. Jeder Schüler kann sich einmal im Schuljahr mit einer vorbereiteten Präsentation privat darstellen: Hobbys, Vorlieben, Lieblingsstars etc.

Alle Lern- und Unterrichtsformen, in denen die Interaktionsdichte aktiviert wird und bei denen Kommunikation, Kooperation und der Perspektivwechsel im Vordergrund stehen, sind zu favorisieren, weil sie die genannten konstruktiven Gruppenprozesse fördern. Im Unterrichtsalltag können Settings und Freiräume hergestellt werden, in denen ein vertrauensvolles Klima entstehen kann und Konflikte bearbeitet, Feedbacks gegeben sowie gezielte Trainingsanregungen erfolgen können.

Die Materialvorschläge in diesem Kapitel beinhalten folgende Inhalte zur gezielten Anregung von Sozialkompetenzen und Gruppenprozessen:

- Wahrnehmung der Klassensituation
- Artikulation von Veränderungswünschen
- Einfühlung in andere und gegenseitiges Feedback
- Klärung der Beziehungen untereinander
- Anregung zur gegenseitigen Toleranz/Akzeptanz
- Förderung von Klarheit/Echtheit
- Erkennen von negativem Gruppendruck, Entwickeln von Gegenstrategien
- Toleranz gegenüber dem Anderen/Fremden
- Entwicklung von Konfliktstrategien

KV 61

Die Do's und Don'ts in der Klasse

Was bringt Anerkennung?

Was führt zu Ablehnung?

❶ Kopiervorlage auf A3 vergrößern.

❷ In Kleingruppen kreuz und quer über das Blatt schreiben
   - Mit grünem Stift: Eigenschaften, Verhaltensweisen, äußere Merkmale, die zu Anerkennung führen
   - Mit rotem Stift: Eigenschaften, Verhaltensweisen, äußere Merkmale, die zu Ablehnung führen

❸ Im Klassenplenum vorstellen.

❹ Zusammen entscheiden: Welche der aufgeschriebenen Eigenschaften, Verhaltensweisen und Merkmale sind *im späteren Leben gefragt*, z. B. um eine Familie zu gründen, einen guten Job zu erhalten etc.? Sind es die gleichen, die in der Klasse zu Anerkennung oder Ablehnung führen?

❺ Gemeinsam überlegen: Wie macht man jemandem aus der Klasse auf faire Weise klar, dass bestimmte Verhaltensweisen unerwünscht und unbeliebt sind? Im Rollenspiel ausprobieren.

Christine Spies: »Wir können auch anders!« © Beltz Verlag 2011 · Weinheim und Basel

KV 62

Das läuft in dieser Klasse falsch!

❶ Schreibe alles auf, was dich stört. Versuche dabei, ehrlich zu sein, nichts zu verschweigen, aber auch nicht zu übertreiben! Formuliere sachlich, ohne Schuld zuzuweisen. Nenne dabei keine Namen, weder von Mitschülern noch von Lehrer/innen. Beschreibe nur allgemein, was nicht klappt:
- Störungen, mangelnde Disziplin und Respektlosigkeit im Unterricht
- Gewalt gegenüber Schüler/innen und Lehrer/innen, also Beleidigungen, Drohungen, Ausgrenzungen, Schlagen, Erpressungen etc.
- Beziehungen zwischen den Schülern
- Beziehungen zwischen Schülern und Lehrpersonen
- Sonstiges

_____

_____

_____

_____

_____

_____

_____

_____

_____

_____

❷ Bringt eure Vorschläge zu Missständen ins Klassenplenum ein und sortiert sie auf einem Plakat oder einer Tapetenrolle nach den genannten fünf Möglichkeiten/Kategorien. Notiert in Kleingruppen auf einem anderen Blatt: »Was müsste passieren, damit sich das, was falsch läuft, verändert?« Bedenkt dabei: Jeder versucht erst einmal, von eigenen Schwächen abzulenken und Fehler bei anderen zu suchen. Das ist zwar menschlich, aber nicht fair und bringt niemanden weiter.

KV 63

Dazu gehören? Ja! – Aber um jeden Preis?

Gruppendruck, dass es nur so kracht!

- Er führt oft zu falschen Entscheidungen und bringt Menschen dazu, Dinge zu tun, die sie eigentlich gar nicht vertreten können.
- Er zwingt einen zu Grenzüberschreitungen, die Probleme und Schaden bringen.
- Er belastet und stresst.
- Er erzeugt ungute Gefühle, z. B. das der eigenen Schwäche: Weil man es nicht geschafft hat, sich zu widersetzen und das, was man für richtig hält, durchzuziehen:

Wann, wo und wie?

Im Unterricht: _____
_____

Im Schulalltag: _____
_____

In der Clique: _____
_____

In Bezug auf Freundschaft und Liebe: _____
_____

In Bezug auf Mediennutzung: _____
_____

In Bezug auf Aussehen und Kleidung: _____
_____

Die Aufgabe kann in Kleingruppen erarbeitet und in der Klasse diskutiert werden. Dazu können »Schlaue Sprüche« überlegt werden: Wie kann man sich dem Gruppendruck entziehen und was könnte man entgegnen, wenn man sich unter Druck gesetzt fühlt, ohne dass man dabei Gefahr läuft, das Gesicht zu verlieren? Anschließend sollen die entwickelten Strategien im Rollenspiel geübt werden.

KV 64

Taten, die niemals wieder gutzumachen sind (1) – Gruppendruck fatal

❶ Lies die Zeitungsmeldungen 1–3.

❷ Finde jeweils eine Überschrift und schreibe sie über den Text. Stelle sie im Klassenplenum vor. Siehe weiter auf KV 65.

___

1.

Ein Osterurlaub an der Ostsee hat für eine vierköpfige Familie am Sonntagabend ein tragisches Ende gefunden. Ein mutwillig von einer Autobahnbrücke geworfener sechs Kilogramm schwerer Holzklotz hat, mitten in Deutschland, eine 33-jährige Frau vor den Augen ihres Mannes und ihrer zwei Kinder getötet. Der 36 Jahre alte Ehemann, der am Steuer saß, sowie die neun und sieben Jahre alten Kinder erlitten einen schweren Schock. Die Fahnder konzentrieren sich bei ihrer Suche mit Phantombildern auf eine vier- bis fünfköpfige Gruppe junger Leute, darunter ein Mädchen, im Alter zwischen 16 bis 20 Jahren. In den darauffolgenden Tagen verzeichnete die Polizei zahlreiche Nachahmungstaten. Das Werfen schwerer Gegenstände von Autobahnbrücken gilt in Deutschland als Straftat, die hart bestraft wird. Es könne niemand so naiv sein, einfach etwas von einer Autobahnbrücke zu schmeißen nach dem Motto: »Mal gucken, was passiert…?«, äußerte sich ein Experte. Wenn Menschen zu Schaden gekommen oder sogar tot sind, könne der Täter nicht argumentieren, das nicht gewollt zu haben. Der Tod oder die Verletzung seien wenigstens billigend in Kauf genommen worden. Auch wenn ein Auto von einem Gegenstand verfehlt werde, müsse der Täter mit einer Anklage wegen versuchter Körperverletzung oder versuchten Totschlags rechnen.

___

2.

Ein 65-jähriger Rentner wurde am Freitagabend gegen 22.10 Uhr bei einer Auseinandersetzung mit drei Jugendlichen schwer verletzt. Während einer Busfahrt im öffentlichen Nahverkehr beschwerte er sich über deren laute Musik und bat sie, diese leiser zu stellen. Daraufhin beschimpften und bedrohten ihn die Jungen im Alter von 13 bis 16 Jahren. Im Verlaufe des Wortgefechtes stieß ihn einer der Jugendlichen um. Der Mann erlitt beim Sturz gegen eine Metallkante eine schwere Kopfverletzung. Während der Fahrer Polizei und Notarzt verständigte und andere Fahrgäste sich um den Verletzten kümmerten, konnten die Täter flüchten. Das Opfer liegt auf der Intensivstation des Unfallkrankenhauses im Koma, aus dem er bisher nicht erwacht ist. Die Jugendlichen konnten von der Polizei einige Straßenzüge weiter festgenommen werden.

___

3.

Für eine Gruppe von jungen Menschen, drei Mädchen und fünf Jungen zwischen 15 und 17 Jahren, nahm der Besuch des Frühlingsfestes einen tragischen Ausgang. In der Nacht, als der Zugang zum Festplatz schon verschlossen war, kehrten die Jugendlichen noch einmal zum Gelände zurück und kletterten über den Zaun. Zuvor hatten sie, nach Aussage eines der Mädchen, eine Wette abgeschlossen. Drei der männlichen Jugendlichen entschlossen sich, das Gerüst der Achterbahn zu erklettern. Die anderen beobachteten das Geschehen und mussten mit ansehen, wie einer ihrer Freunde aus etwa zehn Metern plötzlich in die Tiefe stürzte und sich dabei schwere Verletzungen zuzog. Die anderen beiden konnten unverletzt, unter Schock stehend, von der Feuerwehr geborgen werden.

KV 65

Taten, die niemals wieder gutzumachen sind (2) – Gruppendruck fatal

Fragestellungen für Kleingruppen

Wie war die Gruppe der Jugendlichen zusammengesetzt (Anzahl, Alter Geschlechterverteilung)?

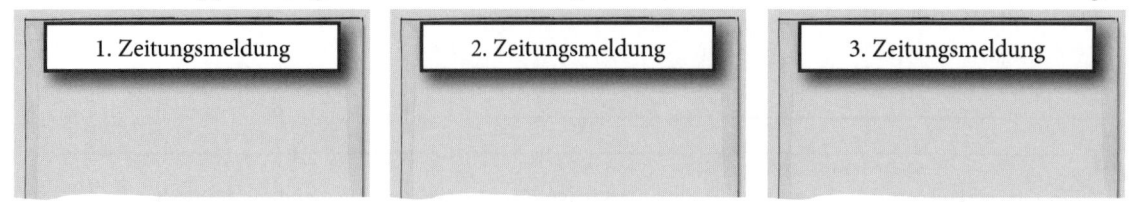

1. Zeitungsmeldung	2. Zeitungsmeldung	3. Zeitungsmeldung

Vermutet ihr eine spontane Tat oder denkt ihr, dass sie eher geplant war?

1. Zeitungsmeldung	2. Zeitungsmeldung	3. Zeitungsmeldung

Welche unterschiedlichen Motive könnten hinter der jeweiligen Tat gestanden haben?

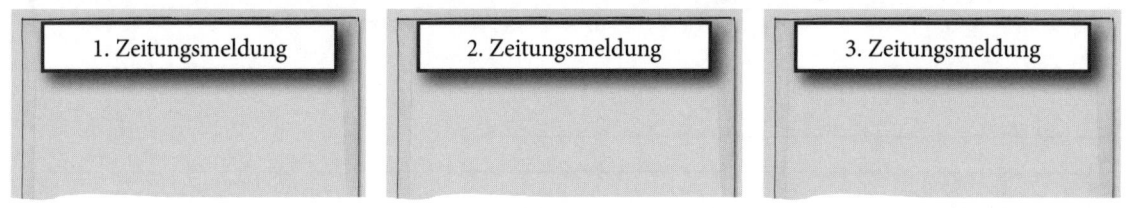

1. Zeitungsmeldung	2. Zeitungsmeldung	3. Zeitungsmeldung

Wird es verschiedene Rollen, z. B. Anstifter, Mitläufer etc., innerhalb der Gruppe gegeben haben?

1. Zeitungsmeldung	2. Zeitungsmeldung	3. Zeitungsmeldung

Welche Bedeutung hat Gruppendruck bei solchen Taten?

Diskutiert im Klassenplenum:
- Sind alle, die dabei waren, für das, was passiert ist, verantwortlich?
- Sollen alle, falls es sich um eine Straftat handelt, (gleichermaßen schwer) bestraft werden?
- Wie wirkt sich bei solchen Taten Gruppendruck *fatal* aus? Welche Rolle spielen Alkohol und Drogen? Für welches Alter schätzt ihr die Risikobereitschaft am höchsten ein?
- Wie kann es gelingen, rechtzeitig auszusteigen bzw. eine solche Tat zu verhindern? Was kann der Einzelne in der entsprechenden Situation sagen / tun?

Bei den Zeitungsmeldungen handelt es sich um fiktive Schilderungen, sie lehnen sich zum Teil an wahre Begebenheiten an.

KV 66

Was siehst du? Experiment »Gruppendruck«

Was siehst du?

↻ --
Nach hinten umknicken, damit der Text nicht sichtbar ist.

Übung Gruppendruck

Ziele:
- Beeinflussung / Manipulation / Druck durch eine Gruppe erleben
- Gefühle und Zwiespälte bewusst machen, die beim Gruppendruck eine Rolle spielen

Durchführung:
Ein Schüler, der sich bereit erklärt, sich einem Experiment zu unterziehen, wird gebeten, vor der Klassentür zu warten. Eine Gruppe von fünf bis acht Schülern stellt sich vor dem Rest der Klasse im Halbkreis auf. Es wird erklärt, dass dem wartenden Schüler gleich die Bilder mit den oben abgebildeten Autos gezeigt werden. Die Aufgabe der Gruppe ist dann, ihm auszureden, dass er zwei gleiche Autos sieht, die nur unterschiedliche Größen haben. Sie sollen fortgesetzt behaupten, dass sie gleich groß, also absolut identisch sind, und sich dabei nicht beirren lassen!

Bevor der Schüler hereingeholt wird, sagt ihm die Lehrperson, ohne genau zu schildern, worum es bei seiner Aufgabenstellung geht, dass er irgendwann innerhalb des Experimentes auf ein Signal hin, das sie abgeben wird, Folgendes sagen soll: **O. k., ihr habt recht!**

- Im Übungsverlauf wird der einzelne Schüler versuchen zu beweisen, dass die Autos verschieden groß sind, indem er z. B. ein Lineal hinzuzieht. Die Gruppe muss weiterhin unbeirrt behaupten, dass er sich täuscht, weil er beispielsweise offensichtlich Probleme mit den Augen hat. Auf das Signal der Lehrperson hin wird der Proband dann auf- bzw. nachgeben und den vereinbarten Satz sagen: »O. k., ihr habt recht.«
- Fragen an den Probanden: »Wie hast du dich gefühlt?«; »Was hat dich irritiert?«; »Gab es bei dir einen Punkt, an dem du geneigt warst, von dir aus nach- bzw. aufzugeben?«; »Was veranlasst einen dazu, gegen die eigene Meinung nachzugeben?«
- Fragen an die Klasse: »Was habt ihr beobachtet?«
- Fragen an alle: »Was hat das mit Gruppendruck zu tun?«; »Kennt ihr vergleichbare Situationen in einer Gruppe von Gleichaltrigen, einer Clique oder Klasse?«

KV 67

Der Flüsterer sagt:

> Du bist kein Draht!
> Lass dich nicht verbiegen!

Sacherklärung zum Gruppendruck

1. Gruppendruck funktioniert oft subtil und wird gegenüber dem Betroffenen *nicht immer offen* geäußert! Es geht um eine *gemeinsame innere Haltung, Meinung oder Überzeugung*, die eine Mehrheit hat oder einzelne Meinungsmacher vertreten. Diese Auffassung wird gegenüber einem Betroffenen, bei dem man eine andere Meinung vermutet, in Gesten, Blicken und verbalen Andeutungen gezeigt.

2. Ziel ist es, ihn so unter Druck zu setzen, dass er *seine* Auffassung oder Überzeugung aufgibt – sonst, so gibt man ihm zu verstehen, ist seine Zugehörigkeit zur Gruppe bedroht. Die Forderung lautet verbal oder nonverbal: *Wenn du einer von uns sein willst, musst du dich so verbiegen, dass du zu uns passt!*

3. Damit eine Gruppe / Klasse funktioniert, muss jeder Einzelne sich als teamfähig erweisen. Diese Teamfähigkeit ist auch in jedem späteren Job gefragt. Man sollte sie rechtzeitig üben, am besten schon in der Schule. Sie erfordert Toleranz gegenüber den Meinungen und Haltungen der anderen.

4. Gleichzeitig muss jeder Einzelne trainieren, seine eigenen Meinungen gegen Gruppendruck durchzusetzen. Wer sich nicht verbiegen lassen will und trotzdem zur Gruppe dazu gehören möchte, kann sich die Stimme eines Flüsterers vorstellen, der ihn dabei unterstützt. Wichtig ist es, der Gruppe selbstbewusst zu vermitteln: *Ihr seid mir wichtig und ich möchte gerne dazu gehören, aber ich lasse mich nicht verbiegen. Ich respektiere eure Meinung, toleriert bitte auch meine! Akzeptiert, dass ich anders denke, fühle, mich kleide etc.*

- Macht euch bewusst, welche Formen negativer Gruppendruck haben kann.
- Schärft eure Wahrnehmung dafür.
- Übt, wie ihr Gruppendruck abwehren und euch besser durchsetzen könnt.
- Werdet ein Team, in dem der Einzelne anders und besonders sein darf.

Spielt Szenen nach, in denen ihr das trainiert (vgl. KV 68).

Die Rollen:
1. der vom Gruppendruck Betroffene
2. der Flüsterer: Er steht hinter dem Betroffenen und flüstert diesem unterstützend immer wieder das Motto zu: »Du bist kein Draht! Lass dich nicht verbiegen!«
3. die Mehrheit der Gruppe / Klasse / Clique, die im Rollenspiel den negativen Gruppendruck ausübt
4. Einzelne, die den vom Gruppendruck Betroffenen unterstützen

KV 68

Der Flüsterer sagt … (2) – Rollenspielvorschläge

❶ Situationsbeispiele je nach Teilnehmerzahl kopieren, als Kärtchen zuschneiden. Vier Stapel umgedreht bereitlegen.

❷ Klasse / Gruppe in vier Kleingruppen aufteilen. Ein Vertreter der jeweiligen Gruppe entscheidet sich für einen der Stapel 1 bis 4 und gibt jedem Gruppenmitglied ein Situationskärtchen zum Lesen.

❸ Rollenverteilung und Absprache, was wie gespielt werden soll.

❹ **Rollenspieldurchführung 1:** Es wird Gruppendruck ausgeübt.

❺ **Rollenspieldurchführung 2:** Der gleiche Inhalt wird noch einmal mit Unterstützung eines Flüsterers gespielt.

❻ **Rollenspieldurchführung 3:** Wiederholung der Spielszene. Jetzt greifen einzelne andere Mitglieder der Gruppe ein und unterstützen den vom Gruppendruck betroffenen Schüler.

❼ **Auswertung:** Erfahrungen und Befindlichkeiten in den einzelnen Rollen ausdrücken. Was war erfolgreich / nicht erfolgreich für einen positiven Gruppenprozess / für den Einzelnen. Ist die Vorstellung eines »Flüsterers« hilfreich?

❽ **Anregung:** Sich künftig in entsprechenden Situationen einen »Flüsterer« vorstellen!

Die meisten Mädchen in der Gruppe (Klasse) kleiden sich gerne *trendy*. In den Gesprächen ist das Aussehen oft Thema. Als eine neue Schülerin in die Klasse kommt, sind sich alle einig und drücken direkt und indirekt aus, was sie denken: »Unmöglich, was die für Klamotten an hat! Wie kann sie nur so rumlaufen!«

- Worin besteht der Gruppendruck?
- Wie kann er ausgedrückt werden (sprachlich, gestisch, mimisch etc.)?
- Wer übernimmt welche Rolle?
- Wie soll der Spielablauf sein?

Ein Junge in der Klasse glänzt durch Spitzenzensuren in fast allen Fächern. Hausaufgaben sind für ihn kein Problem, er hat sie immer. Lernen ist etwas, was ihm Spaß macht. Oft hat er nach dem Unterricht noch Fragen an die Lehrpersonen. Häufig wird er von ihnen als Vorbild hingestellt. Er wird immer wieder als Streber bezeichnet und ausgegrenzt.

- Worin besteht der Gruppendruck?
- Wie kann er ausgedrückt werden (sprachlich, gestisch, mimisch etc.)?
- Wer übernimmt welche Rolle?
- Wie soll der Spielablauf sein?

KV 69

Die schwierigste Sache der Welt: Toleranz

TOLERANZ

Du bist du!

Deshalb hoffst du, wie jeder Mensch, so akzeptiert zu werden, wie du bist:
Was dein Aussehen, deine Religion, deine Hautfarbe, deine Muttersprache und deine Herkunft angeht. Du willst, dass deine langweilige Haarfarbe oder deine lästigen Locken, deine Brille, deine kurzen oder zu dicken Beine, deine Pickel oder deine Zahnspange, dein Übergewicht oder deine Körpergröße, dein Sprachfehler oder deine Rechtschreibschwäche akzeptiert und toleriert werden. Du willst, dass niemand über deine Klamotten herzieht, die du super findest. Du willst einfach nur du sein – mit deinen Besonderheiten und kleinen Macken. Und manchmal willst du auch ein bisschen anders sein als der Rest! Du willst einfach nur du sein – auch, wenn …

❶ Schreibt auf einzelne kleine Zettel ohne euren Namen, was euch einfällt:

❷ Wo fällt euch mangelnde Toleranz auf, wo wünscht ihr euch, dass Anders- oder Fremdsein toleriert wird – euch gegenüber oder anderen gegenüber – in der Schule oder anderswo? Traut euch, auch fehlende Toleranz **innerhalb der Klasse** zu benennen, nur so kann sich etwas ändern!

❸ Faltet die Zettel zusammen und werft möglichst viele in einen Behälter.

❹ Die Lehrperson liest eure Toleranzwünsche vor.

Und was ist mit dir?
Wie tolerant bist du?

Übrigens:
Toleranz fängt da an, wo es schwer fällt und Überwindung kostet!

❺ Tauscht euch in Kleingruppen aus und notiert Stichpunkte auf der Rückseite: An welchen Punkten fällt es schwer, Toleranz zu zeigen? Wie kann man es lernen? Womit könntet ihr in eurer Klasse anfangen?

KV 70

Ich will so bleiben, wie ich bin: homosexuell (1)

Sexuelle Neigungen und Orientierungen, die sich anders als bei der Mehrheit der Menschen gestalten, stoßen oft auf Vorurteile, Ablehnung, Diskriminierung und Ausgrenzung.

❶ Führt ein *Brainstorming* durch, was euch zu diesem Begriff einfällt:

HOMOSEXUALITÄT

❷ Sammelt in Kleingruppen *Sprüche, Schimpfworte oder Beleidigungen,* die schwule Männer oder lesbische Frauen betreffen, und notiert sie.

❸ Lest sie im Klassenforum vor.

❹ Überlegt, wie es dazu kommt, dass solche Wörter oder Sätze gesagt werden. Wie wirken sie auf Homosexuelle?

❺ Kennt ihr homosexuelle Frauen und Männer persönlich? Welche Prominenten fallen euch ein, von denen bekannt ist, dass sie homosexuell sind (recherchiert im Internet über entsprechende Personen)?

❻ Trefft euch wieder in der Kleingruppe und denkt darüber nach, mit welchen Schwierigkeiten Homosexuelle zu kämpfen haben:
– in der Schule
– in der Familie
– am Arbeitsplatz
– in der Öffentlichkeit
– bei der Partnersuche

❼ Tragt eure Ergebnisse vor.

❽ Lest den folgenden Text.

Im Laufe der Pubertät (bei manchen früher, bei anderen später) entwickelt sich endgültig die sogenannte sexuelle Identität, d. h. das umfassende Bewusstsein, ein geschlechtliches Wesen zu sein. Die Neigung, sich vom gleichen oder vom anderen Geschlecht angezogen zu fühlen, ist nichts, was mit dem Willen oder mit Anstrengung beeinflusst werden kann. Verführung oder Gewöhnung spielen dabei keine Rolle. Die Ausprägung der sexuellen Neigung, auch was Homosexualität angeht, ist *unterschiedlich stark*. Viele Sexualwissenschaftlicher vertreten die These, dass die meisten Menschen bisexuelle Anteile in sich tragen, die je nach Umwelt, Kultur und gesellschaftlicher Toleranz mehr oder weniger ausgelebt werden.

Bei schwulen oder lesbischen Menschen entwickelt sich früher oder später eine Anziehung, die sich auf gleichgeschlechtliche Personen richtet. Etwa im Alter von 20 Jahren entsteht über die entsprechende Neigung Gewissheit. Viele wehren sich gegen diese Erkenntnis, weil sie negative Folgen befürchten. Manche verdrängen oder verleugnen sie bis ins hohe Alter oder ein ganzes Leben lang.

KV 71

Ich will so bleiben, wie ich bin: homosexuell (2)

Im letzten Jahrhundert hat sich im Hinblick auf Vorurteile gegenüber Homosexuellen viel getan. Sie haben Bewegungen gegründet, um auf die Ungerechtigkeiten hinzuweisen, die sie tagtäglich erfahren. Heute haben sich diese Vorurteile gegenüber homosexuellen Frauen und Männern wesentlich verringert, was aber nicht bedeutet, dass Homosexualität von der Gesamtbevölkerung toleriert wird. Inzwischen gibt es allerdings prominente Vertreter in der Politik, im Showgeschäft und auch viele Normalbürger, die offen dazu stehen: »Und das ist gut so …!« ist ein Satz, der in diesem Zusammenhang gesagt wurde und inzwischen oft zitiert wird.

Dieses sogenannte **Coming-Out** fällt aber immer noch schwer. Es verläuft in verschiedenen Phasen.

Die Phasen des Coming-Out

1. Im sogenannten inneren Coming-Out wird der-/demjenigen bewusst, homosexuell zu sein, und es fällt die Entscheidung, sich auf gleichgeschlechtliche Liebe einzulassen.
2. In der zweiten Phase geht der / die Homosexuelle den entscheidenden Schritt nach außen und outet sich – innerhalb der Familie und / oder im Freundeskreis und / oder am Arbeitsplatz. Wenn das Coming-Out nicht gewagt wird, kann dies in bedrohliche Lebenskrisen führen: Die Rate für Suizidversuche und Selbsttötungen ist bei Homosexuellen deutlich höher als bei Heterosexuellen, besonders bei Jugendlichen!

❶ Stell dir vor, ein guter Freund / eine Freundin erzählt dir, schwul oder lesbisch zu sein. Er / sie hat sich bislang noch nicht getraut, sich zu outen. Was würdest du in diesem Augenblick denken? Was würdest du ihr / ihm empfehlen – bezüglich Schule, Freunde, Familie? Würde sich an eurer Beziehung etwas ändern?

❷ Was kann sowohl die Gesellschaft als auch jeder Einzelne tun, damit die Vorurteile gegenüber Schwulen oder Lesben abgebaut werden. Könntet ihr euch in der Klasse entschließen, auf diskriminierende Sprüche, die sich gegen Homosexualität richten, zu verzichten?

❸ Ladet Vertreter einer homosexuellen Initiative ein und stellt ihnen Fragen, die ihr vorher anonym auf Zettel geschrieben habt. (Es sollen aufrichtige, ernsthafte und sachlich formulierte Fragen sein, geschmacklose Albernheiten verbieten sich!)

Abschließendes Fazit: Welche Erkenntnisse habt ihr gewonnen?

Christine Spies: »Wir können auch anders!« © Beltz Verlag 2011 · Weinheim und Basel

B.4.4 Mobbingvorbeugung als konkrete Amok- und Suizidprävention
Informationen, Hintergründe und Handlungsstrategien

»*Es ist schwieriger, ein Vorurteil zu zertrümmern als ein Atom.*«
Albert Einstein

»*Lass deine Zunge nicht eine Fahne sein, die im Wind eines jeden Gerüchtes zu flattern beginnt.*«
Imhotep, altägyptischer Baumeister, Mediziner und Ratgeber des Pharaos Djoser

Kommentar
Mobbing in der Schule ist kein neues Phänomen. Seit es Schulen gibt, wird dort gemobbt. Erhebungen über die aktuelle Verbreitung des Phänomens an deutschen Schulen nötigen zum Handlungsbedarf an allen Schularten. Mobbing in Schulen ist vergleichbar mit dem an anderen gesellschaftlichen Orten, an Arbeitsplätzen, in Vereinen, in der Politik oder in den Medien. Es ist davon auszugehen, dass in Deutschland in den meisten Schulklassen gemobbt wird, zumindest, wenn nicht gegengesteuert wird, und dass etwa ein bis zwei Schüler pro Klasse davon betroffen sind. Gemobbt wird in allen Altersklassen und auf allen Ebenen: Schulleiter mobben Lehrer, Lehrer mobben Lehrer, Lehrer die Schüler und umgedreht. Wenn Schüler andere Schüler mobben, fällt auf, dass Mädchen eher zu subtilen, indirekten oder verbalen Formen, wie Ausgrenzen oder Gerüchteverbreiten neigen, während Jungen direkter, mit Körpereinsatz vorgehen. Manche Mobbing-Opfer leiden über viele Jahre oder sogar ihre ganze Schulzeit lang, fühlen sich noch als Erwachsene traumatisiert und berichten über gravierende Auswirkungen auf ihre persönliche Entwicklung.

Mobbing *meint wiederholten Terror über einen längeren Zeitraum* und betrifft nicht spontane, impulsiv ausgetragene Konflikte zwischen Einzelnen oder Gruppen. Mobbing steht für *gezielt durchgeführte*, böswillige Handlungen, die bewusst und vorsätzlich ein einziges Ziel haben – nämlich eine/n anderen fertig zu machen. Dazu gehört eine ganze Palette von Gewaltformen, angefangen von Ignorieren über Verleumden, Drohen und Demütigen bis hin zu körperlichen Quälereien.

Grundsätzlich ist Mobbing kein individuelles Problem zwischen dem Opfer und dem/der Täter/in, sondern ein strukturelles *Gruppenphänomen*, das nur dann eskaliert, weil keine rechtzeitigen und hinreichenden Interventionen erfolgen. Dieser Gruppenprozess gerät zu einem Teufelskreis, an dem alle Gruppenmitglieder direkt oder indirekt beteiligt sind und der es den Beteiligten kaum ermöglicht auszusteigen – am wenigsten dem Opfer.

Mobbing ist, wenn es einem schlecht geht und alle anderen sich dabei gut fühlen! Letztere profitieren vom Mobbingverlauf, weil er ihnen Macht, Bestätigung und Statusgewinn bringt oder auch, weil sie selbst als Opfer verschont bleiben: Niemand, außer dem Opfer, ist dazu motiviert, das Mobbinghandeln zu stoppen. Im Mobbinggeschehen gibt es eine klare Rollenverteilung, die vorsieht, dass immer mehrere gegen eine/n vorgehen:

- *Der Täter oder Anführer* lädt seine Aggressionen am Opfer ab und tankt seinen mangelnden Selbstwert durch Situationen auf, in denen er Macht durch die Unterwerfung des Schwächeren erfährt.
- *Die Helfer* würden von sich aus keine Täterrolle übernehmen, unterstützen diesen aber bereitwillig. Sie agieren mit, versuchen etwas vom Glanz seiner Macht abzubekommen und identifizieren sich mit seiner vermeintlichen Stärke und vordergründigen Überlegenheit.
- *Die (schweigende) Mehrheit der Zuschauer* weiß von den Mobbingvorgängen, ist zwar tendenziell friedfertig, hält sich aber heraus: Erleichtert darüber, dass es einen nicht selbst trifft, aus Ängstlichkeit und fehlendem Durchsetzungsvermögen, Gleichgültigkeit oder weil die Konstellation Verantwortungsdiffusion hergibt. Manchmal feuert die

Mehrheit den Täter auch an. Auf jeden Fall liefert sie die Bühne für seine Inszenierungen und vermittelt ihm, dass sein Handeln so schlimm nicht sein kann, wenn es durch so viele geduldet wird. Der Vorgang des Mobbings verstärkt außerdem das Zugehörigkeits- und Loyalitätsgefühl der Mehrheit der Klasse insgesamt.
- *Das Opfer* gerät in eine Unterlegenheitssituation, fühlt sich hilflos, vereinsamt und resigniert. Die Dynamik des Mobbingprozesses verweigert ihm die Chance, sich alleine aus der Opferspirale zu befreien. Als Mobbingopfer ist der entsprechende Schüler zur Zielscheibe individueller und kollektiver Aggression geworden. Mehr als 80 Prozent von ihnen verschweigen das Geschehen, weil sie sich schuldig fühlen und für das, was sie erleiden, Scham empfinden.

Ziel von Mobbingattacken werden Jugendliche, die fremd oder anders wirken und nicht den jugendspezifischen Konformitätsverstellungen entsprechen. Diese sind informell kodiert und werden von einem strikten, oft unausgesprochenen Verhaltenskodex bestimmt, der festlegt, was *cool* und *uncool* ist, und vorherrschende Gruppenästhetiken prägt. Diesem Konformitätsdruck stehen beispielsweise die soziale Familiensituation eines Opfers, seine Nationalität, Hautfarbe, Religion oder aber Äußerlichkeiten wie Übergewicht, ein Sprachfehler oder das Tragen einer Brille / Zahnspange entgegen. Die Ablehnung konzentriert sich oft auch auf Kleidung. Bei einem übersteigerten Markenbewusstsein wird sie zum wesentlichen sozialen Indikator und verlässlichen Erkennungszeichen untereinander und zum Aufhänger oder Auslöser des Mobbings.

Mobbing hat schlimme Folgen: Schulische Mobbingopfer sind über einen längeren Zeitraum Gefühlen der Angst, Hilflosigkeit, Verzweiflung, manchmal auch körperlichen Verletzungen ausgeliefert und erleben den *Verlust der Kontrolle* über einen wesentlichen Lebensbereich. Dies führt zur massiven Beeinträchtigung ihrer Entwicklung, zur Demontage ihres Selbstwertgefühls und zu psychischen und physischen Störungen: Mobbing macht krank! Es kommt zu psychosomatischen Symptomen wie Migräne, Schweißausbrüchen, Magen-Darm-Beschwerden etc. Mobbingopfer haben Konzentrations- und Schlafstörungen und Angstzustände. Die Angst vor neuen Attacken führt zu Schuldistanz. Im Grundgefühl einer Depression können sich Suizidabsichten ausbilden und zuweilen sogar zur Umsetzung führen.

Mobbing unter Jugendlichen verläuft schleichend und kann meist für lange Zeit für Erwachsene, für Lehrpersonen und Eltern, unbemerkt bleiben. Wenn Mobbing ignoriert oder geleugnet wird, tauchen häufig gängige *Mythen und Vorurteile* auf:
- »Bei uns gibt es das nicht…«
- »Wenn hier gemobbt würde, hätte ich das doch schon längst mitgekriegt…«
- »So was gab's doch schon immer! Das hat doch jeder in seiner eigenen Schulzeit erlebt…«
- »Das Leben ist schließlich kein Zuckerschlecken! Er / sie muss lernen, sich nicht alles gefallen zu lassen. Da muss er / sie halt durch…«
- »Mädchen sind so, die zicken doch immer rum…«
- »Ich finde, die müssen lernen, so was alleine zu regeln…«
- »Der / die provoziert es ja regelrecht: Kein Wunder, dass der / die gemobbt wird – er / sie *ist* aber auch wirklich merkwürdig…«
- »Das sind doch normale Konflikte, in einer Woche sind sie wieder beste Freunde…«
- »Das ist halt die Pubertät…«
- »Ich kann mich doch nicht um jeden Streit kümmern…«
- »Dagegen kann ich nichts machen…«

Solche Einstellungen sind fatal, weil sie Mobbing den Boden bereiten und an der Realität völlig vorbeigehen! Mobbing in der Schule liegt in der Verantwortung derselben und kann nur als gemeinsame Aufgabe der schulischen Pädagogen begriffen werden (Olweus 1996). Sie richtet sich an alle schulischen Ebenen.

Gemeinsames Ziel muss sein:
1. Mobbing zu erkennen:
   – Schüler und Lehrpersonen erhalten Informationen über Hintergründe, Rollen und Mechanismen des Mobbing.
2. Opferschutz:
   – Dem Opfer muss grundsätzlich geglaubt werden, und es muss die Gewissheit erfahren, dass maßgebliche Personen der Institution handeln und weiteres Mobbing verhindern.
   – gezielte Stärkung des Selbstwertgefühls
   – Förderung der Durchsetzungsfähigkeit
   – Unterstützung durch Gleichaltrige (Paten)
3. Entmythologisierung des/r Täter/s:
   – Die fragwürdige Aura der Macht, die zur Bewunderung der anderen führt, muss aufgelöst werden.
   – Der Täter muss in seinem Anführerstatus demontiert werden.
   – Anregung von Empathie und Perspektivwechsel
   – gezieltes Training der Aggressionssteuerung

4. Stärkung der indifferenten Mehrheit: Die Mehrheit der Friedfertigen wird davon überzeugt, Verantwortung zu übernehmen und sich einzumischen:
   – Sensibilisierung für Ausgrenzungsprozesse und Mobbingmerkmale
   – Kenntnis der Rollen im Mobbinggeschehen
   – gezieltes Training eines couragierten »Neinsagens«: *Mit uns nicht!*

5. Schulische Pädagogen müssen eine klare Position einnehmen. Mobbing braucht nicht als Katastrophe verhandelt zu werden, es soll sachlich angegangen und als Chance gesehen werden, mit Konflikten konstruktiv umzugehen.
   Handlungsnotwendigkeiten:
   – sofortige, sachliche Intervention und Stoppen des Mobbingprozesses: *In dieser Institution wird Mobbing nicht geduldet!*
   – Normen und Regeln einführen, konsequent und einheitlich einfordern
   – konsequentes Handeln bei Regelverstößen einschließlich Wiedergutmachung
   – Durchführungen von anonymen Klassenbefragungen
   – Einführung des Klassenrates
   – Gezielte Steuerung von Gruppenprozessen, interaktionsdichte Unternehmungen
   – Durchführung eines Anti-Mobbing-Trainings mit der ganzen Klasse, Projekttage
   – Thematisierung des »Petzergebotes« (vgl. Kap. B.5)
   – Einrichtung von Unterstützungssystemen durch Gleichaltrige
   – Verbesserung des Klassenklimas, in dem alle dazu gehören und für Schwächere eingetreten wird
   – eine *Liste* in der Klasse aufhängen, auf der Namen von schulischen Ansprechpartnern und Telefonnummern von Opferverbänden, Hotlines, Mobbing-Websites, Schulpsychologie, Präventionsbeauftragte der Polizei etc. aufgelistet sind

Ein klares Täter- oder Opferprofil gibt es nicht. Pädagogen sollten aber mögliche Dispositionen und übereinstimmende Merkmale kennen, die aus der Grundlagenforschung bekannt sind (nach Gugel 2001).

Bei *Opfern* wurden häufig diese Verhaltensweisen und Einstellungen festgestellt: Das Opfer:
- wirkt zögernd und unsicher und kann schlecht *Nein* sagen.
- ist eher ängstlich und risikoscheu.
- gilt als scheu oder schüchtern.
- ist häufig körperlich ungeschickt / tolpatschig.
- hat einen geringen Selbstwert.
- ist eher kontaktarm.
- kommuniziert ungeschickt.
- erkennt keine Bedrohungsmuster.
- kennt seine eigenen Bedürfnisse nicht.
- hat eine unklare Selbst- und Fremdwahrnehmung.
- ist häuslich / sucht vertraute Strukturen.
- empfindet Scham / fühlt sich mitschuldig.
- bietet als ADHS-Betroffene/r (ist oft ein sogenanntes *provozierendes Opfer*) oder als leistungsstarker Schüler (Streber) Angriffsflächen.

In familiärer Hinsicht:
- hat oft eine enge familiäre Bindung.
- ist häufig überbehütet und altersunangemessen abhängig und unselbstständig, weil die Ablösung erschwert oder behindert wird (relativer Wohlstand), oder hat unter materiellen Defiziten im Elternhaus zu leiden. Das Familienleben ist dann manchmal auch unstrukturiert mit Tendenzen zur Verwahrlosung.

In der Konstitution und Außenwirkung:
- ist oft jünger und kleiner als die meisten anderen.
- ist unsportlich.
- zeigt häufig Schmerzüberempfindlichkeit.
- signalisiert durch Körpersprache Unterlegenheit und Bereitschaft zur Unterwerfung.
- ist anders: Kleidung, Hobbys, Hautfarbe, Kultur, Religion.
- kleine Schwächen werden aufgegriffen und hochgespielt.

Täter zeigen häufig diese Verhaltensweisen und Einstellungen:
- abgeschwächte Ambiguitätstoleranz, z. B. loses Mundwerk gegenüber Erwachsenen, Distanz- und Respektlosigkeit
- verstößt gegen Regeln.
- aggressiver Habitus
- hält sich für unschlagbar, ist der Meinung, dass er unter Gleichaltrigen gut ankommt.
- Machtanspruch als Ausgleich zu geringem Selbstwert: inszeniert Unterwerfungssituationen: Selbstaufwertung durch Abwertung und Erniedrigung anderer.
- setzt oft Zeichen der symbolischen Selbstergänzung ein (martialische Kleidung).
- verachtet körperliche Schwäche, Rücksichtnahme, Hilfsbereitschaft und Kompromissfähigkeit gilt als unmännlich.
- hat eine geringe Empathiefähigkeit.
- die moralische Entwicklung ist stagniert, kein Unrechtsempfinden.
- benutzt Rechtfertigungsstrategien, hat stets tausend Ausreden parat.

In familiärer Hinsicht:
- hat wenig Grenzziehung, Konsequenz und Normverdeutlichung erfahren.
- häufig inkonsistenter Erziehungsstil: Härte und Nachgiebigkeit im Wechsel
- ungenügende Aufsicht durch die Erziehungspersonen

In der Konstitution und Außenwirkung:
- ist meist sportlich, körperlich gewandt.
- ist manchmal auch sehr redegewandt, kann strategisch denken.
- ist oft älter und stärker als das Opfer.
- hat keine Angst vor körperlichen Blessuren.

Indikatoren, die auf Mobbing hindeuten aber ebenso auf andere Probleme von Kindern und Jugendlichen hinweisen können:
Er / sie
- will nicht mehr zur Schule gehen / schwänzt.
- will gebracht / gefahren / abgeholt werden.
- geht nicht mehr ans Telefon.
- »verliert« Geld oder Wertgegenstände.
- kann / will sein verändertes Verhalten nicht erklären.
- Lernmotivation / Schulleistungen verändern sich.
- ist unkonzentriert, driftet weg.
- fängt an zu stottern, Fingernägel zu kauen.
- hat Albträume.
- wird nicht auf Geburtstage / Partys eingeladen.
- zieht sich selbst immer mehr von den anderen zurück.
- ist überempfindlich und gereizt.
- macht einen depressiven, antriebslosen Eindruck.
- zeigt Symptome von PTBS (Posttraumatisches Belastungssyndrom) mit Flashbacks, Hochschrecken, Atemnot etc.
- hat Suizidgedanken.

Handeln im akuten Fall oder bei Mobbingverdacht (vgl. Kasper 2000): Konsequentes Vorgehen gegen Mobbing erfordert Ausdauer und Sensibilität. In den meisten akuten Fällen empfehlen sich folgende Methoden:

No Blame Approach – Verzicht auf Schuldzuweisungen
(eine Interventionsmethode, die in England entwickelt wurde)

1. Gespräch mit dem Opfer, um die eigene Besorgnis auszudrücken und herauszufinden, wie es ihm geht, was seine Situation ausmacht und wer ihm Probleme macht bzw. an den Vorfällen beteiligt ist. Es wird gefragt, ob der Wunsch da ist, dass sich die Situation verbessert. Die weitere Vorgehensweise wird erläutert, wenn Zustimmung erfolgt (diese wird erleichtert, wenn eine Verbesserung in Aussicht gestellt wird und von guten Erfahrungen mit dem Vorgehen berichtet wird).
2. Die Lehrperson lädt offiziell eine Gruppe von sechs bis acht Unterstützern ein. Sie soll sich etwa zur Hälfte aus Schülern, die am Mobbing beteiligt sind, und zur anderen Hälfte aus Mitschülern zusammensetzen, von denen eine konstruktive Mitwirkung an der Problemlösung zu erwarten ist.

3. Es wird ihnen mitgeteilt, wie XY sich fühlt und dass dies Besorgnis auslöst. Es werden keine Details zum Mobbingvorgang genannt und es erfolgen keine Schuldzuweisungen. Die Beteiligten sollen Vorschläge zur Verbesserung der Situation machen und versuchen, diese umzusetzen. Die Gruppe erhält die Verantwortung für die Lösung des Konflikts, wobei auf das Versprechen, dass sich die Schüler besser verhalten sollen, verzichtet wird.

Etwa eine Woche später wird ein Nachgespräch mit allen Beteiligten einzeln geführt, auch mit dem Opfer. Je nachdem, was berichtet wird, kann das Gespräch mit der Gesamtgruppe erneut durchgeführt werden. Neue Vorschläge kommen zur Anwendung.

Bei Interventionen gegen Mobbing besteht die Gefahr, dass sich die Mobbingdynamik verschlimmert, insbesondere wenn Sanktionen ausgesprochen werden. Dies wird bei der No Blame-Approach-Methode berücksichtigt. Ihr Erfolg wird mit bis zu 90 Prozent beziffert. Der ausgelöste Effekt erklärt sich so:

Die Mobbing-Akteure wissen, dass ihr Verhalten nicht in Ordnung ist, und haben während des Unterstützergesprächs zumindest eine dumpfe Ahnung, wer gemeint ist, ohne dass Namen oder Rollenverteilung benannt werden. Allen Beteiligten wird ohne Schuldzuweisungen und Strafaktionen ein einfacher Weg aufgezeigt, wie sie ohne Gesichts- und Statusverlust aus dem Mobbingprozess aussteigen können. Der No Blame Approach-Ansatz vermittelt den Schülern Wertschätzung. Sie fühlen sich ernst genommen und sind motiviert, als Unterstützer mitzuwirken. Die Methode ist ressourcenorientiert – im Vordergrund steht nicht, dass Jugendliche Probleme machen, sondern dass sie sie lösen.

Die Farsta-Methode
(eine konfrontative Interventionsmethode, die in Schweden entwickelt wurde)

1. Wenn ein Mobbingverdacht vorliegt, werden in einem Kollegenteam, möglichst in Anwesenheit eines Schülersprechers, Informationen und Fakten gesammelt, und bei Verdichtung des Eindrucks wird die weitere Vorgehensweise diskutiert und abgesprochen.
2. Gespräch mit dem Opfer: Was genau ist vorgefallen? Wer ist beteiligt? Wie fühlst du dich? → Zusicherung, dass alles getan wird, damit sich die Situation ändert.
3. Die Mobber erhalten die diskrete Aufforderung zu einem Gespräch, ohne dass ihnen Gründe genannt werden. Dies geschieht nach Möglichkeit, ohne dass sie untereinander Kontakt aufnehmen können (während des Unterrichts).
4. Nacheinander werden sie mit ihrem Verhalten konfrontiert: »Wir wissen, dass du mobbst! Wir haben darüber genug Informationen. Mobbing wird hier nicht geduldet! Dein Verhalten muss sofort aufhören!« Das Gespräch wird sachlich geführt, ohne moralisierenden Unterton. Es wird dem Täter keine Gelegenheit gegeben, Begründungen oder Rechtfertigungen über sein Verhalten vorzubringen. Am Ende des Gesprächs erfolgt die Ankündigung, dass es am folgenden Tag fortgesetzt wird.
5. Am folgenden Tag und an den darauffolgenden Tagen werden weiterführende Gespräche geführt (sie dauern nicht länger als fünf bis zehn Minuten): »Was hat sich konkret verändert? Woran können wir erkennen, dass du dein Verhalten geändert hast? Was ist dir dabei schwer-/leichtgefallen? Wie ist deine Einstellung jetzt? Welche Erfahrungen / Erkenntnisse hast du gewonnen?« Die Gesprächsqualität verliert in den Folgetagen zunehmend den konfrontativen Charakter, Unterstützungsangebote und Vorschläge über konstruktive Handlungsstrategien stehen nun im Vordergrund. Entwicklungsschritte werden gelobt. Die Gespräche werden aber erst beendet, wenn der Täter in der Lage ist, mit dem Opfer auf konstruktive Weise zusammenzuarbeiten.

6. Parallel dazu gibt es Gespräche mit dem Opfer, bei denen die gegenwärtige Situation erfragt wird und mit ihm grundsätzliche Verhaltensstrategien in Richtung Durchsetzungsvermögen besprochen werden.
7. In der Klasse wird verkündet, dass ein Mobbingvorgang (ohne Namensnennung) beobachtet wurde und dass dagegen vorgegangen wird. Wenn die Gespräche mit dem/n Täter/n erfolgreich zu Ende gebracht wurden, wird bekannt gegeben, dass eine konstruktive Lösung des Problems erzielt wurde.
8. Verstärkte Beobachtung der Klassensituation.

Die Farsta-Methode ist relativ aufwendig, aber effektiv. Sie empfiehlt sich vor allem bei besonders brutalen und drastischen Mobbingattacken, z. B. mit Körperverletzungen und / oder wenn der Täter einen indolenten, »abgebrühten« Eindruck macht. Die genannten Interventionsmethoden alleine werden jedoch auf lange Sicht keinen Erfolg bringen, wenn nicht parallel dazu mit oben genannten präventiven Möglichkeiten gearbeitet wird und die Klasse hinreichend über die Dynamik von Mobbing aufgeklärt wird.

Ein Schulwechsel eines Opfers kann nie als befriedigende Alternative angesehen werden, weil sie allen Beteiligten ungünstige Lerneffekte vermittelt (Täter werden in ihrer Wirksamkeit bestärkt, die Mehrheit lernt, dass Gewalt sich lohnt, und das Opfer macht die Erfahrung, dass Vermeidungs- und Fluchtverhalten die einzige Chance darstellt, Gewalt zu entgehen). Zudem ist die Rolle des Opfers austauschbar: Wenn sich Gruppenstrukturen und Haltungen innerhalb der Klasse nicht verändern, wird ein neues Opfer gesucht, das dann mit anderen Begründungen als Projektionsfläche für Aggressionen oder Sündenbock dient.

Die nachfolgenden Materialien stellen ein gezieltes *Anti-Mobbing-Training* vor. Es empfiehlt sich nicht, in ein hochakutes Mobbinggeschehen hinein zu unterrichten, weil die Beteiligten zu wenig Distanz haben und die angebotenen Inhalte ausschließlich auf die konkreten Vorfälle und Personen bezogen werden. Dies könnte z. B. eine zusätzliche Viktimisierung des Opfers bedeuten. Es empfiehlt sich abzuwarten, bis das akute Mobbing weitgehend gelöst ist.

Die vorgeschlagenen Materialien sehen vor, dass Schüler das Anti-Mobbing-Heft *Untouchable: Immun gegen Mobbing!* zusammenstellen. Das Deckblatt hierzu wird als letzte Kopiervorlage verteilt, weil erst hier zusammenfassende Lösungsvorschläge erarbeitet werden sollen.

Das im Kapitel enthaltene Anti-Mobbing-Training enthält folgende Inhalte:
- Anfertigung des Anti-Mobbing-Heftes: *Untouchable – Immun gegen Mobbing!*
- Befragungsbogen zur Klärung der Ausgangssituation
- Definition und Kriterien für Mobbing in Abgrenzung zu anderen Gewaltvorfällen
- Aufklärung über die Hintergründe, Vorkommen und Dynamik von Mobbing, Mobbing-Gewaltformen, Motive, Rollenverteilungen und gesetzliche Grundlagen
- Klärung, dass Mobbing ein Gruppenprozess ist
- Übungen zur verbesserten Wahrnehmung von Ausgrenzungssituationen
- Strategien für Gefährdungssituationen in Bezug auf Mobbing
- abschließender Wissenstest
- Formulierung eines Kodex

KV 72

Ehrliche Antworten auf spannende Fragen – Klassenbefragung

1. Ich fühle mich in meiner Klasse wohl
   ☐ immer   ☐ meistens   ☐ manchmal   ☐ nie

2. Die Klasse ist im Unterricht unruhig und laut, ich fühle mich oft gestört.
   ☐ ja   ☐ eher ja   ☐ eher nein   ☐ nein

3. Es gibt Schüler, die gezielt und regelmäßig ausgegrenzt werden.
   ☐ eindeutig ja   ☐ eher ja   ☐ eher nein   ☐ eindeutig nein

4. Es gibt in der Klasse körperliche Gewalt.
   ☐ eindeutig ja   ☐ eher ja   ☐ eher nein   ☐ eindeutig nein

5. Die/der Klassenlehrer/in ist für mich da, wenn ich sie/ihn brauche.
   ☐ ja   ☐ eher ja   ☐ eher nein   ☐ nein

6. Es wird in der Klasse provoziert und beleidigt.
   ☐ ständig   ☐ oft   ☐ manchmal   ☐ so gut wie nie

7. Die Klasse ist ein gutes Team, wir halten zusammen.
   ☐ ja   ☐ eher ja   ☐ eher nein   ☐ nein

8. Andere sind gemein zu mir.
   ☐ immer   ☐ meistens   ☐ manchmal   ☐ nie

9. Eine oder mehrere Lehrpersonen verhalten sich so richtig unfair gegenüber einzelnen Schülern.
   ☐ immer   ☐ meistens   ☐ manchmal   ☐ nie

10. Ein oder mehrere Mitschüler wird/werden von den anderen ausgegrenzt.
    ☐ ja   ☐ eher ja   ☐ eher nein   ☐ nein

11. Ich bin bei meinen Mitschüler/innen beliebt.
    ☐ ja   ☐ eher ja   ☐ eher nein   ☐ nein

12. Das Verhalten mancher Mitschüler/innen macht Angst.
    ☐ immer   ☐ meistens   ☐ manchmal   ☐ nie

13. Einer bzw. einige geben in der Klasse den Ton an und bestimmen über andere.
    ☐ ja   ☐ eher ja   ☐ eher nein   ☐ nein

14. Wer gute Zensuren hat, wird als Streber angesehen und hat kein gutes Ansehen.
    ☐ ja   ☐ eher ja   ☐ eher nein   ☐ nein

15. Die Lehrpersonen wissen nichts davon, dass gemobbt wird.
    ☐ stimmt   ☐ stimmt nicht

16. Einer oder einige Mitschüler werden von den anderen schon seit einiger Zeit total ignoriert.
    ☐ ja   ☐ eher ja   ☐ eher nein   ☐ nein

17. Es kommt vor, dass jemand regelrecht gequält wird.
    ☐ ja   ☐ eher ja   ☐ eher nein   ☐ nein

Vor dem Ausfüllen gemeinsam durchgehen, ob alle Fragestellungen klar sind. Den Fragebogen anonym ausfüllen (alle benutzen einen Bleistift): Zutreffendes ankreuzen. Nach der Auswertung werden die Ergebnisse gemeinsam besprochen.

KV 73

Wo Mobbing passiert

(engl.: *to mob:* anpöbeln, angreifen, über jemanden herfallen, bedrängen)
Mobbing ist ein Phänomen, das vor allem in **Zwangsgemeinschaften** stattfindet.

Entscheidet, was davon eine Zwangsgemeinschaft ist, die man nicht so ohne weiteres wechseln / verlassen / kündigen kann, und überlegt gemeinsam, warum gerade solche Gemeinschaften Mobbing hervorrufen:

☐ Klavierunterricht   ☐ Ausbildungsplatz   ☐ Tanzgruppe
☐ Schule   ☐ Fitnesscenter   ☐ Gefängnis
☐ Liebesbeziehung   ☐ Jugendfreizeitheim   ☐ Arbeitsplatz
☐ Sportverein ☐ Clique   ☐ Verwandtschaft

Mobbing geschieht in allen Altersstufen und Bevölkerungsgruppen – in vielen Bereichen dieser Gesellschaft.

Cliquen ⊚ Verwandtschaft ⊚ Altersheim ⊚ Vereinen
Berufswelt ⊚ Jugendlichen ⊚ Grundschule

Schreibt die jeweiligen Begriffe an die richtige Stelle im Text:
- Bei Kindern in der _____
- Unter _____ an weiterführenden Schulen
- In _____ von Jugendlichen
- In der _____ unter Erwachsenen
- In Familienkreisen / in der _____
- In Verbänden und _____
- Bei alten Menschen im _____

Mobbing in der Schule

Schüler mobben _____   Lehrer mobben _____
Schüler mobben _____   Lehrer mobben _____

Außerdem gibt es auch Schulleiter, die gemobbt werden oder selbst mobben.
- Bei Mobbing unter Gleichaltrigen wird meistens innerhalb der eigenen Klasse gemobbt. In manchen Fällen werden aber auch Schüler/innen (vor allem jüngere) aus fremden Klassen als Opfer von Mobbingattacken (räuberische Erpressung, Erniedrigungshandlungen) ausgesucht.
- Wenn Lehrpersonen Schüler mobben, fühlen sich betroffene Schüler dem ohnmächtig und hilflos ausgeliefert und sehen meist keine Möglichkeit, sich zu wehren. Die anderen in der Klasse schweigen, weil sie Nachteile für sich selbst befürchten. Eltern trauen sich oft nicht, einen Mobbingverdacht anzusprechen, weil sie die Macht der Lehrperson fürchten und glauben, dass sich das nachteilig auf die Zensuren auswirkt oder dass sich das Mobben noch verstärken könnte.
- Wenn Schüler Lehrpersonen mobben, fühlen sich diese genauso wehrlos wie im umgedrehten Fall. Vor allem Lehrer/innen, die sich nicht gut durchsetzen können oder jung und unerfahren sind, werden gemobbt.
- Jungen wenden häufig körperliche Gewalt an, das Mobben ist direkter, bei Mädchen verdeckter.
- Je jünger die Beteiligten sind, desto offener und direkter wird Mobbing ausgetragen. Bei älteren Jugendlichen sind die Taktiken versteckter und schwerer aufzudecken.
- Grundsätzlich verläuft Mobbing in der Erwachsenenwelt ähnlich wie bei Kindern und Jugendlichen.

Doch: Nicht jede gewalttätige Handlung ist Mobbing! Mit Mobbing sind nicht einzelne, spontane Gewalttaten gemeint, sondern wiederkehrende Verhaltensmuster.

KV 74
So fängt der Terror an: Ausgrenzung (1) – Interaktionsübungen

Ziel:
- Ausgrenzungsprozesse wahrnehmen und nachempfinden

Durchführung Variante 1:
- Jemand stellt sich für einen »Versuch« zur Verfügung und geht vor die Tür des Klassenraums, der Rest der Klasse wird in Zuschauer und Spieler eingeteilt.
- Die Zuschauer knien / setzen sich auf die Tische und beobachten.
- Anweisung an zehn Schüler: Sie sollen auf ein Signal hin einen Kreis um den Probanden bilden, der sich in die Mitte des Kreises stellen wird. Er wird von allen anhaltend und schweigend angestarrt. Wer lachen muss, dreht sich nach außen oder verlässt den Kreis und stellt sich zu den Zuschauern. Auf ein verdecktes Zeichen der Lehrperson hin verschränken alle gleichzeitig die Arme vor dem Körper.
- Der Proband wird hereingeholt. Er soll versuchen, sich einer Situation auszusetzen, die möglicherweise unangenehm sein wird, bei der er aber nicht körperlich berührt wird. Er darf während der Situation sprechen und kann den Versuch jederzeit mit einem lauten »Stopp!« abbrechen, wenn sie für ihn unerträglich wird.
- Zehn Schüler stellen sich schweigend zum Kreis auf. Der Proband wird in die Mitte gebeten. Die zehn Schüler starren ihn an. Nach geraumer Zeit erfolgt das Verschränken der Arme. Die Lehrperson behält den Probanden im Auge und bricht bei Anzeichen einer Überforderung sofort ab.
- Die Übung wird mit einem Signal aufgelöst. Die Spieler erhalten Beifall, der Proband bekommt ein Lob gespendet.

Auswertung:
- Fragen an den Probanden: »Was ist passiert, was genau haben die Schüler im Kreis gemacht?«; »Wie war das für dich?«; »Was war angenehm/unangenehm?«; »Gab es einen Augenblick, wo du an Grenzen gestoßen bist?«; »Wie hat es auf dich gewirkt, dass einige gelacht haben?«; »Der Versuch hat … Minuten gedauert, wie lange hättest du es noch ausgehalten?«
- Fragen an die Kreisteilnehmer: »Was fiel schwer/leicht?«
- Fragen an die Zuschauer: »Was fiel auf?«; »Wie wirkten die Beteiligten auf euch?«
- Fragen an alle: »Gibt es vergleichbare Alltagssituationen in der Schule?«

Durchführung Variante 2:
- Vier Schüler stellen sich für die Übung zur Verfügung und verlassen kurz den Raum.
- Die restlichen Schüler werden in vier Gruppen eingeteilt: »Ihr stellt euch beim ersten Signal als Kleingruppen plaudernd im Raum auf und unterhaltet euch über das, was ihr am Nachmittag unternehmen wollt. Wenn ihr von einem der vier Schüler angesprochen werdet, wendet ihr euch abrupt ab und dreht dem jeweiligen Schüler den Rücken zu.«
- Die vier Schüler werden hereingebeten: »Ihr werdet gleich auf vier Schülergruppen treffen. Jeder von euch geht auf eine Gruppe zu und fragt, was eure Mitschüler am Nachmittag machen und ob ihr mitkommen könnt. Ihr seid hartnäckig, gebt nicht auf und versucht es so lange, auch bei anderen Gruppen, bis ihr eine Antwort bekommt.«

KV 75

So fängt der Terror an: Ausgrenzung (2) – Interaktionsübungen

Versuchsstart:
Die vier Gruppen stellen sich auf. Die vier Schüler wenden sich einer Gruppe zu und sprechen sie an. Sie wechseln die Gruppen und versuchen dort, erfolgreich zu sein.

Auswertung:
- Fragen an die vier Probanden: »Was ist passiert, was genau haben die Schüler in den Kleingruppen gemacht?«; »Wie war das für dich?«; »Was war angenehm / unangenehm?«; »Gab es einen Augenblick, wo du an Grenzen gestoßen bist?«; »Wie lange hättest du es noch durchgehalten, nicht aufzugeben?«
- Fragen an die Kleingruppen: »Was fiel schwer / leicht?«; »Wie wirkten die Probanden auf euch?«; »Hattet ihr Mitleid?«; »Gibt es Alltagssituationen, die mit dieser vergleichbar sind?«; »Habt ihr Ähnliches schon einmal beobachtet?«; »Wie fühlen sich dabei die Beteiligten?«

Durchführung Variante 3 (wie Durchführung Variante 2):
- Die Teilnehmer der Gruppen sollen die Probanden nicht nur ignorieren, sondern auf sie hörbar ungehalten reagieren, z. B.: »Du nervst!«; »Lass uns doch in Ruhe!«; »Verpiss dich!«

Auswertung (wie in der Variante 2):
- Zusätzlich: Was war aus Sicht aller Beteiligter schlimmer / weniger schlimm zu erleben, das Ignorieren oder das direkte, hörbare Abweisen / Ausgrenzen?

Durchführung Variante 4 (wie Durchführung Variante 2):
- Die vier Probanden werden diesmal mit Begeisterung, wie ein/e außerordentlich beliebte/r Schüler empfangen.

Auswertung:
- Fragen an die Probanden: »Wie haben sich die Kleingruppen euch gegenüber verhalten?«; »Wie war es für euch, so behandelt zu werden?«; »Wie fühlt man sich im Unterschied zu den vorigen Verhaltensweisen?«

Abschließende Lehrererklärung:
Jeder von uns möchte so behandelt und aufgenommen werden wie in der letzten Übung. Die Wirklichkeit sieht aber anders aus. Das, was ihr in den ersten Versuchen nur *gespielt* habt, erleben Jugendliche jeden Tag: *Ausgrenzung*.

Sie fühlen sich dabei noch viel schlechter, als man es in einer Übung nachempfinden kann. Manche erleben Ausgrenzung über Wochen, Monate, manchmal über ein ganzes Schuljahr hinweg, und einige leiden darunter ihre ganze Schulzeit lang.

Ausgrenzung ist der Beginn von Mobbing und bleibt im Mobbingverlauf meist fester Bestandteil.

KV 76

Snap Shots – Szenen einer Ausgrenzung

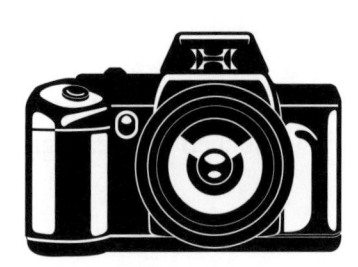

Szenen einer Ausgrenzung

❶ In Kleingruppen sollen sich die Schüler eine Geschichte oder Situation überlegen, in der ein Jugendlicher aus einer Gruppe ausgegrenzt wird.

❷ Die Geschichte wird in drei Szenen eingeteilt: **Anfang – Ausgrenzungshandlung – Ende**.

❸ Die Darsteller stellen sich dazu dreimal in Szene und »frieren« dabei »ein«.

❹ Die Standbilder müssen so deutlich dargestellt werden, dass erkennbar ist:
– Wer ist der / die Ausgegrenzte?
– Wer grenzt aus?
– Warum, wie und womit wird ausgegrenzt?

❺ Mit drei *Snap-Shots* (Schnappschüssen) wird die Situation nacheinander so fotografiert, dass das Geschehen klar erkennbar ist.

❻ Die Fotos werden ausgedruckt und in der richtigen Reihenfolge auf einen A3-Karton geklebt.

❼ Das Plakat wird mit einem Titel bzw. einer Überschrift versehen.

❽ Die Personen auf den Fotos erhalten Denk-/Sprechblasen, in denen Gedanken, Gefühle oder Worte ausgedrückt werden.

❾ Die Geschichten können auch gespielt und mit dem Camcorder / Handy gefilmt werden.

Notizen für den Ablauf der Geschichte

1. Szene: Anfang der Geschichte

_____

_____

2. Szene: Ausgrenzungshandlung

_____

_____

3. Szene: Ende der Geschichte

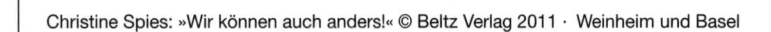

_____

_____

KV 77

Stummer Schmerz – Kurzgeschichte (1)
(nach einer realen Begebenheit)

Teil 1

Das, was ihm fast täglich passierte, war normal geworden. Es war ein Teil von ihm, wie ein Hautmal, das nicht mehr verschwand, hässlich, aber nicht zu ändern. Es war, als hätte man eine Strafe gegen ihn ausgesprochen, die er abbüßen musste. Er wusste nicht mehr zu sagen, wann es begann. Es schien an *ihm* zu liegen, an seinem Aussehen, das ihnen nicht passte, und es hing anscheinend damit zusammen, dass er irgendwie anders war als die anderen. »Abtörner«, »Langweiler« – das dachten sie über ihn. Und so passierte es einfach weiter. Am Anfang waren es nur kleine Schikanen, seltene Ausrutscher, wie er glaubte. Trotzdem verunsicherten und beschämten sie ihn. Meistens tat er dann so, als würde er darüber lachen, das schien ihm weniger peinlich. Weiter ging es dann so: Beleidigende Sprüche hier oder da, Sachen von ihm, die verschwanden oder beschädigt wurden, das eine oder andere Briefchen mit demütigenden Mitteilungen oder miese Schmierereien an der Tafel. An den meisten Tagen ignorierten sie ihn einfach. Wenn er etwas sagte, behandelten sie ihn wie Luft. Er wusste nicht, was schlimmer war: Das völlige Ignorieren seiner Person oder die direkten Angriffe. »Einfach stillhalten! Irgendwann werden sie sich wieder einkriegen und aufhören!«, so hoffte er damals. Aber er hatte sich verrechnet. Sie gaben keine Ruhe, egal, wie er sich verhielt. Einmal hatte er sich gewehrt, es war ein Versuch. Die Strafe des Lehrers traf *ihn* – was hatte er anderes erwartet? Also beließ er es dabei, denn eigentlich waren Gewalt und Rache seine Sache nicht. Er sah keinen Grund, sich mit denen auf eine Stufe zu stellen.

Teil 2

Häufig ging er jetzt gar nicht mehr hin. Er schwänzte den Unterricht und fühlte sich dabei immer öfter wirklich krank. So wie heute. »Es geht so nicht mehr weiter! Du kannst doch nicht schon wieder fehlen!«, meinten seine Eltern, die hilflos zusehen mussten, wie er sich mehr und mehr zurückzog und in seinen Leistungen nachließ. Sie hatten nicht die blasseste Ahnung, wie weit er manchmal über dem Abgrund schwebte und welche Überlegungen er anstellte, wie er diesen unerträglichen Zustand beenden konnte. Ja, es gab Momente, wo er so verzweifelt war, dass er keinen Ausweg und keine Hoffnung mehr sah … Er sah keine Möglichkeit, seinen Eltern oder sonst irgendjemandem begreiflich zu machen, was ihm passierte, also schwieg er.

Auf dem Bett liegend starrte er an die Decke, und zum ersten Mal seit Langem erlaubte er sich, darüber nachzudenken und Gedanken und Gefühle zuzulassen. Wie einen Messerstich spürte er jetzt den Schmerz, der vorher stumm war. Die ganze Zeit hatte er ihn weggeschoben, verdrängt und das, was er mit sich machen ließ, nicht wahrhaben wollen. Jetzt stiegen unzählige Bilder von Kränkungen und Demütigungen in ihm hoch. Sie überfluteten ihn mit aller Macht, und alles, was seit Monaten immer wieder, wie ein plötzlicher Platzregen, auf ihn niederprasselte und hastig unter die Oberfläche gestopft wurde, brach gleichzeitig aus ihm heraus: die Ohnmacht, die Wut und die Hilflosigkeit. Vor allem die Angst, die ihn sprach- und wehrlos zugeknotet hatte, sie entlud sich, endlich, und mündete in einen kurzen, heiseren Laut, der bitteres Schluchzen und wütender Aufschrei zugleich war.

Er wusste, es würde weitergehen, schon morgen. So wie gestern, als sie mit dem Handy aufnahmen, wie sie ihn den Flur entlangstießen, bis er in einer Ecke zusammensank und ihre hämischen Beschimpfungen über sich ergehen lassen musste. *Opfer*, das war das Wort, das seit Wochen wie ein bitterer, dicker, schleimiger Belag auf seiner Zunge klebte. Das Wort, das ihn vergiftete und lähmte, das ihm jeden Wert und jegliche Würde absprach und das ihm seine Ehre nahm.

KV 78

Stummer Schmerz – Kurzgeschichte (2)

Teil 3

In Gedanken begann er, jeden von ihnen wie auf einer Computertastatur anzuklicken, und er sah sie wie auf einem Bildschirm vor sich – alle nacheinander – einen nach dem anderen – die ganze Klasse:

Eigentlich ging alles von einem aus. Er nannte ihn für sich nur noch den *Disser*. Der *Disser* war nicht der Hellste, noch nicht mal der Cleverste, obwohl er der Älteste in der Klasse war. Doch er war der, nach dem sich die meisten anderen richteten. Vielleicht, weil er hemmungslos Regeln brach oder weil er stets eine dicke Lippe riskierte. Seine Macht hing mit der kindlichen, unkritischen Anhängerschaft seiner Helfer zusammen – allesamt Mitläufer, darunter auch zwei Mädchen.

Die Kletten, wie er die Helfer des *Dissers* nannte, waren Mitläufer. Untrennbar hingen sie an ihm dran, ahmten ihn nach, bewunderten ihn und führten so ziemlich alles aus, was der *Disser* einfädelte. Oft zeigte der *Disser* sich auch ihnen gegenüber verächtlich und aggressiv. Natürlich waren da noch die anderen, sie waren in der Mehrzahl: die Braven und Fleißigen, sie sprachen sich lautstark gegen jede Ungerechtigkeit und Gewalt in dieser Welt aus – allerdings nur, wenn es im Unterricht gefragt war. Er hatte manchmal sogar Verständnis für sie: Eigentlich, so seine Vermutung, standen sie auf seiner Seite und verurteilten, was der *Disser* und *die Kletten* ihm antaten – tief innen drin allerdings, sahen sie sich lieber bei der Gruppe der Stärkeren. Vielleicht war dies nur menschlich, wer will sich schon mit einem Loser verbünden? Sie waren die *Weggucker*, die sich aus allem raushielten und schwiegen. Weil sie zu gleichgültig waren oder weil sie nicht den Mut hatten, sich einzumischen, und froh waren, nicht selbst *dran* zu sein. Sollte er es ihnen übelnehmen? Immerhin hatten ihm drei von ihnen einmal, allerdings hinter vorgehaltener Hand, gesagt: »Finden wir total Scheiße, was da abgeht!«. Das tat zwar irgendwie gut, half ihm aber auch nicht weiter.

Teil 4

Seine Überlegungen kreisten wieder um den *Disser*, und ihm fiel ein, dass er noch nie von ihm alleine belästigt worden war. Im Gegenteil, wenn er ihm alleine begegnete, schien dieser befangen zu sein und wollte ihm möglichst zügig aus dem Weg gehen. Der *Disser* schaffte es noch nicht einmal, ihm in die Augen zu sehen! Überhaupt traten sie alle nach Möglichkeit nur als Gruppe, mindestens aber zu zweit, auf. Ein bisschen war es so, als ob er ihnen die Masken, die sie trugen, herunterziehen könnte, wenn er nur wollte. Es brachte ihm eine verblüffende Einsicht, ein Aha-Erlebnis. Jeder Tag, an dem er fehlte, war für sie leer und langweilig, wie sonst sollten sie sich stark fühlen? Sie brauchten ihn, um ihre Leere und Ereignislosigkeit zu füllen, um ihre alltäglichen Misserfolge, in der Schule und anderswo, zu verkraften. Sie *brauchten* jemanden, den sie fertig machen konnten, sonst würde ihnen etwas fehlen. Es zeigte das Erbärmliche und Jämmerliche ihres Handelns. *Sie* brauchten ihn, so einfach war das, weil sie ein *Opfer* brauchten!

Es dauerte, bis er wirklich begriffen hatte, was das bedeutete: die Stärke, die sie vorgaben, die Überlegenheit, die der *Disser* so gerne raushängen ließ – *es war nur Fassade!* Er war einem riesigen Irrtum verfallen. Sie waren feige, und jeder von ihnen brauchte den Rückhalt und die Anwesenheit der anderen. Sie gierten danach, einen Einzelnen, so wie er es war, klein und hilflos, zum Opfer zu machen! So fühlten sie sich stark! Nichts davon war wirklich *cool!* Als ihm das so richtig klar wurde, spielte sich eine grandiose Szene auf dem Bildschirm ab, den er innerlich vor Augen hatte: Der *Disser* sank um, wie ein Avatar, der in einem Fantasy-Spiel vom flammenden Schwert des Magiers getroffen wurde. Er zerfiel in einzelne Teile und zerfloss – genauso wie die Kletten – zu einem Nichts.

Doch die Gesetze in Computerspielen waren andere als die in seiner Wirklichkeit, das wusste er. Dennoch bahnte sich eine neue Empfindung einen Weg in sein Bewusstsein. Sie erstaunte und beflügelte ihn, so unvertraut sie auch war: *Hoffnung* wäre noch zu viel gesagt ... Er brauchte Verbündete, zumindest *eine* Person, die ihn unterstützte, um aus dem Teufelskreis herauszukommen. Sonst würde er das geschlossene System, in dem er nur *eine Rolle von vielen* zu spielen hatte, aufbrechen. Alleine war er machtlos. Er hatte einen Vorsatz gefasst und wusste, was er am nächsten Tag tun würde! Vielleicht war es eine Chance, dem Schrecken ein Ende zu bereiten. Ja, doch, sein Gefühl konnte man wirklich *Hoffnung* nennen ...

Christine Spies: »Wir können auch anders!« © Beltz Verlag 2011 · Weinheim und Basel

KV 79

Stummer Schmerz – Kurzgeschichte (3) – Erarbeitung

Ziele:
- die Dynamik des Phänomens *Mobbing* als komplexen Gruppenprozess erfassen
- Betroffenheit des Opfers nachvollziehen
- Rollenprofile und Motive aller Beteiligten im Mobbinggeschehen erkennen
- erste Lösungsansätze erörtern

Methodisches Vorgehen:
Die Geschichte muss wegen der Vielschichtigkeit der Mobbingdynamik *Schritt für Schritt* erarbeitet werden.

1. Vorlesen von Teil 1
2. Unterrichtsgespräch:
   – Was wird geschildert?
   – Wie nennt man das Geschehen?
   – Tafelanschrift: MOBBING
   – Was genau passiert mit dem Erzähler? Gewalt- bzw. Mobbingformen benennen
   – Was tun die anderen?
   – Im Verlauf der Ereignisse gibt es eine Entwicklung…
3. Vorlesen von Teil 2
4. In Paargruppen auf Notizzetteln sammeln und vorstellen:
   – Welche Folgen hat das Mobbinggeschehen auf den Betroffenen? (Krankheitssymptome, Rückzug, Schulschwänzen, Nachlassen der schulischen Leistungen, Suizidgedanken, fühlt sich als Opfer, Verlust der Würde)
   – Was denkt und fühlt er? Was wünscht er sich?
   – Was erwartet ihn, wenn er wieder zur Schule geht?
   – (Auf dem Stand der Erzählung bleiben, noch keine Lösung entwickeln lassen)
5. Vorlesen von Teil 3
6. Verteilen von KV 98
7. Gemeinsame Auswertung der KV nach folgenden Aspekten:
   – Welche Rollen gibt es? Es muss herausgearbeitet werden, dass:
     – alle Rollen eine Funktion erfüllen.
     – alle in der Klasse in unterschiedlicher Weise am Geschehen beteiligt sind.
     – alle dafür sorgen, dass das Mobbing weitergeht.
   – Steckbriefe vorstellen, SMS vorlesen lassen
8. Vorlesen von Teil 4
9. Geschichte mit folgenden Fragestellungen *zu Ende erzählen oder schreiben* lassen:
   – Was passiert am nächsten Tag? Was tut der Betroffene? Was tun die anderen?
10. Auswertung der Ergebnisse im Gespräch:
    – Wie erfolgversprechend und realisierbar sind die geschilderten Möglichkeiten, Chancen und Lösungsvorschläge?
11. Zusätzliche Klärung:
    – Welche Erkenntnisse brachten eine Wende in der Geschichte?
    – Was wurde dem Betroffenen beim *Blick hinter die Fassade* über die Motive und Hintergründe des *Dissers* und der *Kletten* klar?

Thematische Fortführung:
Anhand der folgenden Kopiervorlagen kann das Phänomen Mobbing systematisch erläutert werden. Dabei sollte immer wieder ein Rückbezug auf die Figuren, Rollen und Ereignisse in der Kurzgeschichte erfolgen. Ein Blick auf die eigene Klassensituation ist zu diesem Zeitpunkt *nicht sinnvoll*. Besser ist es, wenn allen die Mechanismen von Mobbing klar sind und – im Falle von Mobbing in der Klasse – die gegenseitige Abhängigkeit und Befangenheit in den Rollen und deren Funktionen als typisch erkannt werden.

KV 80

Stummer Schmerz (4) – Die Rollen in der Geschichte

1. Von ihm geht alles aus:

2. Sie verhelfen ihm zur Macht, auf ihre Unterstützung ist er angewiesen:

3. Sie wissen, was passiert, tun aber nichts:

4. Er ist der Leidtragende im Geschehen:

Der *Disser*:

❶ Wie stellst du ihn dir vor? Zeichne ein Bild in den Steckbrief.

❷ Schreibe um das Bild herum Stichpunkte zur *Personenbeschreibung*: Kleidung, Hobbys und persönliche Eigenschaften und Vorlieben. Wer sind seine Idole?

Steckbrief

❸ Warum mobbt er, was sind seine Motive?

❹ In Dreiergruppen als Mitschüler/in der Klasse eine SMS formulieren: Gebt einer der Personen, die eine der genannten Rollen einnimmt, einen Ratschlag / Tipp:

KV 81

Und plötzlich –, da bist du draußen –!
Mobbing-Definition

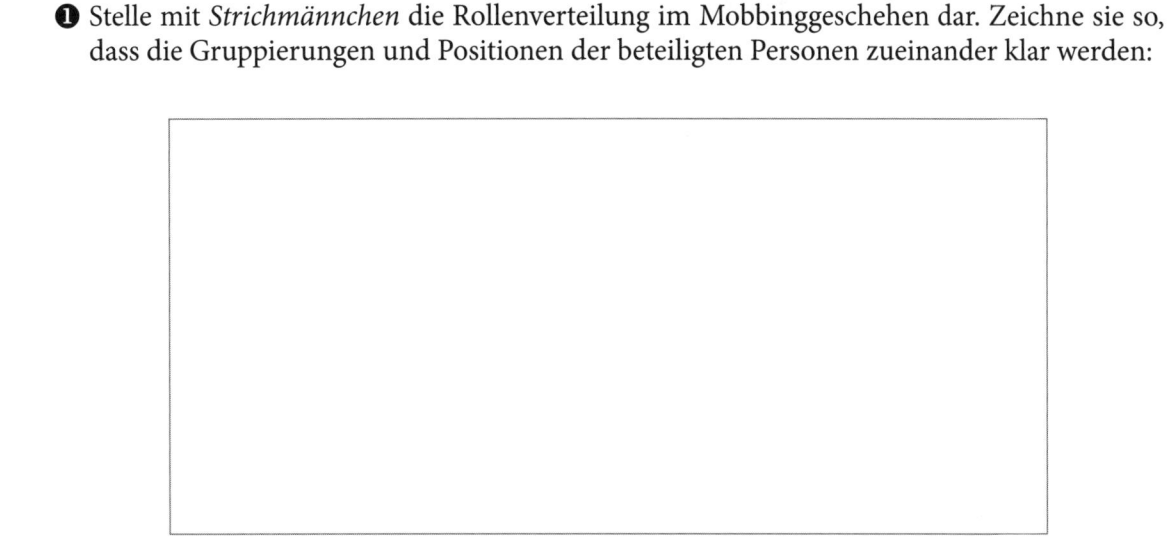

❶ Stelle mit *Strichmännchen* die Rollenverteilung im Mobbinggeschehen dar. Zeichne sie so, dass die Gruppierungen und Positionen der beteiligten Personen zueinander klar werden:

Mobbing ist, wenn –

1. ein oder mehrere Täter eine einzelne Person wiederholt und immer wieder, über einen längeren Zeitraum hinweg, mit bösartigem, aggressivem Verhalten angreifen und schikanieren (über mehrere Wochen lang).
2. die einzelne Person gezielt in eine Außenseiterrolle gebracht und isoliert wird.
3. ein Machtgefälle (körperlich oder psychisch) besteht und der/die Gemobbte in eine Unterlegenheit gerät.

- Die Angriffe bei Mobbing können verbal, körperlich, mit Gesten und Blicken oder auch durch Nichtbeachten und Ausschließen der Person erfolgen. Sie können sich auch auf das Eigentum des Opfers beziehen.
- Die Gründe, die für das Mobbing genannt werden, sind fadenscheinig und austauschbar. Täter rechtfertigen damit nur ihre ungesteuerten Aggressionen, die sie an jemanden abreagieren müssen: Wenn der Schüler, der wegen seiner Hautfarbe gemobbt wird, die Schule wechselt, wird ein neues Opfer gesucht. Dieses wird dann gemobbt, weil es zu dick, zu dünn oder weil es Klassenbester ist.
- Wer dauernd gedemütigt, angefeindet oder ausgeschlossen wird, verändert sich im Laufe des Mobbingprozesses und entwickelt Verhaltensweisen, die dann von den Tätern zusätzlich als Begründung für ihr Mobbing genannt werden.
- Mobbing macht krank!
- Mobbing ist immer ein Gruppenprozess, an dem alle Gruppenmitglieder direkt oder indirekt beteiligt sind!
- Mobbing passiert immer bewusst und vorsätzlich (im Unterschied zu spontanen Gewalttätigkeiten, die aus einer Situation heraus geschehen).
- Mobbing unter Jugendlichen verläuft schleichend und kann für lange Zeit für Erwachsene, z. B. für Lehrpersonen, unbemerkt bleiben.
- Die Feststellung oder der Verdacht auf Mobbing erfordert die sofortige Unterbrechung des Teufelskreises durch Mitschüler/innen, Lehrpersonen und/oder Eltern.

Denk daran: Mobbing kann jeden treffen, und plötzlich bist du draußen!

❷ Klärt den Unterschied zu anderen, *spontanen* Gewalthandlungen, z. B. jemanden provozieren etc.

KV 82
GIFTPFEILE, DIE TIEFE WUNDEN REISSEN...

So wird gemobbt:

verbal ∗ psychisch ∗ durch Körperkontakt ∗ durch Mimik oder Gestik
Damit wird angegriffen und schikaniert:

- Reden hinter dem Rücken
- Lügen und Gerüchte verbreiten
- Beleidigen mit Schimpfwörtern und Ausdrücken
- Beleidigen mit Spitznamen
- Abwerten mit Mimik, Blicken und Gesten
- vor anderen lächerlich machen
- Nachäffen
- für dumm erklären
- für feige erklären
- bei Erfolg zum Streber erklären
- nicht zu Wort kommen lassen
- ignorieren, anschweigen, wie Luft behandeln
- bei Spielen, Aktivitäten oder Feiern aus der Gruppe ausgrenzen
- zu Unrecht beschuldigen
- wegnehmen, verstecken oder beschädigen von Gegenständen / Kleidung / Arbeitsmaterial
- anrempeln, knuffen
- schlagen
- drohen
- erpressen
- dazu zwingen, Sachen zu tun, die gemein, beschämend, erniedrigend oder kränkend sind
- sexuell belästigen

Mehrere Schüler/innen stellen die Mobbingformen jeweils in einem Standbild dar.

Die grundsätzliche Rollenverteilung im Mobbinggeschehen:

1. *Der/die Anführer/in/ bzw. Täter/in* (es können auch mehrere sein) genießt bei vielen hohes Ansehen in der Gruppe, er/sie bestimmt Normen und ist Vorbild – häufig weil er sich über Regeln hinwegsetzt, den »Coolen« spielt und weil er häufig eine »große Klappe« hat. Das Mobbing ist sein Problem! Der Täter hat sich bewusst zum Mobbing entschlossen, niemand zwingt ihn zu diesem Verhalten. *Ohne seine Helfer und die Zuschauer wäre das Mobben allerdings nicht möglich!*

2. *Die Helfer* ahmen das Verhalten des Anführers nach und sympathisieren mit ihm. Sie sonnen sich in seiner Ausstrahlung und Macht und versprechen sich genauso viel Einfluss. Je mehr es sind, desto weniger Schuldgefühle hat der Einzelne. Oft unterstützen sie den Anführer aus Angst, selbst Geschädigte zu werden. Meistens gibt es zwei Gruppen von Helfern: diejenigen, die selbst aktiv mit handeln, und diejenigen, die sich verbal beteiligen und anfeuern.

3. *Die Zuschauer* beobachten das Geschehen schweigend und schauen weg. Sie sind häufig *hilflos*, manchmal verabscheuen sie die Taten, oft sind sie aber auch *gleichgültig*. Durch ihr Nichtreagieren ermöglichen sie das Geschehen, manchmal feuern sie es auch *indirekt* an, durch *heimliche* Bewunderung des Anführers. Im Zweifelsfall identifizieren sie sich lieber mit den scheinbar Starken als mit dem ausgegrenzten Schwächeren.

4. *Das Opfer* wird gezielt zum Außenseiter gemacht, weil es nicht denkt oder fühlt, wie die meisten anderen. Sein Verhalten, sein Aussehen, seine Körpergröße, seine Figur, seine Klamotten oder seine Hobbys werden ihm zum Verhängnis. Der-/diejenige schämt sich dafür, dass er angegriffen wird und wehrt sich kaum. In dieser Rolle vereinsamt er/sie, gerät in die soziale Isolation und zweifelt immer mehr an sich selbst. Irgendwann glaubt er/sie, dass es stimmt, was ihm vorgeworfen wird. Das Opfer gerät unter Stress und wird krank. Es schwänzt, manchmal wechselt es auch die Schule. Es gibt immer wieder Opfer, die in der ausweglos erscheinenden Situation sogar Selbstmordabsichten hegen. Das Opfer ist austauschbar. Wenn es die Klasse wechselt, wird ein neuer Kandidat gesucht.

Alleine kann sich das Opfer nicht aus der Rolle befreien, es ist chancenlos!

Christine Spies: »Wir können auch anders!« © Beltz Verlag 2011 · Weinheim und Basel

KV 83

WARUM WIRD GEMOBBT?

Hintergründe und Motive

❶ Leeres A3-Blatt an der langen Seite in fünf ca. 3 cm breite Streifen schneiden.

❷ Schüler schreiben in fünf Gruppen vermutliche Motive und Gründe für Mobbing fortlaufend auf ihren jeweiligen Papierstreifen.

❸ Die Streifen werden an die Tafel geheftet und die notierten Motive vorgelesen.

❹ Die Kopiervorlage wird verteilt. Die Schüler vergleichen ihre Ergebnisse mit den aufgeführten Punkten.

- Frust
- Lust an Gewalt
- Langeweile und Erlebnisarmut
- Neid
- als Freundschaftsbeweis, indem jemand anderes abgelehnt wird
- verrohtes Verhalten gilt als normal
- Fremdenfeindlichkeit, Rassismus
- negative Modelle (Vorbilder), z. B. Idole aus den Medien
- weil das Mobben in der Klasse / Gruppe zugelassen wird

Und das steckt dahinter:

- Alle gegen Einen: Das Ausgrenzen eines Einzelnen klappt nur durch das Zusammenhalten der Mehrheit. Das gibt den meisten in der Klasse kurzfristig ein gutes Feeling: *Wir gehören zusammen und sind unschlagbar!*

- Eigenschaften, die der Einzelne nicht sich selbst zuschreiben will, werden auf einen anderen, den Gemobbten, übertragen. Man nennt das *Projektion*.

- Durch die Mobbingtaten wird das Opfer erniedrigt. Täter und Helfer gleichen damit *ihre* eigene Schwäche aus – nur dann, wenn sie jemand anders klein machen, können sie sich stark fühlen. Das nennt man *Selbstwerterhöhung durch Unterwerfung und Machtmissbrauch*. Auch die anderen, die Zuschauer, empfinden das Gefühl von Überlegenheit, wenn das Opfer geduckt wird.

- Eigene innere Aggressionen werden nach außen geleitet und auf eine Minderheit bzw. auf den Geschädigten gerichtet. Er muss für die Rolle des »Sündenbocks«, des »Buhmanns« herhalten, damit die anderen sich gereinigt und geläutert fühlen.

- Selbst erlittene Gewalt wird, *bewusst oder unbewusst*, als *Vergeltung* an einen Unbeteiligten weitergegeben – es wird sozusagen Rache an der falschen Person vollzogen (Kinder und Jugendliche, die gewalttätig sind, haben meistens selbst, oft schon von früher Kindheit an, Gewalt erfahren).

KV 84

Der ultimative Anti-Mobbing-Schlüssel

Es ist merkwürdig und beunruhigend, wenn sich eine Gruppe oder Klasse nur dann stark fühlen kann, wenn ein Einzelner fertiggemacht wird! In Klassen, in denen gemobbt wird, wird das oft so erklärt:
- Das ist hier so üblich! Wir kennen das gar nicht anders!
- In dieser Klasse ist es normal, dass …! Es passiert halt, man kann nichts dagegen tun …!

Der Grund dafür:
- An Mobbing und Gewalt kann man sich gewöhnen!

Üblich ist es, dem Opfer die Schuld zuzuschieben, obwohl es am System der Gruppe liegt:
- Der/die ist eben merkwürdig/komisch/nervig/anders als wir!
- Der/die grenzt sich doch selbst aus!
- Der/die passt hier einfach nicht rein!
- Manche sind halt eben »Opfer«!

Das sind nichts anderes als üble Rechtfertigungen! Zur Klarstellung: In einer anderen Gruppe oder Klasse könnte dieselbe Person mit demselben Verhalten zu den Beliebten gehören, das zeigt sich oft nach einem Schulwechsel!

Schüler/innen einer Klasse müssen sich nicht lieben, verehren und bewundern, aber sie müssen sich in ihrer Verschiedenheit achten und respektieren – auch wenn eine/r von ihnen nicht in das Muster passt, was gerade gefragt ist!

Mobbing in den Gesetzbüchern

1. »Die Würde des Menschen ist unantastbar.« (Grundgesetz der BRD)

2. In Deutschland gibt es, anders als in Nachbarländern, bisher keinen ausdrücklichen Mobbing-Paragraphen. Trotzdem kann Mobbing einem Straftatbestand entsprechen! Bei einer Anzeige können sich Staatsanwalt und Richter je nach Art der strafbaren Handlung auf diese Paragraphen berufen:

§ 185 StGB:	Beleidigung
§ 186 StGB:	Üble Nachrede
§ 187 StGB:	Verleumdung
§§ 223 ff. StGB:	Einfache Körperverletzung
§§ 224 ff. StGB:	Gefährliche Körperverletzung
§§ 226 ff. StGB:	Schwere Körperverletzung
§ 240 StGB:	Nötigung
§§ 242 ff. StGB:	Diebstahl
§ 303 StGB:	Sachbeschädigung

3. Beispiele für die genannten Straftaten sammeln und vorstellen. Bei welchen Mobbingvorfällen sollte Anzeige durch Schule oder Eltern erstattet werden?

KV 85

Von Mobbing und Gewalt bedroht? Zehn Tipps

1. Warte nicht erst ab, bis der Teufelskreis des Mobbing entsteht, reagiere frühzeitig! **Ziehe deutliche Grenzen:** Schon bei Beleidigungen und Belästigungen solltest du »Stopp!« sagen und solche Vorfälle nicht beiseite schieben oder runterschlucken.
2. Lache nicht, wenn dir einer komisch oder aggressiv kommt, signalisiere deutlich, dass dir sein Handeln nicht passt: »Hör damit auf…!«
3. Niemand hat das Recht, dir zu nahe zu kommen oder dich anzufassen, wenn du es nicht willst! Mache das deiner gesamten Umgebung klar!
4. Halte deshalb räumlichen Abstand von dem-/derjenigen, der/die dich belästigt, und vermeide Körperkontakt!
5. Vermeide es, dich an Plätzen aufzuhalten, an dem die Attacken passieren! Versuche es, so zu arrangieren, dass du in Begleitung bist (Schulweg, Pause etc.).
6. Mache die Situation öffentlich, indem du andere auf das Verhalten hinweist!
7. Sprich den/die Täter/in ruhig und sachlich an und verbitte dir entschieden sein Handeln. Frage nicht, warum er/sie so handelt. Achte dabei auf Blickkontakt und eine selbstsichere Körperhaltung! Provoziere und beleidige ihn/sie nicht!
8. Zeige keine Angst!
9. Wenn du massiv bedrängt wirst, kreische so laut du kannst, das ist besser, als um Hilfe zu rufen!
10. Versuche nicht, dir die Anerkennung des Täters zu erschleichen, indem du dich unterwürfig gibst, oder ihn durch Süßigkeiten oder Geld zu beeindrucken oder zu »schmieren«.

Viele Gewaltopfer schämen sich, dass ihnen Gewalt angetan wurde. Wenn du Opfer von Mobbing oder Gewalt wirst, muss *nicht dir* das peinlich sein, und Schuld trifft nur den Täter. Brich dein gefährliches Schweigen – es hat mit Petzen nichts zu tun.

Sprich über das, was dir passiert,

- mit Freund/innen, Bekannten, Eltern, älteren Geschwistern, Lehrpersonen, Vertrauenslehrern, Schülersprechern und bitte um Unterstützung. Je nach Situation kannst du dich auch an die Polizei wenden. Es gibt auch anonyme Internetberatungsseiten.
- Mobbing und andere Gewaltformen wie Erpressung, Drohung oder sexueller Missbrauch etc. hören nicht von alleine auf. Wenn du nichts dagegen tust, wird es schlimmer!

❶ Bittet eure Lehrerin, die sogenannte Stopp-Regel einzuführen.
❷ Trainiert die oben beschriebenen Tipps im Rollenspiel.

KV »Mobbing – Wissenstest für Schlaue« und KV »Kodex der Ehre« Verpflichtungserklärung zum Verzicht auf Mobbing als Download

KV 86

UNTOUCHABLE:
Immun gegen Mobbing!

Das Anti-Mobbing-Heft

von

_____

Deckblatt für das Anti-Mobbing-Heft »Untouchable: Immun gegen Mobbing!«

❶ Deckblatt beschriften, Zeichen, Symbol und/oder ein Motto gegen Mobbing ausdenken und in das Kästchen zeichnen/schreiben.

❷ Was kann vom Einzelnen, von der Klassengemeinschaft und von den Lehrpersonen gegen Mobbing getan werden? Möglichkeiten in verschiedenen Farben um das Symbol herum schreiben.

B.4.5 Die drei K's
Kränkungen, Konflikte, Krisen annehmen – Katastrophen vermeiden

»*Krise ist ein produktiver Zustand. Man muss ihr nur den Beigeschmack der Katastrophe nehmen.*«
Max Frisch

»*Wenn wir nicht ab und zu ins Stolpern kämen, würden wir an unserem Leben vorbeirennen.*«
Anke Maggauer-Kirsche

»*Bemühe dich, deiner Krise zu begegnen, bevor sie dich überfällt.*«
Pavel Kosorin

Kommentar
In der Fachliteratur wird der Begriff *Krise* uneinheitlich gebraucht. *Hier* wird er *in Abgrenzung* zum *Nervenzusammenbruch* oder zum *Trauma* und zur *Posttraumatischen Belastungsstörung* verwendet, auch wenn akute Traumata (z. B. Tod von nahe stehenden Personen, Scheidung der Eltern, sexueller Missbrauch) oft entscheidende Markierungen in einer krisenhaften Entwicklung von Jugendlichen darstellen und häufig Auslöser für Suizide bei Jugendlichen sind. *Krise* wird in diesem Konzept ebenfalls von häufig krisenhaften Zuspitzungen in gängigen pubertären Bedrängnissen unterschieden.

Krise wird hier als etwas verstanden, was zwar zum Leben gehört, in der Adoleszenz aber zu einem bedrohlichen *Ungleichgewicht* führen kann: zwischen den subjektiven Bedeutungen der (pubertären) Probleme von Heranwachsenden und den psychosozialen Bewältigungsmöglichkeiten, die ihnen zur Verfügung stehen. Aus diesem existenziellen Verlust der Lebensbalance kann, als Kennzeichen einer bedrohlichen Krise, ein *zerbrochenes Weltbild* resultieren. Ein dauerhaft negativer Verlauf begünstigt sodann in der Folge einen *Rückzug* aus der Welt und führt zum Ausbrechen aus deren sozialen Bezugssystemen (nach Klosinski 1999, S. 76). Vordergründig entlastende Fantasien fördern diese kontinuierliche Realitätsflucht und führen zur Verstärkung der Probleme im realen Leben des Jugendlichen. Solche Entwicklungen können auf der Basis von komplexen Ursachenbündeln in Zustände von Ausweglosigkeit führen und schließlich in eine Katastrophe (Kast 1987) münden.

Ein Jugendlicher, der sich in einer Krise befindet, ist schmerzlichen seelischen Belastungen ausgeliefert. Sie machen ihn unzufrieden und/oder wütend, verzweifelt, hilflos, frustrieren und enttäuschen ihn. Vor allem aber beherrschen ihn Angst und das Gefühl, den Herausforderungen des Lebens nicht gewachsen zu sein. Es liegt nahe, dass gerade labile Jugendliche mit einem geringen Selbstwert besonders empfindlich auf Kritik, Leistungsdruck und Leistungsversagen reagieren und deshalb gerade im Schulzusammenhang, wie am Anfang des Buches geschildert, Kränkungen, Frustrationen und Zurückweisungen als elementar erleben. Solche Anlässe knüpfen an früher erlebte Konflikte an und lassen schon einmal durchlebte Emotionen wieder aufbrechen – sie deuten *häufig* auf ungünstige dispositionelle Voraussetzungen, Beziehungsabbrüche, Verlustereignisse und auf aktuelle Belastungssituationen in der Familie hin (vgl. Klosinski 1999, S. 111). Gegenwärtige Situationen werden dann als aussichtsloser empfunden, als sie tatsächlich sind, und der Jugendliche in einer Krise neigt dazu, sich von der ganzen Welt unverstanden und verlassen zu fühlen. Auf dem Höhepunkt/in der Zuspitzung einer solchen Krise kann es zum Empfinden von desolater Hoffnungslosigkeit und zu panischen Zuständen kommen. Eine zunehmende Verengung der Wahrnehmung, die Aufgabe bisheriger Wertesysteme und der Verlust von Initiative und Hoffnung können in einen *Teufelskreis* von Resignation und Starre führen, der den Heranwachsenden handlungs-, entscheidungs- und problemlösungsunfähig macht, und in der

Folge, noch größere Panik, Ausweglosigkeit etc. entstehen lässt. Die Chance, sich alleine daraus zu befreien, wird immer geringer.

Im geschilderten Bild wird deutlich, dass es vielen Heranwachsenden im *Modell der produktiven Realitätsverarbeitung* (Hurrelmann 2002) nicht gelingt, die Anforderungen der Individuation und der Integration aufeinander zu beziehen und miteinander zu verbinden. Amok, Suizid, psychische Erkrankungen sind Endpunkte von Verläufen und Prozessen, in denen immer viele Faktoren, aber auch schulische Bedingungen eine Rolle gespielt haben. Schulische Aufgabe ist es, das jeweilige, strukturelle und individuelle *Belastungspotenzial* zu erkennen und solche Prozesse nach Möglichkeit aufzuhalten. Die Antwort der Lehrerschaft auf die geschilderten Voraussetzungen heutiger Jugendlicher, gerade im Mittel- und Oberstufenbereich, muss in der Anpassung ihres Berufsbildes bestehen. Das Signal an die Heranwachsenden muss lauten: Wir fühlen uns nicht nur für fachliche, sondern auch für eure persönlichen Probleme zuständig!

Die Pubertät verläuft potenziell krisenhaft und war schon jeher die Zeit seelischer Konflikte: Das Ringen um Identität, die Diskrepanzen im Selbst, das Schwanken zwischen Widerspruch und Stimmigkeit waren und sind mit spannungsvollen Emotionen gekoppelt, ebenso das Gefühlschaos der ersten Liebe, Probleme mit den Veränderungen des Körpers, die Ablösung von den Eltern oder die Frage nach dem Sinn des Lebens.

Erwachsenwerden ist heute riskanter denn je und scheint bei Heranwachsenden mehr Kräfte zu binden als früher. Das Finden der eigenen Identität beschäftigt viele Jugendliche bis an das Ende des zweiten Lebensjahrzehnts. Ein ständiges Suchverhalten und das Bemühen, sozialen Halt und Gewissheit zu gewinnen und zugleich sich keiner Option zu verschließen und keine Chance zu verpassen, sind heute charakteristisch für Jugendliche. Das Heranwachsen führt in eine Welt, die unvorhersagbar, unberechenbar und »unlesbar« geworden ist (Hurrelmann 2004). Dabei spüren Jugendliche, dass *Grundvoraussetzungen* in ihrer gegenwärtigen Realität einfach *fehlen* und dass *sie* dafür nicht verantwortlich zu machen sind:

Der »Airbag« Familie als ruhender Bezugspunkt, sicherheitsgebende Einheit und orientierungsvermittelnde Kontinuität scheint nicht mehr zu funktionieren. Viele heutige Familien, auch solche, die nach außen vollkommen normal aussehen, sind innen eine einzige Szenerie von Gleichgültigkeit und Kälte, das bloße Nebeneinander von Einsamkeiten. Viele Eltern wissen selbst nicht mehr, was richtig oder falsch ist und woran sie sich im Hinblick auf die Erziehung halten sollen (Götz/Eisenberg 2007). Zwischen Armut und Sozialhilfeniveau auf der einen und Wohlstandsverwahrlosung auf der anderen Seite werden Heranwachsende oft mit einer Vielzahl von Familientypi und komplizierten Beziehungsnetzen konfrontiert, in denen keiner der Erwachsenen den Kopf für die Belange der Kinder frei hat. Pubertäre Zuspitzungen entwickeln sich daher öfter und unbemerkt zu krisenhaften Entwicklungen und führen über ausweglose Dilemmata in echte, bedrohliche Krisen (vgl. Klosinski 1999, S. 125).

»Ich muss gleich kotzen!« oder »Das Leben ist extrem Scheiße!« – so lautet nicht selten die unverschlüsselte Befindlichkeitsansage von Pubertierenden. Sie entspricht der aufgeräumten Grundstimmung, die Vertretern der genannten Spezies zu eigen scheint und von ihnen ungefiltert an die Umwelt weitergereicht wird. Kinder und Jugendliche in der Pubertät bekräftigen die These: »… Lehrer sein dagegen sehr!« und sabotieren oftmals den guten Willen, den folgenden pädagogischen Ansprüchen gerecht zu werden: Der junge Mensch sucht und braucht stabile Bindungen – die Gefühlsschwankungen von Pubertären sind ernst zu nehmen (Flammer/Alsaker 2002).

Was die Sache erschwert, ist, dass sich viele Eltern und auch professionelle Pädagogen schwer tun, sich zu erinnern, wie sich dieses unvermeidbare, manchmal beglückende, oft aber auch unerträgliche anthropologische Phänomen *Pubertät* anfühlt: Negative wie positive Zustände dieser Entwicklungsphase sind für Erwachsene oft nicht mehr aufspür- und nachvollziehbar. Zuspitzungen oder Gleichgültigkeit in den Lehrer-/Schülerbeziehungen kommen häufig vor. Pubertät wird so zum befremdlichen Störfaktor, dient als dürftige Erklärung und wird zur ausweichenden Begründung für alles, was am Jugendlichen irritiert. Pubertierende werden dann Projektionsflächen für eigene Schwächen, persönliche Enttäuschungen und Frustrationen, sie lösen beim pädagogischen Gegenüber ähnliches Trotzverhalten und Verweigerungsmuster wie beim Jugendlichen aus und bringen Lehrpersonen dahin, schwierige Schüler innerlich abzuschreiben: »Wenn ich den schon sehe, krieg ich so'n Hals...!«; »Solange die sich nicht ändert, sehe ich doch gar nicht ein, dass ich auf die zugeh'n soll...!« Pubertät ist im so verstandenen, negativen Sinne etwas, was *mich* fertig macht oder was alle Beteiligten *aushalten* und bloß irgendwie *durchzustehen* haben. Die bewusste Entscheidung, eigene Haltungen im Hinblick auf Beziehungsgestaltung zu verändern und darauf zu verzichten, sinnlose Machtkämpfe auszutragen, würde Kräfte und Energien sparen, die gerade für diesen Job Voraussetzung sind. Der Jugendliche muss – so schwer dies auch ist – so angenommen werden, wie er gerade ist. Dann können krisenhafte Phasen und sogar echte Krisen aufgefangen und die *Chancen* dieser Entwicklungsphase mit ihm *zusammen* genutzt werden.

Das Abdriften von Heranwachsenden in eine bedrohliche Krise gibt sich in Abgrenzung zu normalen pubertären Abstürzen zu erkennen. Hellhörigkeit ist immer dann angesagt, wenn folgende Anzeichen darauf hinweisen:
- Leistungsabfall
- Rückzug aus sozialen Bezügen
- anhaltende Schuldistanz
- Alkohol- und Drogenmissbrauch
- Essstörungen
- häufiges Fehlen wegen psychosomatischer Beschwerden
- selbstverletzendes Verhalten
- depressive Zustände, Antriebslosigkeit, Versagensängste etc.
- dauerhafte Konflikte mit Eltern
- Gewalt in der Familie
- Verdacht auf sexuellen Missbrauch
- Trennung von, Verlust oder Tod einer nahe stehenden Person

Wenn der Eindruck entsteht, dass ein Schüler in eine ernsthafte Krise abzurutschen droht, muss diese Besorgnis ausgesprochen werden. Der erste Schritt ist, einem Jugendlichen dazu zu verhelfen, die Krise als solche anzunehmen, und ihn davon zu überzeugen, dass es Wege gibt, die aus der Sackgasse herausführen, auch wenn diese für ihn im Augenblick nicht sichtbar sind. Platte Appelle helfen ihm nicht – was er braucht, sind *unterstützende Handlungen* (»Was kannst du heute tun, damit es dir besser geht?«) und echte *Ermutigungsimpulse*, die er in Selbstaffirmationen umwandeln kann:
- Du bist stärker als du denkst!
- Du wirst nicht alleine gelassen, du hast hier Personen, mit denen du reden kannst!
- Versuche, positiv zu denken!
- Du darfst dich nicht weiter in etwas hineinsteigern, was eigentlich zu bewältigen ist, wenn du Unterstützung bekommst!
- Ich helfe dir dabei, psychologische/psychotherapeutische Hilfe zu finden!
- Du wirst erleben, dass dich diese Krise in deiner Entwicklung weiterbringt und reifer macht!

In Jahrgangsteamsitzungen müssen sich Pädagogen über ihre Wahrnehmungen austauschen. Bei der Durchführung von Ordnungsmaßnahmen, insbesondere bei einem Schulverweis, nach der Rückgabe einer schlecht ausgefallenen Klausur und bei Zensurenkonferenzen muss *die mögliche Wirkung auf den einzelnen Jugendliche* erörtert und überlegt werden, wie das Ereignis als Kränkungs- und Frustrationserfahrung abgepuffert und vom Jugendlichen bewältigt werden kann. Ergeben sich Anhaltspunkte, dass der Jugendliche von den oben aufgeführten Problemen betroffen ist, geht es darum, ihn bzw. die Eltern für die Einsicht zu gewinnen, sich gegebenenfalls zuerst an den »Schulpsychologischen Dienst« und im Weiteren an entsprechende Beratungsstellen, Selbsthilfegruppen, Telefonnotdienste, Psychologen oder Psychotherapeuten zu wenden. Der Erstkontakt kann von einer Lehrperson oder von schulischen Sozialpädagogen vermittelt werden, weil dies für Jugendliche meist eine unüberwindliche Hürde darstellt. In Übereinkunft mit dem Schüler werden die Eltern informiert, diesen gegebenenfalls eine Erziehungsberatung empfohlen, und bei Desinteresse oder mangelnder Einsicht muss das Jugendamt eingeschaltet werden. Nach Möglichkeit sollte Kontakt zu den weiterbetreuenden Einrichtungen gehalten werden und ein regelmäßiger Austausch erfolgen.

Die Einladung eines Mitarbeiters einer Jugendkriseneinrichtung baut Hemmschwellen ab. Erfahrungsgemäß wird ein solcher Besuch von den Schülern mit Interesse und Aufmerksamkeit aufgenommen. Es ist sinnvoll, die Schüler *vor* dem Besuch einen Katalog mit ihren jeweiligen Fragen formulieren zu lassen.

Wer sich in einer bedrohlichen Krise befindet, hat große Probleme, sich diesbezüglich zu öffnen. Die pauschale Aufforderung, sich in einer solchen Situation zu offenbaren, ist gewissermaßen paradox, weil derjenige, der den am Kapitelanfang beschriebenen Teufelskreis durchbrechen soll, ja meistens bereits hoffnungslos in diesen verstrickt ist. Das bedeutet, dass die Krise eines Jugendlichen im schulischen Zusammenhang einen Auftrag an die Gemeinschaft der Pädagogen und auch an die Mitschüler *darstellt*. Der Appell, in ausweglosen Situationen Hilfe durch andere zu suchen und gegebenenfalls zum richtigen Zeitpunkt auch Erwachsene einzuschalten, verstößt allerdings gegen ein elementares Funktionsprinzip der Peergroup: Das Gebot »Du sollst nicht petzen!«. Es stellt eine verbindliche Größe dar und ist aus der Perspektive von Heranwachsenden auch sinnvoll. Ein *Early Warning Sense* auf Schülerebene, der auch bei Mobbing, bei Androhung oder Planung von schwerer, zielgerichteter Gewalt und bei Suizidgefahr greifen soll, setzt eine sorgfältige Klärung auf Schülerebene voraus, wann gefährliches Schweigen gebrochen muss. Innerhalb der vorgesehenen Materialien soll durch viele Beispiele unterlegt werden, in welchen Situationen dieses Schweigen durchbrochen werden muss, weil es mit Petzen nichts zu tun hat. Es müssen klare Situationsmerkmale herausgearbeitet werden, die als Kriterien gelten sollen, wann das individuelle oder kollektive Schweigen in einer Klasse gebrochen werden und wann, gegebenenfalls auch sofort, ein Erwachsener (Lehrperson, Vertrauenslehrer, Eltern) verständigt werden muss.

Aus diesen Erkenntnissen wird in der Klassengemeinschaft klargestellt, welche Formen der Mitteilung als Petzen identifiziert werden und nicht erwünscht sind. Die Botschaft an die Gleichaltrigen lautet: *aufeinander achten, Merkmale, Verhaltensweisen und Signale erkennen*, die auf Ausweglosigkeit und grundsätzliche Überforderung oder auf Ausgrenzung, Vereinzelung und Rückzug deuten. Zusammenfassend kristallisieren sich demnach *im didaktischen Entwurf dieses Themenkreises* folgende Aufgabenstellungen und Zielsetzungen heraus:

1. Auf der Ebene der Lehrerpersönlichkeit:
   - *Selbstmanagement:*
     - Wie schaffe ich es, das Konglomerat an pubertären Verhaltensmustern mit der nötigen Coolness anzunehmen und Jugendliche unaufgeregt, ohne eigenen Verschleiß, verständnisvoll zu begleiten und hilfreich zu unterstützen?
   - *In der Wahrnehmung der Schüler:*
     - Wie kann ich bedrohliche Krisen von normalen pubertären Problemlagen und Irritationen unterscheiden?
     - Besitzt der Jugendliche *Resilienz,* also die Fähigkeit, krisenhafte Phasen trotz gelegentlicher Rückfälle, Probleme und Tiefs, selbstständig oder mithilfe anderer zu bewältigen?
     - Steht der Schüler in der Gefahr, dass seine Krise in Suizidalität übergeht, in eine Drogenabhängigkeit oder in andere fatale Entwicklungen führt – ist gegebenenfalls *sofortiges* Handeln, d. h. das Einschalten von Fachleuten aus anderen Berufsgruppen, erforderlich?
2. Auf der Erkenntnisebene der einzelnen Schüler:
   - Kränkungs- und Frustrationsmuster bei sich selbst wahrnehmen und bewältigen
   - Stress-Coping kennenlernen
   - pubertäre Belastungen, die alleine gelöst werden können, von bedrohlichen Krisen unterscheiden
   - Krisen als Chance zur Weiterentwicklung und Veränderung anerkennen
   - Begreifen, dass es immer Lösungen gibt
3. Auf Klassenebene
   - regelmäßiger Austausch über Problemsituationen
   - problematische Schlüsselsituationen in der Pubertät gemeinsam analysieren
   - sinnvolle und gefährliche Geheimnisse unterscheiden lernen
   - Kriterien erarbeiten, wann das Schülergebot »Du sollst nicht petzen!« aufgehoben werden muss
   - Sensibilisierung in der Wahrnehmung von anderen
   - gemeinsam ein Klassen-Krisenmanagement entwickeln
   - Hilfe anbieten und annehmen lernen
   - erfahren, wo es professionelle Hilfe gibt

Die Intentionen im Zusammenhang mit dem Aufheben des Schweigegebots sind auch Grundlage in der Prävention von Mobbingprozessen (Kap. C.4) und für die Anbahnung eines *Early Warning Sense* in Bezug auf Suizid und Amok.

KV 87

STRESS – GUT ODER SCHLECHT ODER WAS?

Ohne Stress läuft nichts!
Stress versetzt den gesamten Organismus in eine nützliche »Alarmbereitschaft«. Deshalb brauchen wir ein gewisses Maß an Stress, um überhaupt überleben und Leistungen erbringen zu können, für die Aufmerksamkeit oder körperliche Bewegung notwendig sind.

Aber: Nur im Stress läuft gar nichts!
Denn zu viel Stress macht krank: Wenn wir uns länger andauernd in erhöhter Anspannung befinden, können wir depressiv werden, Schlafstörungen oder körperliche Krankheiten bekommen, z. B. Bluthochdruck oder einen Herzinfarkt. Dauerstress wirkt negativ auf unser Immunsystem, wir werden anfälliger für Entzündungen, Infektionen und sogar für Krebs.

Sind wir gestresster als unsere Vorfahren?
Ursprünglich war Stress eine sinnvolle Schutzreaktion vor Gefahren; er löste Flucht oder Angriff aus. Wenn unsere Vorfahren in der Savanne sich plötzlich einer Raubkatze gegenüber sahen, mobilisierte der Körper seine Reserven für die Flucht. Das Großhirn meldete dem Zwischenhirn: Lebensgefahr! Dies erregte den Sympathikus-Nerv, der die Botschaft an die Hormondrüsen, insbesondere an die Nebennieren, weiterleitete. Es wurden die Hormone Adrenalin und Noradrenalin ausgeschüttet, die den Blutdruck und den Herzschlag erhöhen. Das Blut fließt schneller und stärker durch die Muskelregionen und versorgt sie mit dem Treibstoff Zucker. Dies alles ließ damals eine blitzschnelle Reaktion zu: den lebensrettenden Sprung in ein Gebüsch oder einen körperlichen Angriff.

Heute stressen uns andere Faktoren
Die Wirkung von Stress ist heute gleich, körperliche Reaktionen jedoch überflüssig: Wenn uns der Vorgesetzte ärgert oder unter Druck setzt, können wir nicht in eine Höhle flüchten oder ihn angreifen. Stress in der modernen Welt belastet uns daher psychisch und/oder körperlich:

❶ Unterscheidet äußere und innere Stressoren. Markiert sie mit zwei verschiedenen Farben.
Armut ⊙ persönliches Leid ⊙ Lärm ⊙ Klimawandel ⊙ Gewalt auf der Straße ⊙ Angst vor der Zukunft ⊙ Umweltgifte ⊙ Jobverlust ⊙ Krieg ⊙ Enttäuschungen und Kränkungen in Beziehungen ⊙ Beziehungsabbrüche ⊙ Krankheit ⊙ Zeitmangel ⊙ Leistungs- und Konkurrenzdruck ⊙ Reizüberflutung ⊙ Schulden ⊙ soziale Isolation ⊙ technische Geräte ⊙ Gewalt in der Familie

❷ Unter welchen äußeren und inneren Stressoren leiden Jugendliche der Gegenwart? Notiert sie in Paargruppen auf Post It's und klebt sie an die Tafel.

Stressbewältigung / Stressmanagement
Hans Selye, ein bedeutender Stressforscher, erkannte schon vor Jahren die positive, heilsame Form von Stress, der uns nicht belastet. Jeder weiß, dass anstrengende Arbeit auch Spaß machen kann. Es kommt darauf an, wie wir den Stress bewerten:

1. Eustress:	Dieser Stress ist positiv, weil wir uns den Anforderungen gewachsen fühlen und dabei unsere eigene Stärke spüren, also mit uns zufrieden sind. Solche Aufgabenstellungen werden als spannende Herausforderung angesehen.
2. Dysstress:	Wenn wir mit einer Aufgabe überfordert sind, zu hohe Erwartungen oder Angst haben, zu versagen, wirkt sich der Stress negativ aus.

Stresskiller
Die Fähigkeit, Stress und Belastungen positiv zu verarbeiten und zu bewältigen, nennen Wissenschaftler *Coping*. Mit Stress umzugehen kann gelernt werden. Erfolgreiche Menschen tun dies gezielt und wenden Copingtechniken und -strategien an.
Wie geht ihr mit Stress um? Was sind eure persönlichen Stresskiller?

KV 88

Der Stress-Test (1)

Wie oft gerätst du in Stress, unter Druck oder in Anspannung und bist belastet durch das, was hier genannt wird? Es sind mögliche Stressauslöser oder Stressfaktoren.

Kreuze das entsprechende Kästchen von 0 bis 4 an, je nachdem, wie sehr du vom jeweiligen Stressfaktor bedrückt, belastet oder besorgt bist. Es gibt kein »richtig« oder »falsch«! Du füllst den Test für dich selbst aus, ohne Namensnennung. Nur wer möchte, berichtet darüber.

0 = nie	1 = selten	2 = manchmal	3 = oft	4 = meistens

	1	2	3	4
Familie	☐	☐	☐	☐
Geld	☐	☐	☐	☐
Zukunftsgedanken	☐	☐	☐	☐
Zensuren/Versetzung	☐	☐	☐	☐
Liebe/Sexualität	☐	☐	☐	☐
Schlafstörungen	☐	☐	☐	☐
Polizei/Justiz	☐	☐	☐	☐
Lehrpersonen	☐	☐	☐	☐
Schulden	☐	☐	☐	☐
Clique/Gang	☐	☐	☐	☐
enge Freund/innen	☐	☐	☐	☐
Gesundheit	☐	☐	☐	☐
Gewalt	☐	☐	☐	☐
Computerspielen/Internet/Fernsehen/Handy	☐	☐	☐	☐
Aussehen	☐	☐	☐	☐
Drogen/Alkohol	☐	☐	☐	☐

Gesamtpunktzahl: _____

Ergebnis: siehe Testauswertung

KV 89
Der Stresstest (2) – Testergebnis

Übertrage deine Gesamtpunktzahl aus dem Stress-Test in das Kästchen:

0 Punkte:
Na Klasse, auf dich hat die Welt gewartet! Entweder du hast den Test nicht begriffen oder du beschwindelst dich selbst! Oder du bewegst dich, falls du nicht schon im Koma liegst, als lebende Schlaftablette über diesen Planeten. Bei Letzterem hast du zwar nie Stress, kriegst aber auch sonst nichts vom Leben mit. Träum weiter oder viel, viel besser: Mach den Test noch einmal, und sei dir selbst gegenüber ehrlich!

1–11 Punkte:
Stress erlebst du nur ab und zu. Meistens scheinst du deine Probleme gut im Griff zu haben. Dein Leben kannst du offensichtlich genießen, ohne dir ständig größere Sorgen machen zu müssen. Das ist toll! Trotzdem könntest du überlegen, wie du Stress gut bewältigst, denn das wird dir auf jeden Fall in deinem späteren Leben nützen. Nimm dir deine Stressauslöser vor und überlege dir, wie du sie entschärfen kannst. Denke an deine Stärken, reagiere noch gelassener und sorge für Ausgleich durch Ruhe-, Entspannungs- und Bewegungsphasen.

12–32 Punkte:
Es gibt manchmal Situationen in deinem Leben, in denen du dich ganz schön gestresst fühlst. Sie werfen dich zwar nicht aus der Bahn, sind aber trotzdem belastend. Erfolgreiche Menschen in dieser Gesellschaft haben begriffen, dass sie auf Dauer nicht ohne Stressmanagement *on top* bleiben können: Sportler, Manager, Künstler und Politiker. Wenn du später mal mitmischen willst, solltest du jetzt schon anfangen, dich gegen Stress zu wappnen. Versuche auch, in einer Stresssituation positiv zu denken, und trainiere, wie du in angespannten Momenten ruhiger und gelassener reagieren kannst. Zeige deinen Stressauslösern die rote Karte und gehe Probleme, die du hast, **aktiv** an!

33–48 Punkte:
Du lässt zu, dass dich Sorgen oft belasten und stressen. Häufig hast du das Gefühl, dass dir ungelöste Probleme über den Kopf wachsen – wahrscheinlich machen sie dir Bauchschmerzen oder sonstige körperliche Beschwerden, wahrscheinlich hindern sie dich am Einschlafen. Viele deiner kreativen Potenziale und persönlichen Stärken kommen gar nicht zur Geltung, weil du an vielen Tagen nur mit deinen Sorgen beschäftigt bist. Sprich dringend mit einer Freundin / einem Freund oder am besten mit einem Erwachsenen, dem du vertraust, darüber! Dann solltest du dir, mit Unterstützung durch andere, einen Stressauslöser nach dem anderen vornehmen und versuchen, für deine Probleme schrittweise Lösungen zu finden. Denk an die Probleme, die du früher schon erfolgreich bewältigt hast, und lass dich nicht entmutigen: Für die Probleme brauchst du dich nicht zu schämen, und Stress zu bewältigen schafft man nicht von heute auf morgen – aber man kann es lernen. Think positive!

49–64 Punkte:
Du scheinst im Dauerstress zu stecken. Kein Wunder, du hast eine Menge Probleme am Hals. Deshalb fühlst du dich »abgenervt«, belastet, unausgeglichen, ausgelaugt, gehetzt und ständig überfordert – ein bisschen so wie ein Hamster im Käfig. Kein Grund, zu verzweifeln oder aufzugeben: Was du brauchst, ist Hilfe und Unterstützung durch jemanden, dem du vertraust! Dann kannst du deine Stressauslöser einen nach dem anderen aktiv angehen. Es ist gut, dass du jetzt über alles nachdenkst, denn du hast ganz vergessen, welche Stärken in dir stecken! Deine Sorgen wirst du nicht in einer Woche los, aber wenn du deine hohen Erwartungen herunterschraubst und dir in kleinen Schritten ein Problem nach dem anderen vornimmst, wirst du bald Erfolgserlebnisse haben. Lerne trotz allem, positiv zu denken, und übe, gelassener zu reagieren! Wenn du am Ball bleibst, schaffst du es bald, dein Leben zu genießen!

Christine Spies: »Wir können auch anders!« © Beltz Verlag 2011 · Weinheim und Basel

KV 90

Der ultimative Stress-Guide: Gib dem Stress keine Chance!

Tipp 1: Bleib cool
Du bist nicht der / die Einzige auf der Welt mit Problemen, die erdrückend und niederschmetternd erscheinen! Schäm dich nicht dafür – es ist nur das echte, wirkliche Leben, das gerade bei dir anklopft! Zur Zeit ist es nicht besonders gut zu dir, aber das wird sich wieder ändern!

Tipp 2: Geh deine Probleme endlich aktiv an
Insgeheim wartest du vielleicht darauf, dass irgendwann irgendjemand bei dir an der Tür klingelt und dir anbietet, deine Probleme zu lösen, oder dass eines Tages die Problemlösungen vom Himmel fallen. Vergiss es: Niemand außer dir selbst kann und wird sie lösen!

Tipp 3: Gib dem Stress keine Chance – beseitige die Ursachen
Veränderung gelingt meistens nur in kleinen Schritten: Welche aktiven, kleinen Schritte musst du gehen, um deine Probleme nach und nach zu lösen? Wen oder was brauchst du dazu? Wer kann dir dabei helfen? Wann genau fängst du damit an, zunächst dein größtes Problem anzugehen?

Tipp 4: Setze gezielt Stresskiller ein
Führe Gespräche mit anderen. Lerne und tu das, was dir, deinem Körper und deiner Seele gut tut. Probiere aus, sei offen und experimentierfreudig: Sport, Ruhepausen zum Auftanken: Stilleübungen, Entspannungstechniken, z. B. Yoga oder autogenes Training, Naturerlebnisse, Musik hören oder selbst machen, tanzen, lesen, ein Bad nehmen, Hobbys suchen und finden, zwischenmenschliche Beziehungen gezielt pflegen, Haustiere verwöhnen und sich selbst verwöhnen lassen, ausreichend Schlaf, gesunde Ernährung, positives Denken mit Selbstinstruktion und Selbstprogrammierung durch positive innere Bilder.

Umsetzung von Tipp 1
Yeah! Du gestehst dir deine Probleme ein, weil du verstanden hast, dass Leben nun mal nicht nur aus angenehmen Phasen, sondern auch aus dunklen Zeiten und aus Arbeit und Anstrengung besteht.

Umsetzung von Tipp 2
Du denkst über aktive Schritte zur Lösung deiner Probleme / Stressfaktoren nach.

1. Mein größtes Problem:

_____

2. Der erste, aktive Schritt zur Problemlösung, der von diesem Moment an gilt:

_____

3. Der nächste Schritt:

_____

_____

4. Welche Stress-Killer (vgl. oben) wirst du einsetzen, wenn dich der Stress wieder einmal packt?

_____

KV 91

»Ab in die Hängematte!« (1) – Fantasiereise

Vorbereitung:
Stifte werden bereitgelegt (Bleistifte, Buntstifte, möglichst keine Filzstifte). Das AB mit der Hängematte wird ausgeteilt und mit verdeckter Vorderseite hingelegt. Die Lehrperson hat Netze für die Hängematte mitgebracht (Orangen-, Zwiebelnetze).
Alle sitzen bequem am Tisch und legen den Kopf auf die Oberarme. Wenn möglich, Augen schließen.

Anweisung:
Wir begeben uns auf eine Fantasiereise. Während der Fantasiereise spricht bitte niemand. Wenn sie beendet ist, das Blatt umdrehen und ohne zu sprechen die Aufgabenstellungen, die angesagt werden, durchführen.

Text zur Durchführung:
Leise Musik einspielen, Text vorlesen, Musik zwischendurch aus- und einblenden.

Stell dir vor, du begibst dich an einen fernen Ort, an einen schönen Ort, wo du dich wohlfühlst. Dort stehen zwei Bäume. Dazwischen hängt eine Hängematte. Du gehst zu den Bäumen und kletterst in die Hängematte. Du streckst dich und dehnst dich. Dann siehst du dich um und schaust dir die Umgebung an. Wo bist du? Wo stehen die zwei Bäume? An einem Sandstrand am Meer oder in einem dichten Tannenwald? Stehen sie im Gebirge oder auf einer Blumenwiese? Vielleicht bist du auch in einem Garten mit Obstbäumen? Jetzt schließt du die Augen und schaukelst in der Hängematte hin und her. Sanfter Wind weht über dein Gesicht. Die Sonne wärmt deinen Bauch. Du lauschst auf die Geräusche und nimmst die Gerüche in deiner Umgebung auf. Du schaukelst hin und her, hin und her. Jetzt bist du ruhig und entspannt. Du spürst, wie du mit Ruhe und Kraft erfüllt wirst. Ruhe und Kraft. Jetzt verlässt du diesen schönen, stillen Ort. Du nimmst die Ruhe und die Kraft mit und kommst langsam wieder zurück. Wann immer du willst, kannst du an diesen Ort zurückkehren – in deiner Fantasie. Öffne langsam die Augen und spüre die Ruhe und die Kraft, die du von der Reise mitgebracht hast.

....

Anweisung für die Gestaltung der KV 92 (Musik weiter spielen lassen):

Sprecht bitte weiterhin nicht. Dreht das Blatt um.

❶ Zeichnet zwei auseinanderstehende Bäume, die zu eurem Fantasieort passen. Die Hängematte dazwischen wird später eingeklebt, ihr braucht sie nicht zu malen.

❷ Gestaltet dann den Vorder- und Hintergrund eures Ortes.

❸ Zeichnet euch auf einem extra Blatt in entsprechender Größe als (witzige) Figur. Malt sie aus und schneidet sie aus.

❹ Klebt zwischen die Bäume das Netz für die Hängematte und faltet die Figur so, dass die Knie angezogen sind. Klebt sie in die Hängematte.

Gemeinsamer Austausch:
1. Wie war die Fantasiereise für euch? Wie konntet ihr euch entspannen?
2. Wo wart ihr? An welchem Ort standen die Bäume mit der Hängematte? Was habt ihr dort noch gesehen, gerochen und gehört? Fiel es schwer, so lange still zu sein? Konntet ihr die Stille genießen?
3. Stellt eure Bilder vor.

KV 92

Ab in die Hängematte (2) – Gestaltungsvorlage

Ab in die Hängematte

KV 92

Ab in die Hängematte (2) – Gestaltungsvorlage

KV 93

Schmerzhafte, verletzende Erfahrungen (1)

Schmerzhafte, verletzende Erfahrungen haben oft zu tun mit:

Entwürdigung   Beleidigung   Zurückweisung   Erniedrigung
Kränkung   Ablehnung   Demütigung   Ausgrenzung

Solche Erfahrungen lösen belastende Gefühle aus. Welche?

~~~~~~~~~~~~~~~~   Wut   ~~~~~~~~~~~~~~~~

> Der wird mich nicht noch einmal beleidigen!

> Wieder eine Party ohne mich…! Irgendwie mach ich immer alles falsch…!? Am liebsten würde ich mich nur noch verkriechen!

> Megapeinlich, wie die mich vor allen bloßgestellt hat! Nur weil ich die Lösung nicht gleich wusste!

Kinder und Jugendliche haben noch keine ausreichenden Strategien und zu wenig Übung, um sich selbstsicher zu wehren. Deshalb reagieren sie meist sensibler als Erwachsene und fühlen sich bei Kritik oder Ablehnung schneller gekränkt und abgelehnt. Möglicherweise zweifeln sie dann an sich selbst und fühlen sich als Versager. Oft ziehen sie sich dann zurück oder werden aggressiv.

❶ Leere Denkblase mit einem anderen Beispiel beschriften.

❷ Wie, wo und durch wen werden Jugendliche durch Kränkungen, Zurückweisungen, Demütigungen etc. (vgl. oben) verletzt? Schreibt Beispiele auf die Rückseite: für Schule, Freizeit, Familie oder Öffentlichkeit.

❸ Ergebnisse austauschen: Was trifft am schlimmsten? Wie geht ihr damit um?

❹ Behandelt die KV 94.

KV 94

Schmerzhafte, verletzende Erfahrungen (2) – Welcher Verarbeitungstyp bist du?

Typ 1 – Verdränger
Probleme und unangenehme Gefühle schiebst du weg: »Ich zieh mir doch nicht jeden Mist rein!« Lieber stürzt du dich in andere Beschäftigungen und lenkst dich ab. Vielleicht betäubst du dich auch mit Alkohol oder anderen Drogen. Manchmal verkriechst du dich auch im Bett und pennst endlos lange, oder du dröhnst dich stundenlang mit Fernsehen oder Computerspielen zu. Auf alle Fälle vermeidest du erst mal alles, was dich an das Unangenehme erinnern könnte. Du willst positiv denken und redest dir ein, dass das Problem eigentlich harmlos ist. Überhaupt wird sich alles von selbst regeln.

Typ 2 – Dampfkessel
Du lässt Probleme und negative Gefühle gar nicht an dich rankommen. Nach außen hin wirkst du ruhig und beherrscht. Auf andere bist du nicht angewiesen, was sie von dir denken, interessiert dich nicht. Du gehst deinen eigenen Weg. Ab und zu fällt dir auf, dass du immer weniger Kontakte zu anderen hast und oft wie in einer eigenen Welt lebst. Du hast deine Hobbys, in denen du deine Fantasien ausleben kannst. Das hilft dir, wenn andere dich runtermachen, bloßstellen und ihre Macht ausspielen. Wenn dich manchmal aggressive Gefühle und Fantasien überfallen, drückst du sie weg und hältst den Deckel drauf. Du denkst oft, dass irgendwann deine Zeit kommen wird, dann werden sich alle wundern.

Typ 3 – Schluckspezialist
Du gehst Problemsituationen lieber aus dem Weg. Du möchtest nicht anecken und dich unbeliebt machen, deswegen schluckst du ungerechtes und unfaires Benehmen von anderen. Streit ist dir unangenehm, du magst es, wenn Beziehungen harmonisch sind. Dich zu wehren hältst du nicht für sinnvoll, denn es bringt ja doch nichts. Oft sagst du dann lieber gar nichts und ziehst dich zurück. Dann grübelst du lange darüber nach, was zwischen den Menschen falsch läuft. Du bewunderst Leute, die unbefangen durchs Leben gehen und sich gut durchsetzen können. In andere kannst du dich gut hineinversetzen, du bist für sie da. Du selbst bist oft ratlos und niedergeschlagen und hast öfter das Gefühl, im Leben zu kurz zu kommen.

Typ 4 – Showmaster
Du bist kontaktfreudig und stehst am liebsten im Mittelpunkt. Anerkennung und Bewunderung saugst du auf; du brauchst sie wie die Luft zum Atmen. Wehe, wenn du dich zurückgewiesen oder abgelehnt fühlst. Dann steigerst du dich so in die Sache hinein, bis jedem klar ist, dass du eine wahre Katastrophe erlebst. Deine Gefühle kannst du gar nicht für dich behalten. Also quatschst du irgendjemanden damit voll. Am Ende weißt du manchmal gar nicht mehr so genau, was das Problem war, aber es geht dir besser.

Typ 5 – Lonesome Cowboy
Du warst schon immer eher ein Einzelgänger und teilst anderen selten mit, was in dir vorgeht. Wozu auch? Jeder muss doch versuchen, mit seinen Problemen alleine klar zu kommen – so siehst du das. Deshalb verlässt du dich lieber nur auf dich. Manchmal gelingt es dir, eine Person ins Vertrauen zu ziehen und dich zu öffnen, aber dafür kommen nur wenige infrage. Danach machst du wieder dicht und bleibst für dich. Du weißt, dass dir dadurch vieles entgeht, aber der Zug mit den anderen scheint abgefahren.

Typ 6 – Manager
Bei einem Problem versuchst du dir erst mal darüber klar zu werden, was gerade abgeht. Du entspannst dich und überlegst. Wenn du nicht weiterkommst, sprichst du eine Vertrauensperson an. Freunde hat man doch, damit sie einem helfen, oder?

Typ 7 – Ausraster
Wer dich beleidigt, entwürdigt oder in deiner Ehre verletzt, muss damit rechnen, »eine zu fangen«, PP: Persönliches Pech! Weil du dich ständig von anderen provoziert fühlst, rastest du oft aus. Du brauchst das Gefühl von Macht und den Nervenkitzel: Alles ist besser als Langeweile und das Gefühl, unterlegen zu sein. Du kannst dich zwar gut durchsetzen, hast aber oft Stress und Nachteile, weil du deine aggressiven Gefühle nicht kontrollieren kannst.

Typ 8 – Nullchecker
Probleme haben andere – du hast alles im Griff!

❶ Den Text lesen, Selbsteinschätzung vornehmen, gemeinsamer Austausch.

❷ Welche Vor- oder Nachteile sind mit der geschilderten typischen Art und Weise verbunden, belastende Erfahrungen und Situationen zu verarbeiten? Was müsste der jeweilige Typ lernen?

KV 95

Eine Krise ist wie eine Sonnenfinsternis

EINE KRISE IST EINE KRISE IST EINE KRISE IST EINE KRISE IST EINE KRISE IST EINE KRISE

❶ Was macht folgende Krisen aus? Gibt es Gemeinsamkeiten?

| Ölkrise | Midlife Crisis | Lebenskrise | Finanzkrise | Beziehungskrise | Staatskrise |

❷ Es gibt Lebensphasen, Situationen und Ereignisse, durch die Menschen in eine Krise hineingeraten können. Zähle Beispiele auf:

_____

_____

_____

_____

Ein Leben ohne Krisensituationen gibt es nicht. Eine Krise im Leben ist wie eine

Sonnen ● **finsternis**

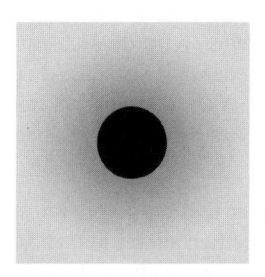

Krisen stellen Wende- und Entscheidungspunkte im Leben dar.
- Krisen sind zugespitzte Notlagen.
- Krisen sind Warnsignale.
- Krisen sind Chancen.
- Krisen sind überwindbar.
- Krisen machen stark, wenn sie bewältigt werden.

> Menschen, die eine Krise überwunden haben, sagen:
> Jede Krise ist eine Chance –
> nach einer überwundenen Krise ist man stärker und reifer als vorher!
> Die Erfahrung zeigt: Jede Krise ist irgendwann vorbei,
> dann ist das Leben wieder lebenswert!

❸ Berichtet von Menschen, die eine Krise überwunden haben. Wie haben sie es geschafft? Wer oder was hat ihnen dabei geholfen?

KV 96
Ganz normale Abstürze oder bedenkliche Krisen? (1)

1 An Schlaf ist nicht zu denken. Er hört, wie sie wieder streiten. Eine Tür knallt, es klingt wie ein Schuss. Stille. Dann geht das Geschrei weiter. Heute hat ihm sein Vater erzählt, dass er auszieht, direkt in die Wohnung von dieser Tusse. Das hier ist ihm wohl nicht mehr wichtig. Trennung also, aus und vorbei mit dem Familienidyll! »Kann mir ja eigentlich scheißegal sein, bin ja kein Kleinkind mehr«, denkt er. Trotzdem hat er jetzt oft das Gefühl, dass es ihm den Boden unter den Füßen wegzieht. Dann schnüren ihm Schmerz, Ohnmacht und Enttäuschung die Luft ab.

2 Der Handy-Alarmton schrillt, zum vierten Mal nacheinander. Gestern hat sie ihrer Mutter versprochen, dass sie heute auf jeden Fall aufsteht und hingeht. Will sie ja auch. Sie will es wirklich, obwohl sich alles in ihr dagegen sträubt. Die haben jetzt sogar mit einer Geldstrafe für die Eltern gedroht. Mit jedem Klingelton sickern mehr ungute Gefühle und Gedanken durch den schützenden Vorhang des Schlafs: Angst, nicht mehr zu blicken, was im Unterricht abgeht; Stress, das Schuljahr nicht zu schaffen, aber wozu auch? Grauen vor den blöden Sprüchen und Demütigungen. Reicht doch, wenn sie erst nach der großen Pause aufläuft. Sie schaltet das Handy aus.

3 »Ferien sind die schönste Zeit«, dass ich nicht lache! Hänge seit Tagen nur rum, alles ödet mich an, zappe mich durch die Programme, nichts flasht. Keine Idee. Die Familie nervt extremst. Wenn nicht gleich einer anruft oder sonst was passiert, dreh ich hier durch!

4 Wen interessiert es schon, dass die Verzweiflung in mir Wurzeln geschlagen hat, dass der brennende Schmerz mit Tränen nicht zu löschen ist, dass die lähmende Traurigkeit in jeder Körperzelle lauert. Der Tod lockt und verführt. Er flüstert von Erlösung und Ruhe. Ruhe vor dem täglichen Teufelskreis des Wiegens, Hungerns, Fressens, Würgens, Kotzens. Wiegens... Ich weiß, dass er lügt...

5 Gestern lag der Brief im Kasten. Er konnte ihn abfangen: »Vorladung zur Polizei«. Verdammt, das fehlt noch, gerade jetzt! In der Schule läuft alles schief und jetzt auch noch die Anzeige! Seine Eltern drehen sowieso schon am Teller... Was, wenn es zur Verhandlung kommt? Niemand darf davon erfahren.

6 Augen, die nicht lügen
Mund, der verspricht
Gedanken, die kreisen
Handy, das schweigt
Seele, die weint

7 Echt krass, wie es zwischen uns gekracht hat. Sie will meine beste Freundin sein! Sich so aufzubitchen, mit bauchfrei bis zu den Knien und sich an ihn ranzuschmeißen – mit allem drum und dran, wo sie doch genau wusste, dass ich total in ihn verknallt bin! Ich heule nicht wegen ihm! Sch... ey, sie war halt meine beste Freundin!

8 Warum sollten andere mich verstehen, wenn ich mich selbst nicht verstehe? Warum sollten andere mich lieben, wenn ich mich selbst hasse? Ich weiß keinen anderen Weg, wie ich den unsäglichen Druck loswerden kann, wenn sich dieser Wust an Gefühlen angestaut hat: Ärger, Wut, Verlassenheit, Angst. Am schlimmsten ist es, die Leere, die Kälte, die Gefühllosigkeit und die Gleichgültigkeit auszuhalten. Ich mach's, weil es wie ein Ventil ist. Wenn ich cutte, spüre ich mich, ich fühle, da ist noch Leben, und bin erleichtert! Danach stürze ich noch tiefer und verachte mich noch mehr. »Die Katze«, sage ich, wenn mir der Ärmel vom T-Shirt hochrutscht, »manchmal ist sie total aggressiv«.

9 Ich geb's ja zu, die letzten Monate hab ich's wirklich übertrieben! Muss endlich mal wieder klarkommen! Heute Abend: Null Tropfen! Genau genommen ist es aber ganz schön blöd..., so als einziger ohne...! Die meisten andern sind schon wieder breit, na ja, die können doch gar nicht anders. *Ein* Drink..., nur ein einziger...?! Kann ja eigentlich nicht verkehrt sein, man ist dann einfach lockerer. Beknackt ist doch nur, sich das Hirn komplett zu fluten. Na bitte, klappt doch! – Nur ein Drink! – Wie bitte? Ist mein fünftes Glas? Na, dann ist sowieso alles egal – morgen aber, morgen bestimmt!

❶ Die Beispiele gemeinsam lesen.

❷ Die Beispiele auf der Kopiervorlage 97 bearbeiten.

KV 97

Ganz normale Abstürze oder bedenkliche Krisen? (2) – Das Krisenteam entscheidet

Ganz normale Abstürze oder bedrohliche Krisen?

Die Beispiele 1 bis 9 schildern Gedanken von Jugendlichen in problematischen Situationen. Findet zu zweit eine Überschrift für die einzelnen Beispiele und lest sie vor.

1. _____
2. _____
3. _____
4. _____
5. _____
6. _____
7. _____
8. _____
9. _____

Verteilt die Beispiele auf Kleingruppen. Stellt euch vor, es handelt sich um Schüler/innen aus eurer Klasse.

- Welches konkrete Problem liegt vor?
- Welche der beschriebenen Zustände und Vorkommnisse würdet ihr als *bedrohliche Krisen und welche als normale Abstürze* einstufen. Welche können von den Betroffenen höchstwahrscheinlich nicht alleine, sondern nur mithilfe von anderen bewältigt werden?
  – Warum erscheint Hilfe von außen notwendig? Was muss unbedingt verhindert werden?
  – Wie könnte diese Hilfe aussehen? Wer könnte sie leisten? Wer müsste angesprochen werden?
  – Worin besteht die Chance dieser Krise?
  – Stellt den anderen eure Ergebnisse vor und diskutiert sie.

Stellt für eure Gruppe/Klasse auf einem Plakat einen Hilfe-Check-up zusammen:

- Worauf wollt ihr künftig bei anderen achten? Wann wollt ihr als Mitschüler reagieren?
- Hängt einen Sorgenkasten für persönliche »Not- und Hilferufe« daneben, in den auch anonyme Mitteilungen geworfen werden können. Besprecht, wie ihr mit dem Inhalt umgehen wollt.
- Schreibt die Namen und Sprechzeiten von Vertrauenslehrern an eurer Schule dazu.
- Recherchiert Telefonnummern, Adressen und Hotlines von Kriseneinrichtungen für Jugendliche und notiert sie auf dem Plakat.

KV 98

Ein knallhartes Tabu relativieren: Was ist Petzen?

gammazlamak	*denunciare*	*skarcyc*	*to sneak*	*chieve*
Türkisch	Italienisch	Polnisch	Englisch	Norwegisch

Der Vorgang des Petzens scheint in aller Welt bekannt zu sein. Es hat Gründe, warum dieses knallharte Tabu für Jugendliche wichtig ist und warum Verstöße absolut verpönt sind.

❶ Überlegt gemeinsam: Weshalb ist das Gebot »*Du sollst nicht petzen!*« für Kinder und Jugendliche wichtig und meistens sinnvoll?

❷ Sammelt in Kleingruppen Beispiele für nicht geduldetes Petzen aus dem Klassenalltag (ohne Personen namentlich zu nennen) und schreibt sie kreuz und quer um den Satz »Petzen ist, wenn…« herum.

❸ Überlegt Motive, warum gepetzt, also angeschwärzt, verpfiffen oder in die Pfanne gehauen wird, und notiert sie unten auf den Linien.

❹ Lest eure Beispiele im Klassenplenum vor und findet eine allgemeine Definition für den Begriff *Petzen*, schreibt diese in die Umrandung.

Petzen ist, wenn …

Motive / Absichten / Ziele beim Petzen:

_____

_____

Petzen bedeutet …

_____

_____

❺ Gestaltet aus all dem ein *Klassenplakat* mit bunten Zeichnungen: Einigt euch im Klassenplenum darauf, was in eurer Klasse nicht vorkommen soll, und schreibt konkrete Verhaltensweisen auf, die in eurer Klasse in Bezug auf »Petzen« nicht erwünscht ist.

KV 99

Süße und gefährliche Geheimnisse

Jeder Mensch hat Geheimnisse. Die meisten davon können wir getrost in eine Schublade packen, zu der nur wir den Schlüssel besitzen, und sie verschließen.
- Wir brauchen sie, um unsere eigenständige Persönlichkeit zu wahren und um uns gegen andere abzugrenzen.
- Geheimnisse können uns schützen.
- Manche Geheimnisse tun gut, man kann sie genießen.
- Es gibt aber auch Geheimnisse, die belasten, überfordern und in schwierige oder gar ausweglose Situationen führen können.

❶ Austausch im Klassenforum: Vertraust du manche deiner Geheimnisse auch anderen an: dem / der besten Freund/in, Eltern, Chatpartnern, einem Tagebuch, niemandem?

❷ Sammelt zu zweit auf der Rückseite Beispiele für:

Süße Geheimnisse	Gefährliche Geheimnisse

❸ Führt mit einigen Beispielen im Klassenforum das *Stille-Post-Spiel* durch.

❹ Gleicht das, was ihr aufgeschrieben habt, mit den anderen Gruppen im Klassenforum ab.

Gefährliche Geheimnisse können die bedrohliche, zerstörerische Wirkung von Dynamit haben! Dann gibt es fünf gute Gründe, die geheime Schublade zu öffnen, um solche Geheimnisse über dich oder andere preiszugeben und das bisherige Schweigen zu brechen:
- Stell dir vor, was passieren könnte, wenn niemand einschreitet!
- Stell dir vor, du selbst oder jemand, der dir sehr nahe steht, gerätst / gerät in eine solche Situation!
- Du bist mutig!
- Du bist nicht einer von diesen gleichgültigen Egoisten, die mit Scheuklappen durch die Welt laufen. Du zeigst Fürsorge und Verantwortung für andere!
- Du bist klug genug, dich nicht in Schwierigkeiten zu bringen. Man könnte dich nämlich zur Verantwortung ziehen, weil du dein Schweigen nicht gebrochen hast:
Es gibt nämlich ein Gesetz, das dafür sorgen soll, Einzelne oder die Gemeinschaft vor einem schlimmen Geschehen zu schützen. Nach § 323 c des Strafgesetzbuchs (Fassung 1998) kann es sich um »Unterlassene Hilfeleistung« handeln, wenn du nicht reagierst und zusiehst, wenn andere in Gefahr sind: »Wer bei Unglücksfällen oder gemeiner Gefahr oder Not nicht Hilfe leistet, obwohl dies erforderlich und ihm den Umständen nach zuzumuten, insbesondere ohne erhebliche eigene Gefahr und ohne Verletzung anderer Pflichten möglich ist, ... kann sich schuldig machen.«

Christine Spies: »Wir können auch anders!« © Beltz Verlag 2011 · Weinheim und Basel

KV 100

Wenn Schweigen ☠ zur Gefahr wird

❶ Bildet Kleingruppen.

❷ Lest die Beispiele, schneidet sie aus und entscheidet, zu welcher der zwei Spalten auf dem Beiblatt sie passen. Klebt sie in die jeweilige Spalte.

❸ Findet eigene Beispiele für die leeren Kästen.

Ein Junge, der an eine andere Schule versetzt werden soll, sprayt vor Mitschülern auf eine Mauer: www.todesliste-schillergymnasium

Eine Mitschülerin benutzt einen Spickzettel bei der Klausur.

In der Klasse wird seit Wochen ein Mitschüler gemobbt.

Eine Freundin hat die Unterschrift auf der Entschuldigung gefälscht.

Ein Schüler zeigt einigen Mitschülern Fotos von Waffen und sagt: »Der Tag des Gerichts ist gekommen. Es ist besser, wenn ihr morgen zu Hause bleibt!«

Ein 17-Jähriger vertraut einem Freund an, dass er seit Jahren von einem älteren Onkel sexuell belästigt wird. Er will mit niemandem darüber sprechen.

Eine 15-jährige Schülerin erzählt anderen Mädchen aus ihrer Klasse, dass sie zu Hause oft geschlagen wird.

Dein Freund lügt in deinem Beisein seine Eltern an. Er ist pleite und erzählt ihnen, sein Taschengeld sei ihm geklaut worden, was aber nicht stimmt.

Vor der Schule werden Drogen verkauft.

Eine Mitschülerin erzählt, dass sie ihren Ohrring im Kaufhaus geklaut hat.

Ein Mitschüler raucht trotz Verbots auf der Schultoilette.

Eine Schülerin, die sich immer mehr zurückzieht, sagt zu ihrer Freundin: »Ich mach Schluss! Hat doch alles keinen Sinn mehr!«

KV 101
Wenn Schweigen zur Gefahr wird (2) – Die Kriterien

Den Sachverhalt/das Geheimnis weitergeben? Nein! Es wäre Petzen!	Gefährliches Schweigen brechen? Ja! Es hat mit Petzen nichts zu tun!		
Ich halte besser den Mund. • weil meine Motive rein egoistisch sind und es mir nur darum geht, selbst gut dazustehen. • denn es geht um eine Kleinigkeit. • weil es mich nichts angeht; die betroffene Person muss für diese Sache selbst die Verantwortung übernehmen. • weil die Person ihr Problem alleine lösen kann – es ist ein ganz normaler »Absturz«. Ich erzähle es nicht weiter, versuche aber eventuell trotzdem Einfluss auf die Person zu nehmen.	Es handelt sich hier eindeutig um Situationen und Fakten, bei denen Erwachsene eingeschaltet werden müssen. Der/die Jugendliche 1. ist grundsätzlich überfordert oder unfähig, ein drängendes Problem eigenständig zu lösen. 2. gefährdet sich selbst oder andere an Leib und/oder Leben oder droht, sich selber oder andere zu gefährden. 3. wird durch Gewalthandeln zum Opfer gemacht oder verursacht Opfer. 4. begeht durch sein Verhalten eine Straftat. Wer nicht handelt, macht sich als Mitwisser schuldig!		
Schweigen ist nicht immer Gold!			

Auf A3 vergrößern. Beispiele von KV 100: »Wenn Schweigen zur Gefahr wird« entsprechend zuordnen und in eine der Spalten einkleben. Ergebnisse vergleichen und diskutieren.

B.4.6 Voll die Krise? – Das Peer-Helper-Team
Aufgabenstellungen und Schulungsinhalte einer Arbeitsgemeinschaft

Kommentar

In den letzten Jahren hat sich nach vorsichtigem Zögern auch in Deutschland ein wichtiges Element des sozialen Lernens und der Gewaltprävention zunehmend durchgesetzt: die sogenannte Peergroup-Education – erfolgreiches Lernen, das sich hauptsächlich auf die beträchtlichen Ressourcen und den unvergleichlichen Einfluss der Gleichaltrigen stützt, ihnen wichtige soziale Kompetenzen verleiht und Lehrpersonen entlastet. Durch Unterstützungssysteme, die sich aus der Peergroup heraus entwickeln, werden Veränderungen angestoßen:

- Verbesserung des Schul- und Klassenklimas
- Modifikation des herkömmlichen Rollenbildes der Lehrpersonen
- Mitbeteiligung, aktive Verantwortungsübernahme und das Ermöglichen von Selbstwirksamkeitserfahrungen auf der Seite der Jugendlichen: wichtiger Kompetenzerwerb in Bezug auf emotionale Intelligenz und entscheidende Schlüsselqualifikationen für ihr Leben
- Begleitung und Unterstützung für Mitschüler in Lern-, Konflikt- und Problemsituationen

Im vorliegenden Konzept sollen Mitglieder der Peergroup herangezogen werden, um als Ansprechpartner zur Verfügung zu stehen und Mitschülern in arrangierten Beratungssituationen Hilfestellung zu geben: in 1:1-Beratungssituationen sowie durch E-Mail-Beratungen.

Gleichaltrige müssen in Bezug auf die Mitteilung über Probleme weniger Barrieren und Hemmschwellen überwinden. Peers werden als Ansprechpartner bevorzugt, vor allem dann, wenn sie geringfügig älter sind, weil sie Modell, Identifikationsangebot und Ansprechpartner mit hoher Akzeptanz darstellen und durch gleiche Sprache und Sichtweisen überzeugen. Auch in der *Beobachtung* von Problem-, Ausgrenzungs-, Konflikt- oder Krisensituationen sind sie es, die näher an den Betroffenen »dran« sind. Mitschüler sind überwiegend diejenigen, die Gefährdungssignale bei Krisen oder psychischen Erkrankungen sowie *Leaking* oder auch Ankündigungen oder Androhungen von Amok oder Suizid zuerst wahrnehmen.

Dementsprechend soll eine AG gegründet werden, die Schüler befähigt, für Mitschüler erster Ansprechpartner zu sein und ihnen Unterstützung bei den genannten Problemstellungen zu geben. Die Arbeitsgemeinschaft sollte durch mehrere Pädagogen gestützt werden:

- Die Lehrpersonen (Beratungslehrer, Vertrauenslehrer, Sozialarbeiter etc.) bilden eine Gruppe von Jugendlichen im Zeitraum eines halben Jahres aus.
- Sie führen im zweiten Halbjahr und so lange, bis diese befähigt sind, eigenständige Beratungen durchzuführen, mit ihnen gemeinsam Krisen-/Beratungserstgespräche durch.
- Wenn die Jugendlichen selbstständige Beratungen durchführen, tun sie das immer im Zweierteam, möglichst mit Geschlechtermischung. Sie stehen mit den entsprechenden Ausbildern im ständigen Kontakt.
- Diese Pädagogen übernehmen durchgängig Supervisionsaufgaben, führen mit den Peers konkrete Fallbesprechungen durch und bilden sie weiter fort.

Allen Beteiligten muss jedoch klar sein, dass die Verantwortung für eine angemessene Fürsorge immer bei den Erwachsenen der Institution verbleibt!

> Peer Helper führen nur **Erstberatungen** durch. Sie motivieren Mitschüler in Problemsituationen lediglich für weitergehende Beratungen durch die entsprechenden erwachsenen Pädagogen. Eine Auseinandersetzung mit Gleichaltrigen, die unter massiven Problemen, psychischen Störungen und Erkrankungen leiden oder gar suizidgefährdet sind, wäre zu belastend und würde sie überfordern. In Beratungssituationen von pubertären Alltagsproblemen können sie aber aktiv mitwirken.

Die Auswahl der Peer Helper: Interessenten aus den Klassenstufen (vorzugsweise ab neunte Klasse, einzelne, geeignete Kandidaten ab Mitte der achten Klasse) bewerben sich und begründen ihre Motive in einer kurzen schriftlichen Bewerbung. Auf Klassenebene wurden zuvor Kriterien für die Zugangsvoraussetzungen erarbeitet.

Ein Peer Helper sollte
1. einen hohen sozialen Status unter den Mitschülern haben, also beliebt sein. (Das Ansehen innerhalb der Lehrerschaft spielt eher eine untergeordnete Rolle, es müssen auch keine »Einser-Schüler« sein.)
2. Bereitschaft zur Verantwortungsübernahme, Disziplin, Zuverlässigkeit und Vertraulichkeit besitzen.
3. die Fähigkeit zur Empathie haben.
4. über eine ausreichende Sprachkompetenz verfügen.
5. zur Vorbildfunktion, z. B. im Hinblick auf gutes Benehmen oder gewaltfreies Handeln etc., bereit sein.

Bei einer Reihe von Bewerbern wird als Hauptmotivation der (unbewusste) Wunsch stehen, durch die anstehende Aufgabe eigene Probleme in den Griff zu bekommen. Die Leitung der AG muss in Absprache mit den Klassenlehrern entscheiden, welche der Jugendlichen ausreichend stabil und belastbar sind, genug Distanz aufbringen können und der Herausforderung im Hinblick auf Durchhaltevermögen und Zuverlässigkeit gewachsen sind. Ansonsten ist wichtig, dass in der Peer Helper-Gruppe alle wesentlichen ethnischen Gruppierungen vertreten sind. Die Verteilung von Mädchen und Jungen sollte in etwa gleich sein.

Inhalte des Kapitels:
- Ausbildungsstruktur und Schulungsinhalte
- Bewerbung und persönliche Voraussetzungen
- Vertrag
- Selbstreflexion
- das Beratungsgespräch
- die Tabus
- Auszeichnung

Materialübersicht:
Sämtliche Kopiervorlagen zur Schulung und Betreuung der Gruppe der *Peer Helper* sind auf www.beltz.de als Download (Kennwort: 62746) vorhanden.

B.4.7 Seele am Abgrund
Aufklärung über psychische Störungen und Erkrankungen – Suizide verhindern helfen

»*Es ist überall Hoffnung in der Welt, nur nicht für uns.*«
Franz Kafka

»*Wir haben von jenen, die sich selbst getötet haben, zu lernen, dass es nicht möglich ist, zu leben ohne Sinn, ohne Güte, ohne Liebe.*«
Unbekannt

Kommentar
Aus der *KiGGS*-Erhebung (»Studie des Robert-Koch-Instituts Berlin zur Gesundheit von Kindern und Jugendlichen«) aus dem Jahr 2008 geht hervor, dass bei fast 22 Prozent der Kinder und Jugendlichen zwischen 7 bis 17 Jahren Hinweise auf psychische Auffälligkeiten und Störungen vorliegen. An erster Stelle rangieren mit zehn Prozent Ängste, danach mit 7,6 Prozent *Störungen des Sozialverhaltens* und mit 5,4 Prozent *Depressionen*, 2,2 Prozent leiden unter *Hyperaktivitätsstörungen*. Fachleute fordern in diesem Zusammenhang unter anderem, Jugendliche an Schulen über psychische Erkrankungen aufzuklären, um so frühzeitig einer Tabuisierung entgegenzuwirken.

Bei den empirischen Daten zu Suizidversuchen und Suizidereignissen bei Jugendlichen liegt die angenommene Anzahl der Suizidversuche bei 40 pro Tag. Die Zahlen über durchgeführte Versuche gelten als ungesichert (es gibt keine Meldepflicht mehr), sie scheinen aber in der Adoleszenzphase zwischen 15 und 19 Jahren am höchsten zu liegen (Bojack 2010, S. 4 ff.). Männliche Jugendliche verüben deutlich häufiger Suizide als Mädchen, während Mädchen öfter Suizidversuche durchführen. Die Anzahl der Gesamtsuizide ist laut Statistischem Bundesamt (Bonn 2009) rückläufig, jedoch ist das Dunkelfeld beträchtlich, weil das Phänomen »Suizid« gesellschaftlich tabuisiert wird. So werden viele Suizide (auch bei Erwachsenen) verschwiegen, weil Angehörige darüber Scham und Schuld empfinden und weil Ärzte und Polizei Suizid als Todesursache oftmals nicht erkennen (Drogenüberdosierung, Unfälle durch Risikoverhalten etc.). Die Schichtenzugehörigkeit spielt keine signifikante Rolle. In dieser Häufigkeit werden Suizidmethoden von Heranwachsenden gewählt: Erhängen, sich vor Fortbewegungsobjekte werfen oder legen, gefolgt von Stürzen aus großer Höhe, Vergiften, Erschießen und Ertränken.

Suizid (lat. *Sui caedare*: sich töten, fällen) ist für Außenstehende ein zutiefst verstörender Akt, der im näheren und weiteren Umfeld große Betroffenheit hervorruft und Angehörige oft ein Leben lang erschüttert. Der Suizid eines Schülers löst auch im Schulzusammenhang nachhaltige Folgen unter Mitschülern und Pädagogen aus. Sein Leben selbstgewählt zu beenden, muss bei Heranwachsenden als besonders tragische Art der Problembewältigung verstanden werden. Zuspitzungen in der Pubertät, im Hinblick auf Autoritäten, in Bezug auf Identitätsfindung, Sinnsuche und psychosexuelle Probleme führen bei manchen Jugendlichen in unauflösbare Krisen. Gewalterfahrungen/sexueller Missbrauch und Vernachlässigung scheinen suizidale Entwicklungen zu fördern, genauso wie Drogen- oder Alkoholabhängigkeit sowie depressive und schizophrene Erkrankungen und vorangegangene Suizidversuche das Suizidrisiko erhöhen. Eine tiefgreifende Kommunikationsstörung zwischen Kind und Eltern, die Trennung der Eltern, der Tod eines geliebten Menschen, zu wenig Anerkennung durch Gleichaltrige und wiederkehrende Abwertungen im »System Schule« verstärken einen gering ausgeprägten Selbstwert. Depressive Zustände, das Gefühl, sozial isoliert zu sein und von niemandem verstanden zu werden, führen neben dem Grundempfinden, dass vorhandene Probleme unlösbar, hoffnungslos und existenziell bedrohlich sind, in tiefe Ausweg-, Hoffnungs- und Sinnlosigkeit. Innerhalb eines längeren Prozesses können sie in einen Suizid/-versuch münden. Akute Familienkonflikte, Liebeskummer und Schulprobleme dienen innerhalb der anhaltenden Dynamik als Auslöser.

Es gibt viele Theorien über Suizid, mit soziologischen, psychoanalytischen oder lerntheoretischen Ansätzen, vorherrschend anerkannt ist die psychodynamische Theorie mit der Vorstellung des sogenannten präsuizidalen Syndroms (Ringel 1997). Damit ist eine länger andauernde seelische Befindlichkeit gemeint, die lange vor dem Ereignis besteht und sich in einer Einengung der Sicht, durch Aggressionen, die sich auf die Person selbst richten, und suizidalen Fantasien äußert. Dies bedeutet, dass ein Suizid kein spontaner Akt, sondern der Endpunkt einer langen Entwicklung ist. Suizidhandeln bei Jugendlichen muss als Hilferuf in auswegloser Situation verstanden werden. Es hat appellativen Charakter (Bronisch 2007, S. 79). Der Betroffene möchte einen unerträglichen Zustand beenden, sehnt sich nach Ruhe und Entlastung und hat die subjektive Erwartung aufgegeben, dass ihm in seiner Umwelt Hilfe und Unterstützung zukommen. Aus diesen Erkenntnissen heraus und im Wissen, dass acht von zehn Suizidanten ihr Vorhaben vorher ankündigen, ergeben sich präventive Folgerungen:

1. Kompetenzförderung im Bereich der Persönlichkeitsentwicklung, Förderung der Gruppenintegration, unterstützende Hilfestellungen, damit belastende Faktoren verringert bzw. ausgeräumt werden
2. Aufklärung über psychische Erkrankungen
3. Aufklärung über das Phänomen Suizid bei Jugendlichen
4. Erkennung von Frühwarnsignalen / Suizidindikatoren, Aufspüren von Suizidfantasien, Beachtung von direkten und indirekten Äußerungen in Bezug auf Suizidabsichten (verbal, in Zeichnungen, Aufsätzen, Gedichten, in Internet-Communitys etc.)
5. Einbeziehung von Gleichaltrigen
6. Einbeziehung von Experten

Experten aus der Kinder- und Jugendpsychiatrie und Suizidforscher weisen auf die Notwendigkeit hin, Aufklärung an Schulen über psychische Erkrankungen und das Phänomen Suizid zu betreiben – um die Jugendlichen zu sensibilisieren und um die vorherrschende Tabuisierung aufzubrechen (Deutsches Bündnis gegen Depression e.V. 2006). In anderen Ländern geschieht dies mit gezielten Präventionsprogrammen und Schulungen von Lehrpersonen. In Deutschland besteht eine große Unsicherheit bei Lehrern, solche Themen im Unterricht aufzubereiten, weil sie in ihrer Ausbildung darauf nicht vorbereitet werden. Sicher spielen auch die allgemeine Tabuisierung des Todes und damit verbundene Ängste eine Rolle. Das Phänomen »Suizid« verunsichert in besonderer Weise, und die Befürchtung, bei der unterrichtlichen Thematisierung etwas falsch zu machen, ist groß. Suizidexperten weisen jedoch darauf hin, dass ein Reden über Suizid und gezieltes Ansprechen von gefährdeten Personen nicht dazu führt, einen Suizid auszulösen. Im Gegenteil, es wird gerade von suizidalen Jugendlichen als Entlastung und Hilfestellung empfunden! Wichtig ist es, die eigene Rolle klar abzugrenzen: Lehrpersonen sind keine Therapeuten! Aufklärung im Bereich Schule resultiert aus einer bildungspolitisch und explizit *pädagogisch* begründeten Intention. Abgesehen von der Gefahr eigener Überforderung werden die Schüler unterschwellige pseudotherapeutische Bemühungen mit dem Gefühl abwehren: *Das ist doch Psycho!*

Mit ähnlichen Tabuvorstellungen und Ängsten wie bei Erwachsenen ist bei den Schülern zu rechnen. Erfahrungsgemäß passiert es z.B., dass einzelne Schüler in Tränen ausbrechen, weil das Thema angestaute Gefühle nach außen drängen lässt. Oft wird dann erklärt, dass die Inhalte an den Tod einer nahe stehenden Person erinnern. In jeder Klasse können meistens mehrere vom Suizidversuch oder auch vom Suizid eines Menschen im näheren oder entfernteren Bekanntenkreis berichten. Solche Ereignisse bleiben oft unverarbeitet und brechen bei der Themenstellung auf – zudem hat ein hoher Prozentsatz von Jugendlichen in pubertären Überforderungssituationen selbst schon einmal daran gedacht, sich zu suizidieren. Häufig kommt es auch vor, dass einzelne alberne Reaktionen zeigen und lachen. Letzteres sind Unsicherheiten und Abwehrreaktionen. Sie bedeuten nicht, dass das Thema nicht ernst genommen wird. Im Voraus ist zu ermitteln, ob Schüler der Klasse in letzter Zeit den Tod einer ihnen nahe stehenden Person erlebt haben, um zu erfragen, ob sich der Betroffene in der Lage fühlt, sich mit dem anstehenden Thema auseinanderzusetzen. Nach Erfahrung der Autorin sagen am Ende der erfolgten Suizidaufklärung übereinstimmend alle Schüler einer Klasse, dass es wichtig war, darüber informiert zu werden, und dass es als hilfreich empfunden wurde, sich damit zu beschäftigen.

Sinnvoll ist es, im gesamten Verlauf der thematischen Erarbeitung die Schüler aufmerksam im Blick zu haben und auf nonverbale Signale zu achten, die auf eine Überforderung deuten. In diesem Fall kann auch vorgeschlagen werden, dass jemand in Begleitung eines anderen kurzzeitig die Klasse verlässt. Von Vorteil ist es auch, bei belastenden Themenstellungen grundsätzlich zwischendurch kurze, entlastende Time Out-Phasen anzuberaumen, damit die Lehrperson sich bei Einzelnen erkundigen kann, wie sie mit den verhandelten Sachverhalten klarkommen.

In jedem Fall ist die punktuelle Einbeziehung von Experten hilfreich. Mitarbeiter der Schulpsychologie, aus Kriseneinrichtungen, Telefonberatungen oder aus der Kinder- und Jugendpsychiatrie vermitteln der Lehrperson Sicherheit und bereichern die Gesprächssituationen durch authentische, anschauliche Erfahrungen mit Betroffenen.

Jede direkte oder indirekte Suizidäußerung muss ernst genommen werden – sie bedeutet immer, dass der Jugendliche Hilfe braucht!

Beim Verdacht auf Suizidabsichten sollte diese Besorgnis in einem angemessen geführten Gespräch konkret angesprochen werden. Es dürfen dabei nur solche Versprechen gegeben werden, die sich später auch einhalten lassen. Bei der Frage, ob die Eltern auch gegen den Wunsch des betroffenen Jugendlichen benachrichtigt werden sollen, ist es sinnvoll, sich Rat von Hilfseinrichtungen zu holen. Wenn der Schüler es nicht alleine schafft, sich Hilfe in einer entsprechenden Einrichtung zu holen, sollte von der Lehrperson eine direkte Verbindung hergestellt und Begleitung angeboten werden, möglicherweise auch durch einen Mitschüler oder einen Peer Helper.

Folgender didaktische Hintergrund sollte durchgängig aufscheinen:
- Jeder kann in eine existenzielle Krise geraten.
- Probleme von Jugendlichen sind grundsätzlich immer lösbar, auch wenn für den Betroffenen in der Situation ein Lösungsweg nicht sichtbar ist.
- Wenn eine Krise vorliegt (KV 102), braucht derjenige Hilfe von außen.
- Hilfe zu suchen ist kein Zeichen von Schwäche, sondern von Stärke.
- Gleichaltrige haben mehr Information und deutlich größeren Einfluss als Erwachsene. Wenn bestimmte Merkmale vorliegen, muss trotzdem ein Erwachsener eingeschaltet werden. Dies hat dann mit Petzen nichts zu tun! (KV 99–101)

Im Zusammenhang mit Suizid gibt es, genauso wie bei Amoktaten, das Phänomen des Imitationshandelns. Die Entscheidung zum Suizidversuch wird häufig durch den sogenannten *Werther-Effekt*, meist durch medial vermittelte Informationen, induziert. Solche Nachahmungstaten sind durch empirische Forschungsergebnisse belegt und umso wahrscheinlicher, je prominenter und sympathischer die Persönlichkeit ist und je mehr sich gemeinsame Berührungspunkte ergeben.

In den letzten Jahren ist diesbezüglich eine neue Gefährdung durch sogenannte Suizidforen im Internet entstanden. Auf solchen Suizidseiten tauschen sich suizidale Personen aus und vermitteln Informationen zu erfolgreichen Suizidmethoden. Ein dadurch ausgelöster Suizid wird als Cyber-Suizid bezeichnet. Eine Vielzahl dieser Seiten wird nicht durch einen

Moderator kontrolliert, deshalb sollten insbesondere Jugendlichen nur seriöse Beratungsseiten von bekannten Initiativen empfohlen werden.

Bei der Suizidaufklärung müssen bezüglich der *Vermeidung von Nachahmungstaten* folgende Prinzipien im Umgang mit dem Thema beachtet werden (sie entsprechen im Wesentlichen den Empfehlungen, die Suizidexperten auch an Medienvertreter abgeben):

- Keine Angaben zur Identität eines Jugendlichen abgeben, der sich suizidiert hat: Alter, Lebensumstände, Fotos oder Vorlieben. Auch eine vereinfachende Motiv-/Ursachendarstellung stellt eine Motivationsbrücke zum Nachahmen dar, z. B. »... hat sich umgebracht, weil er in der Schule versagt, Liebeskummer hatte, Scheidungsopfer ist.« Folgenreiche Identifikationsangebote eröffnen sich auch durch das Erwähnen persönlicher Vorlieben, beispielsweise der Lieblingsmusikgruppe.
- Keine Möglichkeiten der Mystifikation oder nachträglichen Verehrung anbieten bzw. Mitleid anregen, z. B. »... sah gar keine andere Möglichkeit ...«, »... in dieser schwierigen Situation wundert es einen nicht ...«.
- Keine Angabe zu Tatorten, keine Tatortmystifizierung (z. B. sprang vom Hochhaus in der XY-Straße, sprang von der Brücke, auf der sich schon öfter Menschen umgebracht haben).
- Keine Angabe zur Suizidmethode oder dem Tathergang: Bei Suiziden und Suizidversuchen sollen nach Möglichkeit weder die eingesetzten »weichen« noch »harten« Methoden konkret benannt und erläutert werden – also etwa die Anzahl der Tabletten oder ob sich jemand einen Kopfschuss beigebracht bzw. womit und wo er sich erhängt hat.
- Keine emotionalen, romantisierenden oder sensationsheischenden Berichterstattungen, Erzählungen oder Geschichten einsetzen: Bei Suizidgefährdeten können solche verklärende Darstellungen die Bilder eines sanften Entschlummerns oder seelenvollen Hinübergleitens suggerieren und Anschlussimpulse an die Fantasien des potenziellen Selbsttöters liefern. Es geht um Formulierungen wie: »Wenn sie verzweifelt war, fand sie zuletzt nur noch Trost bei ihrem Hund.«; »Viele Male sah er in Gedanken seine trauernden Eltern vor seinem Grab stehen.«; »Bevor sie einschlief, zog sie ihr Lieblings-T-Shirt an und hörte die Musik, die sie am meisten mochte.«; »Endlich ist er an einem Ort, an dem Frieden herrscht.«

Auf die Verwendung der Begriffe *Selbstmord* oder *Freitod* sollte verzichtet werden. Es sollten die Bezeichnungen *Suizid* oder *Selbsttötung* gewählt werden. *Selbstmord* beinhaltet eine moralische Bewertung und *Freitod* ist als Begriff unpräzise bzw. verfälschend – in den meisten Fällen kann nicht von einem wirklichen freien Willen zur Tat ausgegangen werden.

Bei der Thematisierung von selbstverletzendem Verhalten (SVV) wird wegen der *Trigger*-Gefahr (engl.: trigger = Auslöser) bewusst auf eine detaillierte Darstellung verzichtet (Bilder, Schilderungen etc. können bei Betroffenen »triggern«, d. h. erneutes selbstverletzendes Verhalten auslösen). Es gilt, in diesem Zusammenhang hauptrangig klar zu machen, dass es ein ernstzunehmendes, unbedingt behandlungsbedürftiges Zeichen für eine psychische Erkrankung und heilbar ist.

Wichtig!
Unterrichtsstunden, die von den Schülern als belastend erlebt wurden könnten, sollten unbedingt mit einem Mut machenden, aufheiternden Abschluss beendet werden: z. B. mit Kooperations-/Interaktions-/Bewegungsspielen, Musikeinspielungen nach Schülerwünschen etc.!

Folgende Aspekte sind über die Materialien vermittelbar:
- die Besonderheiten in der Pubertät
- Aufklärung über und Enttabuisierung von psychischen Erkrankungen
- Aufklärung über das Phänomen »Suizid«
- Fakten, Hintergründe, Gefährdungsmerkmale, Handlungsstrategien

Die folgenden Materialien sollten nicht fortlaufend zum Einsatz kommen. Vielmehr sollten im Laufe mehrerer Schuljahre immer wieder Teilaspekte aus dem Kapitel unterrichtlich vermittelt werden!

KV 102

Pubertät

Der Weg zu einer eigenständigen Persönlichkeit – zum Erwachsenwerden – ist oft steinig, verläuft schmerzhaft und ist von Krisen begleitet. Erwachsenwerden verläuft bei den meisten Jugendlichen wie eine rasante, atemberaubende Berg- und Talfahrt, mit wechselhaften Gefühlszuständen – zwischen dem überwältigenden Höhenrausch und einem bedrohlichen Absturz vergeht manchmal nur eine einzige Stunde. Kein Wunder, denn diese Lebensphase bringt viele Veränderungen und damit Verunsicherung mit sich, z. B. in Bezug auf:

- körperliche Entwicklungen – mit dem Gefühl der Fremdheit im eigenen Körper
- das Bewusstsein, ein geschlechtliches Wesen zu sein
- Identitätsentwicklung mit der Ausschau nach glaubwürdigen Vorbildern: *Wer bin ich und wer will ich sein? Wie wirke ich auf andere? Wie bekomme ich Selbstbewusstsein und -vertrauen?*
- das Zerbrechen des bisherigen Weltbildes mit seinen bislang geltenden Ordnungen – ein neues muss erst noch mühsam entwickelt werden
- den Zwiespalt, zwischen dem Bedürfnis nach Rückzug auf sich selbst und dem Aufgehen in der Gruppe der Gleichaltrigen (Peergroup)
- die Suche nach Lebenszielen und dem richtigen Platz in dieser Gesellschaft
- das Aufbegehren gegen die bislang enge Bindung zu den Eltern – Konflikte bei der Ablösung – Nähe und Distanz müssen neu ausgelotet werden
- Liebeskummer, der heftig ausgelebt wird. Weil noch keine Erfahrung im Umgang mit Liebesbeziehungen existiert, wird die Person, in die man sich verliebt hat, häufig idealisiert – eine Enttäuschung ist somit vorprogrammiert. Das Scheitern solcher Beziehungen wird als dramatisch erlebt, weil sie als *die* einzigartige Liebe des Lebens gesehen wird.

Versuche, das Besondere und Schwierige dieser Entwicklungsphase künstlerisch auszudrücken – gegenständlich oder abstrakt. Zeichne eine Person oder gestalte frei, mit Farben oder Formen. Ergebnisse vorstellen.

Christine Spies: »Wir können auch anders!« © Beltz Verlag 2011 · Weinheim und Basel

KV 103

Psychische Probleme – psychische Erkrankungen: Tabu und Vorurteile

❶ Führt ein Brainstorming durch und sagt spontan alles, was euch dabei durch den Kopf geht.

❷ Schreibt psychische Krankheiten an die Tafel, die euch bekannt sind.

❸ Berichtet von berühmten / prominenten Persönlichkeiten, von denen ihr wisst, dass sie psychisch krank waren / sind.

> Untersuchungen zufolge wird jeder dritte Mensch in unseren Breiten im Lebensverlauf durch eine psychische Erkrankung belastet. Die Wahrscheinlichkeit, dass du jemandem begegnest, der an einer psychischen Krankheit leidet, ist also groß. Psychische Erkrankungen können jeden treffen. Es kann jemand aus deinem Freundes- oder Bekanntenkreis, deiner Familie oder auch du selbst davon erfasst werden. Deshalb ist es wichtig, möglichst viel darüber zu wissen.

Anders als bei einem Schnupfen, einem Muskelriss oder bei einer Allergie sprechen Menschen kaum darüber, wenn sie psychisch krank sind. Auch wenn zahlreiche Promis inzwischen über ihre psychischen Krankheiten und Psychotherapien unbefangen plaudern und wenn es in manchen Kreisen hip ist, einen Psychotherapeuten zu haben, werden psychische Probleme von den meisten immer noch verschwiegen und versteckt. Das hängt damit zusammen, dass Erkrankte negative Reaktionen aus ihrem Umfeld befürchten.

❹ Verständigt euch zu dritt über mögliche Reaktionen.

❺ Zeichnet noch mehr Pfeile ein und schreibt solche Reaktionen und Denkweisen an die Pfeilspitzen.

❻ Tauscht eure Ergebnisse aus und ergänzt eure Notizen.

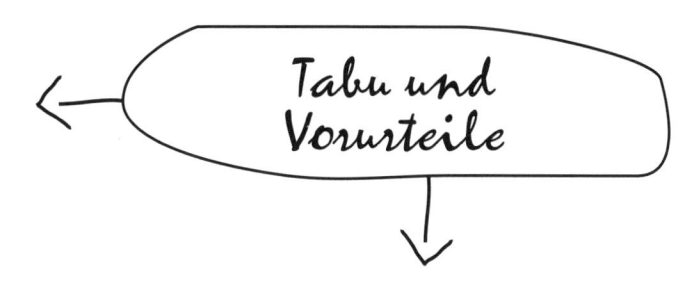

(Tabu und Vorurteile)

❼ Wie empfinden Betroffene diese Vorurteile? Wie und wodurch können diese beseitigt und wie das Tabu aufgebrochen werden?

❽ Beschließt, darüber einen Artikel in der Schülerzeitschrift zu verfassen, und stützt euch dabei auf die Unterlagen, die ihr in der Folge erarbeiten werdet.

> Vielleicht schafft ihr es, eigene Vorbehalte und Vorurteile zu überwinden und auch bei anderen eine neue Sichtweise zu bewirken. Damit tragt ihr aktiv dazu bei, das bisherige gesellschaftliche Tabu zu überwinden.

KV 104

Dunkler Schleier: Depression

Depression

Depression – Klammer um meinen Kopf.
Depression – Hast nicht mal angeklopft.
Depression – Ungebetener Gast.
Depression – Produzierst in mir Hass.
Depression – Meine Seele tut weh, so weh.
Depression – Will keinen Menschen mehr seh'n.
Ich habe keine Hoffnung mehr.
Dass mich noch jemand befreit.
Depression – Hab' keine Tränen mehr.
Depression – Und die Hauser sind leer, so leer.

Auszug aus dem Song »Depression« von Marius Müller-Westernhagen

- Markiert Gefühle, die im Text ausgedrückt werden, mit einem Textmarker.
- Was wisst ihr über Depressionen? Kennt ihr jemanden, der unter Depressionen leidet / gelitten hat? Recherchiert im Internet nach betroffenen berühmten Persönlichkeiten.

Depressionen gehören zu den häufigsten psychischen Erkrankungen und sind bei Kindern und Jugendlichen genauso verbreitet wie bei Erwachsenen. Wie andere psychische Störungen auch, verändert eine Depression Körper, Gefühle, Wahrnehmung und das Handeln. Sie bewirkt, dass der Betroffene qualvoll leidet.

Bei Jugendlichen ist es besonders schwer, eine Depression zu erkennen: Viele ihrer Anzeichen können auch sonst in der Pubertät auftreten – allerdings nicht so andauernd, zugespitzt und massiv. Erschwerend ist, dass eine Depression bei jungen Menschen viele Gesichter haben kann.

1. Manche Jugendliche leiden unter diesen Symptomen (Krankheitszeichen):
   – schlimme äußere und innere Unruhe
   – Gereiztheit und Aggression

2. Bei anderen sind solche Symptome vorhanden:
   – tiefe Trauer, manchmal Weinen ohne konkreten Anlass
   – Gefühl der totalen inneren Leere und der Abgestorbenheit
   – Hoffnungs-, Trost- und Auswegslosigkeit (alles scheint sinnlos und wird schwarz gesehen)
   – anhaltendes, sorgenvolles Grübeln, Schuldgefühle, Selbstvorwürfe/-zweifel
   – Einsamkeit
   – Antriebslosigkeit, Müdigkeit
   – Schlafstörungen
   – Interesselosigkeit an Dingen, die früher Spaß gemacht haben
   – Angst

3. Bei vielen kommt es zu **Stimmungsschwankungen**, und sie haben wechselnde Symptome wie unter 1. *und* 2. beschrieben.

Depressionen sind häufig mit anderen psychischen Problemen verbunden: Ängsten und Panikzuständen, Selbstverletzungen, Essstörungen, Suchterkrankungen.

> Eine Depression ist eine ernst zu nehmende, extrem belastende Erkrankung.
> Eine Depression kann in eine sogenannte Suizidalität münden, d. h. sie kann die Bereitschaft hervorrufen, sich das Leben zu nehmen.
> Eine Depression bedarf daher dringend der Behandlung durch Fachleute!
> Eine Depression kann heute gut und erfolgreich behandelt werden!

KV 105

Red Tears – Selbstverletzendes Verhalten

Red Tears

Lautes fröhliches Lachen.
Beneidenswerte Fröhlichkeit.
Strahlendes Glück.
Nicht für dich.

Trotzdem
lachst du mit.
Mit den Lebensfrohen, Übermütigen,
allerdings – nicht ganz so happy wie diese.

Verbirgst hinter einer Fassade Lügen,
stumme Schreie,
ersticktes Schluchzen.
Versuche des Überstehens.

Dunkelheit, Leere, Kälte
und Taubheit gegenüber dem Leben.
Unsäglicher Druck.
Er fordert Entlastung, Erlösung, Sicherheit.

Endlich fließen sie,
rote Tränen.
Aber du verbleibst,
zerstörter und einsamer als zuvor.

Einige der geschilderten Gefühle treffen auf viele Jugendliche in der Pubertät zu. Der Text beschreibt aber, was in einem Heranwachsenden vorgeht, der/die sich regelmäßig Selbstverletzungen zufügt.

❶ Was weißt du über Selbstverletzungen?

❷ Warum denkst du, verletzen sich Jugendliche auf diese Weise?

> Wer Selbstverletzungen durchführt, braucht dringend Hilfe und Behandlung durch einen Experten, z.B. einen Klinischen Psychologen oder einen Jugendpsychiater, denn es geht um ein ernst zu nehmendes Symptom. Es muss geklärt werden, welche Ursachen dahinterstecken.
> Eine Therapie verspricht Erfolge!

❸ Wenn du jemanden kennst, der/die sich selbst verletzt, solltest du Einfluss nehmen!

❹ Der-/diejenige befindet sich in einer ernsthaften Krise, und es besteht die Gefahr, dass er/sie total »abrutscht«!

❺ Ihr werdet lernen, wie ihr jemanden ansprechen könnt, der sich in einer Krise befindet.

KV 106

Kurzgeschichte: Böses Erwachen

Stell dir vor:
Du wachst auf, viel zu helles Licht blendet dich.
Du siehst verschwommene Gesichter, die sich über dich beugen, aber du kennst sie nicht.
Du weißt nicht, wo du bist und warum du da liegst.
Du wirst gefragt, wie du heißt und wo du wohnst, aber du weißt es nicht.
Du hast keine Ahnung, was los ist.
Du spürst bei jeder Bewegung dumpfe Schmerzen, überall an deinem Körper.
Du willst schreien, aber deine Zunge ist wie gelähmt, ein säuerlicher Geschmack von Erbrochenem würgt dich.
Du merkst, wie panische Angst in dir hochsteigt und willst dich aufrichten. Es funktioniert nicht, weil deine Arme und Beine wie gefesselt sind.
Du versinkst endlich wieder in die erlösende Dunkelheit.
Irgendwann wachst du erneut auf und bleibst wach.
Es ist ein böses Erwachen, denn du musst dich dem stellen, was passiert ist.

- Was ist passiert?
- Hat dich jemand in diese Situation gebracht oder hast du sie selbst verursacht?

Das hat K., 15 Jahre alt, erlebt:
Es ist Samstag, der 14.1.2009, 7.38 h, als K. in einem Park von Joggern bewusstlos aufgefunden wird. K. scheint dort mehrere Stunden bei Temperaturen um den Gefrierpunkt gelegen zu haben. Der gerufene Notarztwagen bringt ihn in die Notaufnahme des örtlichen Krankenhauses. Erste Untersuchungen durch das fahrende Notarztteam ergeben, dass K. unterkühlt und in ein Koma gefallen ist. Sie leisten Erste Hilfe.
   In der Klinik versuchen Ärzte und Krankenschwestern, das Leben von K. zu retten: Zuerst ziehen Krankenschwestern und Krankenpfleger K.'s Jeansjacke, sein T-Shirt und die Turnschuhe aus. Alles ist von Erbrochenem beschmutzt. Die verdreckte, übelriechende Jeans ist halb heruntergezogen, man sieht, dass K. seine Blasen- und Darmfunktion nicht mehr unter Kontrolle hatte. Ob K. in seinem hilflosen Zustand auch sexuell missbraucht wurde, kann erst später geklärt werden. Ein Arzt nimmt Blut ab und legt einen Schlauch für die rettende Infusion, eine Ärztin überprüft Blutdruck und untersucht die Schürfwunden und Blutergüsse. Krankenschwestern entfernen die gröbsten Verschmutzungen und versorgen eine blutende Platzwunde am Kopf. Nachdem verschiedene Röntgenaufnahmen von K. angefertigt wurden, schieben ihn die Krankenpfleger auf die Intensivstation. Dort wird K. in ein Krankenhausbett umgebettet und an zahlreiche Apparate angeschlossen. Es muss schnellstens überprüft werden, wie die inneren Organe von K. arbeiten. Die Apparate fangen an zu summen und zu piepen. Sie spucken Papierstreifen mit Ergebnissen aus, die eilig von den Ärzten ausgewertet werden. K. bekommt eine Windel umgelegt. Er wird in die Seitenlage gebracht, damit er nicht an Erbrochenem erstickt. Beine und Arme werden mit Gurten festgeschnallt, damit sich K. nicht auf den Rücken drehen kann und, falls er aufwacht, nicht aus dem Bett stürzt.
   Irgendwann ist alles getan, was möglich ist. Wird K. es schaffen?
   Die Tür öffnet sich und K.'s Eltern, die von der Polizei benachrichtigt wurden, treten an sein Bett: ein fassungsloser Vater und eine weinende Mutter. In den folgenden Stunden bangen und beten sie, dass ihr Kind aus dem Koma erwacht und keine Folgeschäden davontragen wird.

❶ Das Arbeitsblatt vor dem Verteilen an der gestrichelten Linie so nach hinten knicken, dass der untere Teil nicht sichtbar ist. Alle lesen den oberen Teil und mutmaßen, was passiert sein könnte. Handelt es sich um ein Mädchen oder um einen Jungen?

❷ Der restliche Text wird gelesen, Gedanken und Gefühle dazu werden ausgetauscht, und die KV 107 wird erarbeitet.

KV 107

Trinken, bis der Arzt (zu spät) kommt: Komatrinken

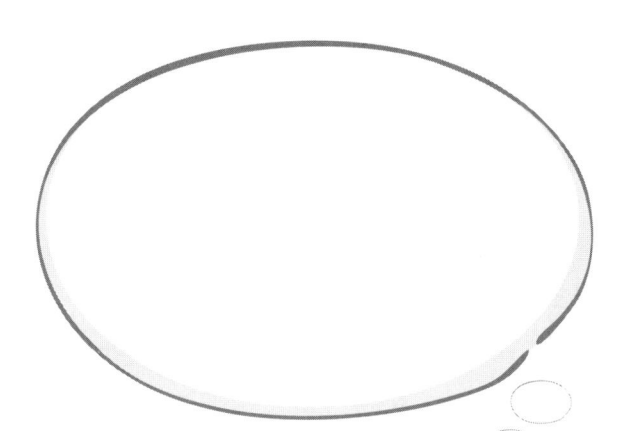

(Gedankenblase)

Was denken und fühlen die Eltern von K., als sie am Krankenbett sitzen?

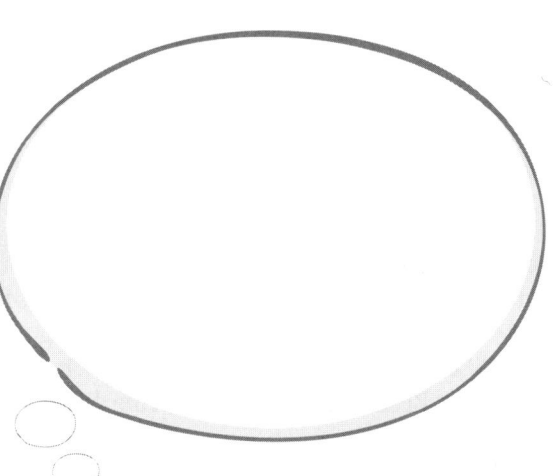

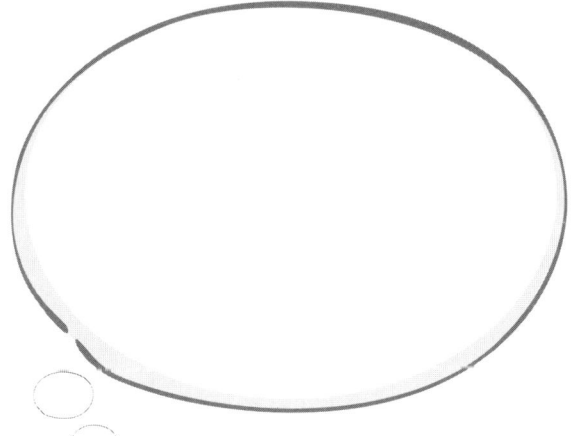

(Gedankenblase)

Was denkt und fühlt K., als er aufwacht und erfährt, was passiert ist?

(Gedankenblase)

Was geht den Krankenschwestern/pflegern durch den Kopf, während sie K. versorgen?

Klassendiskussion:
Was bringt Kinder und Jugendliche dazu – auch immer mehr Mädchen – sich ins Koma zu trinken?

KV 108

Spaßige Wörter für ein schockierendes Phänomen

Komasaufen • Kampftrinken • Flatratebechern • Wettkübeln
Spaßige Wörter für ein schockierendes Phänomen:

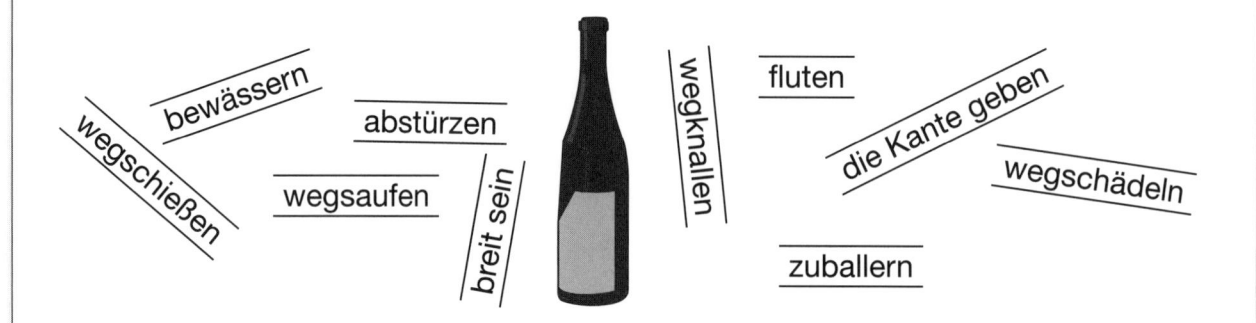

wegschießen • bewässern • abstürzen • wegsaufen • breit sein • wegknallen • fluten • die Kante geben • wegschädeln • zuballern

Dummheit? Lust am Risiko? Protest? Gruppenzwang? Hilferuf? Langeweile?

Die Tatsachen:
Sie treffen sich in kleinen und großen Gruppen und trinken, bis sie umfallen. Immer mehr Kinder und Jugendliche landen mit Vergiftungserscheinungen oder im Koma im Krankenhaus – es kommt sogar zu Todesfällen. *Binge Drinking* nennen es Experten. Gemeint ist, sich absichtlich mit größeren Alkoholmengen abzufüllen, um möglichst schnell im Vollrausch zu landen – Saufen bis zur Besinnungslosigkeit. Neuerdings tun dies mehr junge Mädchen als Jungen!

> Allein im Jahr 2007 wurden 23.165 junge Leute zwischen 10 und 20 Jahren in Deutschland mit einer Alkoholvergiftung stationär im Krankenhaus behandelt. Im Vergleich dazu nahm die Zahl im Nachjahr um 20 Prozent zu. Seit der ersten Erhebung im Jahr 2000 ist das ein Anstieg um 143 Prozent.

❶ Notiert stichpunktartig in Paargruppen auf einem Extrablatt, was ihr selbst beobachtet, erlebt oder darüber gehört bzw. gelesen habt:
– An welchen Orten passiert *Binge Drinking*?
– Wann passiert es?
– Welche Altersgruppen sind beteiligt?
– Was und wie viel wird getrunken?
– Welches Verhalten fällt euch bei volltrunkenen Kindern und Jugendlichen auf?
– Welche Gefahren drohen in der Situation?
– Welche Auswirkungen und Gefahren drohen kurz- und längerfristig?

❷ Tauscht eure Ergebnisse im Plenum aus.

❸ Wie ist eure persönliche Einstellung dazu?

❹ Lest die Fakten zu den Fragen 1. bis 7. im oberen Teil der KV 109: *Klar in der Birne!*

KV 109

Klar in der Birne: Fakten zum Komatrinken – Projektvorschläge

Fakten zu den Fragen 1. bis 7. (KV 108: *Spaßige Wörter für ein schockierendes Phänomen*):

1. *Binge Drinking* passiert in Parks, auf Spielplätzen, an Badeplätzen, vor Einkaufszentren, auf Plätzen, auf Privatpartys, auf der Kirmes, in Discos/Clubs (»Flatrate-Partys«), in Kneipen und auch zu Hause.
2. *Binge Drinking* passiert meistens an Wochenenden und vermehrt in den Ferien (Steigerung bei warmem Wetter).
3. Die ersten Binge Drinker sind erst zehn Jahre alt, doch besondere Sorge bereiten die 16-, 17-, 18-Jährigen, weil sie meist schon früh mit den sogenannten Alcopops eingestiegen sind.
4. Oft wird mit einem Getränk von zu Hause (auf dem Weg zum Treffen) »vorgeglüht«. Mädchen trinken häufig anfangs gesüßte Mixgetränke, gehen aber oft später zu harten Alkoholika über. Jungen »wärmen« oft mit Bier an und lassen sich dann mit Hochprozentigem volllaufen.
5. Volltrunkene Kinder und Jugendliche fallen durch eine verlangsamte Reaktion, undeutliche Sprache, Selbstüberschätzung, Gleichgültigkeit, unkoordinierte Bewegungen, Schwindel, Schwanken, Stolpern, Stürzen, Doppelbilder, Einschlafen, Erbrechen, Bewusstlosigkeit auf und haben keine Kontrolle über Blase und Darm.
6. Es drohen Unfallgefahr durch Risikobereitschaft und Koordinationsstörungen, erhöhte Aggressivität, gesteigerte Gewaltbereitschaft. Erhöhte Neigung zum Suizid. Die allgemeine Enthemmung führt zu verändertem Sexualverhalten (sexuelle Übergriffe werden nicht abgewehrt). »Filmriss«: Gedächtnisstörung. Zusätzliche Drogen werden eher genommen.
7. Alkohol ist ein Nerven- und Zellengift: Gehirnstrukturen, die für Lernprozesse zuständig sind, sind bei häufig trinkenden Jugendlichen um zehn Prozent kleiner als bei Nichttrinkern. Die Leistungs- und Lernfähigkeit sinkt. Es besteht große Suchtgefahr und die Möglichkeit von Schädigungen an Leber, Bauchspeicheldrüse, Magen und Herzmuskel.

Nicht zu vergessen: Alkohol und Gewalt sind ein unzertrennliches Team!

Führt einen Projekttag zum Thema durch:
- Recherchiert im Internet nach Aufklärungskampagnen, z. B. *Stay Gold*, und fordert Informationsbroschüren an. Ladet jemanden von der Polizei, einen Suchtbeauftragten oder einen Experten aus einer Suchtberatungsstelle ein.
- Gestaltet einen *Flyer* mit einem Test »Wie gefährdet bist du?« (Anregungen dazu findet ihr im Internet), kopiert und verteilt ihn an eurer Schule.
- Gestaltet *Plakate* (sprayen, zeichnen, Fotos aufkleben) mit einem Motto gegen Koma-Trinken.
- Benutzt dabei Sätze, die Jugendliche ansprechen.
- Schreibt *Gedichte* oder *Raps* zum Thema.
- Fertigt *Buttons* an.
- Überlegt gemeinsam, wie ihr in eurer Clique/im Bekanntenkreis Einfluss nehmen könnt.
- Trainiert im *Rollenspiel*, wie ihr euch verhalten könnt, wenn gemeinsames Trinken angesagt ist und klar ist, dass jemand über die Stränge schlägt.
- Wann muss in der Situation Hilfe geholt werden? Wie sieht eine Erste-Hilfe-Maßnahme aus? Achtung: Nie jemanden alleine liegen lassen, der *bewusstlos ist!*
- Stellt aus euren Ergebnissen eine *Ausstellung* zusammen.
- Sammelt weitere Ideen für den *Projekttag*.

KV 110

KICK IN DEN TOD

Extrem gefährlich: Würge- und Ohnmachtsspiele

- Vorwissen im Gespräch benennen: Was wisst ihr darüber? Was habt ihr davon gehört, gelesen, selbst beobachtet?

Im Februar 2006 kam ein Dreizehnjähriger zum Abendessen nach Hause. Er war gut gelaunt, setzte sich später in seinem Zimmer an die Hausaufgaben. Nach einer Stunde fand ihn die Mutter zusammengesackt und blau angelaufen mit einem Gürtel um den Hals. Er starb wenig später im Krankenhaus. Ein Abschiedsbrief wurde nicht gefunden. Erst in den Wochen danach erzählten Freunde des Jungen, dass sie des Öfteren Würgespiele auf Partys gespielt hatten.

Würge- oder Ohnmachtsspiele sind bei Jugendlichen immer wieder und auch zur Zeit in Mode. Sie führen gezielt den Verlust des Bewusstseins herbei. Dazu wird die Luftzufuhr oder die Blutzufuhr über die Halsschlagader so lange unterbrochen, bis sie ohnmächtig werden. Das Gehirn erhält zu wenig Sauerstoff, was einen rauschhaften Zustand hervorruft. Würgespiele in Gruppen gelten unter Jugendlichen naiverweise als risikolos: Sie legen sich auch gegenseitig die Hände um den Hals, in dem Glauben, der andere würde schon erkennen, wann der Griff wieder gelöst werden müsse.

Dazu kommt: Selbststrangulation kann süchtig machen – die wenigsten ahnen das. Auch die Schwere der Verletzungen übersehen die Jugendlichen offenbar. Wird die Blutzufuhr zum Hirn, das allein ständig auf rund 20 Prozent des eingeatmeten Sauerstoffs angewiesen ist, unterbrochen, sind schwerste Hirnschäden unweigerlich die Folge. Millionen Hirnzellen sterben dauerhaft ab, Schlaganfälle und Infarkte können die unmittelbare Folge sein. Weniger schwere Verletzungen sind blutunterlaufene Augen, Wunden am Hals oder gebrochene Knochen. Wird aber einmal der Punkt, an dem die Bewusstlosigkeit einsetzt, erreicht und dann auch überschritten, kann sich der Einzelne, wenn er denn zu Strick, Tuch oder Gürtel gegriffen hat, oft selbst nicht mehr helfen.

In den USA und auch in Frankreich hat es bereits mehrere Todesfälle gegeben. In Frankreich stirbt jeden Monat mindestens ein junger Mensch bei solchen Würgespielen! Dort hat sich eine Selbsthilfegruppe von betroffenen Eltern gegründet. Oft haben sie bei ihrem Kind Suizid vermutet, bis sie über Freunde ihres Kindes aufgeklärt wurden, dass es sich bei der Todesursache um ein Strangulationsspiel gehandelt haben muss. Darüber, wie verbreitet das »Spiel« in Deutschland ist, liegen derzeit noch keine gesicherten Erkenntnisse vor. Allerdings lassen Hinweise und Anleitungen im Internet vermuten, dass auch in Deutschland zahlreiche Jugendliche diesen gefährlichen Kick suchen. Es gab in den letzten Jahren auch hier Todesfälle.

Freunde und Mitschüler/innen sind gefragt!
In den tragischen Fällen, die zu größeren Verletzungen oder gar zum Tod geführt haben, ist die Betroffenheit auch unter den Mitschülern und Freunden groß. Viele fragen sich mit großen Schuldgefühlen: »Was hätten wir tun müssen, um das Unglück zu verhindern?« Viele Jugendliche spielen selbst nur unter Gruppendruck mit oder sie wissen, dass Freunde von ihnen solche »Spiele« durchführen. Manchmal ahnen sie aber auch nicht, dass ihre Altersgenossen, häufig nach Anweisung im Internet, für sich alleine den Thrill in der Selbststrangulation suchen. Meistens gibt es aber Hinweise: z. B. das ungewöhnlich häufige Herumliegen von Gürteln, Seilen oder möglichen Strangulationshilfen anderer Art und/oder verdächtige Spuren am Hals sowie gerötete Gesichter und Augen. Auch starke, häufig auftretende Kopfschmerzen und vorher nicht bekannte Konzentrationsstörungen können auf das »Spiel« hindeuten, ebenso epileptische Anfälle.

Was können Schüler tun,
- wenn sie selbst betroffen, bereits abhängig sind und den Kick immer wieder hervorrufen müssen?
- wenn sie sich dem Gruppendruck ohne Gesichtsverlust entziehen wollen?
- wenn sie von anderen wissen, dass sie es tun?

Christine Spies: »Wir können auch anders!« © Beltz Verlag 2011 · Weinheim und Basel

KV 111

Die gute Message und die goldene Regel

Sich mit psychischen Erkrankungen näher zu beschäftigen ist nicht einfach. Fachleute meinen aber, dass es sinnvoll ist, schon Jugendliche darüber aufzuklären: weil dadurch solche Krankheiten eher erkannt und Vorurteile und Hemmschwellen abgebaut werden können. Teilweise gibt es noch keine endgültigen Erklärungen für diese Krankheiten, aber man geht davon aus, dass sie *nicht nur eine*, sondern verschiedene Ursachen haben.

Meistens ist es eine Ursachenmischung. So sind diese Krankheiten teilweise
- in der individuellen Persönlichkeit des Einzelnen und seinen grundlegenden Einstellungen zum Leben begründet, die angeboren oder erworben sein können.
- auf Stoffwechselveränderungen im Gehirn zurückzuführen.
- durch soziale / familiäre Erfahrungen begünstigt.

Die gute Message
- Niemand, der psychisch krank ist, ist daran schuld! Solche Krankheiten haben nichts mit Charakterschwäche, persönlichen Fehlern oder mangelnder Willensstärke zu tun – unter bestimmten Voraussetzungen können sie jeden treffen!
- Jemand, der psychisch erkrankt, ist noch lange nicht verrückt oder ein Fall für die »Klapse« – vor allem nicht, wenn rechtzeitig eingegriffen wird.
- Alle psychischen Erkrankungen können heute erfolgreich behandelt werden, wenn Hilfe durch Experten angenommen wird!
- Diese Hilfe gibt es überall – auf dem Land genauso wie in der Großstadt. Sie muss nur gefunden und in Anspruch genommen werden!

Die goldene Regel bei der Auseinandersetzung mit solchen Themen:

Bleibt sachlich. Verkneift euch alberne Sprüche! Auch wenn sie nur als Spaß gedacht sind: Macht keine kränkenden, diskriminierenden Anspielungen auf andere. Überlegt, wie ihr mit Regelverstößen umgeht!

❶ Die folgenden Krankheitsbilder sollen gemeinsam gelesen und besprochen werden.

❷ Den einzelnen Erkrankungen werden Kleingruppen zugewiesen.

❸ Die jeweiligen Kleingruppen erhalten Textabschnitte über je eine Krankheit.

❹ Die Kleingruppen bereiten eine Präsentation über die entsprechende psychische Erkrankung vor:
   – Internet-Recherche über Berichte von Betroffenen
   – Herausfinden, wo und wie Betroffene Hilfe erfahren
   – Präsentation der Ergebnisse im Klassenforum

❺ Eine Gruppe von Schülern verfasst einen Artikel für die Schülerzeitung:
   – Beschreibt, wie die Beschäftigung mit dem Thema für euch war und ob sich eure Einstellung zu psychischen Erkrankungen verändert hat, oder berichtet über *eine* der psychischen Erkrankungen.
   – Berichtet über psychische Krankheiten *allgemein*.

❻ Ladet jemanden aus einer der vielen Initiativen für psychische Krankheiten ein, z. B. aus einer Klinik für Essstörungen oder aus einer Selbsthilfegruppe.

KV 112

Psychische Erkrankungen (1): Psychosomatische Krankheiten – Angst- und Panikstörungen – Die bipolare Störung

Psychosomatische Krankheiten – »Psyche« (griechisch: Seele) und »Soma« (griechisch: Körper)

Die Betroffenen haben erhebliche körperliche Beschwerden, obwohl dafür keine organische Ursache gefunden werden kann, z. B. Bauch-, Kopf- oder Rückenschmerzen, Magen-Darm-Beschwerden, Übelkeit, Schwindelzustände, Herz- und Kreislaufstörungen. Diese Krankheiten und ihre Beschwerden haben nichts mit Einbildung zu tun; sie zeigen uns das Wechselspiel zwischen Körper und Seele – beide sind nicht voneinander zu trennen. So hilft es auf Dauer nichts, nur die körperlichen Krankheitszeichen zu behandeln, denn die Ursache für psychosomatische Erkrankungen liegen in der Seele, z. B. in Überforderungen, Druck, Ängsten.

Angst- und Panikstörungen

Wenn Angst extrem wird, häufiger und länger anhaltend auftritt, nicht mehr der Situation angemessen ist und mit Kontrollverlust verbunden ist, kann es sich um eine Phobie handeln. Eine bekannte Phobie ist die **Agoraphobie**, die Angst, sich an bestimmten Orten aufzuhalten (im Fahrstuhl, in Menschenansammlungen, in U-Bahn-Schächten etc.). Die Angst bricht aus, weil z. B. das Gefühl vorherrscht, eingeschlossen zu sein und nicht vom entsprechenden Ort fliehen zu können. **Spezielle Phobien** richten sich z. B. auf Spinnen- oder Blutsehen oder Situationen (z. B. Höhenangst, Angst vor dem Autofahren, Flugangst).

Soziale Phobien führen zu übermäßiger, nicht kontrollierbarer Angst in bestimmten Situationen. Es sind Momente, in denen die Person im Mittelpunkt steht und die mit Leistungsbewertung oder einer Beurteilung verbunden werden, z. B. wenn ein/e Präsentation / Vortrag gehalten werden soll oder bei Prüfungen. Die Phobie kann dabei zu einem Blackout führen.

Von einer **generalisierten Angststörung** spricht man, wenn große Angst verschiedene Bereiche umfasst: z. B. die Sorge um die eigene finanzielle Situation, den Arbeitsplatz oder die eigene Gesundheit – das ganze Leben betrifft.

Panikstörungen sind bestimmt durch plötzliche Angstanfälle und -attacken. Sie überfallen Betroffene plötzlich, lösen die übermächtige Befürchtung aus, die Kontrolle zu verlieren, ohnmächtig, verrückt zu werden, durchzudrehen – oft Todesangst.

Sowohl bei Phobien als auch bei Panikstörungen, werden vom Gehirn ausgehend, Hormone ausgeschüttet, die bei unseren Vorfahren eigentlich das Überleben sicherstellen und ihnen zum Angriff oder zur Flucht verhelfen sollten. Sie lösen **heftige körperliche Reaktionen** aus: Atemnot, Herzschmerzen, -rasen oder -stolpern, Engegefühle im Hals und in der Brust, Zittern, Schweißausbrüche, Taubheitsgefühle. Es entsteht ein **Teufelskreis**, in dem sich die **Angst vor Angst** ausbildet und bestehende Probleme noch verstärkt.

Die bipolare Störung

Sie zählt zu den affektiven Störungen und ist eine Erkrankung, bei der die Stimmungslage und die Aktivität des Betroffenen beeinträchtigt und verändert werden. Wenn eine bipolare Erkrankung vorliegt, ist der Erkrankte *phasenhaft* depressiv und gehemmt oder manisch erregt. In der depressiven Phase gehen die Krankheitszeichen in Richtung einer Depression, in der manischen Phase wirkt der Erkrankte wie von Überaktivität und Rastlosigkeit getrieben. In der manischen Episode wirkt er rauschhaft euphorisch (überbetont heiter, glückselig, hochgestimmt, wie aufgedreht). Er kann dann Handlungen begehen, die ihm Probleme bringen, weil er die Realität nicht mehr richtig einschätzen kann (er wirft z. B. mit Geld nur so um sich). Unter Umständen fällt er auch durch heftige Gereiztheit auf. Zwischen den Krankheitsphasen kommt es meistens zu längeren Zeiten der Normalität, mit Stimmungsschwankungen, wie sie bei Menschen üblich sind. Viele der Menschen, die an einer bipolaren Störung leiden, sind mit ihrer ansteckenden Fröhlichkeit und ihren sprühenden Ideen beliebt und beruflich außerordentlich erfolgreich, sie können in den manischen Phasen kreativ und extrem leistungsstark sein und andere durch kühne Projekte und Geschäftsvorhaben begeistern. Bei der bipolaren Störung gibt es unterschiedliche Schweregrade – von der schwachen Ausprägung, die vielleicht nur Familienmitgliedern auffällt, bis hin zu schweren Krankheitsverläufen.

Eine Depression, die alleine, außerhalb einer bipolaren Störung auftritt, zählt ebenfalls zu den affektiven Störungen. Man nennt sie dann unipolare Depression (vgl. KV 104 »Dunkler Schleier: Depression«).

KV 113

Psychische Erkrankungen (2): Zwangsstörungen – Schizophrenie und Psychosen

Zwangsstörungen

Bei dieser Störung kreisen die Gedanken beständig und zwanghaft um bestimmte Themen. Fast jeder Gedanke oder jedes Thema kann zum Inhalt eines Zwangs werden. Dabei treten Angst, Nervosität oder Ekel auf. Handlungen, die bei Zwangsstörungen durchgeführt werden, sind eigentlich sinnvoll. Ein Zwangskranker muss sie jedoch völlig übertreiben, immer wieder und vielmals nacheinander durchführen:

- *Wasch- und Putzzwänge:* ständiges Händewaschen, Polieren von Flächen, oft verbunden mit Angst vor Keimen.
- *Kontrollzwänge:* Es wird immer wieder nachkontrolliert, ob die Wohnungstür verschlossen, das Licht oder die Herdplatte ausgeschaltet ist.
- *Zählzwänge oder Gedankenketten:* mit magischem Denken verbundenes Handeln, z. B. das zwanghafte Auszählen von Fliesen, Treppen oder vorbeigehenden Leuten.
- *Zwanghaftes Horten oder Sammeln:* Aufheben von Busfahr-, Parkscheinen, Werbebroschüren, Pfandflaschen, leeren Dosen etc. Es ist mit der quälenden Angst verbunden, dass durch Wegwerfen Möglichkeiten und Informationen, die in der Zukunft entscheidend sein könnten, verloren gehen.

Dem Betroffenen ist dabei klar, dass sein Zwangshandeln unvernünftig und sinnlos ist. Beim Versuch, es nicht zu tun, gerät er in einen unerträglichen Zustand der Anspannung, Angst oder Besorgnis. Die Zwangsideen und -handlungen verursachen bei fehlender Therapie Verzweiflung und tiefes Leid, weil der gesamte Alltag des Betroffenen davon belastet wird.

....

Schizophrenie und Psychosen

Als Psychosen wird eine Krankheitsgruppe mit unterschiedlichen Formen bezeichnet. Ein Teil der Psychosen wird auch Schizophrenie genannt. Bei einer Schizophrenie kommt es zu tiefgreifenden Veränderungen auf der Ebene der Gedanken, der Wahrnehmung, der Motorik und des Verhaltens. An Schizophrenie erkrankte Menschen besitzen aber nicht, wie oft vermutet, eine »gespaltene« Persönlichkeit. Der Glaube, eine andere oder mehrere Personen zu verkörpern, gehört zur sogenannten multiplen Persönlichkeit (*Dr. Jeykill und Mr. Hyde*). Psychosen, auch schizophrene Psychosen, treten meist vorübergehend, in Schüben auf und können sich einmal oder mehrmals im Leben ereignen. Die Art und Weise, wie sich die Krankheit zeigt, ist sehr unterschiedlich. Oft wird die Umwelt als verändert erlebt, sie wirkt nicht mehr vertraut, sondern bedrohlich. Schizophrene erfahren sich von ihrer eigenen Person entfremdet und glauben, dass ihre Gedanken von außen manipuliert und gesteuert werden, z. B. durch Strahlen, Hypnose oder außerirdische Mächte. Sie beziehen das Verhalten anderer Menschen oder irgendwelche Vorgänge auf sich, fühlen sich verfolgt und bedroht oder sind beispielsweise überzeugt davon, ein Genie oder eine berühmte Persönlichkeit zu sein (Wahnvorstellungen). Sie glauben, Stimmen zu hören, obwohl niemand sonst im Raum ist (Halluzinationen), und vermuten, dass über sie getuschelt wird und andere ihre Gedanken lesen können. Psychotiker erleben Gedankensprünge mit schnellen, sich überschlagenden Denkabläufen, Abbrüchen im Gedankenfluss und zahlreichen unterschiedlichen Ideen (Ideenflucht). Manche werden gegenüber ihrer Umwelt gleichgültig, sind antriebsarm und kapseln sich ab. Andere spüren Ängste, sind unruhig und haben Schlafstörungen.

Weil Schizophrene in ihrem Verhalten als absonderlich und seltsam bewertet werden, vermuten viele Menschen, dass sie gefährlich sind. Tatsache ist aber, dass das Risiko für Gewaltverbrechen oder Tötungsdelikte bei Psychotikern nicht höher ist als in der Allgemeinbevölkerung. Viele ihrer Symptome können bei jedem Menschen, z. B. durch einen Schlafentzug von mehreren Tagen oder durch Isolationshaft, künstlich ausgelöst werden. Bemerkenswert ist, dass psychotische Symptome in anderen Kulturen für besondere Begabungen stehen. So besteht etwa eine große Ähnlichkeit zwischen den Halluzinationen im psychotischen Schub und den Trancezuständen bei Schamanen, die in ihrer Kultur besonderes Ansehen haben.

Als häufige *Auslöser* einer Schizophrenie oder Psychose bei Jugendlichen gilt der Konsum von Drogen, beispielsweise LSD oder Meskalin. Außerdem wird ein deutlicher Zusammenhang zwischen Cannabiskonsum und Schizophrenie gesehen – das Risiko, daran zu erkranken, soll sich dabei verdoppeln!

KV 114

Psychische Erkrankungen (3): Essstörungen

Bei allen Essstörungen, auch bei Adipositas (Esssucht mit massivem Übergewicht), kreist das Denken von Betroffenen unablässig um Essen. Bei allen Formen geht es um selbstschädigendes, krankmachendes Essverhalten, bei dem ein ehemals gesunder Körper drastisch verändert oder manipuliert wird. Die Betroffenen leiden unter ihrer Störung: Das Verhalten löst Ekel-, Schuld- und Schamgefühle aus und führt zu Selbstvorwürfen und Selbstverachtung, bis hin zu Depressionen.

Von einer **Binge Eating-Störung** (aus dem Amerikanischen: »ein Fressgelage abhalten«) kann gesprochen werden, wenn mindestens zweimal pro Woche Heißhungerattacken bzw. »Fressanfälle« erfolgen, bei denen einfach nicht aufgehört werden kann zu essen. Der Binge Eater verschlingt dabei sehr schnell riesige Mengen, meist sind es fett- und kalorienreiche, oft süße Lebensmittel. Bei den Betroffenen stellt sich kein Sättigungsgefühl ein. Natürlich kommt es im Störungsbild zu Übergewicht. Von dieser Störung sind auch viele Männer betroffen (vgl. auch Binge Drinking bei Jugendlichen).

Bei einer **Anorexie (Magersucht)** wird das Gefühl von Hunger oder Appetit nicht eingestanden. Es wird gezielt versucht, durch Fasten Gewicht zu verlieren, denn das Denken ist beherrscht von der nicht kontrollierbaren Angst vor einer Gewichtszunahme. Anorexie tritt häufiger bei Mädchen und jungen Frauen auf, es sind aber auch Jungen und junge Männer betroffen. Es kommt zu einer eingeschränkten *Körperwahrnehmung mit einer Störung des Körperbildes*: Obwohl die Betroffenen untergewichtig sind, haben sie das Gefühl, dass ihr Körper oder bestimmte Körperstellen zu dick sind. Ihr Selbstwertgefühl hängt in beängstigendem Maß von ihrem jeweiligen Gewicht ab. Es wird weiter gehungert, auch wenn ein Zielgewicht erreicht wurde, bis hin zur totalen Abmagerung. Es besteht der schockierende Eindruck, die Person würde nur noch aus Haut und Knochen bestehen. Bei der Anorexie gibt es *Überschneidungen zur Bulimie*: Auch bei Magersucht kommen Essanfälle und/oder Erbrechen vor. Ebenso werden übertriebene Sportprogramme durchgezogen, und es werden gleichfalls missbräuchlich Abführ- oder Entwässerungsmittel eingesetzt.

Die Anorexie kann wegen des bestehenden Untergewichts und der gesundheitlichen Auswirkungen des kranken Essverhaltens, das sich auf alle Körperorgane auswirkt, zu lebensbedrohlichen Zuständen mit Klinikeinweisung und künstlicher Ernährung und auch zum Tod führen.

Eine **Bulimie** (griechisch: *bulimos*: Stierhunger) ist bestimmt durch die extreme Angst vor dem Dicksein, obwohl die erkrankte Person normalgewichtig oder nur gering übergewichtig ist. Die Erkrankung beginnt meist einige Jahre später als die Magersucht, etwa ab 16 bis 18 Jahren. Im Leben der Betroffenen spielen Gedanken um die Figur, Kalorienzählen, Fasten und Diäten eine vorherrschende Rolle. Charakteristisch sind Essattacken, bei denen die Betroffenen innerhalb kurzer Zeit weit mehr Kalorien (bis zu 20 000 kcal) zu sich nehmen, als dies vergleichbare Personen könnten. Die Erkrankten erleben während der Essanfälle Kontrollverlust, sodass sie diese nicht willkürlich beenden können. Damit das Gewicht reguliert werden kann, wird durch Gaumen-/Rachenreizung Erbrechen provoziert, was bei manchen Bulimiekranken auch als Reflex automatisch passiert. Man spricht von Bulimie, wenn die Heißhungeranfälle im Durchschnitt mindestens zweimal pro Woche auftreten und über mehrere Monate anhalten.

Das krankhafte Essverhalten löst Schamgefühle aus. Deswegen wird es heimlich durchgeführt, was tiefe Einsamkeitsgefühle hervorruft. Es werden häufig weitere gegensteuernde Maßnahmen durchgeführt, um trotz der Essanfälle nicht zuzunehmen: Missbrauch von Abführmitteln und Entwässerungspillen, übermäßige körperliche Aktivität, Appetitzügler oder Schilddrüsenhormone. Die Bulimie wechselt sich häufig mit anorektischen Phasen ab.

Besteht die Bulimie länger, kommt es durch Erbrechen, Abführmittelmissbrauch und Fehlernährung zu einem Mangel an den Elektrolyten Kalium, Calcium und Eisen. Dadurch ausgelöste Herzrhythmusstörungen sind lebensbedrohlich. Weiterhin können sich die Speicheldrüsen vergrößern (»Hamsterbacken«), oft entzündet sich die Speiseröhre, und Magensäure zerstört vor allem den Zahnschmelz an den Schneidezähnen. Durch die regelmäßige Hautreizung beim Auslösen des Würgereizes kommt es auch zu Verhornungsmalen an den Handrücken.

Übrigens: Experten verurteilen die Veröffentlichung von Fotos oder Videos von dünnen oder sogar abgemagerten Mädchen, Frauen oder Männern, vor allem, wenn es Prominente sind. Sie wirken nicht abschreckend, sondern werden häufig von Magersüchtigen oder Bulimiekranken als Vorbild angesehen und fördern daher diese Erkrankungen.

KV 115

Psychische Erkrankungen (4): Suchtkrankheiten

Suchtkrankheiten sind, mit steigender Tendenz, weit verbreitet. Veränderte Arbeits- und Lebensbedingungen der modernen Welt beängstigen, überfordern und belasten viele Menschen. Die meisten Suchterkrankungen haben massive Auswirkungen auf Körper und Seele. Wenn Menschen eine Sucht entwickeln, hat das immer mehrere Ursachen. Bei vielen Süchten steht die psychische Abhängigkeit im Vordergrund, sie ist meistens schlimmer als die körperliche Abhängigkeit. Letztere kann man durch einen Entzug in den Griff bekommen, während es viel schwerer ist, die seelische Abhängigkeit zu bewältigen. Bei einer Sucht verändern sich die Persönlichkeit und der Charakter des Menschen. Menschen versuchen, mit Suchtmitteln Problemen auszuweichen, sich zu betäuben und/oder in gute Stimmung zu versetzen. Immer dann, wenn die Wirkung der Droge nachlässt, fallen die meisten Süchtigen jedoch in ein noch tieferes Loch, sind depressiv, verfallen in Selbstzweifel und Selbstverachtung – das Selbstwertgefühl verringert sich noch weiter. Bei Suchtkranken ist ein zunehmender Realitätsverlust zu beobachten, es fällt immer schwerer, mit ihnen in Kontakt zu kommen. Meistens ziehen sie sich aus Freundschaften und Liebesbeziehungen zurück. Irgendwann geraten sie in die soziale Isolation und vereinsamen. Es kommt bei einer Sucht zu einer verzerrten Wahrnehmung, andere Personen und Situationen werden falsch eingeschätzt. Die eigene Sucht wird verdrängt und so lange wie möglich, auch sich selbst gegenüber, verleugnet. Süchtige haben Angstzustände, viele leiden sogar unter Halluzinationen und Wahnvorstellungen und zeigen aggressives Verhalten. Suchtkranke sind häufig depressiv, und die Gefahr eines Suizids ist groß. Die Sucht bestimmt immer mehr das Leben der Betroffenen. Der Drang, eine Situation herzustellen, in der die Sucht befriedigt werden kann, und die Sorge um die Beschaffung des Suchtmittels, macht sie egoistisch und rücksichtslos (beispielsweise bestehlen Drogenabhängige häufig ihnen nahe stehende Personen). Süchtige lügen und können kriminell werden.

Die Entwicklung einer Sucht beinhaltet verschiedene Ebenen:
- Mit **Missbrauch** wird der Umgang mit Suchtmitteln/Suchtsituationen bezeichnet, der zwar zu körperlichen, psychischen und sozialen Schäden führt, aber noch keine Zeichen der Abhängigkeit aufweist.
- Die **psychische Abhängigkeit** führt zu einem zwingenden Verlangen nach dem Suchtmittel/der entsprechenden Situation. Das gesamte Denken und Handeln konzentriert sich auf die Befriedigung der Sucht, und es kommt zum Kontrollverlust (der Konsum kann nicht abgebrochen oder die Situation nicht beendet werden).
- **Körperliche Abhängigkeit** zeigt sich durch die sogenannte Toleranzerhöhung, d. h. die Dosis muss immer mehr gesteigert werden, um den gleichen Effekt zu erzielen. Es kommt zu Entzugserscheinungen, wenn die Sucht nicht befriedigt werden kann.

Die Übergänge vom normalen Konsum zum Missbrauch bis hin zur psychischen und körperlichen Abhängigkeit sind fließend. Kommt es bei einer Sucht zu einem plötzlichen Entzug, treten im Zusammenhang mit der körperlichen Abhängigkeit typische Entzugssymptome auf: Unruhe, Zittern, Schüttelfrost, Übelkeit und Erbrechen. In schlimmen Fällen kann es auch zu schweren Krampfanfällen und zu einem Delirzustand mit Halluzinationen, Muskelzuckungen, Krämpfen bis hin zum Koma kommen. Auf der psychischen Ebene ist die Person im Entzug, ohne entsprechende Behandlung, unruhig, getrieben, gereizt bis aggressiv, depressiv und verzweifelt.

Bei Suchtkrankheiten werden diese Unterscheidungen getroffen:
- **stoffgebundene Süchte:**
  - Alkohol, Koffein, Nikotin, Medikamentensucht
  - sogenannte Partydrogen: Ecstasy, Crystal, Kokain, Speed
  - Cannabis, Marihuana, LSD, Heroin, Morphium
  - Essstörungen: Anorexie, Magersucht, Adipositas, Binge Eating-Störung
- **nicht stoffgebundene Süchte:**
  - Arbeitssucht
  - Computer-/Internetsucht
  - Handysucht
  - Kaufsucht
  - Glücksspielsucht
  - Sexsucht
- **Im Prinzip kann jedes Extremverhalten zur Sucht werden:**
  - Solariumssucht
  - Fitness-/Sportsucht
  - TV-Sucht

KV 116

Von Peer zu Peer – Hilfe und Unterstützung durch ein Gespräch

> Du, ich mach mir Sorgen um dich!

> Hmm ...!? Wirklich?

Ihr sollt bei diesem Gespräch keine Einschätzung über das Problem oder über eine eventuelle Gefährdung eures Gegenübers vornehmen und nicht versuchen, eine Diagnose zu stellen! Ziel ist es, die/den Betroffenen davon zu überzeugen, sich in der vermuteten Krisensituation an einen Erwachsenen zu wenden.

❶ *Stellt euch vor*, jemand aus eurer Klasse oder aus eurem Freundeskreis vermittelt den Eindruck, dass er große Sorgen oder Probleme hat, sich in einer Krise befindet und Hilfe braucht. Zum Beispiel gibt derjenige Signale ab, die den Verdacht auf eine ausweglose Situation (Schulden, Weglaufen von zu Hause etc.) oder auf eine psychische Erkrankung (Depression, Komatrinken, Essstörung, Computer- bzw. Internetsucht etc.) ergeben.

❷ Bildet Dreiergruppen: Im ersten Durchlauf spielt einer von euch den Hilfsbedürftigen, die anderen beiden sprechen ihn auf eine vermutete Krise an. Wie könnt ihr ihn ansprechen? Im nächsten Durchlauf tauscht ihr die Rollen.

❸ Das Gespräch kann dazu verhelfen, dass jemand anfängt, über ein Problem nachzudenken.

Ihr seid zwar keine Fachleute, aber ihr seid wichtig für denjenigen, der Hilfe braucht! Wahrscheinlich habt ihr mehr Einfluss darauf, dass der Hilfsbedürftige sein Problem erkennt, als jeder Erwachsene dies hätte!

ABER: Ihr seid keine Besserwisser, Sheriffs, Richter, Lehrer oder Psychotherapeuten!

❹ Benutzt »Ich-Botschaften« und wendet das sogenannte »aktive Zuhören« an.

❺ Berichtet im Klassenplenum über eure Erfahrungen aus den Rollenspielen: Wie war der Gesprächsverlauf? Was hat dazu geführt, dass der Hilfsbedürftige sich geöffnet hat? Was hat das Gespräch blockiert?

Christine Spies: »Wir können auch anders!« © Beltz Verlag 2011 · Weinheim und Basel

KV 117

Suizid: Vorwissen und Begriffsklärung

SUIZID

SELBSTTÖTUNG

SELBSTMORD

FREITOD

- Die Kopiervorlage soll auf DIN A3 vergrößert oder die Begriffe sollen auf ein Plakat geklebt werden.
- Schriftliches *Brainstorming* auf Post Its oder Papierstreifen: Jeder klebt seine Assoziationen um die Begriffe herum.
- Im Plenum: Alle Beiträge werden ohne Wertung und Kommentierung vorgelesen und folgende Fragen geklärt:
  - Was wisst ihr über Selbsttötungen?
  - Warum wird in der Fachwelt gefordert, auf die Begriffe *Selbstmord* und *Freitod* zu verzichten?

KV 118

Vorkommen – Ursachen – Auslöser

Suizid in den Kulturen

In der Antike wurde der Suizid unterschiedlich bewertet. In Zeiten des römischen Kaiserreichs galt es als ehrenvoll, sich in ausweglosen Situationen ins Schwert zu stürzen (*Kaiser Varus, Nero*). In den meisten Religionen und Kulturen wird der Suizid jedoch als anomale, anstößige Schande angesehen und als Tabu behandelt, d. h., nach stillschweigender, gesellschaftlicher oder religiöser Übereinkunft wird er als verabscheuungswürdige Handlung angesehen, über die nicht gesprochen, ja noch nicht einmal nachgedacht werden soll. Früher wurde Selbstmördern, genauso wie Schwerkriminellen, die Beisetzung auf Friedhöfen nicht gestattet, bis ins 20. Jahrhundert hinein verweigerten die Kirchen eine christliche Beerdigung, da Suizid als schwere Sünde gedeutet wurde. Auch im Islam ist der Suizid verpönt, weil Allah, als Schöpfer der Welt, derjenige ist, der Leben gibt und nimmt. Im Buddhismus genießt das Leben allerhöchste Achtung, der Suizid wird deshalb geächtet. Er erscheint im übrigen, im Verständnis des Reinkarnationsglaubens sinnlos, würde man doch in die gleichen Leiden wieder hineingeboren werden, aus denen man gerade fliehen wollte.

In unserer Kultur verschweigen Angehörige noch heute oft in Todesanzeigen, dass die Ursache für das Sterben eines Familienmitgliedes ein Suizid war, weil sie sich dafür schämen. Nach deutschem Recht ist weder der Versuch des Suizids noch die Teilnahme daran strafbar.

In manchen Kulturen ist Suizid »Ehrensache« – z. B. in Japan, wo sich im letzten Weltkrieg *Kamikazeflieger* für ihr Land in den Tod stürzten oder Personen bis heute *Harakiri* begehen.

Vorkommen in der Welt

Länder mit einer hohen Suizidrate sind z. B. Litauen, Russland, Ungarn, Japan, Finnland oder auch die Schweiz. Niedrige Raten zeigen dagegen Ägypten, Mexiko, Griechenland oder Spanien auf. Deutschland liegt etwa in der Mitte.

> Jeder Suizidversuch weist auf eine tiefgreifende Veränderung in der Stimmung und in der Einstellung zum Leben hin: Traurigkeit, Verzweiflung, Angst, Wut und/oder Scham führen in einen unerträglichen, abgrundtiefen Seelenschmerz, der die Wahrnehmung verändert und einschränkt. Das Gefühl absoluter Hoffnungslosigkeit führt schließlich zu der Überzeugung, dass sich nichts ändern wird. Schließlich erscheint der Suizid als einzig mögliche Lösung.

Ursachen

Lang andauernde Konfliktsituationen und emotionale Verunsicherungen, schwierige Verhältnisse in der Familie und Gewalterfahrungen in der Kindheit können zu fehlendem Vertrauen in sich selbst und in diese Welt führen. Es herrscht das Gefühl vor, nicht gut genug und dem Leben mit seinen Anforderungen nicht gewachsen zu sein. Die Bereitschaft zu einem Suizid ist selten spontan, sie entwickelt sich in einem längeren Prozess. Dabei spielen immer *mehrere* Ursachen eine Rolle.

Die Auslöser

Zu diesem Lebensgrundgefühl, das mehrere Ursachen hat, kommt ein *jetziger, gegenwärtiger Auslöser* hinzu, der sozusagen *das Fass zum Überlaufen bringt* und zum Suizid (-versuch) führt. Auslösende Faktoren bei Kindern und Jugendlichen können schwerwiegende Ereignisse, aber auch Bagatellereignisse sein:

- Verlust, Trennung von einer nahe stehenden Person (Tod, Scheidung der Eltern)
- Probleme im Elternhaus oder in der Schule
- Drogenkonsum und -probleme, weil sie das Suizidrisiko drastisch erhöhen
- Angst, bei einem bestimmten Ereignis als Versager dazustehen (z. B. Prüfung, Zeugnisausgabetag), Liebeskummer
- eine gerade erlebte Kränkung, Enttäuschung, Verletzung (z. B. Streit, Ohrfeige von einem Elternteil, akuter Mobbingvorfall, eine schlechte Zensur, Überfall, sexueller Missbrauch)

> **Solche Probleme sind zu bewältigen, wenn Hilfe gesucht und angenommen wird!**

KV 119

Fakten zum Phänomen »Suizid«

- Durchschnittlich nimmt sich in Deutschland alle 47 Minuten ein Mensch das Leben, alle fünf Minuten wird ein Suizidversuch unternommen. *Die erste Todesursache bei Heranwachsenden bis zu 20 Jahren sind Unfälle, an zweiter Stelle kommt der Suizid.*
- Täglich sterben in Deutschland drei Kinder und Jugendliche durch Suizid. Es kommt bei dieser Bevölkerungsgruppe jeden Tag zu 40 Suizidversuchen.
- Mindestens 50 Prozent der Jugendlichen haben schon einmal an Suizid gedacht.
- Die Anzahl der Suizide durch junge Menschen ist in Großstädten doppelt so hoch wie auf dem Lande, besonders da, wo *Drogenkonsum* eine große Rolle spielt. *Drogenkonsum und -abhängigkeit stellen das höchste Risiko dar!*
- Etwa dreimal öfter als Jungen *versuchen* sich Mädchen das Leben nehmen. Aber: Bei Jungen führen Suizidversuche dreimal so oft zum Tod wie bei Mädchen.
- Die Selbsttötungsgefahr scheint bei Heranwachsenden größer zu sein, wenn sie noch zur Schule gehen, als wenn sie sich bereits in einer Berufsausbildung befinden.
- Die soziale Schichtenzugehörigkeit und die Bildung spielen keine Rolle; Suizid kommt in Familien, unabhängig von deren Einkommen, vor.
- Die meisten Suizide überhaupt passieren im Frühjahr, überwiegend an Montagen.
- Fachleute schätzen die *Dunkelziffer* um ein Vielfaches höher ein, als sie in Statistiken sichtbar wird: Suizid wird in der Gesellschaft als Tabu behandelt, deshalb wird er oft vertuscht. So verschweigen Eltern beim Suizid ihres Kindes oft schamhaft die Todesursache, weil sie befürchten, als Schuldige dazustehen.

Daneben gibt es *Grenzfälle*, z. B. beim Tod durch waghalsige Aktionen. Hier wird bewusst das Risiko des Todes mit einbezogen oder es kann eine unbewusste Suizidneigung dahinter stehen: riskantes Auto- oder Mofafahren, S-Bahn-Surfen, Mutproben wie Brückensprünge ins Wasser, Extremsportarten, usw. Das gleiche trifft auf Todesfälle im Zusammenhang mit Drogen zu. Vieles, was als Unfall oder Unglücksfall gedeutet wird, taucht in der Suizidstatistik gar nicht auf. Auch chronisches selbstschädigendes oder selbstverletzendes Verhalten, wie Drogenmissbrauch, wird von manchen Fachleuten als Symbol für unbewusste Suizidwünsche angesehen.

Die Fakten fordern dazu auf, Aufklärung und Vorsorge auch an Schulen zu betreiben! Suizide sind, gerade bei Jugendlichen, keine Naturereignisse, die man hinnehmen muss!

❶ Als Folie einsetzen: Alle lesen den Text.

❷ Alternativ: Die Fakten werden in Streifen geschnitten, an Schüler verteilt, von ihnen vorgelesen. Im Klassengespräch werden kurze *Statements* abgegeben:
  – Wie erklärt ihr euch das, was beschrieben ist?
  – Was steckt dahinter?
  – Zu welchen Konsequenzen muss das führen: in der Gesellschaft – im Elternhaus – in der Schule?

KV 120

Tragische Vorurteile und Irrtümer

- Wer sich umbringen will, ist klar entschlossen und will sein Leben für immer und ewig auslöschen …
  IRRTUM! Gerade Jugendliche wollen meistens nicht tot im wirklichen Sinne sein, sondern einfach nicht mehr unter den erlebten Bedingungen weiterleben. Sie wünschen sich nichts weiter als endlich Ruhe, Entlastung und Befreiung, weil sie ihren Schmerz und ihre Gefühlszustände nicht mehr aushalten. Ein Suizidversuch ist oft ein verzweifelter Hilferuf oder ein Appell an Personen aus der Umwelt.

- Ein Suizid ist ein erlösendes, beseligendes, extatisches und faszinierendes Ereignis …
  IRRTUM! Die meisten Suizide verlaufen erbarmungslos brutal, quälend und extrem schmerzhaft. Es sind Ereignisse, die mit einem seligen Hinübergleiten, mit Ruhe und friedlichem Entschlummern nichts zu tun haben. Oft enden sie, im Falle des rechtzeitigen Entdeckens, auf der Intensivstation, und das bedeutet die schmerzhafte Behandlung von körperlichen Wunden, Magenausspülung, künstliche Beatmung und/oder Versorgung mit Schläuchen und Venentröpfen.

- Ein misslungener Suizid zeigt doch nur, dass derjenige es gar nicht ernst gemeint hat …
  IRRTUM! Jeder Dritte begeht nach einem gescheiterten Versuch irgendwann den nächsten, und bei jedem Zehnten gelingt dieser.

- Wer sich umbringen will, ist verrückt …
  IRRTUM! Die meisten Kinder und Jugendlichen, die sich umbringen wollen, sind nach einem längeren Prozess, in dem viele Faktoren eine Rolle spielen, in einen psychischen Ausnahmezustand geraten, aus dem sie nicht mehr alleine herauskommen. *Manche* leiden auch an einer psychischen Krankheit, z. B. an einer Depression. Diese kann mit einer Therapie und/oder Medikamenten erfolgreich behandelt werden und hat mit »Verrücktsein« überhaupt nichts zu tun.

- Wer davon spricht, sich umzubringen, tut es nicht …
  IRRTUM! Acht von zehn Personen kündigen ihr Vorhaben durch direkte oder indirekte Signale deutlich an. Von der Umgebung werden sie oft nicht wahrgenommen, vielfach falsch gedeutet oder nicht ernst genommen.

❶ Ein Schüler steht vor der Klasse und liest jeweils die Behauptung/das Vorurteil vor. »Irrtum!« rufen alle gemeinsam. Die anschließenden Richtigstellungen werden von vorher bestimmten Schülern vorgelesen.

❷ Die Klasse wird in fünf Gruppen aufgeteilt und bereitet ein Interview vor. Jede Gruppe bestimmt einen Interviewer, der das jeweilige Vorurteil nennt, z. B.: »Wer sich umbringen will, ist klar entschlossen und will sein Leben für immer und ewig auslöschen … Stimmt das?«

❸ Die Befragten antworten darauf, indem sie die Richtigstellungen mit eigenen Worten wiedergeben. Der Interviewer stellt dann die Frage: »Welche Konsequenzen ergeben sich aus diesen Fakten?«

❹ Die Gruppenteilnehmer haben sich zu dieser Frage Stichpunkte gemacht und beantworten diese. Alle Gruppen spielen ihre Interviews vor, gegebenenfalls können sie mit dem Camcorder aufgenommen und die Aufnahmen analysiert werden.

Christine Spies: »Wir können auch anders!« © Beltz Verlag 2011 · Weinheim und Basel

KV 121

Wenn die Seele im Abgrund versinkt ...

> **Kein Jugendlicher steht früh morgens auf und beschließt spontan, sich umzubringen!**

Es ist ein Irrtum zu glauben, dass ein zum Suizid entschlossener Jugendlicher nicht mehr von seinem Vorhaben abzubringen ist. Die meisten von ihnen sind hin- und hergerissen zwischen dem Wunsch zu leben und dem Wunsch zu sterben. Meist überwiegt doch noch der Lebenswille. Dieses belegen Befragungen von Jugendlichen, die einen Suizidversuch unternommen hatten. Nach dem Aufwachen auf der Intensivstation fragen sie sich verstört: »Was habe ich bloß gemacht?« Sie geben an, den Suizidversuch zu bereuen und sehr gerne weiterleben zu wollen, wenn sie denn Lebenshilfe und Unterstützung bei ihren Problemen erhielten.

> **Jeder Jugendliche, der sich umbringen will, kündigt es direkt oder indirekt an:**

Anzeichen – Signale – Hilferufe

- Kontaktarmut und / oder Rückzug aus sozialen Beziehungen (alte Freundschaften werden gekappt), Isolation oft im Zusammenhang mit Liebeskummer und Außenseiterstellung
- Betroffene wehren die Außenwelt manchmal aggressiv ab, davon fühlen sich hilfsbereite Freunde oder die Eltern brüskiert, sie resignieren und ziehen sich ebenfalls zurück
- auffällige, überraschende und nicht einschätzbare Stimmungsschwankungen
- Anzeichen einer Depression, innere Leere, Verzweiflung, Gefühl von Ausweglosigkeit, Zwang zum Grübeln, Tränen in den Augen, Weinen, manchmal ohne scheinbaren Grund
- Veränderung und Vernachlässigung der äußeren Erscheinung
- Veränderung des Essverhaltens mit starker Zu- oder Abnahme des Gewichts
- Weglaufen (vor den Problemen) von zu Hause, auch als Appell und Antwortsuche: »Ob mich jemand vermisst?«; »Mal sehen, ob mich einer sucht?«; Herumtreiben/-streunen mit dem Signal: »Ich gehöre nirgendwohin!«; »Mich braucht eh niemand!«; »Ich traue mich nicht mehr, nach Hause zu gehen ...«
- vermehrter Alkohol-, Drogenkonsum, Drogensucht (erhöht das Suizidrisiko!)
- regelmäßiger Besuch von Suizidforen im Internet
- Selbstverletzungen weisen auf eine erhöhte Gefährdung hin
- Aufgeben oder Vernachlässigen von bisherigen Interessen und Hobbys
- Leistungsabfall, Schulverweigerung, Betroffene sitzen nur noch völlig unbeteiligt im Unterricht
- verbale Äußerungen: »Mir ist sowieso alles egal. Es wäre besser, wenn es mich nicht mehr geben würde. Es ist alles zu spät! Ist doch sowieso alles sinnlos! Ich will niemandem mehr zur Last fallen. Meine Eltern haben mich nie gewollt, ich störe nur und stehe allen im Wege.«
- schriftliche Äußerungen: Gedichte, Schulaufsätze, die sich mit dem Thema Tod auseinandersetzen, Äußerungen im Internet, Verfassen eines Testaments
- Signale in Zeichnungen: Todesfantasien und Symbole, die mit Sterben und Tod zu tun haben
- konkrete, abschließende Handlungen (z. B. das Horten von Tabletten, Verschenken liebgewordener Haustiere oder Dinge: »Wenn ich einmal nicht mehr da bin, sollst du mein Tagebuch bekommen ...«)
- körperliche Symptome: Erschöpfung, Müdigkeit, Schwindelgefühle. Jugendliche Suizidgefährdete fühlen sich unendlich (lebens-)müde, sehnen sich nur noch nach Ruhe und Entlastung. Sie haben das unstillbare Bedürfnis, in einen tiefen Schlaf zu sinken, um damit einer Wirklichkeit zu entfliehen, von der sie meinen, dass sie diese nicht bewältigen können.

> **Es müssen nicht immer alle Anzeichen und Signale vorhanden sein. Einige dieser Anzeichen können auch auf andere Probleme hindeuten. Sie zeigen aber immer, dass jemand unbedingt Hilfe braucht – auch wenn keine Suizidgefährdung vorliegt!**

KV 122

Verhindern helfen – aber wie?

Das empfehlen Experten:

In Klassen/Gruppen aufeinander achten! Außenseiter einbeziehen. Sich in Krisenzeiten gegenseitig unterstützen und signalisieren: »Du bist nicht alleine, wir sind für dich da! Lass uns zusammen überlegen, wie du deine Probleme lösen kannst.«

Auch indirekte Hinweise und Bemerkungen ernst nehmen, sensibel sein, für das, was **nicht** gesagt wird: *Auf den Bauch hören* und den eigenen Gefühlen vertrauen, wenn jemand sich zurückzieht und verändert.

Die Besorgnis ansprechen. Wenn der Verdacht da ist, dass derjenige Suizidgedanken haben könnte, sich nicht scheuen, es auszusprechen. Jemanden daraufhin anzusprechen, löst keinen Suizid aus!

Zuhören ist die erste Hilfe, sie bringt für den Betroffenen Entlastung!

In einem einfühlsamen Gespräch herausfinden, was in demjenigen vorgeht (vgl. KV 116 »Von Peer zu Peer«).

Wenn die Kriterien für »Gefährliches Schweigen brechen« erfüllt sind, sofort einen **Erwachsenen des Vertrauens informieren** *und die Verantwortung an diesen abgeben! Dieses Handeln ist Ehrensache, zeigt Verantwortungsbewusstsein und hat mit Petzen nichts zu tun!* Sich dazu vorstellen, wie man sich fühlen würde, wenn derjenige ernst macht und man geschwiegen hätte!

Trotz allem versuchen, gelassen zu bleiben: aufgeregte, überstürzte Aktionen machen alles nur komplizierter!

Klar Stellung beziehen, ohne die Suizidäußerungen zu bewerten oder zu verurteilen! Nicht geschockt oder hysterisch reagieren! »Ich verstehe, dass du verzweifelt bist. Ich sehe für dich aber viele andere Möglichkeiten…«

Den Betroffenen davon überzeugen, dass er sich professionelle Hilfe holen muss: »Du bist mir wichtig, deswegen möchte ich, dass du dir Hilfe bei einem Erwachsenen/Experten holst. An wen wirst du dich wenden und wann wirst du das tun? Wenn du willst, begleite ich dich dorthin.«

Bloß nicht denken:

Irgendwer wird es schon übernehmen, sich darum zu kümmern…

Sei du es und handle!

KV 123

Lass es nicht zu!

Deine Gedanken

… wirbeln durcheinander?
… werden immer düsterer?
… überfluten dich?
… ziehen dich wie ein Strudel nach unten?
… drehen sich nur noch im Kreis und verknoten sich?
… bewegen sich zwanghaft um die gleichen Punkte?

Lass es nicht zu!

Schlag mit der Faust auf den Tisch!

Spring dabei auf und ruf laut eines dieser Worte:

Nein! – Halt! – Stopp! – Ohne mich! – Ach was! – Ich will es nicht!

Tu danach sofort etwas ganz anderes, was dich ablenkt, und konzentriere dich nur darauf:
- Musik anschalten, den Raum wechseln, etwas aufräumen, duschen, telefonieren, an den Kühlschrank oder rausgehen etc.
- Probier es einige Male aus!
- Du kannst mit dieser Technik Blockierungen aufheben und Gedankenspiralen unterbrechen.
- Wenn es bei dir nicht gleich hilft, ist das kein Grund zur Resignation.
- Solltest du öfter von solchen Gedanken und Gefühlen überfallen werden, ist das ein Zeichen dafür, dass du wahrscheinlich tiefergehende Probleme hast. Sprich jemanden an, zu dem du Vertrauen hast, oder wende dich alleine an eine der Stellen, die dein Klassenlehrer euch genannt hat, und hol dir Hilfe! Es gibt sie!
- Sammelt gemeinsam noch andere Ideen, wie solche Gedankenspiralen unterbrochen werden können, und probiert sie in der entsprechenden Situation aus:

_____

_____

_____

»Geboren, um zu leben!«

Das ist der Titel des Songs, den die Gruppe *Unheilig* verfasst hat. Im Textauszug wird beschrieben, wie jemand den Verlust einer geliebten Person und damit eine tiefe Krise überwunden hat:

Ich denke an so vieles,
seitdem du nicht mehr bist,
denn du hast mir gezeigt,
wie wertvoll das Leben ist.

❶ Erfindet in Dreiergruppen einen weiteren Vers, aus dem hervorgeht, wie wertvoll das Leben ist. Schreibt ihn auf die Rückseite des Blattes und stellt ihn den anderen vor. Ihr könnt dabei eine der Original-Textzeilen einsetzen (als Textanfang oder -ende).

❷ Der folgende Text wird gemeinsam gelesen. Jeder übernimmt eine Zeile, die Überschriften sprechen alle:

Jedes Leben besteht aus einer Fülle von Kontrasten und Gegensätzen. Es zeigt klare Linien, aber auch Brüche: Weinen **und** Lachen – Verzweifeln **und** Hoffen – Schmerz **und** Freude.

Es kann so vieles sein, was das Leben lebenswert macht:
Kleinigkeiten, wie ein Vogelzwitschern an einem Frühlingsmorgen, das Laufen durch ein Schneegestöber oder durch einen Platzregen im Sommer, bei dem du klitschnass wirst. Das Fallenlassen auf einer Wiese im Park.

Es kann so vieles sein, was dem Leben Sinn gibt:
Eine freundliche Geste oder das Lächeln eines netten Menschen an der Bushaltestelle, im Fahrstuhl oder an der Kinokasse, eine Person, die dir wichtig ist, die an dich glaubt und der du vertraust – deine Großmutter, ein Freund oder eine Freundin, deine Eltern, Gedanken und Ideen, eigene oder fremde, die deinem Leben einen Sinn geben.

Es kann so vieles sein, was das Leben verschönert:
Ein zärtliches Gefühl, für einen Menschen, den du magst, ein großes Ereignis, öffentlich oder privat, das dich mitgerissen und begeistert hat, ein Film oder ein Buch, dass dir Ideale vermittelt hat, die du weiter in diese Welt tragen und vielleicht an deine Kinder weitergeben kannst.

Es kann so vieles sein, was das Leben reich macht:
Ein Erfolg im Sport oder ein Lob für eine Alltagsleistung, ein Ziel, das du erreicht hast, auch wenn es nur winzig klein ist, eine Musik, die dich berauscht und beflügelt, eine neue Hose oder eine uralte, weil sie grandios sitzt.

Der Wert des Lebens ist manchmal unsichtbar und verborgen:
Wenn einen düstere Gedanken überfluten, man an sich selbst und am Sinn des Lebens zweifelt, wenn sich Gefühle der Hoffnungslosigkeit breit machen, wenn einem eine Krise den Boden unter den Füßen wegzieht, **dann gilt es, sich das Lebenswerte im Leben, die helle Seite, bewusst zu machen, denn sie existiert immer!**

❸ Überlege für dich und schreibe in Stichpunkten auf ein anderes Blatt: **Was macht *dein* Leben lebenswert?** Wer möchte, stellt es den anderen im Klassenforum vor.

❹ Bastele dir deinen Traumflieger aus der Faltvorlage.

Vielleicht sind es deine Träume, die dein Leben wertvoll machen, selbst wenn sie sich noch nicht erfüllt haben! Lass deine Lebensträume fliegen!

KV 125

Lass deine Träume fliegen!

Vielleicht sind es deine Träume, die dein Leben wertvoll machen, selbst wenn sie sich noch nicht erfüllt haben! Lass deine Lebensträume fliegen! Bastele dir deinen Traumflieger aus der Faltvorlage.

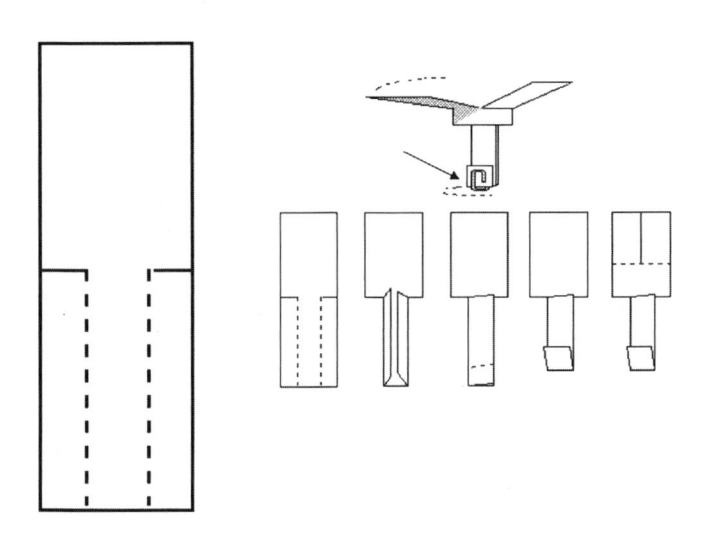

Lass deine Träume fliegen!

Schreibe einen Lebenstraum oder mehrere auf den unteren Teil des großen Streifens. Schneide diese Vorlage aus und falte sie nach der Anleitung so, dass die Schrift verdeckt ist. Befestige die Büroklammer.
Lass deine Träume fliegen – an einem besonders schönen Ort – wo immer du willst…!

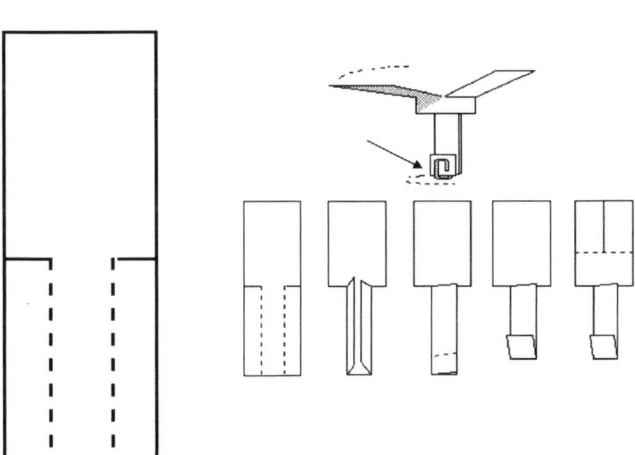

✂ ··

Lass deine Träume fliegen!

Schreibe einen Lebenstraum oder mehrere auf den unteren Teil des großen Streifens. Schneide diese Vorlage aus und falte sie nach der Anleitung so, dass die Schrift verdeckt ist. Befestige die Büroklammer.
Lass deine Träume fliegen – an einem besonders schönen Ort – wo immer du willst…!
(nach einer Faltvorlage aus www.mathekiste.de)

B.4.8 Avatare, Casting-Shows, Ego-Shooter, Cyber-Mobbing, Happy Slapping und andere Medienphänomene

Reflexion des eigenen Medienkonsums – kritischer, konstruktiver und sicherer Umgang mit virtuellen Welten

> »Bildung kommt von Bildschirm und nicht von Buch, sonst hieße es ja Buchung.«
> Dieter Hildebrandt, Kabarettist

Kinder und Jugendliche wachsen heute in einer multimedialen Welt auf, die sich grundlegend von der Kindheit voriger Generationen unterscheidet. Eine umfassende Digitalisierung der Lebenswelten prägt sie – umgedreht prägen Medienerfahrungen von Jugendlichen derzeitige und künftige Lebenswelten (Baacke 1997). Heranwachsende werden in diesem unabwendbaren, weil globalisierten Prozess von einer Informationsflut durch Hör-, Seh- und computergestützte Medien in ihrer persönlichen und sozialen Entwicklung beeinflusst: in ihrem Konsumverhalten und in ihren Wertevorstellungen und Sichtweisen auf diese Welt. Die Mehrzahl der Jugendlichen nutzt moderne technische Medien alltäglich: um miteinander zu kommunizieren, sich zu informieren, Spaß und Unterhaltung zu finden, lustvolle Spannung und Entspannung herzustellen, ihre Neugier zu befriedigen, Zugehörigkeiten herzustellen und sich öffentlich mitzuteilen. Der Besitz von technischen Mediengeräten erhöht den Status innerhalb der Peergroup und dient dem noch unklaren Selbstkonzept als symbolische Selbstergänzung. Der Medienkonsum prägt neue Fertigkeiten aus: Multitasking, ein erweitertes technisches Verständnis, globales Denken und interkulturelles Wissen sowie eine grundsätzliche Weltoffenheit und Flexibilität gegenüber neuen Lebensstilen. In dieser Selbstverständlichkeit haben Jugendliche einen grundsätzlich anderen, unverstellten, unbefangeneren, aber auch naiveren und viel weniger kritischen Blick auf mediale Phänomene als Erwachsene. Aus ihrer altersspezifischen Perspektive heraus nehmen sie vorwiegend die genannten positiven Effekte und unglaublichen Chancen wahr, die ihnen die Vielfalt der medialen, technischen Errungenschaften bietet. Was jedoch die Risiken und Gefahren im Umgang damit angeht, herrscht noch wenig Problembewusstsein. Vor allem der Zugang zum World Wide Web führt Jugendliche in risikobehaftete und bedrohliche Dimensionen. Gewaltdarstellung und -verherrlichung, extremistische, rassistische Propaganda und Pornografie überfluten sie mit nicht zu bewältigenden Botschaften und Bildern und lösen Verwirrung, Angst, Ekel und Schuldgefühle aus. Betrugs- und Abzockversuche bei Online-Kaufangeboten, durch Handyknebelverträge, Downloads von Klingeltönen oder Glücksspielangebote schädigen sie auch finanziell. Mit dem Weitergeben von Snuff-Videos oder dem Raubkopieren von Musik geraten sie in strafrechtlich relevante Zonen. In Chatrooms versuchen Pädokriminelle Kontakt herzustellen (*Grooming*), Belästigungen, Drohungen und Beleidigungen werden über E-Mails oder das Handy mitgeteilt, und in Communitys sind sie von *Cybermobbing* bedroht. Auch die unfreiwillige Speicherung von personenbezogenen Daten und deren kommerzieller Missbrauch stellen eine Gefahrenquelle dar – die Tatsache, dass das Internet »nichts vergisst«, ist im Bewusstsein der meisten Jugendlichen noch nicht angekommen. In Fernsehformaten wie Casting- oder Realityshows und Daily Soaps werden Träume geweckt, Gefühle aufgewühlt und Abenteuer versprochen, wobei oft die Erkenntnis ausbleibt, dass Medien eben nicht die Wirklichkeit abbilden. Hinzu kommt eine erschreckende Zunahme des exzessiven Computer-Spielverhaltens bis hin zu Computer- und Internetsucht bei Jugendlichen, der Besuch von fragwürdigen Suizidforen, in denen der Suizid verherrlicht wird und Anleitungen zur Umsetzung gegeben werden, oder die Nutzung sogenannter Pro-Ana-Foren, die selbstverletzendes Verhalten oder Magersucht propagieren. Neben den genannten Inhalten und medialen Formen stellt auch das Ausmaß der Nutzungszeit eine Gefährdung dar: Je länger sie medial konsumieren, desto mehr kommt es zum Verzicht auf andere Beschäftigungen, die zu einer gesunden Entwicklung gehören. Da es nicht darum gehen kann, Jugendlichen grundsätzlich den Zugang zu modernen Medien zu verschließen oder ihnen die Nutzung zu verbieten, lassen die aufgeführten Risiken nur einen Schluss zu:

Kinder und Jugendliche brauchen Begleitung, Orientierung, manchmal auch Kontrolle sowie Unterstützung, damit sie einen reflektierten, sozial verantwortbaren, kritischen und kreativen Umgang mit Medien lernen. Hauptverantwortung für eine altersentsprechend vertretbare Mediennutzung, die ihnen den Erwerb solcher Kompetenzen sichert, haben Verantwortliche in der Politik und Gesetzgebung, vor allem die Eltern – aber auch andere Erziehungsbeteiligte, als erstes Pädagogen in Schulen.

Präventive Zielsetzungen in Bezug auf Amok/*School Shooting* schließen zwangsläufig *medienpädagogische Inhalte* mit ein. Die Nutzung von Bildschirmspielen, Internetseiten und Chatrooms beinhaltet für instabile Jugendliche Suchtpotenziale und Anregungen für Gewalthandeln in der Lebenswirklichkeit. Sie fördern ein Wegdriften aus der Realität, und häufig erfolgt der Konsum unkritisch und exzessiv. Im Zusammenhang mit Gewaltprävention und mit den besonderen Gefährdungsschwerpunkten im Hinblick auf Amok und Suizid besteht die medienpädagogische Aufgabe darin, den Jugendlichen Gelegenheit zu geben, ihre medialen Erfahrungen zu artikulieren, ihnen zu einer kritischen, inneren Distanz gegenüber Medieninhalten zu verhelfen und ihnen bei der Auswahl, Einschätzung und Nutzung gesellschaftlich relevanter Medien mehr Sicherheit zu geben. Grundsätzlich ist dabei ihr lustbetonter Umgang mit Medien vorurteilsfrei anzuerkennen. Eigene Einstellungen dürfen nicht dazu führen, von ihnen favorisierte Medien, z.B. Killerspiele, zu dämonisieren, weil sonst der Dialog mit ihnen unweigerlich abbricht. Es geht nicht darum, ihnen den Spaß an der Nutzung jugendrelevanter Medienformate zu verderben! Eine Angleichung der Sichtweisen wird sich nur bedingt erreichen lassen und sollte auch nicht zielführend sein. Vielmehr geht es im Diskurs über Medien um die Gegenüberstellung verschiedener Auffassungen, um das Aufmerksammachen auf Widersprüche, um das Verdeutlichen ethisch-moralischer Grundprinzipien und darum, Jugendliche über die Ergebnisse der Medienwirkungsforschung zu informieren.

Um als Gesprächspartner ernst genommen zu werden und nachvollziehen zu können, was in den Köpfen der Heranwachsenden in Bezug auf mediale Erfahrungen vorgeht, ist es sinnvoll, sich mit deren gängigen technischen Geräten und den konsumierten Inhalten zu beschäftigen.

Die nachfolgenden Materialien laden zur Auseinandersetzung mit folgenden Inhalten ein:
- Die dreizehn Gebote der Medienpädagogik
- Mediennutzung gestern und heute
- Die Macht der äußeren Bilder
- Aufschluss über Konsumgewohnheiten bei TV und Computer
- Kritische Sichtweisen auf Fernsehformate
- Gewalt in Computerspielen
- Computer- und Internetsucht
- Cyber-Mobbing
- Sicherer Umgang mit virtuellen Welten
- Handygewalt

KV 126

Die dreizehn Gebote der Medienerziehung (für Erwachsene)

1. Du sollst Kinder und Jugendliche nicht alleine lassen mit ihren medialen Erfahrungen. Sie sind ein wichtiger Teil ihrer Existenz, der sie prägt und formt und häufig auch überfordert.

2. Du sollst den Medienvertrautheiten dieser Generation nachspüren, ohne dich anzubiedern.

3. Du sollst jedoch wissen, worüber du redest! Bilde dir ein eigenes Urteil über das, was Kinder und Jugendliche fernsehen, an Bildschirmen spielen oder mit dem Handy tun. Wenn du keine Ahnung hast, worum es überhaupt geht, wirst du als Gesprächspartner nicht ernst genommen. Lass es dir von ihnen zeigen!

4. Du sollst ihre Medien nicht verteufeln oder ihnen den Spaß daran verderben! Heranwachsende haben genauso wie du ein Recht auf alters- und zeitgemäße Unterhaltung. Sie verspüren das gleiche Bedürfnis wie Erwachsene, sich manchmal, auch ohne aktive Beteiligung, sinnlos zu zerstreuen.

5. Du sollst nicht nur aus der Perspektive deiner Generation urteilen. Sei nicht starr und ablehnend, sondern neugierig und offen.

6. Du sollst aber als Person Profil zeigen und Reibungsfläche bieten, indem du entschieden, sachlich und normverdeutlichend auf Verstöße gegen die Menschenwürde, die Ungleichbehandlung von Mann und Frau oder auf Gewaltdarstellungen, Gewaltverherrlichung oder Sexismus in entsprechenden Medien hinweist. Benenne dabei die gültigen gesellschaftlichen Normen und Werte und daraus formulierte Gesetze sowie Konsequenzen, die sich aus Verstößen ergeben.

7. Du sollst dabei keine moralische Entrüstung oder Empörung über geschilderte Inhalte zeigen, die dir fremd sind, weil du sie als Zumutung oder als abscheulich empfindest. Habe den Mut, dir anzuhören, was Kinder und Jugendliche daran fasziniert und warum! Nur so wirst du erfahren, was in ihren Köpfen vorgeht, und kannst du es beeinflussen.

8. Du sollst nicht belehren, du sollst mit ihnen gemeinsam *analysieren*!

9. Bei bedenklichem Medienkonsum sollst du irritieren, Widersprüche offenlegen, Wirkungen aufzeigen und eine innere Distanz zum entsprechenden Medium anregen.

10. Du sollst ihnen Inhalte, Hintergründe, Mechanismen, Funktionen und kommerzielle Zielsetzungen bewusst machen und ihnen zu einem kritischen Umgang verhelfen.

11. Du sollst nicht übertreiben – relativiere Gefahren und Nutzen! Zeige ihnen Ergebnisse der Medienwirkungsforschung – sie belegen bestimmte Gefährdungen.

12. Du sollst nicht nur reden. Zeige Perspektiven einer *sinnvollen* Nutzung auf und lasse Alternativen zu ihrer bisherigen Freizeitgestaltung finden!

13. Du sollst nicht vorschreiben, sondern überzeugen: indem du im Umgang mit Kindern und Jugendlichen *vorlebst*, wie die Würde des Menschen zu achten ist und wie gewaltfrei und demokratisch gehandelt werden kann.

Falls du Vater oder Mutter bist, solltest du allerdings auch den Mut haben, ab und zu schlichtweg »*Nein!*« zu sagen, wenn dir die Mediennutzung deines Kindes bedenklich erscheint! Die Verantwortung liegt in erster Linie bei dir! *Vertrauen ist gut, Kontrolle auch*: Du wirst nicht darum herumkommen, nachzuprüfen, ob vereinbarte Nutzungszeiten eingehalten werden, und dem Alter deines Kindes entsprechend Sicherungssysteme installieren!

KV 127

Ein Blick zurück ...

»Nein, Sir. Die Amerikaner brauchen vielleicht das Telefon, wir aber nicht. Wir haben sehr viele Eilboten«, meinte Sir William Preece, Chefingenieur der britischen Post, im Jahr 1896 zu Graham Bell, dem Erfinder des Telefons, als dieser ihm den praktischen Nutzen des Telefons erklärte.

»Das Radio hat keinen ersichtlichen kommerziellen Wert. Wer würde denn für Nachrichten bezahlen, die an niemanden bestimmten gerichtet sind?«, war eine von vielen negativen Reaktionen auf David Sarnoffs Forderung nach Investitionen für die Entwicklung des Radios im Jahr 1920.

»Der Fernseher wird sich auf dem Markt nicht durchsetzen. Die Menschen werden sehr bald müde sein, jeden Abend auf eine Sperrholz-Kiste zu starren«, meinte Darryl F. Zanuck, Chef der Filmgesellschaft 20th Century-Fox im Jahr 1946.

»Es besteht die Möglichkeit, dass Computer einmal weniger als 1,5 Tonnen wiegen.« Zitat aus der amerikanischen Zeitschrift »Popular Mechanics« im Jahr 1949.

❶ Wie wirken diese Statements auf euch?

❷ Welche Schlüsse lassen sich aus diesen Meinungen für *unsere* Einschätzungen, die Zukunft betreffend, ziehen? Können wir Auswirkungen, die heutige technische Entwicklungen haben werden, voraussehen? Könnten Menschen heute und in der Zukunft mit technischen Entwicklungen überfordert sein?

Technische Medien, mit denen wahrscheinlich eure Eltern aufgewachsen sind:

1. Kennt ihr diese Geräte? Welche Funktion haben/hatten sie?

2. Was wisst ihr aus persönlichen Erzählungen über die Mediennutzung der Generation deiner Eltern und Großeltern?

KV 128

Mediennutzung heute

Technische Geräte und digitale Medien, mit denen Kinder und Jugendliche heute aufwachsen.

❶ Zeichnet oder schreibt noch weitere Geräte/Medien, die ihr benutzt, dazu.

❷ Austausch im Gespräch: Welche der abgebildeten Medien nutzt ihr? Wozu?

❸ Tauscht euch in Kleingruppen aus und berücksichtigt dabei Folgendes:
 – Überlegt die Vor- und Nachteile, die sich für Kinder und Jugendliche heute durch die Vielzahl der neuen Medien gegenüber ihren Eltern ergeben, und schreibt sie auf Klebezettel.
 – Tauscht die Gruppenergebnisse im Klassenplenum aus. Heftet die Klebezettel in zwei Rubriken an die Tafel: *Vorteile und Nachteile*. Führt abschließend eine Bewertung durch.

KV 129
Generation YouTube und die Macht der äußeren Bilder

Generation YouTube? – Ein passender Begriff für Jugendliche heute?

❶ Diskutiert in Dreiergruppen und findet noch andere Bezeichnungen, die euch für die heutige Generation Jugendlicher passend erscheinen. Stellt sie im Plenum vor.

❷ Jugendliche heute sollen neue und andere Fähigkeiten besitzen als frühere Generationen. Könnt ihr das bestätigen?
– Befähigung zum Multitasking, d. h. zur gleichzeitigen Kommunikation auf vielen »Kanälen«. Während der Fernseher oder Musik läuft, spielen sie Computerspiele, surfen im Netz, schauen, ob eine E-Mail oder eine SMS angekommen ist, und telefonieren zu alldem noch.
– Bereitschaft, sich auf neue technische Herausforderungen einzulassen, sie haben einen unbefangenen Umgang mit technischen Geräten und ein gutes *Technikverständnis*.
– *Mehrsprachigkeit*
– *Globales Weltbild* und Denken in größeren Zusammenhängen
– *Flexibilität und Offenheit* gegenüber neuen Lebensstilen
– *Mut*, traditionelle Geschlechterrollen aufzubrechen

❸ Klassendiskussion: Was davon trifft auf euch zu / was nicht? Was die Wirkung der neuen Medien auf Heranwachsende angeht, haben Experten aus den sogenannten Neurowissenschaften, z. B. namhafte Hirnforscher, allerdings an manchen Stellen Bedenken. Sie äußern sich in diesem Sinne darüber:

These 1:
Als Kinder früher z. B. in der Landwirtschaft noch kräftig zupacken mussten, war Schule für sie eine begehrte Alternative. Heute ist es umgedreht. Schule wird als langweilig erlebt. Sie unterbricht als lästiger Störfaktor die begehrte Freizeit. Heutige Jugendliche hängen in der Schule, vor sich hindämmernd, ab und werden erst richtig wach, wenn sie am Nachmittag vor ihrem Monitor sitzen und mit Computerspielen beschäftigt sind.

These 2:
Durch den erheblichen Fernsehkonsum von Jugendlichen wird es schon in nächster Zeit zu einem rapiden Anstieg von Fettleibigen kommen.

These 3:
Ein durchschnittlicher deutscher Schüler soll bis zu seinem dreizehnten Lebensjahr Hunderte von Morden und Tausende Gewalttaten im Fernsehen beobachtet haben. Dies hat Folgen in der Entwicklung der Jugendlichen und prägt die Einstellungen gegenüber Gewalt.

These 4:
In der Sprache der Neurobiologen heißt es, dass Computerspiele »Dopamin-Duschen« auslösen, dass sie fortwährend Erfolgserlebnisse und Glücksgefühle hervorrufen (Dopamin ist ein sog. Neurotransmitter, ein Botenstoff, der auch als Glückhormon bezeichnet wird). Der normale Weg, um erfolgreich zu sein, also ausdauernd zu üben, zu wiederholen etc., wird langweilig und gilt als unattraktiv.

These 5:
Was das Multitasking angeht, kommt es beim Switchen zwischen zwei Situationen / Tätigkeiten binnen Sekunden zu einer Flut von Informationen, bei der die Sinne unablässig mit unzähligen Belanglosigkeiten konfrontiert werden. Die Gefahr besteht darin, dass Wichtiges von Unwichtigem nicht mehr getrennt werden kann und die Bereitschaft zu einer tiefer gehenden Auseinandersetzung verloren geht. Das stetige Kontrollieren der verschiedenen Informationssysteme kann das Gehirn überfordern und zu Stress führen. Es entsteht das Gefühl, nichts mehr richtig zu bewältigen.

❹ Die Klasse wird in fünf Gruppen eingeteilt. Jede Gruppe sammelt Meinungen zu jeweils einem Punkt: Was wirkt an der These überzeugend / bedenkenswert / unwahrscheinlich? Welche Konsequenzen haben diese Aussagen? Muss die Macht der äußeren Bilder eingeschränkt werden? Durch wen?

KV 130

Fernsehgewohnheiten

1. Warum siehst du fern?
   Kreuze das Zutreffende an.
   Welche davon sind deine drei wichtigsten/häufigsten Gründe (farbig markieren)?
   ☐ aus Langeweile
   ☐ zur Unterhaltung
   ☐ aus Gewohnheit
   ☐ zum Chillen
   ☐ wenn ich mich einsam fühle
   ☐ als Hintergrundkulisse
   ☐ um mich über die Welt zu informieren
   ☐ um der Wirklichkeit zu entfliehen
   ☐ um gute Laune zu bekommen
   ☐ weil sonst niemand da ist, mit dem ich was anderes unternehmen könnte
   ☐ aus Bequemlichkeit
   ☐ um eine gute Allgemeinbildung zu erhalten
   ☐ wenn ich nicht einschlafen kann

2. Wie lange siehst du täglich fern? Kreuze an:
   ☐ weniger als eine Stunde   ☐ mehr als eine Stunde
   ☐ ungefähr drei Stunden   ☐ mehr als vier Stunden
   ☐ meine Glotze läuft eigentlich immer

3. Welche positiven Wirkungen hat Fernsehen auf dich?

   _____

   _____

   _____

4. Welche negativen Wirkungen stellst du fest?

   _____

   _____

   _____

- Beantwortet die vier Fragestellungen.
- Stellt eure Antworten im Klassenplenum vor und diskutiert sie.

KV 131

Was guckst du? Befragung zum Fernsehkonsum

Was guckst du?

weiblich	Ich sehe am liebsten	männlich
☐	Krimis wie z. B. *Tatort*	☐
☐	Ärzte-/Krankenhaus-Serien	☐
☐	Polizei-/Cop-Serien	☐
☐	Gameshows	☐
☐	Thriller	☐
☐	Musiksender	☐
☐	Daily Soaps	☐
☐	Gerichtssendungen	☐
☐	Talkshows am Nachmittag	☐
☐	Casting Shows	☐
☐	Lifestylesendungen	☐
☐	Sendungen über VIPs	☐
☐	Boulevardnachrichten wie *Explosiv* oder *Blitz*	☐
☐	Horror-/Splatterfilme	☐
☐	Nachrichten/*Tagesschau*, *n-tv*	☐
☐	Kochsendungen	☐
☐	Sportübertragungen	☐
☐	Wissensmagazine, z. B. *Nano*, *Galileo*	☐
☐	Politische Magazine, z. B. *Panorama*, *Monitor*	☐
☐	Wetterbericht	☐
☐	religiöse Sendungen	☐
☐	Erotikfilme	☐
☐	muttersprachliche Sendungen auf Kanälen der eigenen Herkunftskultur	☐

❶ Kreuzt anonym an, was ihr als Mädchen oder als Junge am liebsten seht.

❷ Wertet das Ergebnis der Befragung aus.

❸ Diskutiert das Ergebnis. Wo gibt es gemeinsame Sehgewohnheiten? Warum gibt es Unterschiede in der Beliebtheit von Fernsehsendungen bei weiblichen und männlichen Jugendlichen?

KV 132

Fernsehformate kritisch gesehen:
Casting-Shows – Reality-Shows – Daily Talks

❶ Tafelanschrift: Casting-Shows – Reality-Shows – Daily Talks

❷ Vorwissen über die drei Fernsehformate austauschen: Beispiele nennen. Was seht ihr euch an? Warum?

❸ Text über die Fernsehformate gemeinsam lesen.

Denn sie wissen, was sie tun …

Deutschland sucht und sucht – Casting-Shows
Die Staffeln verschiedener Casting-Shows ernten immer wieder heftige Kritik, es kommt zu Schadensersatzklagen gegen den jeweiligen Fernsehsender, Medienschützer und Politiker laufen Sturm: Entscheidend sei nicht das wirkliche Können oder die beste Eignung, sondern wessen persönliche Geschichte, schrilles Aussehen oder auffällige Persönlichkeit sich am besten ausschlachten lässt. Der Vorwurf der Manipulation, die Sieger stünden schon frühzeitig fest, schwingt oft mit. Zynisch und menschenverachtend würden wehrlose Personen vorgeführt, die sich eine Erfüllung ihrer Träume und Sehnsüchte versprechen.

Voyeurismus mit Ekelfaktor? – Reality-Shows
Reality-Shows gibt es in unterschiedlichen Formaten: Als Reality-Spielshows oder Selbstverbesserungs-/Ratgeber-Shows, Reality-Shows über Berufsgruppen etc.

Solchen Shows wird vorgeworfen, dass Kandidaten ihre Intimsphäre (oft über Wochen) aufgeben müssten, Tabus gebrochen oder Mutproben und geschmacklose, ekelerregende Grenzüberschreitungen gefordert würden. In Sendungen, bei denen beispielsweise Leichenautopsien oder Schönheitsoperationen gezeigt werden, würde die Würde des Menschen verletzt.

Die öffentliche Entblößung – Daily Talks
Die zahlreichen Daily Talks, vor allem im Nachmittagsprogramm, werden immer wieder kritisiert: So würden sadistische Moderatoren Kandidaten, die sich in existenziellen Lebenskrisen befinden oder aus einem schwierigen Umfeld kommen, zur Entblößung intimer Bekenntnisse veranlassen: über Missbrauchserfahrungen, Gewalt in der Familie, ungewöhnliche Sexualpraktiken, Schuldenprobleme, psychische Krankheiten etc. Zudem würde das Studiopublikum durch Anweisungen manipuliert, und es würden auch Schauspieler oder Laiendarsteller eingesetzt, die für ihren Einsatz bezahlt würden.

Braucht die Welt das? Allen diesen Fernsehformaten scheint gemeinsam:
- Viele der Teilnehmer/innen gehen beschädigt daraus hervor, z. B. mit dem Empfinden, öffentlich versagt zu haben, mit Schamgefühlen und dem Verlust des sozialen Ansehens, mit einem lädierten Selbstwertgefühl und mit psychischen Zusammenbrüchen bis hin zu Suizidversuchen.
- Die genannten Formate werden fast ausschließlich von Privatsendern produziert. Es sichert ihnen Milliardengewinne durch Werbeeinnahmen, auch durch zusätzliche Online-Portale und *Merchandising* (z. B. Verkauf von CDs, T-Shirts, Magazinen, Postern, Trainings-DVDs für künftige Bewerber, Tassen, Sammelkarten, Gesellschaftsspielen, Büchern).

Das zeigt, worum es eigentlich geht: *Um Geld – um viel, viel Geld!*

❹ Teilt euch in mehrere Kleingruppen auf. Jede Gruppe beschäftigt sich mit einem Fernsehformat. Recherchiert darüber im Internet und bereitet einen kurzen Vortrag vor.
– Welche Bedeutung haben solche Fernsehformate für Jugendliche?
– Bieten solche Sendungen *Vorbilder* für Jugendliche und welche Rolle spielen dabei *Werte*, z. B. Fairness, Rücksichtnahme, Mut?
– Was würdet ihr bei der Mitgestaltung einer solchen Sendung ändern?

KV 133

Faszination Computer – Befragung

Was begeistert und fasziniert dich am Computer?

_____

_____

Was machst du mit dem Computer?

- ☐ Computerspielen alleine
- ☐ für die Schule arbeiten
- ☐ im Internet surfen
- ☐ Grafikprogramme nutzen
- ☐ Musik hören
- ☐ Musik downloaden
- ☐ CDs / DVDs brennen
- ☐ Fotos / Bilder / Videos bearbeiten
- ☐ Programmieren
- ☐ selbst Videos uploaden

- ☐ Computerspielen in Communities
- ☐ Lernprogramme benutzen
- ☐ Texte schreiben
- ☐ PC-Lexika nutzen (Wikipedia etc.)
- ☐ E-Mails schreiben
- ☐ DVDs ansehen
- ☐ Chat-/Kontaktforen besuchen
- ☐ Töne / Musik bearbeiten
- ☐ selbst Musik herstellen
- ☐ eigene Web-Sites / Homepages gestalten

Was ist dir am wichtigsten?

_____

Wie viel Zeit investierst du täglich ungefähr am Computer?

☐ weniger als eine Stunde   ☐ bis zu drei Stunden   ☐ mehr als fünf Stunden

❶ Füllt den Fragebogen aus.

❷ Tauscht euch gemeinsam über eure individuelle Computernutzung aus.

❸ Wertet die Ergebnisse mit einer Excel-Grafik aus (Diagramm).

KV 134

Gewalt und Brutalität in Computerspielen am Beispiel von GTA

Im folgenden Text wird brutales Gewalthandeln in einem populären Computerspiel veranschaulicht. Es muss individuell entschieden werden, für welche Klasse / Klassenstufe der Einsatz geeignet erscheint.

❶ Der Text wird nicht an Schüler ausgehändigt. Diese erhalten nur die *untere* Hälfte des Blatts! Die Lehrperson liest den Text ohne Kommentar über den Hintergrund vor:

»... *Du schleichst dich von hinten an die Frau heran, greifst sie dir und ziehst das Messer durch die Kehle. Es macht ein schmatzendes Geräusch, sie fällt vornüber. Eine Blutlache zeigt, dass du erfolgreich warst. Auf die nächste gehst du mit einer Schaufel los. Sie flieht, du erwischst sie mit einem kräftigen Hieb. Sie fällt, der Vorgartenrasen färbt sich rot von ihrem Blut. Beim Weggehen trittst du auf ihre blutige Leiche. Deine Sohlen hinterlassen Blutflecken, während du deine Mission fortsetzt. Dann verbrennst du... und so weiter und so weiter. Mission erfüllt! Du hast Respektpunkte erhalten...*«

Eine Reihe von Schülern wird das Spiel erkennen. Es handelt sich um die Spieleserie »Grand Theft Auto: San Andreas«, genannt *GTA*.

❷ Unterrichtsgespräch:
– Wovon ist hier die Rede, was wird im Text beschrieben?
– Welche Wirkung hat das, was geschildert wurde, auf euch?

✂ ···

❸ Der folgende Text wird als Kopiervorlage verteilt und gemeinsam gelesen:

Der vorgelesene Text ist ein Auszug aus einem Artikel von *Jörg Lau*, den er in *DIE ZEIT*, Nr. 45/06, mit dem Titel »Dumm, dick und aggressiv? Spiele ohne Grenzen« veröffentlicht hat. Der Autor beschreibt dabei, wie ihr eben gehört habt, *seine* subjektive Wahrnehmung einer weltweit populären und beliebten Computerspiele-Serie, die es inzwischen in mehreren Teilen gibt. In Leserbriefen und Internetforen wurde über diesen Artikel intensiv diskutiert.

»*Info zum Spiel: Als Spieler steuert man eine männliche Spielfigur, die einem zu einer Verbrecherkarriere in einer virtuellen amerikanischen Großstadt verhilft. Wie im klassischen Ego-Shooter geht es um Schnelligkeit, Reaktions- und Koordinationsfähigkeit. Der Spieler steuert einen Charakter, der mit einer größer werden Auswahl an Waffen Gegner aller Art tötet. Anders als beim Ego-Shooter beobachtet man hier seinen Charakter leicht von hinten, man sieht also dessen ganzen Körper und nicht nur die Hand, die die Waffe trägt.*

Auf der Basis eines Actionspiels mit sog. Third-Person-Shooter- und Autorennen-Spieleelementen erledigt der Spieler Aufträge, deren Schwierigkeitsgrad steigt. Sie verhelfen ihm zum Aufstieg innerhalb einer mafiösen Gangsterhierarchie. Es geht dabei um Autodiebstähle, Sprengungen und darum, Gegner im Milieu durch Auftragsmord auszuschalten, Prostitution spielt ebenso eine Rolle. Außerdem gilt es, an eine größere Auswahl von Waffen, Kleidung und Geld zu kommen. Der Spieler bewegt sich in einer Welt, die vom Verbrechen regiert wird. Die Spielaufgaben bestehen aus kriminellen Handlungen, die häufig brutal sind und nicht durch negative Konsequenzen sanktioniert werden. Wenn nach einer Verfolgungsjagd durch die virtuelle Polizei eine Verhaftung erfolgt, kommt es höchstens zu einer Geldstrafe und zum Verlust der Waffen.«

❹ Schreibt in einem *Leserbrief* eine Stellungnahme zum Titel des Artikels und zum vorgelesenen Text des Journalisten und lest ihn vor.

Alternativ: Tauscht euch im Computerraum über einen Weblog aus (kostenlos: Blog-Anbieter *Wordpress*). Behandelt die Kopiervorlage 137.

KV 135

Die Sache mit der Altersbeschränkung und dem Index

In Deutschland gibt es für Computer-/Konsolenspiele Altersbeschränkungen. Die *USK* (Unterhaltungssoftware-Selbstkontrolle) prüft Computerspiele im Auftrag der Jugendminister und stuft sie nach Altersgruppen ein. Folgende Altersfreigaben gemäß §§ 14, 15 JuSchG (Jugendschutzgesetz) können durch die USK mit einem Siegel vergeben werden.

- Freigegeben ohne Altersbeschränkung
- Freigegeben ab sechs Jahren
- Freigegeben ab zwölf Jahren
- Freigegeben ab sechzehn Jahren
- Freigegeben ab achtzehn Jahren – keine Jugendfreigabe (ausschließlich ein Produkt für Erwachsene)

Die Vergabepraxis des USK-Siegels ist jedoch ziemlich umstritten und wird oft als zu lasch beurteilt. Die »Bundesprüfstelle für jugendgefährdende Medien« (BPjM) kann bei entsprechender Gefährdung (gemäß § 18 JuSchG) Medien indizieren. Spiele, die auf dem sogenannten *Index* stehen, dürfen Kindern und Jugendlichen weder verkauft noch überlassen oder anderweitig zugänglich gemacht werden. Sie können nur in Geschäften angeboten werden, wenn sie für Kinder und Jugendliche nicht frei zugänglich sind. Es darf keinerlei Werbung gemacht und sie dürfen nicht im Versandhandel vertrieben werden, es sei denn, es werden Vorkehrungen getroffen, um sicherzustellen, dass der Kunde mindestens 18 Jahre alt ist.

Indizierungen werden vorgenommen, wenn Spiele folgende Merkmale aufweisen:

»Dazu zählen vor allem unsittliche, verrohend wirkende, zu Gewalttätigkeit, Verbrechen oder Rassenhass anreizende Medien.« (BPjM)

Dies gilt insbesondere, wenn
- Gewalt gegen Menschen und als einzige Handlungsmöglichkeit im Spiel angeboten wird.
- Gewalttaten gegen Menschen, die im Einzelnen deutlich gemacht, visualisiert werden (blutende Wunden, zerberstende Körper, Todesschreie).
- es zum spielerischen Einsatz von Massenvernichtungswaffen kommt.
- Gewaltanwendungen gegen Menschen im Spielverlauf belohnt werden.

Im Rahmen einer Gesetzesverschärfung trifft dies neuerdings auch auf *Gewalt gegen menschenähnliche Wesen* zu. Außerdem wird darin festgelegt, dass die bisher mögliche Geldstrafe von bis zu 50.000 Euro für die Verbreitung solcher Medien als zu gering anzusehen ist.

❶ Erinnert euch an den Artikel des Journalisten Jörg Lau und seine Beschreibung eines Computerspiels und beantwortet dazu in Kleingruppen diese Fragen:
- Welche Gewalthandlungen schildert der Journalist in seiner subjektiven Sichtweise auf ein bekanntes Konsolen-/Computerspiel?
- Wird dabei Gewalt/Kriminalität verharmlost, belohnt oder bestraft?
- Wird Gewalthandeln als brauchbare Möglichkeit der Konfliktlösung aufgezeigt?
- Welche Rollenmuster und -vorbilder werden darin sichtbar (Täter/Opfer – männlich/weiblich etc.)?
- Würdest du dem Spiel ein USK-Siegel verleihen? Welches? Würdest du das Spiel indizieren? Begründe deine Meinung.
- Das Spiel fällt in die Kategorie, die in den Medien *Killerspiele* genannt werden. Hältst du diese Bezeichnung für gerechtfertigt?

KV 136
Risiken und Nebenwirkungen: Was Medienwirkungsforscher sagen

Es wird immer wieder diskutiert, ob es einen Zusammenhang zwischen Jugendgewalt und Gewaltdarstellungen in den neuen Medien, insbesondere in der Nutzung von sogenannten »Killerspielen«, gibt. Besonders nach Amoktaten wird oft ein Verbot solcher Medien gefordert.

Die Behauptung, dass Jugendliche, die solche Spiele anwenden, zwangsläufig auch in ihrer Lebenswelt gewalttätig würden, lässt sich gegenwärtig wissenschaftlich nicht beweisen.

Risiken und Nebenwirkungen – Das gilt als gesichert:
- Die These, dass die Nutzung gewalthaltiger Medien Gewaltimpulse abbaut (sogenannte Katharsistheorie), gilt eindeutig als widerlegt.
- Mediengewalt muss sich nicht automatisch und direkt auswirken, im Sinne von Ursache und Wirkung. Sie stellt jedoch *einen Einflussfaktor* neben mehreren anderen Ursachen dar, die für die Gewalttätigkeit von Kindern und Jugendlichen verantwortlich zu machen ist.
- Besonders empfänglich für die Botschaft von gewaltverherrlichenden Computerspielen sind Kinder unter 12 Jahren, weil sie moralische Grundsätze noch nicht verinnerlicht haben.
- Eine wesentliche Rolle spielt die Dosis: Exzessiver Konsum von Computerspielen erhöht die Gefährdung.
- Wer sowieso wenig ausgeprägte Fähigkeiten zur friedlichen Problemlösung hat, gilt als besonders bedroht.
- Wer eine geringe Frustrationstoleranz oder ein niedriges Selbstwertgefühl hat, reizbar oder kontaktarm ist, lässt sich durch die schnellen und prompten Erfolge in Computerspielen leichter verführen, weil sie schnell ein Erfolgsgefühl vermitteln, eine Fluchtmöglichkeit aus der Realität oder ein emotionales Anregungsmittel sein können.
- Wenn Kinder und Jugendliche bereits in einer gewalttätigen Umgebung, also mit entsprechenden Vorbildern aufwachsen, wirkt der Gewaltgehalt von Spielen besonders.

Medienwirkungsforscher weisen auf diese Auswirkungen und Folgen hin:
Die Wahrnehmung in der wirklichen Welt verändert sich: Nach häufigem, langem Verfolgen schneller Bildabfolgen werden normale Alltagssituationen quasi wie in Zeitlupe erlebt und als zäh und langweilig empfunden. Gewalthaltige Computerspiele wirken auf das Bewusstsein, auf Gefühle und Reaktionen und verändern diese.
- Killerspiele killen Mitleid: Es kommt bei langjährigem Konsum von gewaltbesetzten Medien zu einer Abnahme der sogenannten Empathiefähigkeit und zu einer Abstumpfung gegenüber Gewalt, besonders direkt nach der Rezeption.
- Das Aggressionspotenzial während und kurz nach dem Konsum ist *messbar* erhöht, d. h., nach dem Spiel schätzen Spieler z. B. die Bewegung einer anderen Person oder einen Blick eher als feindselig und provokativ ein und werten dies als Angriff. In der neurowissenschaftlichen Forschung konnten bei Spielern gewalthaltiger Computerspiele Hirnfunktionen sichtbar gemacht werden, die in vergleichbarer Weise bei realen Gewalthandlungen zu beobachten sind.
- Günstige, prosoziale Einstellungen werden verändert und direkte soziale Kontakte können sich verringern.
- Es gibt bisher keine Erforschung der Langzeitfolgen, d. h., wir wissen nicht, welche Gewaltbereitschaft Kinder, die heute exzessiv gewalthaltige Computerspiele benutzen, in 20 oder 30 Jahren haben werden. Die derzeit vorzufindende Forschungslage deutet aber darauf hin, dass tatsächlich ein langfristiger negativer Effekt zu erwarten ist.

Bemerkenswert: US-Militärs fanden den Ego-Shooter *Doom* so realitätsnah, dass sie ihre Rekruten damit spielen ließen. Die Vorstellung war, dass sie ein ausgeprägtes Feindbild entwickeln sollten, und man ging davon aus, dass sich ihre Hemmschwelle, Menschen zu töten, dann auch im Ernst-/Kriegsfall senken würde!

❶ Bereitet euch in Kleingruppen auf eine Pro- und Contra-Diskussion über ein Verbot von sogenannten Killerspielen vor, sammelt in Stichpunkten Für- und Gegenargumente und verteilt Rollen:
– **Pro:** besorgte Eltern, Richter, Lehrer, Medienwirkungsforscher
– **Contra:** jugendliche Nutzer, Vertreter der Computer-Spieleindustrie.

❷ Nehmt die Diskussion mit dem Camcorder auf und wertet sie aus.

KV 137

Was nun? – Familiäre Stress- und Streitsituationen durch Mediennutzung

❶ Lest den folgenden Textabschnitt gemeinsam:

Was nun?
Ein Dienstagabend in einer bundesdeutschen Familie: Die Mutter, Frau B., liest. Der Vater, Herr B., sieht fern. Trotz mehrmaliger Aufforderung liegt der neunjährige Sohn Elias um 22.30 Uhr noch immer nicht im Bett. Er behauptet, in den letzten Nächten schlimme Albträume gehabt zu haben, weswegen er Angst hätte einzuschlafen. Als die Eltern ihn nach seinen Träumen befragen, gesteht er, dass er ein paar Mal ein gruseliges Computerspiel von seinem älteren Bruder Patrick ausgeliehen habe und dass ihn die Figuren des Spiels immer wieder in seinen Träumen verfolgen würden. Er gibt zu, dass er seinen Bruder so lange gedrängt hat, bis ihm dieser das Spiel gegeben habe. Herr B. ruft den 17-jährigen Bruder von Elias, Patrick, der in seinem Zimmer am PC sitzt, hinzu. Er gibt zu, dass es sich bei dem Computerspiel um ein sogenanntes Killerspiel handelt, das nicht für Jugendliche freigegeben ist. Ein älterer Freund hat es ihm besorgt. Patrick sagt, Elias habe ihn so lange genervt, bis er nachgegeben und ihm das Spiel ausgeliehen habe.

❷ Bildet Kleingruppen.

❸ Plant ein **Rollenspiel**, in dem ihr die beschriebene Situation mit den aufgeführten Rollen und Aufgabenstellungen nach- und weiterspielt. Wie geht die Geschichte aus?
– Gelingt es den Beteiligten am Ende, eine Lösung zu finden, mit der alle zufrieden sind?
– Wie wollen sie künftig mit dem Problem umgehen?

Die Eltern:
• Was sagen sie?
• Welche Gefühle und Überlegungen bewegen sie?
• Wie denken sie über das besagte Computerspiel?
• Wie ist ihre Meinung zu negativen Wirkungen von sogenannten »Killerspielen«?
• Werden sie Entscheidungen treffen? Gibt es Konsequenzen?

Elias (9 Jahre):
• Wie äußert sich Elias, der jüngere Bruder?
• Warum wollte er das Spiel unbedingt haben?
• Wem weist er die Verantwortung für seine Albträume zu?

Patrick (17 Jahre):
• Wie äußert sich Patrick, der ältere Bruder über Motive, seinem jüngeren Bruder das Spiel zu leihen?
• Sieht er es als Problem, dass er dieses Spiel besitzt, obwohl er noch minderjährig ist?
• Wie ist seine Einstellung zu solchen Spielen? Sieht er mögliche Gefährdungen?

❹ Spielt euch nacheinander eure verschiedenen Versionen vor, die in den Kleingruppen entstanden sind. Wertet die Spiele aus:
– Welche Rollen überzeugten? Gab es Unterschiede / Gemeinsamkeiten?
– Zu welchen Einsichten seid ihr durch das Rollenspiel gekommen?
– Welche Konflikte gibt es bei euch zu Hause durch die Computernutzung?

Zusätzliche Empfehlung: Bundeszentrale für politische Bildung, 2010: DVD-ROM mit Handreichung *Krieg in den Medien*: http://www.bpb.de/publikationen/9CI183,0,Krieg_in_den_Medien.html

KV 138

Der Nerd (1) – Kurzgeschichte

> Hi!
> Tu einfach, was ich dir sage, ich kenne dich besser als irgendjemand sonst, du kannst mir vertrauen …!

Step number one:
… schließe alle offenen Seiten, beende dein Internetprogramm! Fahre das Betriebssystem deines Rechners ordnungsgemäß herunter! Schalte deinen Computer komplett aus! O. k., jetzt geht's los: Step by step! Auch, wenn du an Grenzen stößt: No panic! Du kannst dich auf mich verlassen, ich lass dich nicht alleine!

Step number two:
Öffne ein Fenster und atme die frische Luft ein. Achtung, der Kontrast und die Helligkeit lassen sich nicht einstellen, auch auf die Lautstärke kannst du keinen Einfluss nehmen! Nimm einfach alles so, wie es ist. Die Geräusche sind keine Simulation, alles ist live!

Step number three:
Komm schon, trau dich, geh einige Schritte durch's Zimmer. Was sich unter dir bewegt, sind nur deine Beine, keine Angst, bisher läuft alles normal!

Step number four:
Schau dich um, ob noch jemand anders in deiner Nähe ist, der sich bewegt. Geh auf ihn zu und sprich ihn einfach an, eine Tastatur ist hierfür nicht erforderlich! Antwortet dein Gesprächspartner? Wenn ja, dann sei jetzt bitte äußerst vorsichtig, das ist kein Forum und auch kein Chatroom. Überlege vorher genau, was du sagst, denn du genießt keine Anonymität, und deine Message trifft ihn mit der vollen Wucht der Realität. Aber sei ganz ruhig, bis jetzt machst du alles super!

Step number five:
Versuche, Nahrung zu dir zu nehmen. Öffne dazu bitte alle Schranktüren. Wenn dir aus einer lukenartigen Öffnung Unmengen von Wasser entgegensprudeln, ist es die Waschmaschine. Mach schnell wieder zu. Sollte in einem Schrank ein Licht angehen, dann hast du den Kühlschrank gefunden. Schau hinein. Ist etwas Essbares vorhanden? Bevor du etwas verzehrst, achte bitte auf das Verfallsdatum des Produktes – alles, was bläulich schimmert, ist Schimmel, alles, was sich bewegt, sind Maden! Nicht gut!

❶ Findet in Partnerarbeit einen Titel für die Geschichte und schreibt ihn auf die Linie:

_____

❷ Schreibe die Geschichte auf der Rückseite weiter und lies sie den anderen vor:

❸ Die Ergebnisse werden im Klassenplenum ausgetauscht. Unterrichtsgespräch:
– Der Computernutzer bekommt von jemandem Anweisungen. Wer oder was könnte damit gemeint sein?
– Wie wirkt die Schilderung auf euch?
– Welches Problem soll in dieser Geschichte angesprochen werden?

KV 139
Der Nerd (2) – Kurzgeschichte

Step number six:
Verlass jetzt deine Wohnung und das Haus. Wahrscheinlich bist du fassungslos, dass deine Welt außerhalb deiner Zimmertüren weitergeht. Du brauchst dazu keine Waffe, ein Gegner ist nicht zu befürchten. Du wirst die Aufgabe bewältigen, ohne dass du auf deinen Punktestand schauen musst. Wenn du willst, kannst du die Gelegenheit auch dazu nutzen, den Schrank mit dem Licht mit neuen Lebensmitteln zu füllen! Du wirst staunen, was du in einem Supermarkt alles kaufen kannst. Aber, Achtung! Was dir so bunt aus den Regalen entgegenlacht, musst du mit *Euroscheinen* bezahlen, sonst bekommst du Ärger! Und jetzt pass auf dich auf, die Autos sind alle echt!

So unwahrscheinlich es klingt, hier und jetzt hast du nur *ein* Leben. Ein Neustart des Spieles ist nicht möglich, und du wirst auch keinen Magier finden, der dir Heilgetränke verkauft, wenn du unter die Räder kommst! Neiiin! Über diesen Zaun kannst du nicht jumpen, du musst um Hindernisse herum*laufen*!

Step number seven:
Sollten dir auf dem Rückweg kleine Kinder entgegenlaufen und immer wieder deinen Namen rufen, kann es sich nur um deine Geschwister handeln. Du weißt mit ihnen nichts anzufangen, macht nichts, wenn dir erst mal die Namen wieder eingefallen sind, werdet ihr euch näherkommen, sie sind gar nicht so nervig, wie du denkst! Sie kommen aus der Schule, das ist da, wo *du* eigentlich auch sein solltest und wo dich maximaler Stress erwartet, weil du dich dort schon seit drei Wochen nicht mehr hast blicken lassen!

Step number eight:
Jetzt bist du wieder zu Hause. Setz dich doch erst mal hin! Klar, dass du erschöpft bist, ist alles ein bisschen viel auf einmal. Neiiin! Bist du wahnsinnig, auf *diesen* Stuhl bitte nicht!!!

Gut so, bald hast du es geschafft! Lies jetzt mal einige Seiten in einem Buch. Bücher sind die dicken, schweren Dinger, die man aufklappen kann. O. k., sie enthalten verwirrend viele Buchstaben, aber manche haben auch schöne, bunte Bilder. Es nützt nichts, wenn du mit dem Finger auf die Seite klickst, die du gelesen hast, hier wird alles von Hand gemacht. Also: Um*blättern*! Mehr als zehn Seiten solltest du dir am Anfang sowieso nicht zumuten, nur nicht überfordern!

Step number nine:
Jetzt ist der Zeitpunkt gekommen, wo du auch mal deine Eltern ansprechen kannst. Das sind die Leute mit den dicken Sorgenfalten auf der Stirn, die dir immer sagen: »So geht das nicht mehr weiter mit dir!« Versichere diesen liebenswerten Menschen, die es nur gut mit dir meinen, dass alles gut wird und du ab jetzt alles anders machen willst. In den ersten Tagen wird dir das keiner abkaufen, aber halte durch! Übergib ihnen einfach alle wichtigen Kabel und schalte deine Internetverbindung ab. Ja, das wird die bisher härteste Nummer in deinem Leben! Aber der Schmerz wird nachlassen, die Zeit heilt auch hier Wunden! Wünsche dir zu deinem Geburtstag vielleicht ein Aquarium oder eine Fototapete, beides hat eine ähnliche Wirkung wie ein Bildschirmschoner, und es schadet dir nicht. Bald kannst du auch wieder andere Zeitgenossen treffen, die in deinem Alter sind. Du kannst mit ihnen zu einer Party oder in einen Club gehen, und wenn du erst wieder sicherer auf deinen Beinen bist, kannst du dort auch tanzen. Solltest du auf ein weibliches Wesen treffen, das die gleichen Augen wie Lara Croft hat, darfst du es irgendwann sogar anfassen! Aber nur, wenn du vorher gefragt hast!

Im übrigen, sei jetzt einfach nur noch du selbst und genieße endlich das, was man First Life nennt – dazu bist du nämlich geboren! Hey, du hast es geschafft! Herzlich Willkommen im realen Leben!

❶ Klassendiskussion: Was ist an dem Verhalten des Computernutzers problematisch? Kommt euch das, was geschildert wird, real vor? Kennt ihr jemanden, auf den Ähnliches zutreffen könnte?

❷ Definiert, wie eine sinnvolle Nutzung von computergestützten Medien aussieht und wo die Gefahren liegen?

(nach einer Idee von http://www.das-allien.de/hotline1.html)

KV 140

Die schleichende Gefahr: Computer-/Internetsucht

Ein Problem, das von Jahr zu Jahr gerade bei Jugendlichen zunimmt:

Die schleichende Gefahr: Computer-/Internetsucht
Computergestützte Medien bereichern uns, weil sie unterhaltend, kommunikationsfördernd und informativ sind. Zunehmend schlagen jedoch Experten Alarm, was die Nutzung des Computers und/oder des Internets durch Kinder und Jugendliche angeht und weisen auf den rapiden Anstieg einer neuen Suchtform hin: Computer- und/oder Internetsucht. Ein exzessiver Konsum von Computer- oder Online-Spielen, stundenlanges Kommunizieren in Chatrooms oder ständiges Posten und Aufrufen in Onlineforen, das Aufsuchen von pornografischen Seiten: Computer- und Internetsucht hat viele Gesichter! Süchtige leben dabei in zwei Welten, die sie oft nicht mehr voneinander unterscheiden können: in der Welt der Spiele und/oder des Internets und in der wirklichen Welt. Sie vernachlässigen Schule, Freunde und gehen nicht mehr anderen Freizeitbeschäftigungen nach, die wichtig für ihre Entwicklung sind. Eine Abgrenzung zwischen einer Online-/Internetsucht und einer Computersucht ist meist schwierig, eine einheitliche Definition gibt es bisher nicht.

Computer- bzw. Internetsucht ist eine sogenannte nicht stoffgebundene Sucht.

❶ Tragt ein:

Beispiele für stoffgebundene Süchte	Beispiele für nicht stoffgebundene Süchte

❷ Erzählt euch gegenseitig in Kleingruppen, was ihr über Computer- bzw. Internetsucht wisst oder was ihr euch darunter vorstellt.

❸ Kennt ihr in eurem Bekannten-/Freundeskreis Leute, die ihr für süchtig oder gefährdet haltet? Welche Anzeichen für eine Sucht sind bei ihnen zu beobachten?

- Es ist wichtig, die Merkmale einer Computer- bzw. Internetsucht zu kennen!
- Es gibt erfolgreiche Therapiemöglichkeiten, wenn sich der Betroffene seiner Sucht stellt!

KV 141

Kriterien und Suchtmerkmale – Das Suchtpotenzial von Computerspielen

Computer-/Internetsucht, als nichtstoffgebundene Suchtform, kennzeichnet ähnliche Kriterien und Suchtmerkmale wie Süchte, die an Stoffe gebunden sind.

Merkmale, die für eine Sucht sprechen

- starkes Verlangen oder nicht steuerbarer Drang, sich möglichst oft und lange mit dem PC bzw. an diesem zu beschäftigen (Computer-/Online-Spiele, Chatten, Posten etc.)
- Das Suchtmedium vermittelt Zustände hoher Zufriedenheit mit rauschartigen Gefühlen.
- Kontrollverlust – Versuche der Einschränkung scheitern
- Erhöhung der Dauer des Konsums, um den gleichen Effekt zu erreichen (Toleranzentwicklung)
- Entzugserscheinungen bei Verzicht auf die Situation / das Suchtmedium
- weitere exzessive Nutzung, obwohl man sich über die Art und das Ausmaß des Schadens bewusst ist
- Schuldgefühle und Verschweigen der Nutzungszeiten
- Aufgabe anderer Interessen, Rückzug aus sozialen Kontakten, Konflikte in der Schule und im Elternhaus durch Konzentration und Einengung auf das Suchtmedium
- Realitätsflucht und -verlust
- Vernachlässigung der Körperpflege
- Veränderung der Essgewohnheiten (Nahrungsverzicht, hastiges Hinunterschlingen größerer Mengen)
- Verwahrlosung der Umgebung (Zimmer, Wohnung)

Die häufigsten Entzugserscheinungen, wenn die suchterzeugende Situation / das Suchtmedium nicht zur Verfügung steht

- innere Unruhe, Nervosität
- Konzentrationsstörungen
- Händezittern, Herzklopfen, Schweißausbrüche
- Einschlafstörungen
- unangemessene Streitsucht und Gereiztheit
- depressive Zustände mit Gefühlen der Sinnlosigkeit und Verzweiflung
- fehlender Lebensmut, das Gefühl, sein Leben nicht in den Griff zu bekommen
- Angst- und Panikzustände
- Appetitlosigkeit oder unkontrollierte Essanfälle

Mögliche Folgen

Schlafmangel • Bewegungsmangel • Ernährungsmangel • Verwahrlosung des Körpers und der Wohnumgebung • schulische Leistungseinbußen • Schulversagen bzw. Jobverlust • soziale Isolation mit Beziehungskrisen • Beziehungsverlust, z. B. Scheidung • Veränderung der Persönlichkeit

> Computer-/Internetsucht hat, genauso wie bei anderen Süchten auch, nichts mit persönlicher (Willens-)Schwäche oder mit eigenem Verschulden zu tun – sie ist eine behandlungsbedürftige Krankheit! Suchtexperten gehen von verschiedenen Ursachen aus, z. B. vom Bedürfnis, andere bestehende Probleme durch eine Flucht in eine Scheinwelt auszublenden, oder von einer ungenügend entwickelten Impulskontrolle.

Fachleute weisen auf die Gefahren hin, die vom Online-Spiel *World of Warcraft* (WOW) ausgehen: *WOW* hat demnach das höchste Suchtpotenzial!

❶ Findet heraus, warum das so ist. Recherchiert Artikel in Suchmaschinen oder auf Online-Seiten von Magazinen (z. B. *Stern*, *DIE ZEIT*, *Der Spiegel*) und sucht Websites, auf der Betroffene ihre Sucht schildern.

❷ Erstellt eine Präsentation über die Gefährdung von *WOW* und stellt sie in anderen Klassen vor.

❸ Macht den Test *Abhängig vom Computer? Süchtig nach dem Internet?* (Kopiervorlage als Download).

KV 142

MACH MIT! ZIEH'S DURCH! SCHALT AUS!

Gönn dir eine eigene Reality-Show in deinem Privat-Camp!
Und das ist die Prüfung:

ALLE BILDSCHIRME AUSSCHALTEN

Und 86 400 Sekunden bzw. 1440 Minuten bzw. 24 Stunden nicht mehr einschalten!

DIE HERAUSFORDERUNG:

Einen Tag und eine Nacht lang bleiben alle Bildschirme und Displays schwarz. Das bedeutet: Nicht durch Fernsehprogramme zappen, die Lieblings-Soap auslassen, nirgendwo einloggen, nichts hoch- oder runterladen, keine Kommentare abgeben, nicht die Spielekonsole bedienen, keine DVD einschieben, keine Mails öffnen oder schreiben, sich nicht in der Community blicken lassen und so weiter …!

Bleib locker, schließlich geht es nur um einen Tag und eine Nacht! Wer sagt: »Dazu hab ich keine Lust« deutet an, dass er / sie es sich nicht zutraut.

DU GEWINNST UND BEWEIST:
- Willensstärke
- Selbstvertrauen
- Selbstüberwindung
- Durchhaltevermögen
- Unabhängigkeit

DU WILLST ES SCHAFFEN:

_____
Datum der Aktion, Unterschrift

DU HAST ES GESCHAFFT UND ERHÄLTST EINE MEDAILLE!

_____
Datum, Unterschrift (möglichst auch die eines Zeugen aus der Familie)

- Vereinbart in der Klasse einen festen Tag für das Experiment.
- Wer mitmachen will, bestätigt es mit der ersten Unterschrift.
- Wer es geschafft hat, besiegelt es mit der zweiten Unterschrift.
- Tauscht Erfahrungen aus: Was fiel schwer? Wo waren die Hürden? Wie ist das Gefühl, es geschafft / nicht geschafft zu haben? Wie war es für die, die nicht teilgenommen haben?
- Hat sich etwas an der persönlichen Einstellung und an den Gewohnheiten verändert?
- Wer möchte die Prüfung für sich einmal im Monat wiederholen?
- Für Hardcore-Leute in Bezug auf Selbstdisziplin: Handy, IPod, etc. mit einbeziehen! Das gibt einen Sonderpreis!

KV 143

Hetzjagd durch's Netz: Cybermobbing

Immer mehr Menschen fühlen sich von Veröffentlichungen über ihre Person im Internet oder auf Handys verletzt, verunglimpft, bloßgestellt, bedroht und gedemütigt. Der Begriff dafür stammt aus dem Englischen, weil das Phänomen in England, Nordamerika und in Australien zuerst aufgetreten ist und dort schon ein Massenphänomen ist: *Cyber-Mobbing oder E-Bullying*. In einer australischen Umfrage aus dem Jahr 2006 gaben von 13 000 befragten Mädchen bereits 42 Prozent an, Opfer von *Cyberbullying* per SMS oder E-Mail geworden zu sein.

Diese neue Form der Gewalt ist inzwischen auch in Deutschland weit verbreitet: Sie hat zu Firmenpleiten geführt, weil über den Chef unwahre Behauptungen verbreitet wurden. Ehen wurden zerstört, weil über einen Ehepartner Lügen veröffentlicht wurden. Lehrer sind krank geworden, weil sie öffentlich diffamiert wurden. Richter, Anwälte, Politiker und Journalisten sind davon betroffen, und Jugendliche wurden sogar in den Selbstmord getrieben, weil sie das *Cyber-Mobbing* nicht verkraftet haben.

Cyber-Mobbing durch Kinder und Jugendliche tritt am häufigsten in den Klassenstufen 8 bis 12 auf.

- *Cyber-Mobbing* betrifft mehr Mädchen als Jungen.
- Es wird dabei mit voller Absicht versucht, andere immer wieder zu verletzen, sie zu bedrohen, zu beleidigen und Gerüchte oder peinliche, anstößige Fotos, teilweise Fotomontagen zu verbreiten und/oder irgendjemandem Angst zu machen. Szenen, in denen jemand fertiggemacht wird, werden gefilmt und hochgeladen oder als Handyclip weitergegeben.
- So entstehen manchmal regelrechte Hassseiten im Netz, die einzelne Kinder oder Jugendliche auf gemeinste Weise durch den Dreck ziehen.
- Die Täter sind in den meisten Fällen Mitschülerinnen und Mitschüler.
- Die Opfer werden bis in ihre Privatsphäre nach Hause verfolgt. Meistens sind sie völlig unvorbereitet und wissen nicht, wie sie sich dagegen wehren können. Aus Scham schweigen sie oft.

Cyber-Mobbing wird durch neue Kommunikationstechniken verbreitet, vor allem durch sogenanntes IM, *Instant Messaging*: Über Nachrichtendienste wie *ICQ*, *AIM*, *Yahoo*, *MSN* oder *Gadu-Gadu* wird es auf Websites, in Chatforen, E-Mails (*E-Bullying*) oder per Bluetooth in SMS vermittelt.

Cybermobbing durch Jugendliche wird in den in Deutschland populären *Online-Communitys* in Schüler-, Jugend- oder Studenten-Foren ausgeübt, z. B. in *Schueler.CC*, *SchülerVZ*, *StudiVZ* oder *spickmich.de*. Auch auf der beliebten Chat-Plattform *Kwick* oder in *My Space* kursieren *die Persönlichkeit verletzende* Fotos sowie Filme und Äußerungen von Jugendlichen über andere. Dies geschieht größtenteils in geschlossenen Benutzergruppen. Ebenso enthalten die Video-Plattformen *YouTube* oder *MyVideo* immer wieder zahlreiche Videos, in denen gemobbt wird.

❶ Lest den Text gemeinsam.

❷ Zählt auf, über welche Medien *Cybermobbing* verbreitet wird.

❸ Markiert vorkommende Gewaltformen (z. B. Beleidigen) im Text.

❹ Habt ihr schon von entsprechenden Fällen gehört?

KV 144

Die Vernichtung vor den Augen der Weltöffentlichkeit – Zwei Beispiele

Mobbing in den neuen Medien

hat eine riesige Tragweite und nimmt dort besonders schlimme Formen an: Es ist ein Unterschied, ob ein Zettel mit dem Satz »M. stinkt!« durch die Klasse gereicht wird oder ob ein Mobbingopfer für Tausende von Menschen sichtbar wird.

Die Schikanearten

- Es werden die »hässlichsten« Schüler einer Schule gekürt und diese mit Fotos ins Netz gestellt.
- Rund- oder Ketten-Mails bzw. Ketten-SMS werden, an mehrere tausend Empfänger, mit falschen Behauptungen geschickt: »X. hat eine schlimme ansteckende Krankheit!« oder »Y war gestern mit X im Bett!«
- Der Kopf der Ex-Freundin eines Schülers wird aus Rache auf ein pornografisches Foto montiert und über seinen gesamten E-Mail-Verteiler verschickt.
- Ein Schüler wird zusammengeschlagen und gedemütigt. Die Täter filmen das Gewaltgeschehen mit dem Handy. Der Clip erreicht durch Bluetooth-Übertragung viele andere Jugendliche in der Schule.
- Aus Rachsucht über eine schlechte Zensur wird über einen Lehrer behauptet, er würde Schülerinnen sexuell belästigen. Diese Behauptung taucht auf einer Internetseite auf.

Immer häufiger kommt es zu so tragischen Ausmaßen wie in den beiden folgenden, berühmten Fällen. Sie zeigen eindringlich, was *Cybermobbing* anzurichten vermag:

Die Vernichtung vor den Augen der Weltöffentlichkeit – zwei berühmte Beispiele:

> Ghyslain, ein Schüler einer zehnten Klasse in Kanada, erfuhr Weltberühmtheit, weil sich Mitschüler einen Spaß auf seine Kosten erlaubten, der in einer Rufmordkampagne mündete: Der übergewichtige Junge hatte von sich selbst Videoaufnahmen gemacht, in denen er in imitierenden Kampfszenen *Darth Maul* aus *Star Wars – Episode 1. Die dunkle Bedrohung* spielte. Einige Mitschüler fanden den Clip und stellten 2003 eine Kopie in die Tauschbörse *Kazaa*, um ihn bloßzustellen und lächerlich zu machen. Wenige Tage später tauchte das Video auf sämtlichen Plattformen auf und wurde von der Spielefirma *Raven-Software* mit Special Effects und dem entsprechenden Sound ausgestattet. Die Remix-Fassung und das Original wurden millionenfach heruntergeladen. Es folgten weltweit zahlreiche Berichte in Zeitungen und im Fernsehen, in denen über dieses Phänomen des Cybermobbings berichtet wurde und in denen Ghyslain auf Screenshots abgebildet oder in Videoausschnitten zu sehen war. Er wurde überall nur noch »Star-Wars-Kid« genannt. Seine Eltern klagten gegen die Mitschüler, er verließ die Schule und befindet sich seither in psychiatrischer Behandlung. 2004 kam es zu einer weltweiten Cyber-Spendenaktion für ihn, in der über 4000 Dollar zusammengekommen sein sollen.

> Megan, eine übergewichtige, depressive und unter Gleichaltrigen wenig erfolgreiche Dreizehnjährige, war überglücklich, endlich einen Freund gefunden zu haben. Sie hatte sich in Josh, eine Internet-Bekanntschaft aus *My Space*, beim Chatten verliebt. Eigentlich war sie mit 13 Jahren noch gar nicht berechtigt, einen Account bei *My Space* zu erwerben. Das lange Zeit unglückliche, ausgegrenzte Mädchen war selig, dass sich jemand für sie interessierte, und ließ sich gutgläubig durch ein infames Täuschungsmanöver irreführen: Josh war die Erfindung einer ehemaligen Freundin, er existierte nur in der virtuellen Welt des Chats, wo er von dieser Freundin überzeugend gespielt wurde. Als sich Megan der Beziehung sicher sein konnte, schlug der Tonfall um: Plötzlich beschimpfte sie »Josh« als fette Schlampe. Das Schockierende: Die Mutter der ehemaligen Freundin von Megan war am Mobbing beteiligt, weil sie »herausfinden wollte, was Megan denn so hinter dem Rücken ihrer Tochter über diese erzählte!« Megan verkraftete das Cybermobbing nicht. Sie beendete ihr Leben einige Monate später. Die Ehe der Eltern scheiterte wenig später, weil sie die Trauer um ihr Kind nicht bewältigen konnten. Im Prozess, den sie gegen die beiden Mobbingtäterinnen, die ehemalige Freundin und deren Mutter, führten, sagten diese aus, sie fühlten sich »ein bisschen, aber nicht sehr schuldig« an Megans Tod.

Im Klassengespräch klären: Was steckt dahinter? Was veranlasst Gleichaltrige dazu, anderen Jugendlichen so etwas anzutun? Was können Betroffene tun?

KV 145

Täter handeln riskant! – Gestaltung eines Flyers

Die meisten Täter machen sich die Folgen und das Ausmaß von *Cybermobbing* nicht klar. Nur wenigen ist bewusst, dass sie mit einem einzigen Mausklick Häme, Bösartigkeit und Niedertracht in die Welt setzen.

Täter fühlen sich sicher, weil ihnen die neuen Medien das Gefühl vermitteln: Mir kann nichts passieren, ich bin ja anonym!

IRRTUM!

Die Betreiber entsprechender Foren bieten Opfern jetzt Unterstützung an. Inzwischen wird im Netz auch für Privatpersonen Software angeboten, mit der Postings bis zur Quelle zurückverfolgt werden können. Wer betroffen ist, muss entsprechende Beweise kopieren und auf jeden Fall abspeichern! Es gibt auch Internetdetektive, die erfolgreich Texte auf ihre Herkunft hin filtern und Inhaber von Blogs und Websites identifizieren können. Internetprovider und Telefongesellschaften sind neuerdings bei strafbaren Handlungen bereit, solche Botschaften bis zum Absender zurückzuverfolgen. Erfreulicherweise hat vor allem die Polizei inzwischen Möglichkeiten, nach ID-/IP-Adressen erfolgreich zu fahnden!

Gestaltet einen Flyer oder auch ein Plakat, der / das über *Cybermobbing* aufklärt bzw. sich ausdrücklich gegen die unmenschlichen Auswüchse wendet:

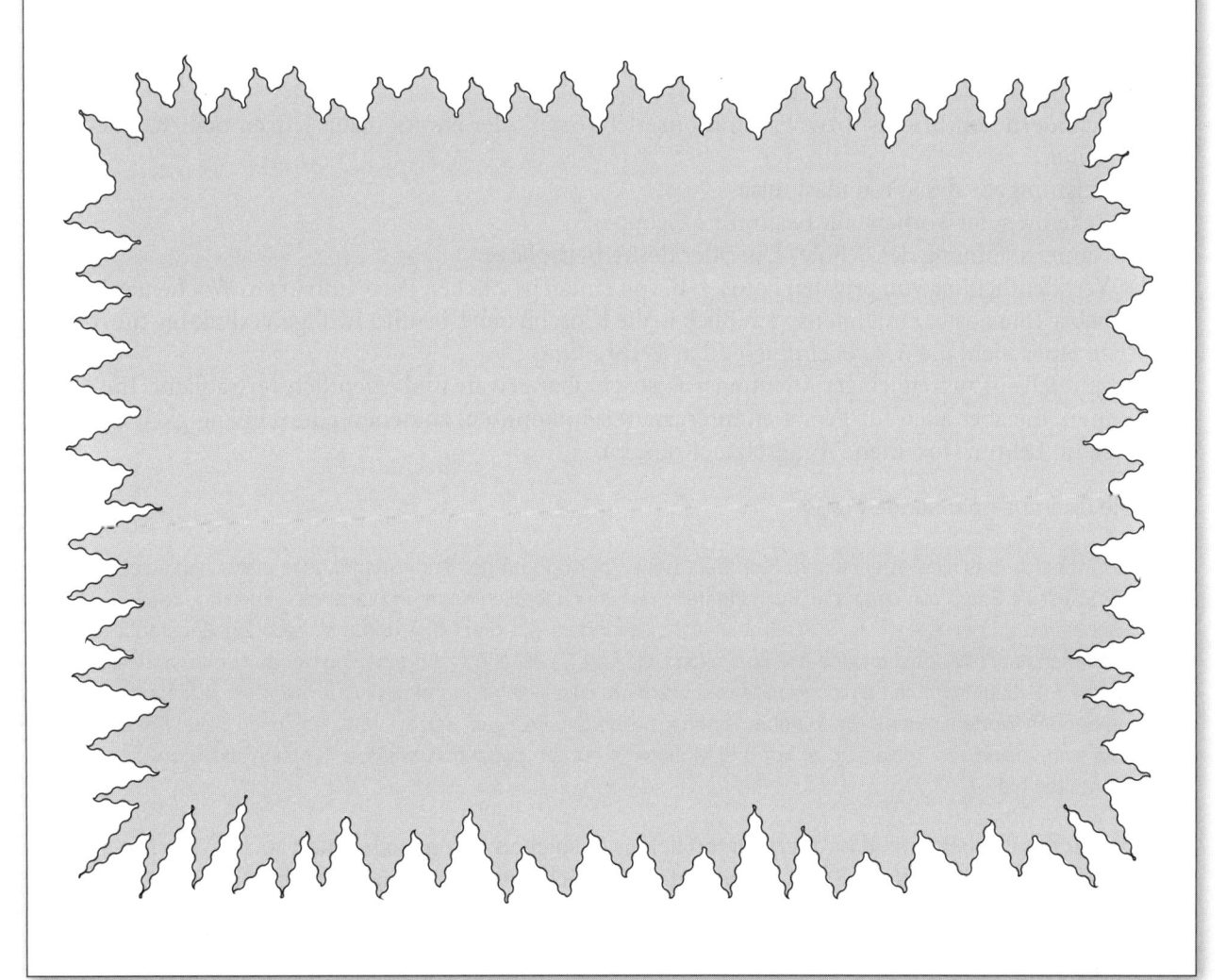

KV 146

Lost In Space? Das Internet vergisst nichts!

Alle, die sich regelmäßig aktiv im Netz herumtreiben, also Blogs verfassen, etwas hochladen oder sich in *Online-Communitys* aufhalten, sind folgenden und weiteren Risiken ausgesetzt:
- Ausspähversuchen (vor allem bei fehlender W-LAN-Codierung)
- Virenbefall des PCs (bei nicht ausreichendem Virenschutz und / oder unzulänglicher Firewall, durch den Besuch zweifelhafter Websites)
- Missbrauch eigener Daten, die von Webseiten- und Forenbetreibern gespeichert und / oder verkauft werden
- Betrugsversuchen beim Internetbanking oder bei Onlinekäufen
- Überflutung von unerwünschten (E-Mail-)Nachrichten (bei nicht ausreichendem Spamschutz oder beim Besuch fragwürdiger Websites)

Millionen weit aufgerissener Online-Augen starren auf das, was Online-Nutzer, z. B. in *Community*-Foren wie *Facebook* oder *SchülerVZ*, über sich selbst preisgeben, einige davon werden diese Informationen für sich ausschlachten. Leichtsinn und Naivität scheinen gerade bei Jugendlichen keine Grenzen zu kennen.

Die Bekanntgabe teilweise intimer, höchst persönlicher Daten
- Offenbarung der eigenen Identität durch biografische Angaben, es wird z. B. in Chatrooms nicht ein Nickname, sondern der volle Name preisgegeben. Veröffentlichung von Geburtsdatum, Wohnort
- Äußern von privaten Vorlieben und Bedürfnissen
- Aussagen über den derzeitigen Beziehungsstatus
- Angeben von wichtigen Erlebnissen und Ereignissen im Leben (z. B. über eine sogenannte *Pinnwand*)
- Kundgeben der aktuellen Befindlichkeit
- Schildern von Erfolgs- bzw. Frustrationserlebnissen oder emotionalen Krisen oder Krankheiten
- Bekanntgabe des »Freundeskreises«
- Bekennen der Vorliebe für bestimmte Gruppen
- Namensnennung der Schule / Uni oder des Arbeitsplatzes
- Veröffentlichung von privaten Fotos, z. B. von einem peinlichen Partyauftritt am Wochenende nebst Totalabsturz mit intensivem Blick in die Kloschüssel. Die unfreiwillige Verlinkung führt zu einer nicht mehr zu beeinflussenden Verbreitung
- generell ein zu freigiebiger Meinungsaustausch über private und eigentlich vertrauliche Themen, die aber auch für Personen interessant sein könnten, zu denen eine Abhängigkeit besteht: Lehrer, Dozenten, Vorgesetzte, Kollegen

Die überaus spannende Frage

> Würdest du das alles irgendeinem Fremden, neben dem du an der Supermarktkasse stehst, erzählen? Würdest du Fotos von dir an der Bushaltestelle verteilen und allen anderen Wartenden erklären, dass du Schüler/in an der XY-Schule, zurzeit aber nicht besonders gut drauf bist und mit Versagensängsten zu kämpfen hast? Würdest du eine Anzeige in der örtlichen Tageszeitung aufgeben, in der du kundtust, dass deine Eifersuchtsprobleme dich gerade mal wieder in den Wahnsinn treiben? Oder würdest du dich mit folgenden Worten in der U-Bahn neben einen x-beliebigen Fahrgast setzen: »Du, lass mich deine Freundin sein, meine alte Beziehung ist vor drei Monaten zu Bruch gegangen, weil der Typ sich so beschissen verhalten hat.«?

Inzwischen ist bekannt, dass auch Personalchefs in solchen Foren nach Daten suchen, die ihnen mehr über den jeweiligen Bewerber verraten, der sich gerade um eine Stelle bemüht.

KV 147

Vorsichtsmaßnahmen in Online-Foren

Online-Foren sind nicht nur Anziehungspunkt für Jugendliche, die Spaß und Kontakt mit Gleichaltrigen haben wollen. Sie sind auch magischer Blickfang und Tummelplatz für Personen, die manchmal weniger harmlose Ziele haben:

- Wichtigtuer, denen sonst niemand zuhört
- Lügner, die vorgeben, jemand anderer zu sein
- aggressive Personen, die beschimpfen oder beleidigen
- psychisch kranke Menschen, die beim Chatten anormale Fantasien ausleben
- Stalker, die aus unterschiedlichen Motiven nachstellen, beobachten oder belästigen
- Mobber, die andere fertig machen wollen
- Sexualstraftäter, die Opfer suchen
- Pädophile, die sich verdeckt an Kinder und Jugendliche heranmachen
- Rechtsradikale, die sich ein Forum für ihre Propaganda schaffen wollen

Lass dir trotzdem nicht den Spaß an den Möglichkeiten des Internets verderben! Beachte aber die folgenden Vorsichtsmaßnahmen.

Vorsichtsmaßnahmen

- Überlege dir genau, was du in Internet-Foren über dich, dein Leben, deine Gewohnheiten und Einstellungen preisgeben willst, weil du nie wissen kannst, wer Einsicht in diese Daten bekommt!
- Gib jemandem, den du nicht einschätzen kannst, nie deine E-Mail-Adresse, Telefonnummer oder Wohnadresse!
- Nenne niemals deinen Namen, sondern benutze Nicknames / Pseudonyme!
- Habe ein gesundes Misstrauen und glaube nicht alles, was man dir schreibt oder als Foto schickt!
- Wenn du beim Chatten ein komisches Gefühl hast, weil dich jemand beleidigt, indiskret oder sexuell anzüglich wird (z. B. »Welche Unterwäsche trägst du?« etc.), beende den Chat sofort!
- Gehe niemals alleine zu einem Treffen! In den USA gibt es eine Internetseite, die Mädchen berät und vor diesbezüglichen Gefahren warnt: DON'T *date him, girl – check him out first!* ist das Motto.
- Wenn du den Verdacht hast, *Cybermobbing*-Opfer geworden zu sein, kannst du in Suchmaschinen nach dir selbst forschen!
- Wenn klar ist, dass dich jemand im Netz mobbt oder dir Gewalt androht, musst du sofort das Beweismaterial sichern, also das Video, die Fotos, die E-Mail oder auch die SMS abspeichern! Bitte deine Eltern oder veranlasse selbst umgehend beim Betreiber die Entfernung entsprechender Seiten, Fotos, Videos etc.!
- Schalte die Polizei ein und erstatte Anzeige!
- Wenn du in einem Forum erfährst, dass jemand einen Suizid ankündigt oder als Opfer einer Straftat direkte oder indirekte Hilferufe abgibt: Benachrichtige die Polizei!

Wer mitbekommt, dass jemand konkrete Rachefantasien äußert, die auf die Ankündigung schwerer, zielgerichteter Gewalttaten, wie z. B. auf einen Amoklauf, eine Bombenlegung oder einen Terrorakt hindeuten, ist *Mitwisser* und muss die Polizei verständigen!

Sprich über alles, was dir im Internet als bedenklich erscheint, mit möglichst vielen Leuten, zu denen du Vertrauen hast!

❶ Die Schüler lesen die Vorsichtsmaßnahmen gemeinsam; anschließend wird die Klasse in Kleingruppen aufgeteilt (nach Jungen und Mädchen getrennt).

❷ Tauscht euch darüber aus, an welchen Punkten ihr eventuell noch zu leichtsinnig seid. Wobei müsst ihr vorsichtiger vorgehen? Soweit von den Gruppen erwünscht, Ergebnisse im Klassenplenum vorstellen.

❸ Verfasst auf dem PC einen Flyer für Mitschüler, der zur Vorsicht im Netz aufruft!

Christine Spies: »Wir können auch anders!« © Beltz Verlag 2011 · Weinheim und Basel

B.4.9 Eiskalter Schatten – Annäherung an ein Phänomen: Amok/School Shooting

Aufeinander achten und verantwortlich handeln: Frühe Signale erkennen und richtig bewerten

»Man will geliebt werden; wenn das nicht gelingt, will man bewundert werden; wenn das nicht gelingt, will man gefürchtet werden; gelingt auch das nicht, will man verabscheut und verachtet werden. Der Seele graut es in der Leere, und sie muss Kontakt herstellen, koste es, was es wolle.«

Hjalmar Söderberg

»Niemand begeht einen größeren Fehler als der, der nichts tut, weil er glaubt nur wenig tun zu können.«

Unbekannter Autor

:::
Für die Umsetzung dieser Themenstellung ist es notwendig, die Kapitel A und B zu lesen, weil dort wichtige Informationen über das Phänomen Amok und die unterrichtliche Behandlung ausgeführt werden, die hier nicht noch einmal erwähnt werden.
:::

Die Möglichkeit eines Amoklaufes/School Shootings durch einen Jugendlichen ist inzwischen auch in Deutschland zu einer bedrohlichen Vorstellung geworden. In einer finalen Symbolik werden bei diesen Fällen schwerer zielgerichteter Gewalt Schulen gezielt als Tatort gewählt, weil sie im Verständnis des Täters als Ort der größten Kränkung aufgefasst werden. Dort will er das Gefühl des Kontrollverlustes mit einem tödlichen Rachefeldzug ahnden und sieht dabei die Chance, weltweit Geltung und Aufmerksamkeit zu erlangen. Im Visier sind Personen, welche die Institution verkörpern: Mitschüler, Schulleiter, Lehrer, Hausmeister. Bei den Taten wird der eigene Tod billigend in Kauf genommen. Das durchschnittliche Alter der vorwiegend männlichen Täter liegt bei etwa 16 Jahren (analog zur Statistik für schwere kriminelle Gewalthandlungen ist die Anzahl der Mädchen verschwindend gering).

Amoktaten an Schulen sind keine spontanen, eruptiven Gewalttakte, die sich aus einer konflikthaften Situation heraus entwickeln – sie sind nicht mit der blindwütigen Raserei eines Amoklaufes im klassischen Verständnis zu verwechseln. Täter entwickeln über einen längeren Zeitraum Fantasien, die sich steigern und zusammengeballt ein brisantes Gemisch aus Hass und Verzweiflung ergeben. Ihre narzisstische Dynamik mit ausgeprägter Kränkbarkeit, mangelnder Fähigkeit zu Objektbindungen und dem Gefühl, ein ohnmächtiger Versager zu sein, wird mit kompensatorischen Grandiositäts- und Omnipotenzillusionen ausgeglichen. Der gefährdete Jugendliche zieht sich zunehmend aus der Realität und seinen sozialen Bezügen zurück, entwickelt detaillierte Tatplanungen, die er in der Fantasie durchspielt. Die Tatumsetzung stellt, diesbezüglich vergleichbar mit einem Suizid, den Endpunkt einer längeren Entwicklung dar, an dem keine anderen Handlungsoptionen mehr zur Verfügung stehen, um anstehende Probleme zu lösen (vgl. auch die Ausführungen in den Teilen A und B).

Ein schulischer Amoklauf bietet keine monokausalen Erklärungsmuster, die Ursachen sind in mehreren belastenden Faktoren zu suchen. In vergleichenden Studien wurden aber übereinstimmende Risikomarker bzw. Frühwarnsignale ausgemacht, die im präventiven Auftrag eine Rolle spielen (vgl. KV 4/5 im Kapitel B.1.19). So haben bisherige Täter beispielsweise wiederholte Frustrationsereignisse, Wendepunkte im sozialen Umfeld, Verlusterfahrungen und vermeintliche Kränkungssituationen erlebt, die sie nicht bewältigt haben. Trotzdem kann kein einheitliches Täterprofil vorausgesetzt werden, obgleich in den untersuchten Fällen übereinstimmend genannte Persönlichkeitsstrukturen sowie phasenhaft Depressivität mit Suizidgedanken und die Begeisterung für Waffen gefunden wurden.

Ebenso gibt es vergleichbare Muster im Tathergang, Tatauslöser bzw. tatbegünstigende Faktoren waren aktuelle Ereignisse, die als besonders gravierende Niederlagen erlebt wurden. Sie ergaben sich häufig aus dem Schulzusammenhang.

Der Konsum gewalthaltiger Medien, insbesondere exzessiver Killerspiele, scheint eine Rolle zu spielen; eine vorherrschende ursächliche Wirkung ist bislang jedoch nicht nachweisbar. Wesentlich für eine Tatumsetzung ist Waffenbesitz.

Frühere Amoktaten bzw. Täter geben Vorbilder ab. Diese zu medialen Ikonen stilisierten Modelle werden von nachfolgenden Tätern heroisiert und schon im Vorfeld, z. B. durch Kleidung, kopiert. Auch sie ziehen weitere Jugendliche in den Sog von Nachahmungstaten, deren Wahrscheinlichkeit sich mit jeder neuen Tat erhöht.

Es ist durch untersuchte Ereignisse empirisch belegt, dass die Täter im Tatvorlauf Signale nach außen abgeben und durch sogenanntes *Leaking* ihre Tatabsichten direkt oder indirekt ankündigen bzw. androhen (vgl. KV 6). Im präventiven Vorgehen lassen sich daraus Schlüsse über die Qualität der Gefährdung ziehen. Beim Vorliegen von *Leaking* ist ein sachgerechtes Fallmanagement mit der Durchführung einer Fallanalyse notwendig, in der die vorliegenden Fakten wie Puzzleteile zusammengefügt werden und Experten einbezogen werden sollten (Schulpsychologen, gegebenenfalls Polizei).

Wie im Kapitel A hinreichend aufgezeigt wurde, hat die Institution Schule eine besondere Verantwortung in der Prävention von Amoktaten. An der genannten Stelle wurde dafür plädiert, unter Berücksichtigung bestimmter Grundsätze das Thema auf gezielte, verantwortungsvolle Weise mit den Jugendlichen zu erarbeiten. Es ist erwartungsgemäß schwer einzuschätzen, ob durch ein Präventionsprogramm ein Amoklauf zu verhindern ist, es steht aber die Überzeugung, dass die konsequente Umsetzung eines solchen Konzeptes, mithilfe vieler präventiver Elemente frühere Amokereignisse hätte verhindern können.

In den vorangegangenen Kapiteln wurde eine Vielzahl präventiver Einflussmöglichkeiten auf der Ebene der Institution und der Lehrpersonen genannt. Da sich jugendliche Amoktäter auf Frustrations- und Kränkungsereignisse im Bereich Schule beziehen, ist es entscheidend, dass ihnen die Grundlagen für diese Empfindungen entzogen werden, vor allem durch eine positive Lehrer-/Schüler-Beziehung. Auf der Ebene der Schüler sind diese präventiven Maßnahmen zu nennen: Kompetenzzuwachs im Bereich Persönlichkeits- und Gruppenentwicklung einschließlich der Aufklärung über Mobbing, der konstruktive Umgang mit und das Erkennen von Krisen bei sich und anderen, ein Wissen über psychische Erkrankungen, insbesondere über Depressionen, eine Auseinandersetzung mit Gefahren in der Nutzung von virtuellen Welten (Medienwelten) sowie die Aufklärung über die Phänomene Suizid und Amok (wie bereits erwähnt, sollten die beiden letzten Erscheinungen nicht direkt miteinander verglichen, nebeneinander gestellt oder nacheinander unterrichtet werden).

Da in bisher vorliegenden Fällen gegenüber Gleichaltrigen einschlägige Tatankündigungen, -androhungen oder -andeutungen erfolgt sind, stellt deren Kenntnis von Kriterien, wann Schweigen gefährlich wird, also das Relativieren des *Petzertabus*, und die Entscheidungsfähigkeit, wann gegebenenfalls sofort Erwachsene eingeschaltet werden müssen, einen zentralen präventiven Aspekt dar. Genauso wie die erwachsenen Pädagogen müssen die Mitschüler Risikomerkmale und *Leaking*-Signale durch Gleichaltrige (nicht alle, aber einige) kennen. Die notwendige Sensibilisierung darf aber niemals in eine unkritische Überwachungs-Unkultur münden, in der einzelne stigmatisiert werden!

Einige Schüler werden möglicherweise, mehr oder weniger erkennbar, von Elementen des Amokgeschehens fasziniert sein und sich vom Habitus bekannter Amoktäter angezogen fühlen. Die Chance in der unterrichtlichen Vermittlung liegt darin, solche vorhandenen Täterbilder zu korrigieren, indem mit ruhiger, sachlicher Klarheit auf die Folgen und auf das Unrecht einer solchen Tat hingewiesen wird, ohne dass entsprechende Schüler als Person abgelehnt fühlen. Wie bei der unterrichtlichen Vermittlung des Themas »Suizid« sind wichtige Punkte zur Verhinderung von Nachahmungstaten zu beachten. Sie beruhen auf Erkenntnissen der Suizidforschung und entsprechen im Wesentlichen den Forderungen, die für die Berichterstattung über Amokläufe in den Medien gelten. Von vielen Medienvertretern werden sie immer noch nicht befolgt (nach Robertz 2007, S. 96 ff. und nach Robertz/Lorenz 2009, S. 21):

1. Keine vereinfachenden Begründungen und Erklärungen für vermutete Tatmotive: Klarstellen, dass es zwar einen aktuellen Auslöser gibt, die Ursachen aber immer durch mehrere, individuelle Faktoren bestimmt sind. Täterfantasien eröffnen: »Ich bin in der gleichen Situation wie der Täter XX – er hat aus Rache/ Enttäuschung/ Verzweiflung/ Einsamkeit/ Liebeskummer gehandelt.«

2. Keine Täterfotos zeigen (lassen): Ebenso nicht auf Internet-Videos oder Weblogs hinweisen, in denen sich ein Täter dargestellt oder Taten angekündigt hat. Sie forcieren die Identifikation, Idealisierung und Heroisierung und begünstigen Nachahmungshandeln.

3. Keine emotionalen oder auf Sensation angelegten Berichterstattungen, Erzählungen oder Geschichten präsentieren: Die Beschäftigung mit dem Sachverhalt einer Amoktat oder eines Suizids löst per se Emotionen aus. Das Leid, das durch die genannten Taten verursacht wird, ist durch eine sachliche Darstellung eindringlich genug – insbesondere, wenn der unüberschaubare Kreis von direkt oder indirekt traumatisierten Betroffenen aufgezeigt wird. Voyeuristische, emotionalisierende oder heroisch gefärbte Darstellungen forcieren Mythenbildungen, ganz im Sinne der Täter, die sich posthumen Ruhm erträumt hatten, und eröffnen Identifikationsangebote. Es gilt aber im Gegenteil, den Täter zu entmythologisieren und jegliche heroische Zuschreibungen zu verhindern. Dies geschieht z. B., indem aufgezeigt wird, dass es sich um schwache, hilfsbedürftige Persönlichkeiten handelt, die sich als Loser gefühlt haben und einmal Macht und Kontrolle über eine Situation haben wollten. Im Tatvollzug müssen sie als brutale Massenmörder gesehen werden, die sich über eine natürliche Tötungshemmung und die fatalen Konsequenzen für ihr nahes Umfeld (Familie) und ferneres Umfeld kaltblütig hinwegsetzen.

4. Keine anschaulich exakte Darstellung des Tathergangs aufzeigen: Wie brutal, blutig und entstellt Opfer durch eine Amoktat zu Tode gekommen sind, wie und wo sie am Tatort lagen etc., darf nicht im Detail übermittelt werden. Ebenso muss vermieden werden, die Vorgehensweise des Täters im Tatverlauf in Einzelheiten zu schildern, da sie ähnliche Fantasien potenzieller Nachahmungstäter ansprechen können. Gleichfalls wird auf die Beschreibung vorgegebener Bekleidungsstäbles verzichtet, weil solche Ausstattungsmuster in vielen Fällen zum Imitieren angespornt haben: Ausreichend ist z. B. die Angabe, dass der Täter schwarz gekleidet war. Auch andere Details, etwa, welche Schusswaffenmodelle zum Einsatz gebracht wurden oder ob ein Sprengstoffgürtel mitgeführt wurde, müssen verschwiegen werden. Sie können das Bedürfnis nach eigenem Waffenbesitz anregen.

Lehrer sollten keinen Einblick in konkrete Täterfantasien im Tatverlauf einer geschehenen Amoktat gewähren.
Die geäußerten Fantasien von Amoktätern, etwa Rache- und Vergeltungsvorstellungen im Vorfeld der Tat, sollen nicht im Detail zitiert (z. B. mit Aussagen aus Web-Tagebüchern), sondern pauschal umschrieben werden.

Es gibt Jugendromane, Jugendtheaterstücke, Filme etc., die auf diese Punkte keine Rücksicht nehmen und daher nicht zu empfehlen sind.

Im Nachgang von schulischen Amokereignissen hat sich eine eigene Bedrohungsszenerie entwickelt – das Phänomen des sogenannten Trittbrettfahrens. Solche Aktionen führen in den letzten Jahren zu hundertfachen Bedrohungskulissen (mit einem rapiden Anstieg nach dem Amoklauf von Winnenden), die Personen auf allen Ebenen der Institution Schule, Schüler, Kollegien, sonstiges Personal, Eltern, Polizei und andere Ermittlungsbehörden beschäftigen und verunsichern. Solche Ereignisse erfordern unter Umständen eine schnelle Einschätzung der realen Bedrohungsqualität und führen zu außerordentlichen, nervenaufreibenden und kostenintensiven Maßnahmen. Eine Verdeutlichung der praktischen Ausmaße und gesetzlichen Konsequenzen gegenüber Jugendlichen erscheint unumgänglich. Die Botschaft lautet: Trittbrettfahren lohnt sich nicht!

Insgesamt ist bei der Erarbeitung des gesamten Themenschwerpunktes darauf zu achten, dass kein spektakulärer Unterton mitschwingt (entsprechende Bedürfnisse können bei einigen Schülern aufscheinen) und keine zusätzlichen Ängste geschürt werden. Ersteres wird erreicht, wenn das Leid, das durch einen Amoklauf verursacht wird, in den Vordergrund gestellt wird. Letzteres, wenn darauf hingewiesen wird, dass es sich um äußerst seltene Ereignisse handelt.

Die Inhalte der Materialien:

- historisches Vorkommen, Amok im klassischen Verständnis
- Bericht über ein School Shooting in Deutschland
- Analyse und Erschließung der Hintergründe
- Gefährdungssignale wahrnehmen
- konstruktive, verantwortungsvolle Verpflichtungen der Klassengemeinschaft
- unerwünschte Einstellungen
- Aufklärung über die Risiken von Trittbrettfahrer-Aktionen

KV 148

Der klassische Amoklauf: Begriffsklärung und historischer Hintergrund

❶ Führt ein *Brainstorming* zum Begriff **Amok** durch: Was fällt euch spontan dazu ein?

❷ Lest den folgenden Text gemeinsam:

Amok (auch: *Massaker*) kommt aus dem Malaiischen von *meng-âmok*, *wütend, rasend*. Nach der Definition der »Weltgesundheitsorganisation« (WHO) versteht man unter Amok »eine willkürliche, anscheinend nicht provozierte Episode mörderischen oder erheblich (fremd-)zerstörerischen Verhaltens. Danach Amnesie (Erinnerungslosigkeit) und/oder Erschöpfung. Häufig auch der Umschlag in selbst-zerstörerisches Verhalten, d. h. Verwundung oder Verstümmelung bis zum Suizid (Selbsttötung).«. Die Täter, die in einer solchen Ausnahmesituation Straftaten begehen, nennt man Amokläufer oder auch Amokschützen, falls sie z. B. Schusswaffen gebrauchen, bzw. Amokfahrer, wenn sie dabei Fahrzeuge einsetzen. Ursprünglich war Amok keine private Einzeltat, sondern das genaue Gegenteil. Es handelte sich um eine barbarische kriegerische Aktion unter malaiischen Volksstämmen im indonesischen Kulturkreis, bei der einige wenige Krieger eine Schlacht dadurch zu gewinnen versuchten, indem sie ohne jegliche Rücksicht auf Gefahr den Feind blindwütig attackierten. Dabei gerieten sie durch den Genuss von Opium in einen Rauschzustand bis hin zur Raserei und stürzten sich mit dem Ruf *Amok*, *Amok!* und mit einem *Kris* (Dolch) bewaffnet auf die Straßen, um jeden, dem sie begegneten, zu verwunden oder zu töten, bis sie selbst getötet oder überwältigt wurden.

Vasco da Gama war einer der ersten Weißen, der das Phänomen zu Anfang des 16. Jahrhunderts auf Java beobachtete. Ähnliche Verhaltensweisen wurden von Reisenden aus anderen Kontinenten, z. B. aus Südafrika und Skandinavien (*Berserkergang*) berichtet.

(nach http://www.zeno.org/Meyers-1905)

❸ Recherchiert im Internet Genaueres über historische Amoktaten und druckt nachgezeichnete Szenen aus verschiedenen Kulturen aus.

> Inzwischen hat das Phänomen Amok längst auch zivilisierte Gesellschaften erreicht und ist seit mindestens einem Jahrzehnt regelmäßig auch bei uns zu einem beängstigenden Geschehen geworden – im Zusammenhang mit Taten an Schulen. Im Falle von Tötungen durch jugendliche Täter an Schulen verwenden Experten den Begriff *School Shooting*. Gemeint ist ein Amoklauf, der sich ausdrücklich gegen eine Schule und Personen richtet, die in der Schule eine Funktion haben, etwa Schüler/innen, Lehrpersonen, Hausmeister etc.

Christine Spies: »Wir können auch anders«. © Beltz Verlag 2011 · Weinheim und Basel

EiskaHer SchaHen – School Shooting

Ein 17-jähriger Schüler bricht eine Realschulabschlussprüfung ab und beginnt das elfte Schuljahr an einem Gymnasium ohne mittleren Schulabschluss. Auf einer Klassenfahrt deutet er auf einen Lehrer und sagt: »Dich erledige ich!«, was einen schriftlichen Verweis zur Folge hat. Nach Aussagen seiner Mitschüler ist er sonst unauffällig und zurückhaltend, liebt Heavy-Metal-Musik und kleidet sich vorwiegend schwarz. Er wird Mitglied eines Schützenvereins. Ein Jahr später muss er die Klasse wegen eines schlechten Zeugnisses wiederholen. Inzwischen ist er im Besitz von Waffen. Wegen einer gefälschten ärztlichen Bescheinigung wird er von seiner Schule verwiesen. Er wechselt für einige Tage das Gymnasium, muss aber wegen eines fehlenden Physikkurses auch diese Schule verlassen. Einige Tage danach kauft er sich eine neue Waffe. Das Angebot, auf ein anderes Gymnasium zu gehen, nimmt er nicht in Anspruch. Eltern und Bekannten täuscht er aber weiterhin vor, jeden Tag zur Schule zu gehen. Kontakte zu anderen werden weniger. Sechs Monate später, an einem Vormittag in einem April zu Anfang des 21. Jahrhunderts verlässt der jetzt 19-Jährige die elterliche Wohnung, nachdem er mit seinen Eltern gefrühstückt und eine halbe Stunde lang einen *Egoshooter* auf dem Computer gespielt hat, der auf dem Index steht. Er kehrt zweimal in die Wohnung zurück. Gegen 11 Uhr betritt er, den Kopf vermummt, seine ehemalige Schule. Er setzt um, was er in den Monaten zuvor geplant hat: einen tödlichen Rachefeldzug, bei dem er sich selbst und so viele Lehrer wie möglich umbringen will. Es war der Tag, an dem sein Lügennetz zerreißen würde, denn in der Schule finden an diesem Tag die letzten schriftlichen Abiturprüfungen statt, zu denen er nicht mehr zugelassen ist. In den folgenden Stunden erschießt er 17 Menschen: 13 Lehrpersonen, eine Schülerin, einen Polizisten und anschließend sich selbst. Die Etage, in der seine ehemaligen Mitschüler ihre Prüfungen schreiben, betritt er nicht.

Die polizeilichen Ermittlungen ergeben, dass der Täter der Tat im Vorfeld mehrfach in seinem privaten und schulischen Umfeld Signale und Hinweise abgegeben hat, die auf eine Tatplanung schließen ließen.

Noch heute, Jahre nach dem Geschehen, sind die Folgen und das unermessliche menschliche Leid unüberschaubar. Ein großer Personenkreis teilt das Gefühl: *Nichts ist mehr, wie es vorher war!* Familien, die Opfer zu beklagen haben, versuchen heute noch, das Geschehene zu bewältigen und ihre Trauer zu verarbeiten. Das Leben der nahen und fernen Familienangehörigen des Täters wird bis ans Ende von der Tat beeinflusst sein. Viele der direkt und indirekt Betroffenen, Überlebende, die verletzt waren, Schüler/innen und schulisches Personal, die / das sich auf dem Gelände befanden, und auch deren Angehörige sind noch immer traumatisiert. Eine beträchtliche Anzahl ist immer noch auf psychotherapeutische Hilfe angewiesen, weil sie unter Flashbacks, Angst- und Panikattacken, Depressionen und Schlafstörungen leiden und bestimmte Orte und Situationen nicht mehr aufsuchen können. Die Gesamtkosten, die durch die Amoktat entstanden sind, werden mit mehreren *Millionen Euro* beziffert.

Inzwischen wurde das Schulgesetz im entsprechenden Bundesland verändert, das Waffengesetz verschärft und das Gesetz zum Schutz von Kindern und Jugendlichen vor gewalthaltigen Medien verbessert.

❶ Die Lehrperson liest den Text im oberen Teil vor.
❷ Alle lesen gemeinsam den Text im unteren Teil.
❸ Im Klassengespräch werden spontan Eindrücke, Gedanken und Gefühle geäußert und die Folgen der Tat mit eigenen Worten benannt.

KV 150

Die Untersuchungskommission klärt auf

Eine

Untersuchungskommission

beschäftigt sich mit der Amoktat / dem *School Shooting* und setzt sich mit dem Bericht über die Tat und mit den Folgen auseinander:

❶ Sammelt zunächst gemeinsam in der gesamten Kommissionsrunde das, was ihr an Fakten aus der Schilderung *Eiskalter Schatten* über den Täter, sein Leben, seine Probleme und seine Vorlieben erfahren habt.

❷ Arbeitet dann in *sechs Arbeitsgruppen* zu folgenden einzelnen Fragestellungen und notiert eure Feststellungen auf der gestrichelten Linie.

AG 1: Wie schien der Attentäter *im Vorfeld der Tat* mit Kränkungen, Misserfolgen, Stress, Enttäuschung, Frust und mit seinen Aggressionen umzugehen? Woran kann das liegen?
AG 2: Welche Bedeutung schienen Waffen für ihn zu haben? Warum?
AG 3: Welche Probleme hätten sich vielleicht lösen lassen? Wie und durch wen?
AG 4: Was vermutet ihr über seine Beziehungen zu den Mitschülern, Lehrern, Eltern und Freunden?
AG 5: Wer hätte den Täter in seiner Krise unterstützen können? Wie? An wen hätte er sich wenden können?
AG 6: Wann wäre es wichtig gewesen, dass Außenstehende etwas unternommen hätten? Wer hätte etwas tun können?

Notizen für die Stichpunkte der AGs

....

....

....

....

❸ Treffen in der Kommissionsrunde: Vorstellen der Ergebnisse aus den Arbeitsgruppen.

❹ *Was müsste wo* passieren, damit verhindert wird / frühzeitig klar wird, wenn ein Jugendlicher in eine ausweglose Situation hineinschlittert?

❺ Was unterscheidet ein *School Shooting* von einem klassischen Amoklauf (im Hinblick auf die Tatplanung, den Tathergang und das Täterverhalten)?

KV 151

Informationen zum Hintergrund schulischer Amoktaten

Was Experten über Amoktäter sagen:

- Ein Amoklauf in der Schule ist der Endpunkt einer oft mehrjährigen Entwicklung. Ein schulischer Amoklauf geschieht nie spontan. Die Tat wird gezielt über einen längeren Zeitraum, oft Jahre, manchmal Monate lang vorbereitet und *geplant!*
- Es müssen immer *mehrere Faktoren und Ursachen* zusammenkommen, damit jemand eine solche Tat begeht!
- Am Ende reicht ein aktueller *Auslöser*, um die geplante Tat umzusetzen. Dabei fühlt sich der spätere Täter extrem gekränkt oder zurückgewiesen. Er empfindet diese Kränkung als schwere persönliche Niederlage, als nicht hinnehmbare Frustration oder als den unerträglichen Verlust von Ansehen. Dieser Auslöser hat oft mit schulischen Ereignissen zu tun, z. B. einem schlechten Zeugnis, dem Scheitern bei der Versetzung, einem Schulverweis, ebenso mit dem Ende einer wichtigen Beziehung oder mit der Zurückweisung durch eine für ihn wichtige Person.
- Eine typische Täterpersönlichkeit, die man auf Anhieb erkennen könnte, gibt es nicht – jeder Amoktäter ist anders!

Diese Gemeinsamkeiten fielen den Wissenschaftlern aber bei den Untersuchungen bisheriger Amoktaten auf:

- Die Täter waren *bis auf wenige Ausnahmen* männliche Jugendliche, die oberflächlich gesehen, unauffällig, eher still und zurückhaltend waren.
- Viele von ihnen waren depressiv und hatten manchmal Selbstmordgedanken.
- Sie fühlten sich subjektiv während ihrer Schulzeit gehänselt oder abgelehnt und sahen sich als Mobbingopfer.
- Sie hatten das Gefühl, für diese Gesellschaft nicht wertvoll zu sein, und sahen sich als Verlierer ohne Zukunftschancen. Es waren schwache, nicht gefestigte Persönlichkeiten, die unter einem geringen Selbstwertgefühl litten, kaum Selbstbewusstsein hatten und von Ängsten und Selbstzweifeln gequält waren.
- Sie haben sich in eine Scheinwelt geflüchtet. In ihrer Fantasie konnten sie sich endlich so fühlen, wie sie sich in der Wirklichkeit nie sehen durften: als jemand, der Stärke zeigt, Macht ausüben kann und Anerkennung erhält. In diesen Vorstellungswelten steigerten sie sich in brutale Rachefantasien hinein und verloren zunehmend den Bezug zur Realität.
- Sie verbrachten meistens viel Zeit am Computer mit gewalttätigen Spielen und waren oft begeisterte Anhänger von brutalen Internetseiten oder *Splatter*-Filmen.
- Amoktäter hatten Zugang zu Waffen, die sie sich auf legalem oder illegalem Weg beschafft hatten. Sie hatten großes Interesse an Militär, Krieg und an früheren Amoktaten.
- Sie haben ihre gewalttätigen Fantasien vor der Tat direkt oder indirekt durchsickern lassen (durch sogenantes *Leaking*): durch Zeichnungen, Mitteilungen in Internetforen (z. B. *Chatrooms, Weblogs*) oder in Gedichten und in Schulaufsätzen.
- Sie sprachen vor ihrer Tat Drohungen gegen Personen aus und kündigten Rache an. Dies wurde oft ignoriert oder nicht ernst genommen.
- Sie deuteten ihre Pläne meist (mehrfach) gegenüber Mitschülern oder Freunden an, nannten zum Teil sogar den Zeitpunkt ihrer Tat.

Davon sind Amokexperten überzeugt:

- Bevor Amoktäter zu kaltblütigen Massenmördern wurden, waren es Jugendliche, die dringend Hilfe und Unterstützung gebraucht hätten!
- Es gibt zwar keine hundertprozentige Garantie, Amoktaten zu verhindern, aber reelle Chancen, das Risiko einer neuerlichen Amoktat gering zu halten – wenn es gelingt, Gefährdungssignale frühzeitig wahrzunehmen, und gefährdeten Jugendlichen Hilfe zukommt!

Austausch im Klassenplenum:

- Wer kann frühe Gefährdungen wahrnehmen und steht in der Verantwortung?
- Welche Aufgaben seht ihr innerhalb der Schule bei der Verhinderung von Amoktaten?
- Wer trägt Mitverantwortung und könnte bei gefährdeten Schüler/innen frühzeitig Unterstützung und Hilfe leisten (z. B. Schulleitung, Pädagogen, Mitschüler/innen)?
- Was muss eurer Meinung nach konkret passieren?

KV 152

Verpflichtungen und Tabus für die schulische Gemeinschaft

Gefährdungssignale bei Gleichaltrigen wahrnehmen: Ja! Aber, Vorsicht:

Niemand, der eines oder mehrere der Merkmale besitzt, die von Amokexperten bei früheren Amokläufern festgestellt wurden, muss zwangsläufig zum Täter werden!

- Millionen von Jugendlichen nutzen täglich ihren Computer für *Shooter*-Spiele, ohne jemals auf die Idee zu kommen, in der Realität jemanden zu töten!
- Viele Jugendliche sind depressiv, haben ein schwieriges Elternhaus, sind zurückhaltend und still, waren schon einmal Mobbingopfer, haben manchmal Gewalt- und Rachefantasien und/oder fühlen sich phasenweise als Versager und haben Zukunftsängste. Deswegen müssen sie jedoch noch lange nicht zum Amokläufer werden!
- Leider haben nicht alle den Erfolg in der Schule, den sie sich wünschen. Viele Heranwachsende fühlen sich manchmal zu Recht oder zu Unrecht gekränkt, beleidigt, diskriminiert, ausgegrenzt, zurückgewiesen oder ungerecht behandelt und bloßgestellt. Trotzdem käme für sie Gewalt wie bei einem Amoklauf nie in Frage!

Damit diese Klasse zum Winning Team wird:

- Miteinander reden und Probleme und Krisen auf den Tisch packen.
- Niemanden ausgrenzen und auch Außenseiter mit einbeziehen.
- Fürsorge und Verantwortung füreinander zeigen. Hilfe und Unterstützung anbieten.
- Frühe Gefährdungssignale durch gegenseitige Aufmerksamkeit wahrnehmen.
- Wenn Merkmale für *Gefährliches Schweigen brechen* erfüllt sind (zum Beispiel bei Gewalt in der Familie, psychischen Krisen, Suizidgedanken, Erpressung oder bei einer Amokandrohung) muss umgehend ein Erwachsener eingeschaltet werden! Es hat mit Petzen nichts zu tun!

Tabus für jeden einzelnen und die Schulgemeinschaft

Gegenseitiges Überwachen, misstrauisches Beobachten und Bespitzeln, unfaires Petzen, hysterische Verdächtigungen:

Nein!

Gestaltet ein Wandplakat zur Mahnung und Erinnerung für die Opfer und Täter von Amokläufen an Schulen.

Wie lautet eure Message an alle, die vielleicht verhindern können, dass so etwas wieder passiert?

- Politiker
- Eltern
- Lehrpersonen
- Mitschüler/innen

– Fertigt eine Collage an und berücksichtigt dabei alles, was ihr bisher zum Thema gelernt habt und als wichtig erachtet.
– Klebt eure Beiträge auf ein Plakat: Gedanken, Texte oder Gedichte, Zeichnungen, Zeitungsausschnitte, Fotos, kleine Gegenstände, die zum Thema passen.
– Findet eine Überschrift für euer Plakat.
– Diskutiert vorher, was in diesem Zusammenhang *Sensationsdarstellung* und *Gewaltverherrlichung* in den Medien heißt, und überlegt, wie sich diese in euren Beiträgen in Wort und Bild vermeiden lassen.

KV 153

Amokandrohungen

führen zu Verunsicherung und Angst an deutschen Schulen

Vor allem nach einer Amoktat mit vielen Toten an einer Schule in Süddeutschland kommt es wiederholt und zunehmend häufig in allen Teilen der Bundesrepublik zu Amokdrohungen durch unbekannte Jugendliche. Solche Drohungen erfolgen durch anonyme Anrufe, Mitteilungen auf Blättern, Kritzeleien auf Wänden, Tags oder über Internetseiten. Die Täter lassen sich durch vorangegangene Amoktaten anregen. Die Polizei nimmt jeden Vorfall ernst und handelt, weil sie nicht einschätzen kann, ob es um eine Drohung geht, bei der eine Tat geplant ist, oder ob jemand gar nicht vorhat, die angekündigte Tat auszuführen. Dies führt zu aufwendigen Durchsuchungen und Überprüfungen. Oft muss eine ganze Schule evakuiert werden. Im Nachhinein stellt sich dann meistens heraus, dass der Androhende niemals vorhatte, die angedrohte Tat umzusetzen.

Man nennt diese Gewaltform

T . . tt . . tt . . . . n

❶ Lest den Text und füllt den Lückentext aus.

❷ Erklärt den ermittelten Begriff. Was ist darunter zu verstehen?

❸ Schreibt Motive für solche Taten auf die Rückseite und tauscht euch darüber aus:

❹ Zählt mögliche Folgen auf: für den Täter, die Mitschüler, Lehrpersonen und Eltern.

❺ Nennt in einer gemeinsamen Diskussion eure Meinung zu solchen Taten. Wie hoch schätzt ihr die Folgekosten für eine solche Tat? Tragt den vermuteten Betrag ein:

ca. . . . . Euro

❻ Lest die Folgende, an einer deutschen Schule tatsächlich erfolgte, Gewaltandrohung:

Heute um 11 Uhr geht hier eine Bombe hoch!

Als die Mitteilung gefunden wurde, alarmierte die Schulleitung sofort die Polizei, die eine Evakuierung der Schule veranlasste. Bei einer Durchsuchung der Schule mit Sprengstoffhunden wurden keine Sprengsätze gefunden. Einen Tag später konnte die Polizei eine Schülerin ermitteln und in der elterlichen Wohnung verhören. Sie gab zu, die Amokdrohung geschrieben, behauptete aber, die Drohung gar nicht ernst gemeint zu haben. Sie wollte die Tat nie durchführen. Über die Folgen wäre sie sich nicht im Klaren gewesen.

❼ Bildet Kleingruppen und bereitet ein *Rollenspiel* vor.

❽ Verteilt Rollen für ein Schulgremium: Schulleitung, Stellvertretung, Lehrpersonen, Schülervertreter.

❾ Entscheidet im Schulgremium, wie die Schule mit der Schülerin verfahren soll. Welche Maßnahmen sollen ergriffen werden?

❿ Alle Kleingruppen spielen die Situation im Rollenspiel vor und werten dieses gemeinsam aus.

KV 154

High Risk – No Fun: Die Folgen von Trittbrettfahrer-Aktionen

Kriminologen und Psychologen sehen bei Trittbrettfahrern diese Tatmotive:

- Aufmerksamkeits-, Anerkennungs- und Geltungsbedürfnis bei mangelndem Selbstbewusstsein
- Wunsch nach Macht und Überlegenheit, indem man andere terrorisieren und in Angst versetzen kann
- Wichtigtuerei, Angeberei, »Cool« sein wollen
- unbewusster Hilferuf, um auf Probleme und Krisen aufmerksam zu machen
- Bedürfnis nach kurzfristiger Berühmtheit
- Unreife in der Entwicklung, manchmal auch psychische Störung
- Bedürfnis nach Thrill, weil das Leben als eintönig und ereignislos empfunden wird
- Störung in der Selbstkontrolle von Aggressionen
- Jux und Dollerei
- Dummheit

NO RISK – NO FUN: Das ist manchmal ein sinnvolles Lebensmotto!
HIGH RISK – NO FUN: Das ist die bittere Erfahrung vieler Trittbrettfahrer!

Die Aufklärungsquote ist hoch!
Trittbrettfahren ist wie Eislaufen bei Tauwetter: Die Wahrscheinlichkeit ist groß, dass man einbricht! Neue polizeiliche Ermittlungs-/Fahndungsmethoden, auch Fahndungen im Internet, führen dazu, dass die meisten Täter gefasst werden.

Das ist der Straftatbestand, auf den sich der Staatsanwalt beziehen wird: »§ 126 StGB: **Störung des öffentlichen Friedens durch Androhung einer Straftat.**

Dieser Paragraph des Strafgesetzbuchs umfasst unter anderem den Tatbestand des Landfriedensbruchs, des Mordes, der schweren Körperverletzung, der räuberischen Erpressung, des Raubes und auch des Verbrechens gegen die Menschlichkeit sowie des Völkermordes. Absatz 2 besagt, dass sich auch derjenige strafbar mache, der »wider besseres Wissen vortäuscht, die Verwirklichung einer der (...) rechtswidrigen Taten stehe bevor.«.

Das Strafmaß liegt bei einer Freiheitsstrafe bis zu drei Jahren und/oder einer Geldstrafe. Bei einem Polizeieinsatz entstehen durch Evakuierung und Durchsuchungen etc. Kosten, die etwa bei 8000 Euro aufwärts liegen können und vom Täter oder seinen Eltern erstattet werden müssen.

Außerdem drohen:

- Festnahme und gegebenenfalls U-Haft
- erkennungsdienstliche Behandlung und Verhör
- Durchsuchungsbefehl (Haus oder Wohnung)
- Beschlagnahmung des Computers, Handys und anderer technischer Geräte
- polizeiliche Befragung von Eltern, Mitschülern, Lehrpersonen, Nachbarn, Verwandten und Freunden
- Vorstrafe mit allen dazugehörigen Konsequenzen (diese steht im polizeilichen Führungszeugnis, das z. B. bei Jobbewerbungen / Abschluss von Mietverträgen oft verlangt wird)

Niemand kann heutzutage mehr glaubwürdig behaupten, er/sie habe gar nicht geahnt, was mit einer Trittbrettfahrer-Aktion ausgelöst würde!

Benennt noch einmal die Risiken von Trittbrettfahrer-Aktionen!

Literatur

Adler, L. (2000): Amok – Eine Studie. München: Belleville.

Baacke, D. (1997): Medienpädagogik. Tübingen: Niemeyer.

Baacke, D. (2003): Die 13- bis 18-Jährigen – Einführung in die Probleme des Jugendalters. Weinheim und Basel: Beltz.

Baacke, D. (⁴2004): Jugend- und Jugendkulturen. Darstellung und Deutung. Weinheim und München: Juventa.

Bannenberg, B. (2010): Amok. Ursachen erkennen – Warnsignale verstehen – Katastrophen verhindern. Gütersloh: Gütersloher Verlagshaus.

Beschlüsse der 188. IMK-Konferenz der Länder (2009): www.bundesrat.de/cln_090/DE/.../Sitzungen/09…/Liste.pdf (Abruf am 20.12.2009).

Blum, E. / Blum, H. J. (2006): Der Klassenrat: Ziele, Vorteile, Organisation. Mühlheim a. d. R.: Verlag an der Ruhr.

Böhnisch, L. (1996): Pädagogische Soziologie: Eine Einführung. Weinheim und München: Juventa.

Bojack, B. (2010): Der Suizid im Kinder- und Jugendalter, Heft 2, Wismarer Diskussionspapiere. Herausgegeben von Prof. Dr. J. W. Kramer, Hochschule Wismar.

Bronisch, T. (2007): Der Suizid. Ursachen – Warnsignale – Prävention. München: C. H. Beck.

Bründel, H. (2004): Jugendsuizidalität und Salutogenese. Hilfe und Unterstützung für suizidgefährdete Jugendliche. Stuttgart: Kohlhammer.

Buchwald, P. / Schwarzer, C. / Hobfoll, S. E. (Hrsg.) (2004): Stress gemeinsam bewältigen – Ressourcenmanagement und multiaxiales Coping. Göttingen: Hogrefe.

Bundesprüfstelle für jugendgefährdende Medien (Hrsg.) (2010): BPJM-Aktuell. Amtliches Mitteilungsblatt, Mönchengladbach: Forum Verlag Godesberg GmbH.

Dambach, K. E. (2002): Mobbing in der Schulklasse. München und Basel: Reinhardt.

Döpfner, M. / Lehmkuhl, G. / Heubrock, D. (2000): Ratgeber Psychische Auffälligkeiten bei Kindern und Jugendlichen – Informationen für Betroffene, Eltern, Lehrer und Erzieher. Göttingen: Hogrefe.

Durach, B. / Grüner, T. / Napast, N. (2002): Das mach ich wieder gut! Mediation – Täter-Opfer-Ausgleich – Regellernen. Lichtenau. AOL.

Eisenberg, G. (2006): Ich wollte ein bisschen Aufsehen erregen. Vom Zappelphilipp zum Straftäter. In: Pädagogik, 58. Jahrgang, Heft 7-8: Weinheim: Beltz.

Eisenberg, G. (2000): Amok – Kinder der Kälte. Über die Wurzeln von Wut und Hass. Reinbek: Rowohlt.

Eltzersdorfer, E. / Fiedler, G. / Witte, M. (2003): Neue Medien und Suizidalität. Gefahren und Interventionsmöglichkeiten. Göttingen: Vandenhoeck & Ruprecht.

Expertenkreis Amok (2009): Abschlussbericht. http://www.baden-wuertemberg.de/fm7/2028/BE-RICHT_Expertenkreis_Amok_25-09-09.pdf (Abruf am 30.09.2009).

Farin, K. (2001): generation-kick.de. Jugendsubkulturen heute. München: C. H. Beck.

Farin, K. (2006): Jugendkulturen als Markt der Möglichkeiten. In: Pädagogik, 58. Jahrgang, Heft 7-8. Weinheim: Beltz.

Fein, R. A. / Vossekuil, B. / Pollack, W. W. / Borum, R. / Modzeleski, W. / Reddy, M. (2002): Bedrohungsanalyse an Schulen: Ein Handbuch zum Management von Bedrohungssituationen sowie zur Schaffung eines sicheren Schulklimas. United States Secret Service und United States Department of Education (Hrsg.): Washington D. C.

Fend, H. (2001): Entwicklungspsychologie des Jugendalters. Opladen: Leske + Budrich.

Fiedler, P. (2001): Persönlichkeitsstörungen. Weinheim: Beltz PVU.

Flammer, A. / Alsaker, F. (2002): Entwicklungspsychologie der Adoleszenz. Die Erschließung innerer und äußerer Welten im Jugendalter. Bern: Hans Huber.

Fritz, J. / Fehr, W. (Hrsg.) (2003): Computerspiele. Virtuelle Spiele und Lernwelten. Bonn: Bundeszentrale für politische Bildung.

Fritz, K. / Sting, S. / Vollbrecht, R. (Hrsg.) (2003): Mediensozialisation. Pädagogische Perspektiven des Aufwachsens in Medienwelten. Wiesbaden: VS Verlag für Sozialwissenschaften.

Goleman, D. (1996): Emotionale Intelligenz. München: Hanser.

Groen, G. / Petermann, F. (2002): Depressive Kinder und Jugendliche. Göttingen: Hogrefe.

Grüner, T. / Hilt, F. (2004): Bei Stopp ist Schluss. Werte und Regeln vermitteln. Lichtenau. AOL.

Gugel, G. (2001): Mobbing extra, Themenblätter im Unterricht. Bonn: Bundeszentrale für politische Bildung.

Hagedorn, O. (2005): Mediation – durch Konflikte lotsen. Leipzig: Klett.

Hautzinger, M. / Davison, G. C. / Neale, J. M. (2002): Klinische Psychologie. Ein Lehrbuch. Weinheim: Beltz PVU.

Henseler, H. (⁴2000): Narzisstische Krisen. Zur Psychodynamik des Selbstmordes. Wiesbaden: Westdeutscher Verlag.

Hoffmann, J. / Roshdi, K. / Robertz, F. (2009): Zielgerichtete schwere Gewalt und Amok an Schulen. Eine empirische Studie zur Prävention schwerer Gewalttaten. In: Kriminalistik 4/2009. Heidelberg: Kriminalistikverlag Verlagsgruppe Hüthig Jehle Rehm GmbH.

Holtappels, H. G. / Heitmeyer, W. / Tillmann, K. J. (Hrsg.) (²2000): Forschung über Gewalt an Schulen. Erscheinungsformen und

Literatur

Ursachen, Konzepte und Prävention. Weinheim/München: Juventa.

Hurrelmann, K. (⁸2002): Einführung in die Sozialisationstheorie. Weinheim und Basel: Beltz.

Hurrelmann, K. (2004): Lebensphase Jugend. Eine Einführung in die sozialwissenschaftliche Jugendforschung. Weinheim und München: Juventa.

Hurrelmann, K. / Albert, M. (2006): Shell-Jugendstudie. Frankfurt: Fischer.

Hurrelmann, K. / Bründel, H. (²2007): Gewalt an Schulen – Pädagogische Antworten auf eine soziale Krise. Weinheim und Basel: Beltz.

Jaglarz, B. / Bemmerlein, G. (³2009): Bußgeldkatalog. Buxtehude: Persen.

Jefferys-Duden, K. (2007): Das neue Streitschlichterprogramm. Lehrerband. Buxtehude: Persen.

Jürgens, B. (2000): Schwierige Schüler? Disziplinkonflikte in der Schule? Hohengehren: Schneider.

Kasper, H. (2000): Streber, Petzer, Sündenböcke. Wege aus dem täglichen Elend des Schülermobbings. Lichtenau, AOL.

Kast, V. (2008): Der schöpferische Sprung – Vom therapeutischen Umgang mit Krisen. Mannheim: Patmos.

Kernberg, O. F. / Dulz, B. / Sachsse (Hrsg.) (2001): Handbuch der Borderline-Störungen. Stuttgart: Schattauer.

Kindler, W. (2002): Gegen Mobbing und Gewalt. Ein Arbeitsbuch für Lehrer, Schüler und Peergruppen. Seelze-Velber: Kallmeyersche Verlagsbuchhandlung.

Klosinski, G. (1999): Wenn Kinder Hand an sich legen: selbstzerstörerisches Verhalten bei Kindern und Jugendlichen. München: Beck.

Klosinski, G. (2004): Pubertät heute. Lebenssituationen, Konflikte, Herausforderungen. München: Kösel.

Koch, S. / Carducci, B. / Nethery, K. T. (2007): Wie erkennt man School Shooter? In: Psychologie Heute 11/2007, S. 38. Weinheim: Beltz.

Kohut, H. (2003): Narzissmus. Frankfurt: Suhrkamp.

Kompetenznetz Depression (2002): (Nicht) Ganz normal?! Infopaket für Lehrerinnen und Lehrer. Pdf. Überarbeitung: Deutsches Bündnis gegen Depression e. V. 2006. http://www.buendnis-depression.de/depression/media/nicht_ganz_normal_Infopaket_fuer_Lehrer%281%29.pdf (Abruf am 24.08.2010).

Landesregierung Baden-Württemberg (Hrsg.): Expertenkreis Amok. Ständige Konferenz der Innenminister und -senatoren der Länder 2009: Sammlung der Beschlüsse der 188. Sitzung: 4. Vorläufiger Bericht zur Bewältigung der Amoklage am 11.3.09 in Winnenden und Wendlingen und zum aktuellen Erkenntnisstand. Bremerhaven.

Langman, P. (2009): Amok im Kopf. Warum Schüler töten. Weinheim und Basel: Beltz.

Lehmkuhl, U. (Hrsg.) (2003): Aggressives Verhalten bei Kindern und Jugendlichen. Ursachen, Prävention, Behandlung. Göttingen: Vandenhoeck & Ruprecht.

Leitlinien des Düsseldorfer Gutachtens (2002): Hrsg. Landeshauptstadt Düsseldorf.

Medienpädagogischer Forschungsverbund Südwest (Hrsg.) (2009): JIM-Studie 2009. Jugend, Information, (Multi-)Media. Stuttgart: Eigenproduktion.

Meyers Großes Konversations-Lexikon. 6. Aufl. 1905–1909.

Moser, H. (⁵2010): Einführung in die Medienpädagogik – Aufwachsen im Medienzeitalter. Wiesbaden: VS Verlag für Sozialwissenschaft.

Murphy, M. / Stamer-Brandt, P. (2004): Was Kinder für die Zukunft brauchen. München: Gräfe und Unzer.

Oerter, R. / Montada, L. (Hrsg.) (2002): Entwicklungspsychologie. Weinheim und Basel: Beltz.

Olweus, D. (²1996): Gewalt in der Schule. Was Lehrer und Eltern wissen sollten – und tun könnten. Bern: Hans Huber.

Opp, G. / Fingerle, M. / Freitag, A. (Hrsg.) (1999): Was Kinder stärkt. Erziehung zwischen Risiko und Resilienz. München und Basel: Ernst Reinhardt.

Orbach, I. (1997): Kinder, die nicht leben wollen. Göttingen: Vandenhoeck & Ruprecht.

Paulus, P. / Michaelsen-Gärtner, B. / Franze, M. / Grabow, K. / Kallmeyer E. (2009): MindMatters – Mit psychischer Gesundheit gute Schule machen (Programmpaket der Barmer Ersatzkasse).

Programm Polizeiliche Kriminalprävention der Länder und des Bundes (Hrsg.) (2008): Im Netz der neuen Medien. Internet, Handy und Computerspiele – Chancen und Risiken für Kinder und Jugendliche. Stuttgart.

Raithel, J. (Hrsg.) (2001): Risikoverhaltensweisen Jugendlicher. Formen, Erklärungen und Prävention. Opladen: Leske und Budrich.

Rhue, M. (2002): Ich knall euch ab. Ravensburg: Ravensburger.

Ringel, E. (1997): Der Selbstmord. Eschborn: Klotz.

Robert-Koch-Institut Berlin (Hrsg.) (2008): Lebensphasenspezifische Gesundheit von Kindern und Jugendlichen in Deutschland. Ergebnisse des Nationalen Kinder- und Jugendsurveys (KiGGS). Berlin (Download: www.rki.de) S. 157–162 (Abruf am 20.01.2009).

Robertz, F. J. (2004): School Shooting. Über die Relevanz der Phantasie für die Begehung von Mehrfachtötungen durch Jugendliche. Frankfurt: Verlag für Polizeiwissenschaft.

Robertz, F. J. / Lorenz, A. (2009): Amokdrohungen und zielgerichtete Gewalt an Schulen. Erkennen und Verhindern. Berlin: Unfallkasse Berlin.

Robertz, F. J. / Wickenhäuser, R. (Hrsg.) (2007): Der Riss in der Tafel. Amoklauf und schwere Gewalt in der Schule. Heidelberg: Springer Medizin.

Scheithauer, H. (2007): Gewaltprävention im Miteinander. In: Bildung für Berlin. Reihe: Verstehen und Handeln X: »Leaking« – Ankündigungen schwerer Gewalt an Schulen als Chance zur Prävention. Berlin: Senatsverwaltung für Bildung, Wissenschaft und Forschung.

Scheithauer, H. / Hayer, T. / Niebank, K. (Hrsg.) (2007): Problemverhalten und Gewalt im Jugendalter. Erscheinungsformen, Entstehungsbedingungen und Möglichkeiten der Prävention. Stuttgart: Kohlhammer.

Schubarth, W. (2000): Gewaltprävention in Schule und Jugendhilfe. Theoretische Grundlagen, empirische Ergebnisse, Praxismodelle. Neuwied: Luchterhand.

Schubert, B. / Lorenz, A. / Steininger, W. / Winter, A. / Team der Berliner Schulpsychologen für Gewaltprävention und Kriseninterverion (2005): Notfallpläne für die Berliner Schulen. Berlin: Senatsverwaltung für Bildung, Jugend und Sport.

Sherman-Report (1998): http://www.preventing-crime.org/report/index.htm (Abruf am 15.01.2009).

Singer, K. (³1998): Die Würde des Schülers ist antastbar. Vom Alltag in unseren Schulen – und wie wir ihn verändern können. Reinbek bei Hamburg: Rowohlt.

Spies, C. (2008): Kinder und Jugendliche lernen sich erfolgreich zu wehren – Die Stopp-Regel als gewaltpräventives Buddy-Projekt in Schulen. In: Bildung für Berlin – Sozial kompetent handeln durch mehr »Soziales Lernen«, Berlin: Senatsverwaltung für Bildung, Wissenschaft und Forschung.

Statistisches Bundesamt Deutschland: www.destatis.de (Abruf am 16.03.2008).

StGB – Strafgesetzbuch Fassung 13.11.1998.

Subkowski, P. (2002): Aggression und Autoaggression bei Kindern und Jugendlichen. Göttingen: Vandenhoeck & Ruprecht.

Tausch, R. (1973): Gesprächspsychotherapie. Göttingen: Hogrefe.

Vosseekuil, B. / Fein, R. / Reddy, M. / Borum, R. / Modeleski, W. (2002): Abschlussbericht und Ergebnisse der Initiative für Sicherheit an Schulen (Safe School Initiative): Auswirkungen auf die Prävention von Gewalttaten in den USA. Washington D.C.

Watzlawick, P. / Beavin, J. H. / Jackson, D. D. (¹¹2007): Menschliche Kommunikation. Bern: Huber.

Weidner, J. / Kilb, R. / Jehn, O. (Hrsg.): Gewalt im Griff 3. Weiterentwicklung des Anti-Aggressivitäts- und Coolness-Trainings, Weinheim und München: Juventa.

Weiss, C. (1967): Abriss der pädagogischen Soziologie. Bad Heilbrunn: Julius Klinkhardt.

Weiß, R. (2000): Gewalt, Medien und Aggressivität bei Schülern. Göttingen: Hogrefe.

Wisskirchen, H. (2002): Die heimlichen Erzieher: von der Macht der Gleichaltrigen und dem überschätzten Einfluss der Eltern. München: Kösel.

Zimbardo, P. G. (2008): Der Luzifer-Effekt. Die Macht der Umstände und die Psychologie des Bösen. Heidelberg: Spektrum.

Empfehlungen zu Links / Internetadressen / Beratungsangeboten

www.ab-server.uni-leipzig.de:
Beratungsserver zum Thema Essstörungen.

www.bist-du-staerker-als-alkohol.de:
Website zur BZgA-Teilkampagne für die Zielgruppe der 12- bis 16-Jährigen.

www.bundespruefstelle.de:
Homepage der Bundesprüfstelle für jugendgefährdende Medien.

www.drugcom.de:
Portal mit ausführlichen Hintergrundinformationen zu legalen und illegalen Drogen.

www.handysektor.de:
Informationen und Tipps über Risiken der mobilen Kommunikation und Mediennutzung.

www.jff.de:
Konvergenzstudie des JFF gibt Einblick, wie sich 11- bis 17-Jährige in der Medienwelt bewegen.

www.kenn-dein-limit.de:
Website zur BZgA-Teilkampagne für die Zielgruppe der 16- bis 20-Jährigen.

www.kinderundjugendtelefon.de:
Beratungseinrichtungen, z. B. vom Deutschen Kinderschutzbund.

www.klicksafe.de:
EU-Initiative zu mehr Sicherheit im Netz: Informationen über relevante und aktuelle Jugendschutzthemen mit Tipps und Broschüren.

www.km.bayern.de:
Medienwelten. Kritische Betrachtungen zur Medienwirkung auf Kinder und Jugendliche. Handbuch für Eltern und Lehrkräfte als PDF-Datei.

www.kompetenznetz-depression.de:
Beratungsangebote für Jugendliche zur Krisenbewältigung und Suizidprävention, Liste mit Krisendiensten in Wohnortnähe.

www.lehrer-online.de/gewaltdarstellungen.php:
Website von Lehrer-Online: Gewaltdarstellungen in den Medien – Informationen und Beispiele.

www.lehrer-online.de/lanparty-copy.php:
Handreichung mit Tipps zur Umsetzung einer LAN-Party an Schulen.

www.lehrer-online.de/sexuelle-inhalte.php:
Website von Lehrer-Online: Sexuelle Inhalte/ Pornographie.

www.magersucht-online.de/lehrer/material:
Unterrichtsmaterialien von Magersucht-Online: Essstörungen.

www.mediaculture-online.de:
Medienoffensive II des Landes Baden-Württemberg mit Vorschlägen und Beispielen für neue Formen der kreativen Unterrichtsgestaltung.

www.netzchecker.de:
Mitmach-Jugendportal zum kritischen und kreativen Umgang mit Medien.

www.neuhland.de:
Informationen und Online-Beratung im Chat für Jugendliche in Krisensituationen und suizidgefährdete junge Menschen (Zugang über die Beratungsplattform www.das-beratungsnetz.de).

www.schau-hin.info/index.php?id=8:
Website von SCHAU HIN! Mit Adressen von Beratungsstellen für Medienkompetenz und -erziehung.

www.telefonseelsorge.de:
»Rund um die Uhr« Beratungs- und Hilfsangebot sowie bundeseinheitliche kostenlose Rufnummer 0800-111 0 111 oder 0800-111 0 222.

www.u25-freiburg.de:
Informationen und Online-Beratung für junge Menschen unter 25 Jahren in Krisen und bei Suizidgefahr.

www.usk.de:
Broschüre »Die Kennzeichen der USK«.

www.youth-life-line.de:
Jugendliche in Krisen werden per Chat und E-Mail von Gleichaltrigen beraten (die von Fachleuten betreut werden).

Herausforderungen meistern

Regine Berger/Dietlinde Granzer/Sebastian Waack/Wolfgang Looss
... und wenn's bei uns passiert?
Umgang mit Krisen und Gewalt in der Schule
2010, 192 Seiten, broschiert
EUR 29,95 D, ISBN 978-3-407-25531-0

Gewalt ist im Schulalltag allgegenwärtig, wenn auch in verschiedener Form und unterschiedlich heftiger Ausprägung.

Dieses Buch nimmt den Extremfall »Amoklauf« als Ausgangspunkt, zeigt aber Bewältigungsmuster auf, die hilfreich für den Umgang mit schulischen Gewalterfahrungen jeder Art sind – von der Prügelei über Mobbing bis zum Amoklauf.

Charlotte Sinha
Wie finde ich mich als Lehrer?
Rolle und Wirkung im Schulalltag gestalten
2010, 151 Seiten, broschiert
EUR 16,95 D, ISBN 978-3-407-62672-1

Ob zu Beginn einer Lehrerkarriere oder nach langjähriger Lehrtätigkeit – die Reflexion und gegebenenfalls Korrektur der eigenen Rolle als Lehrer bleibt im Alltag zumeist auf der Strecke. Oft kommt es erst im Notfall zum Überdenken der Lehrerrolle – wenn beispielsweise Konflikte mit Schüler/innen oder Kolleg/innen auftreten.

Dieser flott geschriebene Band schafft Abhilfe: Er liefert das Werkzeug zur frühzeitigen Auseinandersetzung mit der eigenen Rolle und hilft, diese bewusst zu definieren und entsprechend zu handeln. Mithilfe von konkreten Fallbeispielen (z. B. Diskrepanzen mit Kolleg/innen) aus der Praxis werden Lösungsmöglichkeiten aufgezeigt, die an die eigene Persönlichkeit und Situation angepasst werden können.

BELTZ
Beltz Verlag · Weinheim und Basel · www.beltz.de
Preisänderungen vorbehalten